KB206170

한국의 교회 위기
성경에서 답을 찾다

Crisis of the Church, The Bible is the Key

by

Chang W. Shu

Crisis of the Church, The Bible is the Key

한국의 교회 위기 성경에서 답을 찾다

| 서창원 지음 |

진리의 깃발

서문

"한국의 교회 위기, 성경에서 답을 찾다."

'한국의 교회가 위기다, 혹은 개혁되어야 한다'는 말은 오래전부터 있었다. 한국의 교회 실정에 대한 정확한 진단과 처방 중 나름 설득력 있게 다가온 것도 참으로 많다. 필자가 교회의 개혁 문제를 논한 1991년도는 모교에서 시간 강사로 처음 청교도 신학과 신앙 및 장로교회사를 강의하기 시작했을 때였다.

하나님의 사랑이 없는 세상에서 부름을 받은 성도들의 모임이 교회다. 그러나 성도 개개인이 하늘의 시민권자로서 하나님이 제정해 주신 규례와 법도를 따르지 않고 세상의 유행과 풍속을 따른다는 지적은 그때나 지금이나 별 다른 것이 없다. 윤리부재, 신학실종, 거룩성 상실, 성경의 권위 추락, 언행불일치, 교회다움의 정체성이 무너지면서 밀려들어온 개교회주의, 세속주의, 편리주의, 인본주의 및 물질주의 경향들이 교회의 존립을 위태롭게 하고 있다. 이것이 교회를 등지는 이들이 많은 이유다.

과연 교회는 그 많은 문제점들을 극복하고 본연의 모습을 회복할 수 있는 자정 능력이 있는가? 있다면 그 대안은 무엇인까? 비판하기는 쉽지만 개선과 개혁의 실천은 엄청 힘겨운 일이다. 그렇기 때문에 그동안 많은 비판과 지적이 있었고 지금도 선지자적인 외침들이 곳곳에서 행해지고 있지만 개선의 기미보다는 위험성이 더 가중되고 있는 것이 현실이다. 하나님의 말씀을 들을 때 마음을 강퍅케 하고 불순종을 더욱 키워가는 것이 기독교 역사에서 볼 수 있는 심판의 징조다. 진리의 말씀에 귀가 막혀 있고 눈이 가려져 있다.

노아 홍수 때에도 비가 와서 다 쓸려 멸망할 때까지 사람들은 먹고 마시고 시집가고 장가가고 땅을 사고파는 현실적인 일들에 몰두하였다. 노(老) 선지자의 외침과 방주 제조현장을 목격하고서도 전혀 안중에 없었고 노 선지자는 무시당했다. 들어도 깨닫지 못하고 보아도 알지 못하는 영적인 퇴락의 길을 걷고 있는 것이다. 너무 참혹하다. 이것은 스스로 진노의 잔을 마시고자 자처하고 있는 것이다.

중세 천년 기간에도 그랬듯이 지금도 외치는 자의 소리가 존재한다. 말라기 선지자 이후에 선지자가 사라지고 없었던 시대가 460년 넘게 지속되었지만 메시야의 오심 직전에 등장한 외치는 자, 세례 요한이 있었던 것처럼, 모두 말세라고 말하는 지금이야말로 선지자의 등장이 절실하다. 역사의 주인이신 하나님의 임박한 심판의 증언과 한 사람이라도 더 회개하고 주님께 돌아오게 하기 위한 역사가 이미 시작되었다고 믿는다.

하루가 천년 같고 천년이 하루 같은 하나님의 시간 속에 하나님의 음성을 전하는 외침은 지금 이 시대에도 존재한다. 워낙 하나님을 등지는 세속의 물결이 거세다 보니 바알에게 절하거나 입 맞추지 않고 무릎을 꿇지 않은 남은 자들이 잘 보이지 않지만 하나님의 말씀을 듣는 하나님께 속한 자들은 시대를 불문하고 존재한다.

필자의 외침이 그런 소리이고 싶다. 우리가 조금만 깨어 있어도 알 수 있는 사실들을 주님께 속한 자들에게 상기시키고 싶었다. 흰 것을 검은 것으로 인식하고 검은 것을 흰 것으로 말하는 자들의 편견을 깨고자 하는 심정의 외침을 여기에 담아보았다. 모든 선지자들의 외침은 성경으로 돌아가자는 것이다. 기본으로 돌아가자는 의미이다.

프로 선수들이 기본기를 다지는 훈련에 더 많은 시간을 할애하듯이 교회의 정체성 회복과 확립 역시 신앙과 행위의 유일한 규범인 성경으로 복귀하여야 할 것이다. 이러한 시각으로 본서를 준비하였다. 물론 여러 학회와 교회에서 또는 한국개혁주의 설교 연구원 정기 세미나에서 발표하였던 글들을 모았다.

원칙적인 이야기들이라고 책장을 뒤덮는 독자들이 있을 수 있다. 한국의 교회가 처해 있는 현실에서 적용 불가능한 것이라고 아예 개혁을 포기하는 독자들도 있을 수 있다. 필자는 현실의 벽이 얼마나 높은지 실감하는 자들의 손에 강력한 무기가 있음을 깨우쳐주고 싶다. 인간의 모든 이론을 사로잡고 하나님 아는 것을 대적하고 있는 세상의 모략과 지혜를 그리스도의 발 앞에 굴복시키는 하나님의 강력이 있음을 전하고 싶다.

물론 필자 역시 실패를 경험하였다. 깊은 웅덩이에서 주님께 부르짖는 고통을 겪었다. 그러나 개혁된 교회는 항상 개혁되어야 한다는 구호에 맞게 거대한 장벽에 맞서 바늘구멍과 같은 틈새라도 찾고자 한다. 개혁의 물길을 쏟아온 선각자들의 노력이 시대마다 존재하였듯이 지금의 위기도 개혁될 좋은 기회로 믿으며 푯대 되신 주님을 향해 부르심의 상을 좇아 부지런히 달려가야 할 것이다. 큰 글씨를 서판에 새겨 달려가는 사람들도 다 읽을 수 있게 하는 선지자의 경주는 멈추지 말아야 한다. 필자는 이와 같은 심정을 본서에 표출해보았다.

목회현장에서 실천해 보았기에 저항세력의 강력함이 얼마나 큰지

도 잘 안다. 필자는 실패와 좌절과 큰 낙심을 맛보기도 하였지만 그렇다고 외침 자체를 포기한 적은 없다. 입을 막으면 글을 썼다. 글로도 안 되면 다시 입을 열었다. 한국에서 안 되면 외국에 가서도 외쳤다. 동네 곳곳에 다니며 외쳤다. 듣든지 아니 듣든지 주님의 부름을 받은 자는 진리를 선포하고 가르쳐야 한다는 사명 때문이다.

주님은 가르치라고만 하시지 않고 "내가 너희에게 분부한 모든 것을 가르쳐 지키게 하라"고 하셨다. 우리가 받은 진리는 실천형이지 구호형이 아니다. 16세기 종교개혁자들이 직면한 장벽은 지금 주님의 선각자들이 맞대고 있는 것보다 훨씬 강력하였다. 그들이 믿은 것은 하나님의 말씀의 위력이었다. 그들은 믿고 따르는 참 신자들의 헌신을 가지고 있었다. 그들이 믿은 동일한 하나님이 우리의 하나님이시며 그들이 가진 성경을 우리도 가지고 있다. 그리고 그 말씀의 위력 앞에 자신들을 온전히 주님께 드리는 헌신자들이 존재한다. 그렇기 때문에 개혁이 불가능하다고 볼 수 없다. 강단이 윤리 혹은 일리 있는 소리에 점령당하지 않고 오로지 진리로 충만한 강단 되게 하는 것이 설교자들의 책무다. 사람들은 떠나가기도 한다. 진리에서 돌이켜 허탄한 이야기를 따라가는 자들이 더 많기 때문이다.

오병이어의 기적을 경험한 자들 대다수가 진리이신 예수를 떠나갔지만 영생의 말씀이 주님께 있음을 안 참 제자들은 주님을 떠나지 않았다. 남은 자들이 있음을 믿는다. 어쩌면 본서는 그런 자들을 위한 것일 수 있다. 물론 교회에 대하여 염려하며 바르게 세워 가고자 하는 자들에게 주는 용기도 얻을 것이다. 그리고 어떻게 해야 할지 망막한 탄식을 발하는 자들에게 마땅히 가야 할 길로 인도하시는 주님을 믿자고 격려 받음도 있을 것이다.

따라서 본서는 교회개혁을 추구하는 동역자들과 함께 고민하며 실천해본 것과 실행해야 할 것을 다루고 있다. 어쩌면 혹자는 주님이 오

실 때까지 실현 불가능한 것이라고 치부할 수도 있다. 그러나 천리 길도 한 걸음부터 하듯 우리의 수고가 헛되지 않게 하실 하나님을 신뢰하며 주님의 교회를 이 땅에 세워가는 일에 전무하는 것이 필요하다. 거룩한 공교회성의 현실화 작업은 결코 이상 세계의 일이 아니다. 이 땅에서 구현 가능한 일이다. 목사 교회가 아닌 예수님이 머리이신 주님의 교회가 온 땅을 뒤덮게 되는 새 역사를 소망한다. 사나 죽으나 우리 안에서 그리스도만을 높이는 역사가 온 땅에 충만하옵소서!

Sola Scriptura, Soli Deo Gloria!

2019년 2월

서창원

추
천

Crisis of the Church,
The Bible is the Key

"서창원 교수님의 교회를 위한 노력을 높이 사면서"

여기 서창원 교수님의 귀한 책이 또 우리에게 왔습니다. 이 땅의 교회가 과연 어떤 모습을 가져야 하는지를 고민하는 책입니다.

곳곳에서 이런 주장과 책들이 나타나고 있는 것은 우리들의 교회가 정상적이지 않다는 좋은 반증입니다. 문제가 있는 우리 교회를 새롭게 해야만 한다는 귀한 주장이 곳곳에서 일어나고 있습니다.

교회를 새롭게 하자는 주장은 종교 개혁시대에도 있었습니다. 그런데 그때에도 두 종류의 목소리가 있었습니다. 에라스무스와 그 부류의 사람들의 목소리가 하나이고, 개혁자들의 목소리가 또 하나입니다. 이 두 가지 목소리는 서로 연관됩니다. 에라스무스가 없었으면 루터가 있기 어렵습니다. 그러나 에라스무스가 말하는 것에 대해서 감사하면서도 그것으로는 교회가 개혁될 수 없다고 느낀 루터와 개혁자들은 더 근본적인 개혁을 요구하였습니다. 서창원 교수님의 요구도 그와 유사합니다. 교회개혁연대 등이 말하는 교회개혁의 목소리와 비슷하면서도 다른 점이 여기서 나타납니다.

먼저 성경에 충실하길 원합니다. 그리고 개혁파 신조에 충실하길 원합니다. 이 둘은 밀접히 연관됩니다. 그것은 개혁파 신조의 주장이 성경에서 나온 것이기 때문입니다. 개혁파 선배들이 철저히 성경에 근거해서 당대의 교회를 새롭게 하려고 했던 바를 서창원 교수님이 개혁파 목회자로서 한국 교회에 요구하시는 것입니다.

우리 모두 그의 목소리를 잘 들었으면 합니다. 요점은 “우리가 어떻게 하면 가장 성경에 충실한 교회가 될 것인가? 그리고 우리가 어떻게 개혁파 신조에 충실한 교회가 되고, 개혁파 신조에 충실한 목회를 할 것인가?” 입니다.

부디 우리 모두가 이런 길로 나아갔으면 합니다. 한국 교회가 마땅히 나아가야 할 길을 다 같이 나아가기를 바랍니다. 서창원 교수님과 비슷한 목소리를 들려주는 신학자들의 목소리도 우리 주변에 있음을 잘 의식하며, 우리 모두 성경에 충성하고 개혁파 신조에 충실한 교회를 향해 나아 갈 수 있기를 바랍니다.

이승구 교수

(합동신학대학원대학교 조직신학)

추천

Crisis of the Church,
The Bible is the Key

먼저 귀한 책을 낼 수 있도록 인도하신 주님께 감사와 영광을 돌립니다. 오늘날 현대인의 사고구조는 '본질 보다는 적용(適用)', '이론 보다는 실용(實用)', '역사성(歷史性)보다는 현대성(現代性)' 을 우선시하는 경향을 띠고 있다고 하면 과언일까요?

물론 물리적(物理的)인 분야에서는 '적용과 실용과 현대성' 을 상실하면 그 연구가 무의미합니다. 그래서 물리적인 영역에서는 그 점을 항상 염두에 두어야 합니다. 그러나 정신 영역, 아니 더 깊고 초월적인 영적(靈的)인 분야에 이르면 문제는 달라집니다. '적용과 실용과 현대성' 을 '본질과 이론과 역사성' 보다 앞세우면 심대한 파국이 일어나게 됩니다.

각 시대마다 당대의 사람들은 '우리 시대가 현대이고 새 시대이니 지난 시대에 머물면 안 된다' 하고 지난 역사를 거쳐 '발견된 것' 을 '현대적 연관성을 상실한 구식(舊式)' 으로 치부하는 성향을 보여 왔습니다. 지금도 마찬가지입니다. 그러나 그러한 발상은 실로 '완전하신 하나님과 그 계시의 완전한 기록인 성경을 믿는 우리에게 있어서' 치명적인 함정입니다.

'개혁주의'의 핵심은 '구(舊) 시대의 것을 고수하는 것'에 있지 않습니다. 도리어 '역사를 주장하시는 하나님이 교회사 속에서 가르쳐 주신 성경의 진리, 곧 백성들의 구원과 하나님 나라를 위한 성삼위 하나님의 영원한 작정과 실행과 적용이라는 불변의 진리'에로의 회귀, 그러면서도 그 진리가 요구하는 '현대적 적용'의 지평을 여는 것 – 그것이 개혁주의의 핵심입니다.

이 책은 그 개혁주의에 대한 핵심을 관통하는 논의를 담고 있습니다. 저자의 부르짖음은 한 개인의 취향이 아니라 모든 하나님의 교회와 그 지체들로서의 하나님의 사람들이 견지하고 표방해야 할 진리의 선포입니다. 주님께서 사랑하시는 이들이 이 책의 학습을 통해서 주님의 은혜와 진리와 그 능력과 영광을 더 알게 하시리라 믿습니다.

서문강 목사

(중심교회)

목차

제3부 교회의 개혁 어떻게 할까?

쯔빙글리가 목회한 그로스뮌스터 처치

PART 1

무엇이 문제인가?

Crisis of the Church
The Bible is the Key

1장

교회의 개혁[1] 또 외쳐야 하는가?

오늘은 종교개혁기념일이다. 꼭 501년이 된 오늘 교회에서 기념집회를 계획하고 실천하고 있지만 늘 행사에 치우치는 느낌이다. 사람들의 관심도 별로 없다. 교회 이대로는 안 된다는 말은 하지만 정말 의미 있게 개혁을 추구하고자 하는 이는 거의 없다.

그럼에도 불구하고 현재 교회가 처해 있는 상황은 정말 새롭게 회생되어야 한다. 그렇기 때문에 별 의미 없는 것처럼 여겨질 수 있는 종교개혁 기념집회를 여전히 가지는 것이다. 철저하게 부서지고 가지치기를 당하여서도 새롭게 회복기를 갈망한다. 성경에 충실한 교회, 신앙고백서에 어긋나지 않는 교회, 주님의 말씀이 지배하는 교회로서의 모습이 가장 이상적일 수 있다.

---

1. 본 강의는 2018년 10월 31일 고창성북교회 종교개혁기념 특강에서 발표한 것이다.

완벽한 교회는 이 땅에서는 존재하지 않는다. 그렇기 때문에 완벽한 교회를 기대할 수 없다. 그러나 우리가 가진 제한적인 지식과 지혜를 동원하여 가장 성경에 근접한 교회의 모습을 충분히 그려볼 수는 있다. 이미 그 문제를 고민하던 앞서간 많은 믿음의 선진들이 그 결과물들을 내 놓았다. 그렇기 때문에 뭔가 새로운 무엇이 있을 것이라는 기대는 접어도 된다. 그렇다면 501년 전에 루터나 츠빙글리 그리고 그 이후 세대들인 칼빈이나 녹스가 그린 참 교회란 무엇인가?

그들은 적어도 교회의 표지를 세 가지로 규정하였다. 첫째는 참된 복음 선포가 이루어지는 교회, 둘째는 올바른 성례가 거행되는 교회, 셋째는 정당한 권징이 시행되는 교회이다. 지금도 이 표지들은 유효하다. 왜냐하면 중세 시대처럼 이 세 가지가 다 무너져 있음을 단호하게 부정하기 어려운 상황이기 때문이다.

1. 참된 복음 선포가 이루어지는 교회

요즘 교회 강단에서 참된 복음의 진수가 흘러넘치는 일을 찾아보기 힘들다. 사실 이 부분만 생각하면 가슴이 미어온다. 적어도 개신 교회는 복음에 충실함이 당연한 일인데도 현실은 전혀 그렇지 않다는 것 때문이다. 복음의 일꾼인지 거짓 복음의 일꾼인지 정체성이 없다.

목사는 복음을 전하는 자로 부름을 받은 것이 분명한데 교회 경영자로 만족해하는 자들이 대부분이다. 회중들도 복음을 갈망하는 열기를 드러내지 않는다. 예배는 형식이고 은혜가 되면 좋고 되지 않아도 교회생활에 전혀 지장이 없다. 따라서 경영인으로서 교회를 잘 불려나갈 능력이 주어지고 거기에 약간의 성경 지식과 전달할 수 있는 웅변력을 갖추고 있으면 충분히 조직된 하나의 교회를 이끄는 일에 전혀 문제가 되지 않는다.

얼마나 주의 도를 깊이 깨닫고 있고 주께서 인생들을 위해서 행하신 일들을 얼마나 충실하게 강론할 수 있는가보다는 사람들에게 감화력 있는 메시지들, 윤리적이고 실생활에 편리함과 안락함을 안겨다 줄 수 있는 것인지에 대한 분별력만 있으면 족한 시대가 되었다. 그렇기 때문에 사람들이 반드시 들어야 할 진리가 아닌 사람들이 듣고 싶어 하는 소리들을 집중 탐구하고 있다. 그것이 사람들을 오게 하고 교회에 붙들어 매게 하고 즐거워할 수 있는 상품 판매술에 능숙한 교회사업가가 되게 한다.

그런 일들을 잘 하는 자들이 교회 안에서 인기가 있다. 어디서든지 환영을 받는다. 왜냐하면 지금 이 시대가 종말이 정말 가까운 시대라고 한다면 바울 사도의 지적은 더더욱 실제적인 것이 되기 때문이다. 즉 '사람들은 바른 교훈을 받지 않고 귀가 가려워 사욕을 좇을 스승을 많이 두고 그 귀를 진리에서 돌이켜 허탄한 이야기를 좇아가는' 시대적 사람들이 주를 이루고 있다. 역으로 말하면, 참 진리의 사람들은 인기를 누릴 수가 없다는 말이다. 배척당함이 정상이 되어버렸다. 물론 이것은 종말론적인 현상만은 아니다. 매 시대마다 그런 범주에서 크게 벗어난다고 말할 수 없음은 과거 기독교의 역사가 증명한다.

설교가 가장 왕성했던 17세기 청교도 시대에도 대다수 사람들은 진리를 선호하지 않았다. 수많은 회심자들이 있었던 18세기 대각성 시대에도 절대다수는 진리를 배척하였다. 그런 것을 보면 오로지 영생을 주시기로 작정된 자들만 예수를 믿고 따르며 동시에 주님의 양들만 주님의 음성을 듣는 것이다. "하나님께 속한 자는 하나님의 말씀을 듣는다. 그러나 듣지 않음은 하나님께 속하지 아니하였다"는 주님의 지적은 예나 지금이나 동일하다.

과연 교회 개혁, 어떻게 할 것인가? 진리를 지키자니 사람들에게 인기가 없고 사람들을 좋게 하자니 진리가 가려진다. 극복할 만한 똑부러진 방법론이 딱히 존재하는 것이 아니다. 힘으로도 능으로도 되지 아니하고 오직 여호와의 신으로만 가능하다. 그런데 여호와의 신이 독단적으로 일하시지 않고 반드시 사람을 불러 사용하신다. 이것은 성경이 증거하고, 지난 기독교 역사가 입증한 것이다.

종교개혁자들도 사람들이었고 청교도들도 인간들이었다. 대각성운동의 주역들, 세계 곳곳에 복음의 신비를 뿌린 자들도 다 하나님이 부르신 인간들이었다. 그렇기 때문에 지금도 교회의 주도적인 역할을 하는 자들은 주 예수 그리스도께서 교회의 머리임에도 불구하고 그 몸에 붙어 있는 사람들이다. 특히 교회 목사들이 그 중심에 있다. 따라서 교회 개혁은 엄밀히 말하면 목사들 개혁이라고 해도 틀리지 않는다.

목사들은 사람들의 흐름이나 전통이나 욕구에 휘말리지 않고 오로지 일점일획도 변함이 없는 진리의 말씀에 사로잡혀야 한다. 진리에 능통해야 한다. 운동도 필요하고 취미생활도 필요하고 교회 행정적인 업무들도 다 필요하다. 그러나 그 모든 것들보다 더 중요한 것은 진리의 말씀을 깊이 연구하고 그 말씀을 자신에게 먼저 적용하고 용해되도록 훈련되어야 하며 자신의 말로 정확하게 회중들에게 선포할 수 있어야 한다.

말씀 선포는 예전의 한 순서로 만족해서는 안 된다. 그것은 예배의 모든 것이어야 하며 모든 것이다. 예배순서들은 모든 것들이 다 인간이 하나님께 올려드리는 것이다. 오직 말씀 선포만이 하나님으로부터 인간에게 내려오는 선물이다. 그렇기 때문에 설교 사역을 무시하는 자는 하나님의 교회의 일꾼이 될 자격이 없고, 하나님의 교회의 일원이라고 말할 수 없다.

말씀을 전하는 목사를 포함한 모든 성도는 다 영의 양식을 섭취해야만 자신들의 직무에 충실할 수 있다. 마치 인간이 음식물을 섭취해야만 인간으로서 활동할 수 있는 모든 기반을 갖추게 되는 것과 같다. 제 아무리 천하장사요, 미인 중 미인이라고 할지라도 입에 들어가는 것이 전혀 없다면 그 아름답고 소중한 몸매들은 무가치한 것이 되고 만다. 종국에는 다 흙으로 돌아갈 뿐이다.

그러므로 교회 개혁은 철저하게 성경중심의 강단이어야 한다. 그리고 성도들이 진짜 주님의 양들이라고 한다면, 주님의 말씀을 듣고 배우고 실천하는 일에 최우선적이어야 한다. 교회에서 맡겨준 일 때문에 존재하는 것이 아니다. 그리스도의 피로 죄 씻음을 받아 새로운 피조물이 된 성도이기 때문에 그리스도로부터 필요한 양분을 잘 공급받게 된다. 그래야 지체로서의 자기 역할을 할 수 있다.

그런데도 많은 사람들은 신령한 젖을 공급받는 일을 중시하지 않는다. 설교마저도 교세확장의 한 도구로 전락되어버린 시점에서 교세부풀리기에 기여하는 것이라면 지체들의 사역 역시 설교 사역 못지않게 중요한 것이라고 간주하게 된다. 그래서 과거와는 현저하게 달리 현재에는 수틀리면 목사들을 강단에서 끌어내리는 일을 전혀 두려워하지 않고 자행한다. 목사들을 향해 갖은 욕설과 비난과 비방하기를 멈추지 않는다. 그것이 마치 정의의 사자들로 행하는 것처럼 주의 택하신바 된 일꾼들에 대한 테러행위들이 하루가 멀다 하고 발생한다.

교회 안에 자리 잡은 마귀의 수하에서 놀아나는 쓴 뿌리의 세력들이 너무나 강하다. 교회 안에서 오랫동안 자기 자리를 구축해 놓고 자신들의 입맛에 맞는 것들만 골라서 한다. 그렇지 않으면 과감하게 적대감을 드러낸다. 자기 자리가 위협받는다고 생각한다. 말씀과 믿음이 우선이 아니다. 본토 친척 아비집이 주의 명령보다 더 우선이다. 그런 자들로 둘러싸인 교회 강단은 결코 진리의 샘물을 흘려보내지 못한다. 생명력 있는 역사를 기대할 수 없다. 천국백성으로 살아갈 수 없고 살아낼 수도 없다. 그렇기 때문에 진리에 충실한 일꾼들은 핍박을 각오해야 한다. 언제나 대적자들의 공격이 끊이지 않음을 인식하고 있어야 한다. 개혁자들이 그렇게 싸웠고 대각성의 주역들도 그러했다. 진리는 싸울 때 그 빛이 더 강렬하다.

교회 개혁이 이루어지지 않는 것은 말씀 선포자들의 책임이기도 하지만 동시에 신자들의 책임도 크다. 선포되는 말씀대로 따르지 않고 자기 생각대로 행동하는 것이 참으로 많기 때문이다. 말씀 자체도 자기 주관적으로 이해하고 받고 판단한다. 어설프게 정립된 자기 기준이 절대적이다. 기록된 계시의 말씀에 비추어서 판단하기보다는 기록된 말씀을 자기 경험이나 지식에 맞추고자 한다.

신자들은 순복권보다 선택권을 더 중시한다. 그리고 진리로 인한 환난이나 손실은 결코 용납하려고 하지 않는다. 왜냐하면 자기 잘 됨이 신의 은총이어야 하기 때문이다. 자기희생과 자기부인은 옛날의 기풍이었지 지금은 시대착오적인 발상이다. 그것이 지금 교회 안에 흐르고 있는 대세이다. 이 흐름을 몰아내는 작업에 섣불리 나서려고 하지 않는다. 다 관망하며 좋고 편안하고 재미있는 것에 쏠린다. 그러나 진리는 목사만이 지켜낼 수 있는 것이 아니다. 진리에 속한 자들도 해야 할 일이다. 진리를 거슬려서 할 수 있는 것이 아무 것도 없어야 하고 오직 진리를 위할 뿐이라는 신앙고백이 날마다 있어야 한다. 목청껏 외쳐야 한다. 진리를 위한 사기를 높이 사는 길이 될 것이다.

그렇다면 이와 같은 본질을 해치는 것은 무엇인가?

실상 교회의 타락, 하나님의 백성들의 타락은 성경이 증거하고 있듯이 우상 숭배와 밀접한 관계가 있다. 구약 시대에는 각종 거짓 종교들의 난무로 이스라엘이 미혹되어 결국은 패망을 초래하게 되었다. 신약 시대에 와서도 사도들이 세운 교회의 부패와 타락은 시대마다 등장하였고 그에 따른 우상들이 교회에 파고들었다.[2]

특히 오늘날은 그 도가 더 심하다. 단순히 사람들의 수공물에 불과한 잡다한 신상들을 섬기는 것만이 아니다. 교회의 흐름을 지배하고 있는 지금의 우상은 세속주의 정신에 매몰된 성공 사례이다. 성공이라는 탐욕의 우상숭배는 이제 그 도가 넘치고 있다.

한국 교회에 불어 닥친 피터 와그너의 교회 성장학과 오순절파 교회들의 수적 증가세에 매료되어 너도나도 교세 확장에 열을 올렸다. 결과 대형 교회들이 속출하게 되어버린 것이다. 그 같은 성공사례가 주목을 받으면서 '오직 성공'이라는 새로운 우상으로 자리 잡았다. 그 이유는 간단하다. 크고 많고 높은 것을 소유하려는 인간의 욕망을

---

2. 여기서 말하는 우상은 단지 사람들의 수공물이 아닌 종교적 우상을 포함한다. 가톨릭교회가 만들어낸 수많은 형상들을 포함하여 '우상'이란 '궁극적 관심'의 자격이 될 수 없는 그 무엇이 인간에게 '마음과 뜻과 힘을 다하여 관심 갖도록 유혹하는 그것'이다. 그리고 '그것'에 충성과 마음과 뜻을 다 바치는 행위와 마음의 태도가 곧 '우상숭배'이다. 김경재, "함석헌의 저항, 우상과의 싸움," 2013. ssialsori.net/bbs/board.php?bo_table=0402&wr_id=91

자극하고도 남는 것이기 때문이다. 세상의 신이 추구하는 정신에 사로잡혀 교회의 궁극적인 관심이어야 하는 복음의 광채를 차단해 버리고 있다.[3] 여기에 필연적으로 수반되는 것이 대중적 인기이다. 더 이상 복음의 광채가 만들어내는 영적 깊이와 높이와 크기가 중요하지 않다. 오로지 세속적 판단의 기준이 물량적 교회 성장이라는 우상을 낳게 만든다. 그렇기 때문에 소위 성장 병에 빠져서 온갖 불법적 현상들이 묵인되었고 그로 인해 파생되는 갖가지의 부작용들이 그리스도인이라는 이름을 무색하게 만들었다.

주님의 교회를 바로 세우려면 '오직 성장' 이라는 우상을 파괴해야 한다. 이것이 교회 개혁의 현실적 방안이다. 손봉호 교수는 우상숭배를 이렇게 정의한다.

> 실제로 하나님이 아니거나 하나님보다 더 믿을 수 있는 것이 아닌데도 하나님인 줄 알고 믿는 것이 우상숭배다. 교회 식구들 치고 우상을 섬기고 있다고 생각하는 자가 누가 있겠는가? 그들은 자신들은 다 믿을만한 것을 믿는다고 여긴다. 우상인줄 알고 우상을 섬기는 사람은 아무도 없다.[4]

손봉호 교수는 목사들이나 성도들이 섬기고 있는 우상의 한 실례를 '우리 교회' 라는 우상으로 꼽았다. 개교회주의도 그 정도가 심한데 그것을 뛰어넘어서 '우리 교회' 가 하나님보다 더 중요하게 되었다는 것이다. 손봉호 교수의 말을 조금 더 읽어보자:

---

3. 고후 4:4.
4. "한국 교회의 위기와 해결책" 이란 글에서 발췌한 것임.

하나님의 영광에 해가 되더라도 ‘우리 교회’ 성장이나 명예에 이익이 되면 감행하고 하나님의 영광을 크게 높이는 것이라도 ‘우리 교회’에 도움이 되지 않으면 하지 않는다. 다른 교회 교인들이 오는 것을 환영하는 것은 누가 봐도 비신사적이고 하나님 나라 확장에 아무 도움이 되지 못할 뿐 아니라 오히려 방해가 된다. 세상 사람들은 이런 ‘양 훔치기’(sheep snatching)나 대형버스가 온 도시를 돌아다니면서 교인 실어 나르는 것을 보고 ‘교회 장사’ 한다고 비웃는다.

주님의 일꾼들은 하나님의 말씀을 성취하라고 부름을 받은 자들이요 복음을 전하라고 세움을 입은 자이지 교회몸집 부풀리기를 위해서 부름을 받은 자들이 아님을 명심해야 한다.

> 나는 심었고 아볼로는 물을 주었으되 오직 하나님은 자라나게 하셨나니 그런즉 심는 이나 물주는 이는 아무 것도 아니되 오직 자라나게 하시는 이는 하나님뿐이니라 (고전 3:6–7)

2. 올바른 성례 거행

로마가톨릭의 7성례에 비해서 오늘날 개신교는 분명 올바른 성례, 즉 세례와 성찬 두 가지만을 인정하고 있다. 모든 개신교회가 다 그렇게 믿고 있다. 그러나 오늘날 이 두 번째 표지도 개혁의 기치가 되고 있다. 왜냐하면 세례가 세례답게 진행되지 않고 있기 때문이다. 교회마다 학습교육을 하고 그 후 신앙생활을 참조하여 세례받기에 합당하다고 여길 때 세례 문답을 통해서 세례식을 거행한다. 그러나 그 과정이 지나치게 형식적이라는 점이다. 세례식 역시 통과의례가 되어버렸기 때문이다.

그리스도와 결혼한다, 혹은 연합한다는 새 출발점을 알리는 예식이 큰 의미 없는 행사로 전락되었다. 옛 사람을 벗어버리고 새 사람을 입었다는 감격적 출발을 찾기가 드물다. 신자의 거듭난 증거를 세밀하게 검토할 겨를도 없다. 그냥 교회에 잘 출석하고 있고 사도신경과 주기도문 십계명 다 외우고 있는 정도로 심사하고 만다.

그러나 교회 멤버십은 매우 중요하다. 영적 지식과 신앙 실천력, 봉사와 교제 등 정말로 새로운 피조물이라는 내외적 증거들을 찾아서 확인하고 그리고 온 회중들 앞에서 자신의 옛적 삶을 청산하고 그리스도 안에서 새 사람으로서의 새 출발하는 각오를 간증하고 공포하는 일이 필요하다. 그렇게 해도 세상으로 되돌아가는 자들이 나온다. 그런데 세례를 받기는 했어도 전혀 하늘나라 시민권자답지 못한 자가 많다. 특히 교회 직분자들 중에 외인들에게 칭찬을 듣지 못하는 이들이 너무나 많다. 우리는 이 부분을 철저하게 개혁해야 한다.

다른 차원의 이야기이지만 교회 직분 남발이 개혁되어야 한다. 세례식이 통과 의례로 전락되었듯이 교회에서 직분자를 세우는 것 역시 명예직으로 타락했다. 순수한 봉사직에서 세도를 부리는 권력집단으로 그리고 교회생활을 조금이라도 했다는 연륜을 따지는 명예직으로 전락되어버렸다. 머리이신 그리스도의 지침에 따라서 자기 역할에 충실하지 않고 그리스도의 자리에 자신이 앉아버린 것이다. 교인들의 대표가 되는 장로들의 횡포로 인한 교회의 신음소리는 도를 넘고 있다. 성경에도 없는 권사들의 텃새로 인해 상당수의 신자들이 상처를 받는다. 장로가 되는 길잡이인 안수집사직도 봉사와 섬김의 은사와는 상관이 없다. 잘 다스리는 자라야 한다는 장로직 역시 무슨 의미가 있는가? 목사 견제가 장로직의 전부로 알고 좀 시간이 지나면 교회 주인 노릇하는 자들로 세도를 부린다. 그렇기 때문에 올바른 성례와 더불어 교회가 필수적으로 해야 할 일은 정당한 권징시행이다. 이 부분은 잠시 후에 살펴보자.

올바른 성례 가운데서 반드시 개혁되어야 할 부분 역시 성찬식 시행이다. 얼마나 자주해야 하는가? 매주 하는 것을 보니 남용되기 쉽고 뜸하게 하자니 그리스도의 살과 피를 먹고 마시는 일을 소홀히 여기는 죄를 범할 수 있다. 제대로 준비하고 올바르게 성찬을 대하기 위해서는 언제나 신중한 자세가 필요하다. 주의 살을 분변치 못하고 함부로 먹고 마시는 죄를 범해서는 아니 되기 때문이다.

성례는 성도들의 삶의 현장에서 년 4회 혹은 6회가 바람직하다고 본다. 지나치게 자주도 아니고 그렇다고 간격이 너무 먼 것도 아니다. 과거 장로교회에서는 지역노회별로 성찬식이 주어져서 개교회에서 2회만 해도 거의 40주 가까이 성찬 시즌에 접할 수 있었지만 현대교회에서는 장로회주의 원리에서 벗어 난지 오래되었기 때문에 개교회 중심의 교회생활에서는 앞에서 제시한 횟수가 바람직하다고 본다.

다만 성찬식을 할 때 정말 성찬에 참여할 수 있는 자격자인지 아닌지를 검증하는 절차가 개발되어야 한다. 옛날에는 심방을 통해 걸러냈지만, 지금의 심방 목적은 다르다. 단지 위로하고 격려하고 축복하는 것이 전부다. 그렇기 때문에 성찬을 통한 권징이 성립될 수 없는 상황이다. 성도들 개개인의 신앙 양심에 맡길 수 있다. 그러나 그것도 요즘은 별 의미가 없다. 목사가 보기에는 정말 참여하지 않아야 할 자로 간주해도 본인은 버젓이 성찬을 대한다. 그걸 지적했다가는 상처받고 교회를 떠날 우려 때문에 목사는 말도 못한다. 예배당을 나가게 하기보다는 예배당에 와서 한 번이라도 말씀을 더 듣게 하는 것이 낫다고 보기 때문이다.

그래도 목사는 양심에 호소해야 한다. 주의 떡과 잔을 분별치 못하고 먹고 마시는 것이 곧 죄를 먹고 마시는 것과 같다는 사실을 늘 말해 주어야 한다. 선택은 본인의 것이다. 그러나 더 좋은 것은 신실한 장로들이 성도들을 일일이 심방해서 성찬 받기에 합당한 자들이 되도록 잘 준비함이 선행되어야 한다.

성찬은 보이는 복음이다. 그렇기 때문에 성찬 참여자들을 보고 비성찬자들이 도전과 각성을 가지는 계기가 되어야 한다. 지금 한국의 교회가 실천하고 있는 모습은 점차 본질과 거리가 멀어지고 있는 느낌이다. 올바른 성례 거행이야말로 영적으로 교회다운 교회 모습을 회복하는 지름길이다.

3. 정당한 권징의 시행

교회 멤버들이 회원으로서 권리와 임무를 잘 수행하지 못할 때 교회는 권징을 시행해야 한다. 미운 사람 축출 방도로서가 아니라 죄로 물든 죄인들을 돌이키어 참 그리스도인으로 회생시키는 것이 그 목적이다. 정적 제거는 권징의 목적이 아니다. 교회의 순결함을 지키고 미혹케 하는 악한 영들의 공격으로부터 주님의 양들을 보호하는 것이다. 우리 교단의 헌법에 수록되어 있는 권징조례 1장 2조에 실려 있는 권징의 목적도 이와 같다.

> 진리를 보호하며 그리스도의 권병[5]과 존영을 견고하게 하며 악행을 제거하고 교회를 정결하게 하며 덕을 세우고 범죄한 자의 신령적 유익을 도모하는 것이다.

웨스트민스터 신앙고백서에서 교훈하는 것을 보자.[6]

> 교회 권징은 범죄하는 형제들을 바로잡고 다시 얻고자 함이며, 동일한 죄악으로부터 다른 이들을 보호하기 위함이다. 그리고 온 덩어리에 퍼져 부패케 할 누룩을 제거함이며 그리스도의 명예와 복음의 거룩한 고백을 옹호하기 위함이며, 만일 악명 높고 완악한 범죄자들에 의해서 하나님의 언약과 그 언약의 인침을 훼손하게 되면 교회에 임할 하나님의 진노를 막기 위함이다.
>
> 이러한 목적들을 효과적으로 달성하기 위하여 교회 직임자들은 당사자의 범죄와 과실의 성격에 따라서 권계 일시적인 수찬정지 그리고 교회에서의 출교를 부과할 수 있다.

---

5. 권력을 가지고 사람을 좌우할 수 있는 힘

6. 웨스트민스터 신앙고백서 제 30장 3항 4항, 서창원, 『개혁교회는 무엇을 믿는가?』(진리의 깃발사, 2010), 387에서 인용한 것임. 교회 헌법에서 다룬 권징조례를 참고하라.

현대교회에서 권징이 실행되지 않는 가장 큰 이유는 교인 감소에 대한 두려움 때문일 것이다. 실지로 교회에서 치리를 받은 성도들이 순수하게 순복하고 해벌될 때까지 근신하며 겸손을 배워가는 성도들은 거의 없고 타 교회로 이전해버린다. 치리 받은 교인을 받지 말아야 할 교회가 아무런 감독함이 없이 교인으로 수용해버리는 현실에서 치리하는 목사들만 바보가 된다. 그러나 교회의 보편성은 교회의 거룩성과 함께 강조되고 있음을 잊어서는 안 된다.

사도신경은 '거룩한 공회'를 믿는다고 고백하는 것이다. 그 거룩한 공교회는 세상을 향해 나아가게 하는 열린 넓은 문이 아니다. 그렇다고 아무나 살펴봄이 없이 수용하는 것도 아니다. 도리어 좁은 문으로 들어가라고 하시는 주님의 명령에 대한 순종이다. 자격 기준을 엄정하게 살펴서 참된 신자들로 구성되어 있는 교회이다. 낮은 교회 문턱이 알곡보다 가라지가 더 많은 교회가 되게 한 것이다. 지금은 알곡을 제대로 훈련시키는 것이 요구된다. 장로회주의 보편적 교회의 일원이 무엇인지를 확실히 해야 한다.

사실 권징은 교회의 머리이신 그리스도의 권리를 인정하고 그의 이름의 존귀함과 영광을 굳건히 세워가는 일이다. 그의 권위에 도전하거나 그의 이름을 훼손시키는 악한 일들이 교회 안에서 발생하지 못하게 하는 예방적 조치이다. 권징은 사고 후의 처리에 강조점이 있기보다는 사고 예방약에 주안점이 있다. 율법이 주어진 것도 마찬가지로 사고를 미연에 방지하고 하나님이 정하신 테두리 안에서 참 자유함을 누리게 하는데 초점이 있는 것과 같다.

권징이 없다고 한다면 교회는 무법천지의 공연장이 될 것이다. 인간의 본성은 주의 법에 순종형이 아니다. 그렇기 때문에 그 본성을 억

제시키는 처방약이 필요하다. 그것이 권징조례이다.

오늘날 한국의 교회 안에는 이 권징이 거의 사라지고 말았다. 물론 범법한 자에 대한 교회와 노회 및 총회의 재판이 존재한다. 그러나 교인들 중 교회의 재판결정을 신뢰하고 따르는 자들이 많지 않다. 원인은 공정성 결여 및 부당한 판결 등이겠지만 실상은 자신들의 생각에 반하는 것에 대한 거부반응이 더 큰 원인이다. 순종보다는 물리적인 항의를 통해서라도 자신의 권익을 잃지 않겠다는 의욕이 앞선다. 정당한 권징이 회복되어야 할 이유가 이것이다. 정당한 판결이 일어났으면 뒤집는 일은 없어야 하는데 실력행사에 의해서 뒤집히는 일들이 빈번하게 발생하다보니 불신의 농도가 짙다.

당회와 노회 및 총회의 삼심제도를 통해서 억울한 판결을 걸러내고 오직 기록된 말씀을 따라서 정해진 법규를 가지고 정당하게 심판하는 것은 교회의 위엄과 순결한 상태를 지켜낼 수 있는 근간이 된다. 그리고 말씀의 권위를 더 확고하게 하는 방편이 된다.

작게는 개교회에서 품행과 언어 사용에 있어서 그리스도인으로서 합당하지 못한 자들에 대한 권고와 견책과 책망과 바르게 함을 정당하게 실천한다면 교회의 권위는 말씀의 권위와 더불어 견고하게 유지되었을 것이다. 세상 사람들조차도 교회에 속한 자들을 싫어하거나 경멸하게 된 지금의 현실은 목회 현장에서만이 아니라 선교 현장에서도 복음의 진보를 가로막는다.

선교지에서는 더 심하다. 실적 위주의 선교보고서를 하지 않으면 선교지원이 끊기기 때문이다. 따라서 교회는 업적 쌓기 선교정책에서 진정으로 주님의 복음을 전하여 그리스도에게로 온전히 돌아오는 참 신자를 배양하는 일에 최선을 다해야 한다. '선교사업 브로커' 들을 파송하는 교회가 아니라 '선교사역'을 충실하게 감당하는 일꾼들을 보내야 한다. 전자는 선교사 임무를 자신의 경력을 쌓아 한국의 목회지에 청빙을 받거나, 혹은 안식년을 빙자하여 유학 갈 기회를 잡는 상승기회 삼기, 양질의 자녀 교육시키기 위한 발판 만들기, 선교지에서 재물 쌓아 노후생활을 안전하게 보장하기 위한 도구 외엔 다른 용도가 없다. 단기 선교팀들을 끌어들이고 그들 뒷바라지에 대다수의 시간들을 보내며 선교비 지원금 늘려서 자신들의 배만 채우는 사업가 선교사들이 없다고 부정할 수 없는 것이 현실이다.

물론 선교사역(mission)자체에 온전히 헌신하고 있는 많은 선교사들이 존재하고 있다. 그들 때문에 선교현장에 복음의 아름다운 열매들이 있음을 인해 감사한다. 그러한 모든 것들을 관리 감독해야 할 당회나 노회나 총회의 모든 활동들이 합법적이고 공정한 규율에 따라서 실천되어져야 한다. 하나님이 말씀하신 것이 법이요 그를 어기는 것이 불법이다. 불법을 행하는 자들은 음부에 떨어질 뿐이다.

이상 교회의 개혁이 반드시 필요하다는 전제하에서 강단사역이 철저하게 기록된 말씀 중심의 사역이어야 함을 강조하였다. 말씀의 사자들을 귀중히 여기고 보호하며 지켜야 한다. 그 반대의 길에 서는 것은 주님의 교회를 허물기를 갈망하는 마귀의 일에 동참하는 일이 된다. 성례가 바르게 실천되며 교회의 거룩성과 순결성을 훼손하는 자들에 대한 정당한 권징이 세워질 때 건강한 교회, 참된 진리의 기둥과 터인 주님의 교회가 세워진다.

2장

개혁교회의 현재와 미래[1]

종교개혁 500주년을 맞이한 뜻 깊은 올해 합동교단의 제54회 목사장로회 기도회에서 특강을 맡게 됨을 영광스럽게 생각한다. 특별히 내게 주어진 주제인 개혁교회의 현재와 미래라는 제목을 받고 종교개혁의 500년을 되새기면서 주님이 오시는 날까지 개혁교회의 참 모습을 회복하고 발전시켜가는 일에 복 되게 쓰임을 받고자 하는 마음으로 준비를 하게 되었다. 귀한 기회를 허락하신 하나님과 총회장님을 비롯한 임원 여러분들에게 진심으로 감사를 드린다.

본 강의는 크게 두 가지 측면에서 진행하고자 한다. 첫 번째는 500년 전 종교개혁 이후 개혁교회의 간략한 역사이해를 돕는 설명과 한국의 개혁교회의 현재 모습을 서술하고, 마지막으로는 개혁교회가 가

1. 본 강의는 2017년 5월 10일 예장합동 제54회 전국목사장로기도회에서 발표한 것이다.

시적으로 나타내야 할 참 표상이 어떠해야 하는지를 제시하며 본 강의를 마치고자 한다.

1. 개혁교회의 역사적 기원과 이해

개혁교회(Reformed Church)는 크게 두 가지로 분류할 수 있다.

하나는 부패한 중세교회를 바로잡고 초대교회에 비추어 성경적인 올바른 교회를 세우고자 몸부림친 개신교회를 전부 통틀어서 개혁교회라고 통칭하는 것이다. 이것은 주로 로마가톨릭교회와의 구별을 위해 사용하는 광의적인 개신교회라고 볼 수 있다.

다른 하나는 중세교회의 혁신을 추구하였던 개혁자들 가운데서 루터와 재세례파들과의 구별을 나타내는 개신교도들을 일컫는 것이다. 칼빈을 따르는 서구 개신교도들(스위스나 네덜란드 및 동구라파 지역의 교회들이 이에 속한다)과 존 녹스의 가르침을 따르는 잉글랜드와 스코틀랜드의 장로교도들이 여기에 속한다고 볼 수 있다.

오늘날은 크게 칼빈주의 신학을 따르는 교회들로 한정되게 사용되고 있다. 이들의 주된 특징은 건전한 교리를 바탕으로 교육과 예배 및 교회 직임과 구조 등 교회생활의 모든 분야, 그리고 현장에서 성도들의 삶의 모든 영역에서 1) 오직 성경(Sola Scriptura), 2) 오직 그리스도(Solus Christus), 3) 오직 은혜(Sola Gratia), 4) 오직 믿음(Sola Fide), 5) 오직 하나님께 영광(Soli Deo Gloria)이라는 다섯 개의 Solas를 신봉하는 교회를 말한다. 이러한 신학적 입장을 따르고 있는 입장을 개혁신학 혹은 칼빈주의 신학과 신앙이라고 말할 수 있다.

그리고 이러한 내용을 집대성하여 교리적으로 가장 잘 요약하여 성도들의 삶에 적용시키며 개혁교회의 틀을 확립시킨 표준 문서가 웨스트민스터 신앙 표준 문서들이다: 신앙고백서와 대소요리문답 및 예배모범과 권징조례. 그 중 소요리 문답의 첫 세 번의 문답에서 개혁주의의 가장 기본적인 교리와 삶을 잘 요약하여 설명하고 있다.

Q1. 사람의 제일 되는 목적이 무엇인가?

답: 사람의 제일 되는 목적은 하나님을 영화롭게 하고 그를 영원토록 즐거워하는 것이다.

Q2. 하나님이 무슨 규칙을 우리에게 주시어 어떻게 자기를 영화롭게 하고 즐거워할 것을 지시 하셨는가?

답: 신구약 성경에 기재된 하나님의 말씀은 어떻게 우리가 그를 영화롭게 하고 즐거워할 것을 지시하는 유일한 규칙이다.

Q3. 성경이 제일 요긴하게 교훈하는 것이 무엇인가?

답: 성경이 제일 요긴하게 교훈하는 것은 사람이 하나님을 어떻게 믿을 것과 하나님이 사람에게 요구하시는 본분이다.

여기에서 우리는 개혁교회의 삼대 표어를 읽을 수 있다. 즉, '하나님 중심', '성경 중심', '교회 중심'이 그것이다. 사실 이것은 한국의 개혁파 신학을 따른다고 고백하는 교회들 그 중에 보수적인 장로 교회들은 1980년대까지만 해도 이 삼대 표어를 항상 교회 주보 맨 앞에 기재하였었던 개혁교회의 두드러진 표상이었다.

그러나 80년대 중반부터 불기 시작한 교회 성장학과 세 개의 찬송가(새찬송가, 개편찬송가, 합동찬송가)로 나뉘어 있던 것이 통일찬송가로 하나로 만들어지면서 교회에서 점차적으로 이 표어가 사라져갔다. 그 자리에 교회 성장을 위한 개교회의 목표만이 나열되었던 것이다. 그리하여 지금은 절대다수 교회들의 주보에서 사라져버린 표어가 되었다. 있다고 해도 지금은 명목상으로만 겨우 보존되고 있을 뿐이다.

그러나 우리가 기억할 것은 이 표어는 사실 개혁교회가 스스로 창출한 것이 아닌 삼위일체 하나님의 말씀에 나타나 있다는 사실이다.

예를 들면, 모세가 이집트에서 종살이하던 이스라엘 백성들을 건져내라는 명령을 받고 '나를 보내신 이가 누구라고 말할까?' 라는 질문에 하나님 여호와께서 친히 답변하신 것에서 읽을 수 있다. 하나님은 "나는 스스로 있는 자니라"(I am Who I Am), "이것은 나의 영원한 이름이요, 대대로 기억할 나의 칭호니라"(출 3:14~15)고 하셨다. 스스로 계신 하나님이 그들의 하나님 여호와이시라는 의미이다.

이집트에 살 때에는 이집트인들이 섬기는 신들을 섬기고 이집트인들이 주인 노릇하였지만 이제는 전능하신 하나님이 크고 강한 팔로 이스라엘을 이집트 종 되었던 땅에서 건져내셨다. 하나님이 이렇게 하신 것은 과거 이스라엘의 조상들인 아브라함과 이삭과 야곱과 맺은 언약 때문이었다. 한 번 하신 약속은 반드시 지키시며, 정하신 때에 직접 성취하시는 여호와께서 그들의 하나님이 되셨고 그들의 주가 되신 것이다. 그것이 곧 하나님 중심의 삶을 말하는 것이다.

하나님 중심(God-centered)이란 한마디로 말하면 교황과 같은 어떤 인간도 하나님의 백성들의 중심일 수 없다는 점을 의미한다. 개혁주의는 창조주 하나님과 피조물 인간을 엄격하게 구별한다. 인간을 특수한 위치에 두는 신학을 용납하지 않는다. 창조주 하나님만이 자연과 인간과 우주의 통치자이시며, 구원은 전적으로 하나님의 주권에 있음을 믿기 때문이다. 자신이 받아야 할 영광을 다른 어떤 피조물에게 돌리는 것을 용납하지 않으신다. 오직 하나님께만 영광을 돌리는 것이며 오직 하나님만 섬기는 것이요, 오직 그의 이름을 높이는 것이다. 이것이 하나님 중심 사상이다.

또한 출애굽 한 이스라엘 백성들에게 하나님은 이렇게 요구하셨다.

> 여호와께서 모세에게 일러 가라사대 너는 이스라엘 자손에게 고하여 이르라 나는 여호와 너희 하나님이라 너희는 그 거하던 애굽 땅의 풍속을 좇지 말며 내가 너희를 인도할 가나안 땅의 풍속과 규례도 행하지 말고 너희는 나의 법도를 좇으며 나의 규례를 지켜 그대로 행하라 나는 너희의 하나님 여호와니라 너희는 나의 규례와 법도를 지키라 사람이 이를 행하면 그로 인하여 살리라 나는 여호와니라 (레 18:1-5)

이것은 하나님 여호와의 특별한 은총으로 구속함을 받은 이스라엘 백성들이 살아가야 할 삶의 원리를 명해 주신 것이다. 한마디로 기록된 성경 말씀 중심으로 살아야 한다는 것이다.

'성경중심' (Bible-centered)이란 우리가 알아야 할 신앙의 모든 것,

그리고 신앙인으로서 우리가 살아야 할 삶의 모든 방식과 원칙이 오직 기록된 말씀인 성경임을 주장하는 것이다. 성경 외의 그 어떤 것도 신앙의 표준일 수 없고 신학의 원천일 수 없다.

반면에 로마가톨릭과 같은 자들은 성경 외에도 소위 성전(聖傳)이라는 전통을 성경과 동일한 권위로, 때로는 이것을 통해 성경을 해석한다 하여 성경보다 우월한 권위로 받았다. 그러나 개혁주의는 성경에 반하는 모든 전통은 구속력이 없음을 선언하였다. 누군가의 주장이 옳다고 강변하려면 반드시 성경에 근거해야만 한다. 성경만이 신적 권위를 지니기 때문이다. 성경의 재가가, 곧 하나님의 재가이다.

과거에 개혁교회의 지도자들과 성도들은 대부분이 하나님의 기록된 말씀을 중심으로 생각하고 말하고 행동하였다. 하나님의 말씀을 훼손하거나 파괴하는 죄를 가장 무서운 죄로 여겼다. 한 말씀이라도 지키고자 목숨을 다해 헌신했다.

하나님도 이 말씀을 우리에게 주시기 위해서 그냥 입을 벌려 말씀들을 쏟아낸 것이 아니다. 그의 손가락으로 돌 판에 친히 글을 새겨 주셨다(출 31:18). 이것은 은유적인 표현이나 손으로 돌에 글을 새기는 것은 피 흘림이 없이는 불가능한 것이다. 하나님이 파멸에서 속량해 주신 이스라엘 백성들이 어떻게 살아야 하는지 그 계명이 주어짐은 교회의 머리가 되신 주 예수님이 피 흘리시기까지 순종하심으로 온 것임을 나타내는 것이다.

피 흘림이 없이는 죄 사함이 없고 죄 사함 받음이 없이는 하나님의 계명에 순종할 수 없다. 그러므로 처음부터 하나님은 구속함을 받은 백성들에게 아브라함과 이삭과 야곱의 하나님 외에 다른 신들이 없음을 천명하셨고, 그 하나님을 경외하는 자들은 반드시 그의 입에서 나오고 그의 손으로 새겨 주신 그의 규례와 법도를 듣고 지켜 행하는 것임을 밝히 선언하셨다.

그렇게 구원함을 받은 백성들은 구원함을 받은 백성들의 모임인 교회를 떠나서는 존재할 수 없다. 그런 의미에서 교회 중심의 삶을 살아야 한다. 더욱이 칼빈에 의하면 교회는 '신자들의 어머니'(Mater Fidelium)이다. 진리의 기둥과 터인 교회를 통해서 신자 각각은 양육받고 보양되며 그리스도 안에서 온전한 자가 된다. 그리스도는 그 일을 위해서 교회의 직분자들을 세웠다. 일명 '항존직'이라고 하는 장로와 집사직이다. 말씀과 가르침에 수고하는 강도장로와 다스림에 수고하는 치리장로, 그리고 섬김과 봉사의 일을 감당하는 집사직은 지상에 주님의 교회가 존재하는 한 항상 있어야 할 직분들로 세움을 받은 것이다.

'교회중심'(Church-centered) 사상은 하나님 나라 건설을 추구하는 교회 중심의 신앙적 삶을 추구하는 것이다. 교회를 떠나서는 구원이 없고 신자들의 어머니인 교회를 통해서 필요한 모든 영의 양식을 구하며 교회에 주어진 사명을 완수하려고 애쓰는 것이다.

신학은 근본적으로 교회를 위한 학문이며, 교회를 섬기는 학문이다. 교회를 갱신하고 교회를 바르게 세우는 신학이 되지 못하면 참된 신학이 아니다. 그러므로 교회는 교회의 머리이신 예수 그리스도께서 세우신 이 직분자들을 통해서 피로 값 주고 산 교회를 돌보고 세워간다. 그렇기 때문에 교회 중심이란 개교회 중심이 아니라 주님의 공교회 중심을 말한다. 왜냐하면 그리스도의 참된 교회는 같은 성부, 성자, 성령을 믿고 같은 믿음의 반석 위에 있는 교회이기 때문이다. 그러므로 같은 신앙고백을 하고 한 하나님, 한 주, 한 성령을 마시며 그리스도를 중심으로 하고 있는 공교회 중심이다. 이것이 우리들의 신앙고백인 사도신경에서 "거룩한 공회를 믿는다"고 고백하는 그 이유이다. 지역마다 개교회들이 세워지지만 동일한 성 삼위 하나님을 경외하고 그의 입에서 나온 모든 말씀과 성부와 성자로 말미암아 하나님의 거듭난 백성들에게 부어주신 성령의 위로와 인도하심으로 진행되어 가는 공교회이다. 과거 중세 시대부터 지금까지 이어지고 있는 교황중심의 로마가톨릭교회와 철저하게 구분된다. 교황 중심과 전통 중심 및 사제 중심의 교회에서 하나님 중심과 성경 중심과 교회 중심의 교회가 개혁교회의 참된 모습이다.

개혁교회의 이 같은 삼대 표어를 굳게 붙들었던 믿음의 선진들이 유럽과 영국에서 신대륙으로의 이동을 통하여 미국 땅에서 그리고 캐나다와 호주 대륙에서 개혁파 신학과 신앙을 가진 성도들을 중심으로 개혁교회들이 급속도로 세워지며 확장하게 된 것이다. 그 여파로 고요한 아침의 나라로 알려진 조선 땅에 예수 그리스도의 복음이 전파되었다. 130여 년 전의 일이다.

특별히 우리나라에서 초창기에 선교사역을 감당하셨던 선교사님들의 대부분이 다 정통 보수 신앙을 근거한 자들이었다는 것은 한국 교회를 향한 하나님의 특별한 은혜요 섭리라고 말하지 않을 수 없다. 그 신앙의 뿌리를 깊이 내린 한국의 교회는 일제 강점기와 6.25 동란의 한국전쟁을 겪으면서 이루 말로 다할 수 없는 환난을 당했지만 파멸되어지기보다 더욱 강건한 교회로 성장하였다.

하나님의 크신 은혜로 한국 교회는 이렇게 130년이 흘러왔다. 지금 개혁파 신앙을 기리고 있다는 정통개혁주의 보수 신앙을 표방하는 대한예수교 장로회 합동측을 비롯한 대다수의 교회들이 종교개혁

500주년을 기념하고 있다. 이 시점에서 스스로의 얼굴을 들여다보면 500년 전의 개혁의 대상으로 타도되었던 중세 타락한 교회의 현상들이 그대로 재현되고 있다고 느껴지지 않는가? 물론 필자가 아는 한 지난 1990년대에 진입하면서 교회 성장의 침체기를 맞이하면서 간간히 흘러나오는 개혁의 외침들이 이젠 지난 10년간 거세게 휘몰아쳤다. 각 신학교 교수들만이 아니라 교회를 섬기는 일선 목회자들 사이에서도 교회는 이대로는 안 된다는 소리들을 해왔다. 그 결과 지금 이렇게 종교개혁 500주년을 맞아 대대적인 개혁의 나팔들이 곳곳에서 울리고 있다.

표면적으로 생각하면 아, 이제는 교회가 개혁이 되겠다는 기대감을 가질 수 있을 것이다. 그러나 필자는 그 기대감이 허탈감으로 바뀌게 될 것이라는 생각을 지울 수 없다. 필자만이 아닐 것이다. 뜻 있는 이들 상당수가 그렇게 생각할 것이다. 단적으로 지난 2007년 평양대부흥 운동 100주년을 맞이하여 그 당시 경험했던 대 부흥의 역사가 재현되기를 갈망했다. 침체되고 냉랭하고 메마른 조국 교회위에 힘차게 불어오게 되기를 열망했다. 기대감을 가지고 엄청난 재정과 인원들을 동원하고 부르짖었다.

그러나 결과는 단회적인 이벤트 형식이었다. 한국의 교회 역사책에 100주년 기념행사가 있었다는 한 문장만 남게 된 것이다. 한국의 교회가 부흥을 경험하기는커녕 더더욱 지탄의 목소리, 안티세력들의 무차별적인 공격만 늘어나게 했다. 심지어 공적인 언론 기관에서도 각 종파별 보도 통계에 있어서(2016년 12월 20일 통계청 발표) 가장 종교인구수가 많다고 발표된 개신교에 대한 무게중심이 사라지고 말았다(기독교 967만[19.7%], 불교 761만[15.5%], 천주고 389만[7.9%]). 작년 11월 대입시험을 치르게 되었을 때 전례에 의하면 해마다 가톨릭, 개신교 그리고 불교 순으로 학부모들이 공을 들이는 기도 장면들이 메인 뉴스에 소개되곤 했다.

그런데 작년에 공영방송 밤 9시 뉴스에서 다른 두 종교 기관에서 기도하는 어머니들의 모습은 방영하면서 교회에서 기도하는 장면은 보도하지도 않았다. 언론에서 다루고 있는 기독교의 내용 중 불미스러운 사건 사고들은 대서특필하듯 보도하고 있다. 교회의 명성에 심각한 해를 끼치는 일들이 되고 있다.

더욱이 교회 개혁을 주장한다는 일부 진보 세력들의 부정적 뉴스 보도들과 개교회에서 일어나고 있는 수많은 갈등과 싸움들, 또한 대형 교회들의 세습 문제나 비리 등이 한국의 교회의 신뢰도를 가장 바닥에 쳐지도록 추락하게 만들어버렸다.

이번에 우리 교단 만해도 종교개혁 500주년 기념행사들이 총회적으로나 노회적으로나 혹은 개교회적으로 거창하게 실시되고 있다. 그리고 신학교들마다 줄줄이 행사들을 준비하고 있고 각각의 학회에서도 동일한 주제들을 가지고 1500여 명이나 되는 신학박사들이 나름대로 외침을 가하게 될 것이다.

오늘 이 목장 기도회에서도 같은 주제 하에 여러 강사들에 의해서 개혁의 소리들이 들려지게 될 것이다. 그러나 과연 이번 행사를 마치고 나면 교회가 외침의 소리에 맞게 개혁되어질까? 올해가 지나면 한국의 개신교회는 종교개혁 500년 전의 그 정신으로 되돌아가서 새롭게 개편되리라는 확신이 드는가? 교단신문인 기독신문에 매주 특정 교회의 협찬으로 종교개혁의 역사적인 사진들이 전면광고형식으로 실리고 있다. 어떤 의도로 그렇게 하고 있는지는 모르지만 그렇게 한다고 해서 우리 대부분이 기대하는 개혁의 바람이 강하게 불어옴을 피부로 느낄 수 있는가? 이번 이 기도회 이후로 한국 교회, 아니 우리 합동측 교회들이 개혁되겠다는 열망이 전국으로 번져나가겠는가? 필자는 믿음이 없어서 그런지 몰라도 매우 부정적인 생각이다.

왜냐하면 대부분이 정서적으로 '선언적인 개혁'의 외침에 동참할 뿐 '실천적 개혁'의 움직임엔 지극히 소극적이기 때문이다. 교회는 태생적으로 보수적이라고 볼 수 있다. 변화를 잘 추구하지 않는다. 조금이라도 변화를 시도하려고 하면 반발하는 이들이 참으로 많다. 그래서 외치는 자들도 외침을 할 뿐 변화의 소용돌이에 대한 기대감을 가지지 못한다. 너무나 많은 이들이 관망하거나 힘 있는 자들의 눈치만 보고 있다. 선언적 믿음의 역사가 필요한 것이 아니라 실천적 믿음의 행동이 뒤따르지 아니하는 한 개혁의 열망은 소리 없이 사라지고 말 것이다.

필자는 교단의 개혁교회의 참 모습을 회복하기 위해서 지난 4반세기 동안 여러 모양으로 주장하고 뛰었다. 그로 인해 많은 적들을 만들기도 하였지만 동시에 많은 아군들도 얻었다. 어쩌면 오늘 강의를 들으시는 분들 중에서도 두 그룹으로 나눠질 수 있을 것이다.

바라기는 여러분 모두가 다 개혁의 선봉장이 되어서 우리 교단의 교회들이 실천적으로 성경으로 되돌아가는 변혁을 일으키는 주역들이 되기를 바란다. 욕먹을 각오를 하고 개혁의 나팔을 힘차게 불고자 한다. 선언적 개혁의 의지 표명만이 아니라 실천적 개혁의 행동을 낳는 새로운 계기가 되기를 열망한다. 그렇다면 어떻게 바꾸어야 하는가?

2. 개혁교회의 미래, 이래야 한다

앞에서 제시한 개혁교회의 삼대 표어가 제 가치를 충분히 발하는 교회의 모습이어야 할 것이다. 이것이 주님이 바라시는 개혁교회의 미래가 될 것이라고 믿는다.

어느 사회학자의 진단에 의하면 한국 교회의 미래는 두 가지 종류의 교회가 살아남을 것이라고 하였다. 하나는 철저하게 시대의 조류에 발맞추어 사람들 욕구 충족에 발 빠르게 움직여가는 교회이다. 또 하나는 정 반대로 성경에 더욱 충실한 교회이다. 무엇을 근거로 말했는지는 알 수 없었지만 성경에 충실한 교회가 끝까지 살아남을 것이라는 말에 전적으로 동의한다. 왜냐하면 천지는 없어지겠지만 주님의 말씀은 일점일획도 사라지지 않기 때문이요, 그 말씀에 충실한 교회는 교회의 머리이신 예수 그리스도께서 친히 보호하시고 존속하시고 지키실 것을 믿기 때문이다. 그런 의미에서 우리 교단의 교회, 특히 개혁교회의 미래는 다음과 같아야 한다고 생각한다.

첫째, 교회가 주님의 교회여야 한다.

여기에 이의를 제기할 분들이 많을 것이다. 왜냐하면 여러분들이 섬기고 있고, 속해 있는 교회가 주님의 교회가 아니라고 생각하는 분들은 아무도 없기 때문이다. 실지로 우리 모두는 다 주님의 교회라고 믿고 지금까지 살아왔다. 하지만 여기에서 솔직하게 진단해 보자.

내가 속하여서 섬기고 있는 교회가 진짜 주님의 교회가 맞는가? 맞는다면 무엇을 근거로 주님의 교회라고 자신 있게 말하는가? 대답을 듣기 전에 개혁교회의 삼대 표어를 잠시 더 생각해 보라. 하나님 중심, 성경 중심, 교회 중심! 여러분의 교회가 이 삼대 표어에 잘 부합하고 있는가? 정말 하나님 중심인가? 혹시 여러분 중심은 아닌가? 혹 성도 중심은 아닌가? 그리스도가 교회의 머리임이 분명한가? 주님의 이름만이 높임을 받으시는가? 아니면 사람들이 주인노릇하고 있는가? 여러분의 교회에서 하는 행사들이 무엇이든지 그 모든 것이 하나님의 기록된 말씀에 근거하고 있는가? 아니면 사람들의 좋은 의견들이 지배적인가? 사람들의 이성적인 판단과 합리적인 소리들이 우세한가? 아니라면 진짜 기록된 말씀이 모든 판단의 기준이 되고 있는가? 주님의 공교회 중심인가? 개교회 중심인가? 아니면 국가나 사회 중심인가?

이러한 질문들에 대해서 조금 더 이해를 돕기 위한 질문을 하나만 더 하겠다. 그것은 여러분들이 다 노회나 혹은 총회 내의 지교회들을 방문할 때에 여러분이 섬기고 있는 교회와 똑같은가? 아니면 다른가? 교회마다 다 같은가? 다른가? 색깔로 표현한다면 동일한 색채를 띠고 있는가? 아니면 교회마다 색깔이 다른가? '다르다'는 답변이 대부분일 것이다. 예배도 다르고 가르침도 다르다. 심지어 직임까지도 다르며, 권징이 다르고, 부르는 노래가 다르며, 전하는 말씀도 다르다. 과거 80년대 이전에는 단순히 찬송가에 따라서만 구분한 것이 아니었다.

사실 그것이 가장 결정적인 차이를 나타낸 것은 분명하지만 그래도 같은 신앙고백이 있었고 동일한 권징과 교육과 직분이 있었다. 그러나 지금은 그 모든 것들은 명목뿐이다. 실질적으로는 교회의 머리가 그리스도가 아니라 교회 안에서 힘 있는 분들의 의지에 따라 움직인다. 그래서 나는 엄밀하게 말해서 한국에는 주님의 교회는 거의 없고 오로지 두 개의 교회만 있을 뿐이라고 말한다. 하나는 목사교요, 다른 하나는 장로교이다. 교회에서 목사가 힘이 세면 그 교회는 목사교요, 장로들이 힘이 세면 그 교회는 장로교라는 말이다. 우리 교단에서 많은 영향력을 발휘하고 있는 여러분들의 교회는 이와는 전혀 다르다고 장담하겠는가? 아니면 그렇다고 시인하겠는가?

여러분의 교회가 주님의 교회라는 사실을 언제나 확정하라. 그렇게 하려면 여러분의 교회에서 가장 힘 있는 분이 예수 그리스도여야 한다. 모든 판단의 잣대가 교회의 머리이신 그리스도가 되어야 한다. 이 부분이 개혁되지 않으면 우리는 주님과 아무 상관이 없는 종교적 집단으로 전락하고 마침내 신랑 되신 주님을 영접하지 못하는 불행을 초래할 것이다(마 7:22-23). 도무지 알지 못한다는 엄중한 선언을 우리 주님의 입으로부터 듣게 될 것이다.

주님이 좌정해 계시기에 결코 불편해 하지 아니하는 교회, 주님이 우리들의 하나님이라 일컬음 받기를 결코 부끄러워하지 아니하시고 도리어 자랑스러워하시는 복된 교회를 세워가는 일에 '혁명적'으로 쓰임을 받게 되기를 소망한다.

사실 우리들에게 은혜로운 설교나 강의를 듣고 그래 맞아 고개를 끄덕이거나 무릎을 치면서 이거야 라는 감정적 동요는 많이 있다. 그러나 그것이 실천적 행동으로 이어지지 아니하는 이유는 무엇인가? 우리 모두의 욕심 때문이다. 내 자신의 의를 드러내고자 애써 하나님의 의를 부정해 버린 유대인들이 갔던 길을 우리들도 그대로 답습하고 있기 때문이다. 나도 한 건 했다는 자기 과시욕에 사로잡혀있기 때문이다. 그것도 예수 그리스도의 이름을 빙자하여 자행하고 있는 것이다. 세속적 가치에 의한 좋은 것들을 누리고 싶어 한다. 지금까지 누려온 기득권을 포기할 수 없기 때문이다.

그러나 정말 교회가 이대로는 안 된다고 확신한다면 먼저 누려온 모든 기득권을 교회의 주인이신 우리 주 예수 그리스도에게로 양보하라. 그분의 의지와 뜻에 전적으로 순종하라. 그분께서 우리에게 따르라고 제시해 준 말씀에 어긋나거나 위배되는 것들은 무엇이든지 과감하게 포기하라.

500년 전에 종교개혁을 단행하였던 개혁가들은 천년을 유지해 온 기득권들을 포기했다. 천년을 유지해온 아름다운 건물들과 화려한 예전들을 다 파괴하였다. 단 하나의 이유 때문이었다. 하나님이 기뻐하지 않으시며, 하나님의 기록된 말씀에 위배된다는 것 때문이었다. 이것이 현재 개혁의 외침은 많지만 개혁되지 않고 더 부패하고 타락해져 가고 있는 이유이다. 어쩌면 노아 홍수의 시대와 같이 시집가고 장가가고 사고팔고 먹고 마시는 일에 정신이 팔려서 비가 와 다 쓸어가 버려도 알지 못하고 단번에 파멸되고 만 그 시대처럼 되지 않을까 심히 염려하지 않을 수 없다.

우리는 얼마 전에 부활절을 지켰다. 우리는 예수님의 부활을 믿는다. 기독교는 부활의 종교임이 분명하다. 그러나 기독교인들은 이 명백한 진리를 온 몸으로 부정하고 있다. 부활이 없는 것처럼 땅에 것에 지나치게 집착하기 때문이다. 이 땅이 천국의 전부인양 살아간다. 그렇기 때문에 주 예수보다 귀한 것이 없다고 하는 찬송하고는 역행하는 일들만 벌어지고 있다. 주님의 교회가 아니라 내 교회, 내 왕국을 만들기에 급급해하는 것이다. 이것을 개혁해야 한다.

여러분의 교회를 주님의 교회로 돌려놓아야 한다. 여러분이 주인

노릇하던 자리를 내려놓고 주님이 그 보좌에 좌정하시게 해야 한다. 교회의 머리가 그리스도라는 말은 예수 그리스도만이 법을 제정하고 반포하고 명령할 유일한 권세자라는 뜻이다. 그런데 주님의 뜻하고는 정반대의 의견들이 목사의 이름으로, 혹은 당회나 노회나 총회의 이름으로 제정하고 반포하고 명령한 것은 없는가? 주 예수 그리스도가 왕이시고 머리이신 주님의 교회가 되게 하는 혁명적 과업을 오늘 이 시대에 이루어가는 우리 모두가 되기를 소망한다.

둘째로 개혁교회의 미래는 공교회 회복에 그 운명이 달려 있다.

앞에서 제시한 것에 이어서 주님의 교회이기 때문에 교회는 하나여야 한다. 예배가 같고 교육이 같고 설교가 같으며 신앙고백이 같아야 한다. 왜냐하면 주도 하나요 하나님도 하나이며, 성령도 하나이고, 세례도 하나이며, 믿음도 하나이기 때문이다.

그런데 언제부터인가 이 모든 것이 무너졌다. 개교회마다 다 다른 현상을 띠고 있다. 교회의 성패가 목사나 특정인의 자질과 능력에 달려 있는 것으로 전락했다. 심고 물주는 일은 사람이 해야 할 일이다. 그러나 자라게 하시는 것은 하나님의 일이다.

그 하나님의 일을 목사 스스로 다 하려고 하니까 목사교회라는 말이 생긴다. 그리고 그렇게 이루었다는 자부심이 사람들이 반대해도 무리수를 둬가면서 세습을 감행한다. 그러나 교회는 주님의 교회이다. 적어도 교단 내의 교회만이라도 공교회성, 즉 주님의 보편적 교회를 회복해야 한다.

성도 각자는 몸에 붙어 있는 지체들이지만 온 몸에 붙어 있음으로 몸, 그 중에도 머리가 있는 얼굴이 부각되지 몸에 붙어 있는 지체 하나하나가 부각되지 않는다. 개교회에서 선교도 하고 봉사도 하고 교육도 하고 다 하지만 개교회가 아니라 대한예수교 장로회 합동측 교단이 부각된다. 그것이 공교회이다. 우리는 같은 교단에 있으면서도 우리 교단 정책이나 선교나 교육을 잘 모른다. 다 자기 교회와 관련된 것 아니면 별로 관심이 없다. 이것은 분명히 시정되어야 할 일이다. 주님의 교회가 하나라는 사실은 선교도 구제도 봉사도 교육도 성례도 하나여야 함을 의미한다.

물론 다양한 교파들이 존재한다. 중세의 거대한 로마가톨릭의 공교회성, 교회의 사도성과 보편성이 심하게 훼손되고 교황교회로 전락시켜버린 것을 주님의 교회로 되돌려 놓은 거대한 작업이 칼빈과 존 녹스의 수고와 땀으로 이루어졌다. 그 표면적 현상이 장로회주의 정치 원리에 의한 공교회성 회복이었다. 주님의 보편적 교회를 장로회주의 정치원리로 형성한 것이다.

장로교회란 지상에 있는 유형교회가 장로회주의 정치에 의한 유형교회의 통일성을 추구하는 교회를 뜻한다. 현재의 개교회주의의 최고 권위에서 벗어나 과거에 우리 선배들이 물려준 진정한 장로회주의 회복이 이루어진다고 한다면 주님의 공교회성 회복은 저절로 만들어질 것이다. 시찰회가 그래서 필요하다. 동일한 신앙고백 하에서 주님의 교회를 세워가고 있는지, 아니면 다른 복음 다른 예수 다른 영을 전하고 있는지 살펴보고 함께 공교회를 세워가는 것이 되어야 한다.

따라서 이와 같은 본질적인 교훈을 회복하기 위해서는 다음과 같은 일들이 필요하다고 본다. 교회 개혁운동은 단회적인 사건이 아니라 현재에도 지속되어야 할 운동이다. 개혁교회는 항상 개혁되어야 한다.

첫째, 개혁교회가 공통으로 지향하고 있는 신앙고백서에 기초한 통일된 예배 모범을 따라야 한다. 어느 지역 교회를 가든 동일한 예배 모범에 따라 하나님을 경배해야 한다. 예수님이 신랄하게 비판하셨듯이 입술로는 주님을 존경한다고 말하면서 마음은 멀어진 자들이 하는 공통적인 것은 “사람들의 계명으로 교훈을 삼아 가르치니 나를 헛되이 경배하는도다”(마 15:8-9)이다.

하나님을 경배하지만 하나님이 받지 아니하시는 헛된 예배가 되어서는 안 된다. 가인조차도 하나님이 받으신다고 확신하며 제사를 드렸다. 아론의 두 아들 나답과 아비후도 하나님이 받으신다는 확신을 가지고 분향했다. 성전에서 드리는 제사를 주님이 받으신다고 확신하여 각양 제물을 주님께 드렸다. 그것만이 아니라 성일들을 만들어서 월삭과 안식일과 대회로 모였다. 그러나 주님은 그런 성회와 더불어 악을 행하는 것을 견디지 못하겠다고 말씀하셨다. 그들이 가져오는 제물은 가증한 것이라고 탄식하셨다(이사야 1장).

혹 우리들의 예배는 어떠한가? 우리들의 헌신과 헌물은 어떠한가? 우리들의 믿음의 선진들이 남겨준 고귀한 유산을 헐고 사람의 계명들, 전통이나 관습이라는 것 때문에 주님이 말씀하신 것과 상관없이 자행하고 있지는 않은가? 우리들의 신앙고백서가 강조하고 있는 예배모범은 철저히 하나님께만 영광이다. 여러분은 매번 모일 때마다 하나님이 우리의 예배를 기뻐 받으시고 매우 흡족하게 여기신다고 믿는가? 아니면 그럴 것이라고 착각하고 있는가?

개혁교회의 미래상은 성도들의 모든 모임에서 하나님이 지으신 피조물이 영광을 가로채는 일이 없고 오직 성 삼위 하나님만 높임을 받으시는 교회가 될 때 교회의 주인이신 주님이 직접 지키시고 보호하시며 보존해 주실 것이다. 우리가 하는 모든 것이 다 하나님의 기록된 말씀에 근거한 것이라야 한다. 말씀에 따라 행하지 아니하는 행위들은 그것이 아무리 장엄하고 화려하고 감탄을 자아내는 정성이 깃든 것이라 할지라도 하나님의 눈에는 가증스러운 것이다.

둘째, 개혁교회가 신봉 할 수 있는 동일한 성경번역본과 시편 찬송가를 사용해야 한다. 진리를 훼손해가면서 교회 연합 운동에 참여할 수 없다. 주님의 교회가 하나라는 것은 천지는 사라져도 일점일획도 사라지지 아니하는 하나님의 진리의 말씀, 즉 성경 66권의 교훈에 합치되는 것을 말한다. 성경을 정확 무오한 하나님의 말씀으로 믿지 아니하는 자들과의 종교적 연합 모임과 사업은 무의미한 것이다.

하나님 영광을 가리고, 말씀의 권위가 훼손되며, 교회의 순결함이 무너지게 하는 것은 무엇이든지 금해야 한다. 그 일을 잘 관리 감독하라고 교회 직분자로 세움을 받은 것이 아닌가? 목사는 철저하게 기록된 말씀을 잘 풀어 증언하여 진리의 기둥과 터인 교회가 온전히 세워지도록 사력을 다해야 한다. 신령한 일을 통찰하라고 세움을 입은 우리는 제대로 분별하고 있는가? 아니면 심각한 혼동 속에 있는가?

바울은 디모데에게 하나님의 말씀을 옳게 분별하여 부끄러울 것이 없는 일꾼으로 인정된 자로 자신을 주님께 드리기에 힘쓰라고 했다. 옳게 분별하는 지혜와 지식은 오로지 진리의 영이신 성령의 인도하심을 받는 것이다. 그 성령은 교회의 양적 성장에 관심이 있지 않다. 교인들의 병듦과 실패를 보듬어주는 데 있지 않다. 물론 그와 같은 일에 전혀 외면하는 하나님이 아니시다.

그러나 성령의 주된 관심은 우리 주 예수 그리스도요, 그리스도를 더욱 풍성히 드러내며 그리스도의 이름만 존귀하게 되는 것이다. 왜냐하면 그것만이 죄인들이 사는 길이고 그것만이 죄인들이 거룩하신 하나님께 나아가는 유일한 길이기 때문이다.

우리들의 정성이 하늘을 감동시키는가? 우리들의 금욕적이고 불철주야 땀 흘리며 교회를 위한 수고가 하나님의 마음을 움직이는가? 아니다. 우리를 위해서 자신의 생명을 십자가 대속의 제물로 드리신 예수 그리스도 때문이다. 그의 공로로 살아계신 하나님께 나아가는 것이다. 그의 공로로 우리의 섬김이 하나님을 위한 것으로 받아진다. 얼마나 많은 사람들이 자신들의 의를 내세우기 위한 열정 때문에 하나님의 의이신 예수 그리스도를 뒷전으로 밀어내는지 모른다.

칼빈이나 녹스의 열정은 예수 그리스도를 통해 하나님을 가장 올바르게 예배하고자 하는 것에 있었다. 로마교회의 관습이나 전통이 아니었다. 성경의 교훈과 가르침이 그들의 사고와 행동의 모든 동력이었다. 올해 종교개혁 500주년을 맞이하면서 500년 전의 개혁자들의 눈에 비친 적폐청산의 주적이었던 로마가톨릭은 이 사회에서 국민들의 신임을 제일 많이 받는 종교가 되어 있다. 그에 비해 개혁의 기치를 들고 주님의 올바른 교회를 세우겠다고 토대를 다시 닦은 개신교회는 우리 사회에서 가장 신뢰도가 낮은 종교가 되어 있다. 이 문제를 어떻게 이해해야 하는가?

이제는 하나님 중심, 성경 중심, 교회 중심의 교회 모습으로 되돌려야 한다. 그 중에 한 가지만 더 언급하고자 한다. 바로 찬송가 문제다. 필자는 10년 전부터 이 부분을 총회에 헌의하고 문제 해결을 위해서 동분서주했다. 그리하여 칼빈 탄생 500주년 때는 칼빈의 시편찬송가를 교단 앞에 내놓았다. 그리고 21세기 찬송가와 개역개정 성경을 총회에서 받아들이고자 했을 때 혼자서 반대의견을 개진했다. 이유는 하나다. 하나님만이 영광을 받으시고 기록된 말씀의 권위를 높이 세우고자 하였기 때문이었다. 그러나 그러한 시도는 성공을 거두지 못하였지만 이번 총회에서 다시 한 번 헌의를 하게 되었다. 우리 교단의 개혁신학과 신앙에 맞는 예배찬송가를 다시 편찬해야 한다는 헌의다. 무산되지 않기를 기도한다.

찬송은 우리가 잘 알듯이 하나님께 노래하는 것이며 하나님을 찬양하는 것이다. 그러나 우리가 사용하고 있는 이 찬송가나 교회에서 즐겨 부르고 있는 복음송들 안에는 하나님을 노래하거나 하나님께 하는 노래들은 조금뿐이고 다 사람들 들으라고 하는 노래들이 더 많다. 이것은 하나님을 모독하는 행위다. 구약에서 제사하던 모든 의식은 예수님의 십자가 대속의 은혜로 다 성취되었다. 그래서 신약교회는 더 이상 제사를 드리지 않는다. 도리어 받은바 은혜에 대한 감사의 반응으로 예배를 한다. 그런데 이 예배에서 하는 중요한 찬송이 하나님의 은혜의 영광을 찬미하는 것이 별로 없다는 것이 말이 되는가?

500년 전에 종교개혁하면서 칼빈은 개혁교회의 중요한 유산으로 오직 성경이라는 기치와 더불어서 예배 시에 불러야 할 시편 찬송을 제시하였다. 그는 시편을 '영혼의 해부도' 라고 말하면서 하나님이 그의 기록된 말씀을 우리 입에 넣어주시고 그 말씀으로 하나님께 나아가게 하셨다고 했다. 이 때문에 기도도 그의 말씀을 따라 아뢰고 찬양도 그의 말씀을 가지고 부르게 한 것이 시편 찬송가를 직접 편찬하고 보급하게 된 것이다. 이것이 지금도 전 세계 개혁 교회가 시편으로 하나님을 노래하고 있는 이유다.

그런데 우리는 역사적 개혁교회의 신학과 신앙을 이어받는다고 하면서 하나님을 찬양하는 일에는 시편을 전혀 사용하고 있지 않다. 신약 시대에 예수님과 그의 제자들 그리고 사도들의 교훈을 따라 신앙생활을 하던 초대교회 성도들이 예배할 때마다 불렀던 찬양은 시편뿐이었다. 우리가 진정으로 성경의 교훈과 개혁주의 신학을 신봉한다고 믿는다면 우리가 부르는 찬송을 깊이 재고해야 한다.

내가 총회 신학부장으로 섬기고 있던 2009년에 시편 찬송가 편찬 위원회 이름으로 칼빈 탄생 500주년을 기념하여 시편 찬송가를 편찬하여 제작했다. 고려서원에서 스코틀랜드 장로교회에서 부르고 있는 시편 찬송가도 작년에 새롭게 출판했다. 이제 우리는 종교개혁 500주년을 맞아 찬송가를 가장 시급하게 해결해야 할 것이다. 총회의 헌의가 계속해서 무산되어 어쩔 수 없이 몇몇 편찬 위원들이 모여서 순수하게 개혁교회가 부를 수 있는 시편과 찬송가를 합해 제작하고 있다. 올해 총회 전에 우리 교단 앞에 내놓고자 한다.

하나님을 예배한다고 하면서 하나님과 상관이 없는 아무 노래를 부르는 것은 큰 죄악이다. 히브리서 기자는 이렇게 교훈하고 있다: "이러므로 우리가 예수로 말미암아 항상 찬미의 제사를 하나님께 드리자 이는 그 이름을 증거하는 입술의 열매니라"(히 13:15). 헬라어 '뒤시안 아이네세오스' (θυσίαν αἰνέσεως)는 찬미의 제사를 하나님께 예수 그리스도를 통해서 드리자는 말씀을 뜻한다(a praise-offering). 사실 이것은 유대인들이 짐승을 잡아 제사를 드리는 것과는 정반대인 영적인 제사를 말한다. 유대인들의 제사들은 무엇이든지 한시적인 것이었다.

그러나 예수 그리스도를 통해 하나님께 드리는 찬미의 제사는 일시적인 것이 아니라 지속적인 것을 뜻한다. 이것이 곧 시와 찬미와 신령한 노래를 부르는 것이다. 언제나 하나님이 받으시는 영원한 제사가 이 찬미의 제사라는 말이다. '

제사' 라는 말은 구약에서 레위인들이 고안해 낸 어떤 방식으로 하는 제사는 없다. 어떤 제사이든지 그것은 다 하나님이 모세를 통해서 주신 계명에 따라서 하나님께 드리는 희생제물이어야 했다. 그렇지 않으면 나답과 아비후처럼 즉결처분을 피할 수 없는 것이다. 그런 의미에서 찬미의 제사라는 말은 우리는 해도 되고 안 해도 되는 것이 아니라 반드시 해야 할 일임과 동시에 반드시 하나님이 규정해 주신대로 노래해야 함을 말한다.

이 부분을 정확하게 이해하기 위해서는 이사야 43장 21절을 보아야 한다. 개역개정판의 번역보다 옛날 개역성경이 더 히브리어 원어에 정확하다. "이 백성은 내가 나를 위하여 지었나니 나의 찬송을 부르게 하려 함이니라!" 하나님을 노래하라고 한 것이 아니라 하나님의 찬송을 부르게 하려고 지으셨다는 것이다.

하나님의 찬송이 무엇인가? 그것은 곧 하나님이 부르라고 주신 시편을 의미한다. 구약 시대 모든 성도들이 부른 노래가 이 시편이었다. 여기에서 사용된 히브리어 찬미는 '할렐루야' 라는 단어의 '할렐' (Hallel)이라는 말과 같은 어근을 가지고 있다. 하나님이 직접 주신 시편을 노래하는 것을 강조하는 말씀이다. 시편 56편은 이렇게 지적한다: "내가 하나님을 의지하고 그 말씀을 찬송하올지라", "내가 하나님을 의지하여 그 말씀을 찬송하며 여호와를 의지하여 그 말씀을 찬송하리이다"(시 56:4, 10).

하나님이 부르라고 주신 시편을 반드시 불러야 한다. 그리고 우리가 즐겨 부르고 있는 찬송가들 중에서 사람들이 들으라고 주신 것은 시편 가사로도 충분히 할 수 있다. 하나님을 노래하고 하나님께 찬송 부르는 일이 속히 회복되어야 한다. 그 작업을 위해서 시편과 우리 개혁신학을 올바르게 담아내고 있는 건전한 찬송가를 새롭게 편찬하고 있다. 이 일을 위해서 기도하고 성원해 주기를 간절히 부탁한다.

셋째, 한국의 개혁교회는 직분자 개혁이 필요하다.

이것은 성경에서 교훈하고 있는 대로 주님이 교회를 섬기라고 주신 은사에 따라서 교회 직분이 세워져야 한다는 말씀이다. 교회 직분은 계급이 아님에도 불구하고 자연스럽게 계급으로 자리 잡고 있다. 교회의 직분은 반드시 사도들의 교훈과 성경의 가르침에 부합하는 직임이어야 하고 교회의 머리이신 그리스도께서 주신 은사에 따라서 세움을 입어야 한다. 장로는 잘 다스리고 잘 가르치는 자여야 하며 집사는 구제와 봉사하는 일에 필요한 은사를 가져야 한다.

성경은 집사에서 장로가 된 적이 없다. 처음부터 집사였고 처음부터 장로였다. 교회와 성도의 관계를 성경은 그리스도의 몸과 그 몸에 붙은 지체로 말하고 있다. 손이 발이 된 적이 없고 코가 입이 된 적도 없다. 우리들의 지체는 어떤 면으로도 진화가 되어서 귀가 변하여 손이 된 적이 없다. 하나님이 각자 필요한 기능을 처음부터 주신 것이다. 고린도전서 12:11은 이렇게 말씀한다: "이 모든 일은 같은 한 성령이 행하사 그 뜻대로 각 사람에게 나눠주시느니라." 18절은 이렇게 말씀한다: "그러나 이제 하나님이 그 원하시는 대로 지체를 각각 몸에 두셨으니."

장로나 목사는 잘 다스리는 자여야 하고 그 중에 말씀과 가르침에 수고하는 장로, 즉 강도장로가 있는 것이다(딤전 5:17). 목사나 장로 집사는 다 주안에서 동등한 위치에 있다. 다만 하는 역할 혹은 기능적인 차이가 있을 뿐이다. 목사가 되려면 신학훈련을 비롯한 많은 훈련과정이 있다. 그에 비해 장로는 안수집사를 거쳐서 장로가 되는 것 외에 목사와 같은 특별한 훈련이 없다. 그러면서도 교회의 동등한 지도력을 행사하는 자리에 있다.

앞으로 개혁교회의 모습은 교회의 이 지도력이 성경에서 말하고 있는 자질을 갖추는 자여야 한다. 그 일을 위해 총회는 적어도 개혁교회의 직분자들의 신학적 수준과 실천적 삶의 형태가 하나님 백성으로서 구별된 자들이 되게 하는 공동교육장을 마련해 주어야 한다. 장로학교나 집사훈련학교가 필요하다. 성경에 있는 대로 반드시 한 아내의 남편이어야 한다는 규정을 지켜야 한다.

여성 안수의 필요성은 사회적 환경요인에 의해서 결정되는 것이 아니라 기록된 말씀에 따라 규정되어야 한다. 우리 중에 어느 누구도 디모데전서 3장 2절과 12절을 고칠 수 있는 권한이 없다. 교회 직분은 성경대로 실천해야 한다. 예루살렘 교회에 수천 명의 성도들이 군집해 있었다. 그래도 12명의 사도들과 구제와 봉사의 일을 맡은 7명만이 선출되었다. 교회 직분이 너무나도 남발되어서는 안 된다. 성령과 지혜가 충만한 깨끗한 양심을 가진 자라야 한다. 새로운 성직매매가 이루어지는 형태는 반드시 척결되어야 한다.

넷째, 개혁교회 목회자들과 지도자들을 위한 평생교육의 장을 통해 공교회성 회복을 마련해야 한다.

국가 공무원들도 1년차 3년차 5년차 10년차 20년차 공교육이 실시된다. 나라의 정책에 맞게 잘 섬기라고 하는 교육이다. 목회자들도 장로들도 이와 같은 공교육이 이루어진다면 어느 지역에서 하든 같은 색깔을 나타내는 개혁교회의 본래 모습을 구현해 갈 것이다. 지금처럼 교역자 개개인의 능력에 좌우되는 것이 아니라 주님의 공교회의 지도와 시찰을 통해서 하나된 교회의 모습을 회복할 때 개혁 교회의 본 모습 구현을 통한 주님의 참된 교회로의 개혁이 이루어질 것이다.

교회 지도자들의 자질과 관련해서 한 가지 짚고 갈 것이 있다. 교회마다 목회자 청빙을 보면 과거와 사뭇 다른 것을 알 수 있다. 과거에는 말 그대로 청빙이었다. 모셔오는 것이었다. 이것이 세상적인 용어로 표현한다면 스카웃하는 것과 유사하다. 그러나 지금은 교회가 지원자들을 선발한다. 그 기준이 성경적인가는 다른 문제다. 교회가 지교회 담임목회자를 선발할 때 그 기준은 진리가 아닌 세속적 가치판단에 근거하고 있다. 다시 말하면 '성도들의 영적 생명을 더 윤택하게 하며 그리스도를 더욱 풍성하게 닮아가도록 이끌 것인가' 가 아닌 '부흥' 을 우선 고려하여 목사님을 모시고자 한다는 것이다.

어떤 교회는 후임을 모시는데 설교를 못하는 목사를 골라 모셨다는 이야기를 들었다. 왜냐하면 장로들이 후임을 주물럭거리고자 하는 것이요 또 하나 이유는 현재의 담임목사와 전혀 딴판으로 성도들을 신나게 만들어주는 것을 잘 한다고 하는 것 때문이다. 그래서 교회 오면 살맛난다고 말한다. 그리스도 없는 교회는 신바람난다.

출애굽기 32장에서 이스라엘은 금송아지 만들어놓고 아침 일찍 여호와께 번제와 화목제를 드렸다. 그러고 나서 그 앞에서 먹고 마시고 뛰었다. 요즘 표현으로 하면 신바람난 것이다. 하나님의 진노를 피할 수 없다는 것을 다 알고 있었다.

지금 우리들의 교회가 그런 것이 아닌지 모른다. 하나님의 이름으로 종교적 예배 의식에 참여한다. 그 자체가 중요하지 않다. 예배 후에 혹은 심지어 예배시간에도 신바람나게 노래하고 춤춘다. 주님이 예배를 받으시고 우리 가운데 임재하시며 다가와 말씀하시고 소생케 하시는 일에 대해서는 관심 밖이다. 그런 것은 덤으로 주어진다면 감사하고 그런 것 없어도 종교적 예식에는 참석한다. 그리고 교회에서 하는 일거리들, 자신이 인정을 받고 좋아하는 일 실컷 할 수 있다면 만사오케이다. 평생 교회를 다녀도 교회의 주인 되신 예수 그리스도가 누구인지, 그분과 인격적인 교제를 통해서 그분의 인격을 닮아 감은 무엇인지 알지 못하고 교회 일에 익숙한 자들이 된다.

신학생들도 훈련받기 위해서 교회 지원할 때 그 기준이 무엇인지 아는가? 진리가 기준이 아니다. 이 교회에 가면 내가 주님의 진리를 얼마나 더 갈고 닦을 수 있는가가 기준이 아니다. 생활비와 학비 보조가 되는가? 그리고 앞으로 담임목사로 나아가는데 좋은 징검다리가 되는가에 있다. 실지로 교회에서 부교역자를 선발하는 기준은 무엇인가? 진리의 사람이 아니다. 교회가 필요로 하는 기능인들을 선발한다. 성경과 씨름하는 것은 부교역자로 있는 동안 거의 불가능하다. 교회는 교회의 양적 성장과 관련된 세미나를 보낼 뿐 진리를 배우는 곳은 보내주지 않는다. 그렇기 때문에 진리에 능한 자가 되지 못해도 교회 일에 능숙한 자가 되면 성공가도를 달릴 수 있게 된다.

미래의 개혁교회는 교회 기능인이 아니라 진리의 일꾼들로 넘쳐나야 한다. 교회는 그런 일꾼들을 길러내고 양육하는 일에 헌신해야 한다. 말씀에 능한 사람이 되고 경건의 능력이 있는 사람들로 한국 교회가 채워지도록 힘써야 한다.

이러한 부분이 개혁된다면 이것을 인간 중심에서 하나님 중심으로, 인간의 이성이나 경험 중심에서 성경중심으로, 국가나 사회 중심이 아니라 교회 중심으로, 개교회 중심이 아니라 공교회 중심으로 바꾸어 가는 길이 될 것이다. 한국의 개혁교회만이 아니라 전 세계의 개혁교회 식구들을 위한 주님의 보편적 교회 세우기가 진리를 사랑하는 자들의 헌신과 수고의 땀을 통해서 성취되기를 간절히 소망한다.

한국의 개혁교회는 어느 날 하늘에서 갑자기 떨어진 것이 아니다. 예루살렘에서부터 시작된 복음 전파의 위력을 통해 세계 곳곳에 세워지고 있는 주님의 교회의 연장선상에 있다. 교회가 나라마다 지역마다 다르다면 그것은 주님과 전혀 상관이 없는 지역의 종교집단에 불과하다. 사이비나 이단적인 종교와 다를 바가 없다.

그러나 교회는 정치 형태가 어떠하든 주님의 교회여야 하고 주님이 세우시는 교회의 본 그림에서 벗어나서는 안 된다. 그 그림은 우리들의 환경과 토양에 맞는 기발한 아이디어가 아니다. 건물의 형태나 규모 또는 재정적 여건이나 사회적 지위와 형편은 다를 수 있다. 그러나 본질적으로 주님의 교회는 기록된 말씀에서 제시하고 가르치는 교훈에서 벗어난 독자적인 교회, 혹은 독보적인 교회가 되는 것이 불가능하다. 이 말씀에서 벗어나기 때문에 개혁이 필요했다. 지금 우리들이 속해 있는 교회도 '개혁교회는 날마다 개혁되어야 한다'(ecclesia reformanda semper reforma)는 모토에 해당된다. 왜냐하면 성경의 본질에서 너무나 많이 벗어나있기 때문이다.

하나님 중심, 성경 중심, 교회 중심의 모습으로 대 전환이 시급하다. 개인의 능력과 역량에 따라 판단하고 세속적 가치관에 따라 크기와 규모와 인적 자원에 의하여 조명되는 교회의 힘에서 이제는 철저하게 적은 믿음으로도 큰일을 감당하는 주님의 교회로 되돌아가야 한다. 주님의 교회를 세우는 일이다. 목사 개인이나 오랫동안 주인행세하고 있는 특정한 이들의 교회가 아니다.

누구도 교회에서 왕 노릇할 수 없다. 우리는 잘났든 못났든 다 무익한 종들이다. 주님 앞에 스스로를 자랑할 수 있는 인간은 한 사람도 없다. 우리의 우리 됨은 오직 주님의 은혜뿐이다. 그렇기 때문에 주님의 이름이 높임을 받지 아니하는 교회는 사회적 영향력이 얼마나 크든 주변 사람들의 인지도가 남다르든 주님의 눈에는 쓰레기더미만도 못하다. 규모가 적어도 사람들의 눈에 무시될만한 크기가 될지라도 주님이 높임을 받으신다면 주님은 그곳에 거하시길 무척 기뻐하실 것이다.

여러분을 초대해 놓고 사람들이 자기들끼리 좋다고 한다면 여러분은 다시는 그런 자리를 가지 않을 것이다. 나를 인정해 주고 칭찬해 주고 높여주고 대우해 주는 곳이라면 비록 모임이 단출한 곳이라 할지라도 그곳에 함께 있는 것을 매우 기뻐할 것이며, 기회가 된다면 얼마든지 참여하고자 할 것이다. 하나님도 하나님만 영광을 받으시는 그런 교회를 찾으신다.

왜 한국의 교회가 이렇게 많고 세계에 유례를 찾을 볼 수 없을 정도로 기도하는 사람들이 많은데도 사람들이 할 수 있는 그 이상의 능력을 발휘하지 못하고 있는가? 교회가 교회의 머리이신 주님을 높여드리는 일에 실패하고 있기 때문이다. 하나님이 받으셔야 할 영광을 사람들이 가로채고 있는데 그곳에 주님이 계실리가 만무하다.

하나님의 기록된 말씀 밖을 넘어가지 말아야 하는데 말씀만으로 아니 된다고 헛소리하면서 말씀의 권위와 충분성을 붕괴시키고 있는데 그곳에 어찌 말씀의 위력이 들어나겠는가? 한 지체가 고통을 받으면 온 몸이 고통을 받고 한 지체가 영광을 얻으면 온 몸이 다 영광을 얻는 것이 주님의 교회이건만 개인주의적 개교회 형태로 치닫고 있는 상황에서 어떻게 공교회의 두려움을 사회 속에서 들어내겠는가?

우리는 주님의 교회를 세우는 것, 주님의 교회가 어디에 있든 몸이 하나이듯 한 하나님, 한 주 예수 그리스도, 한 성령을 마시는 교회로서의 정체성을 분명히 해야 한다. 같은 신앙고백과 같은 예배와 교육과 선교와 봉사와 섬김이 있어야 한다. 주님을 자랑하지 아니하고 개교회의 위세를 자랑하고 개인의 능력을 과시하는 일이 있는 한 세상의 유행과 흐름과 전혀 다르지 않은 불편한 압력단체밖에는 되지 않을 것이다.

과거에는 교회를 옮길 때 이명서를 주어 다른 지역 교회에서 신앙생활하는데 아무런 지장이 없었다. 그러나 지금은 이명서를 가져와도 새로운 교회에서 신앙생활하려면 교육을 다시 받아야 한다. 왜냐하면 교회마다 다르기 때문이다. 말씀에 기초한 전통이 아닌 것은 구속력이 없다. 교회마다 다르기 때문에 교회에 적응을 못하고 빙빙 도는 교인들 심지어 '가나안' 교인들이 증가일로에 있다. 이제는 교회를 떠나서는 구원이 없다는 말을 하기조차 힘든 시기가 되었다.

우리 교회가 주님의 교회인지 아닌지 확신이 없는데 교회 밖에는 구원이 없다고 말할 수 있겠는가? 필자는 진정으로 거듭난 그리스도인은 교회를 떠날 수 없음을 믿는다. 그리고 참 교회 밖에는 구원이 없다고 믿는다. 이것을 계속해서 강조하고자 한다면 우리 교회가 오직 성경이라는 모토를 선언적 차원에서가 아니라 실천적 차원에서 실행해야 가능하다. 구호가 없어서 개혁이 안 되는 것이 아니기 때문이다.

나가는 글

우리는 구별된 거룩한 공동체이다. 교회의 직분은 무엇이든 자기를 위해 존재하는 법이 없다. 다 공교회의 유익을 위하여 섬기라고 주어진 것이다. 계급이 되어버린 직제를 버리고 주께로부터 받은 은사를 따라 주님의 몸 된 교회를 온전히 세워가는 일에 죽도록 충성하는 자들이 되어야 할 것이다. 그런 교회만이 주님이 오실 때까지 세상에 건재할 것이다. 그날에 주님이 누가 참 그리스도인이었는지를 직접 밝혀주실 것이다.

미래의 개혁교회는 성경 말씀을 굳게 붙들고 있는 한 사라지지 않을 것이다. 그러나 하나님 중심, 성경 중심, 교회 중심의 교회가 아니라 지금처럼 목사의 개인 목회철학을 중심으로 사람들의 합리적인 생각과 경험을 중심으로, 사회의 흐름과 국가의 시책을 따라가는 교회로 나아간다면 반드시 지상에서 사라지고 말 것이다.

사회학자들의 이야기에 의하면 한국의 교회 미래는 암울하다. 실제로 그렇다. 그러나 오직 하나님의 영광을 위하며 그의 말씀 앞에 두려워 떨고 순종하며 하나님의 이름을 존중히 여기는 자들이 있는 한 주님의 교회는 누구도 무너뜨릴 수 없는 강력한 도성일 것이다.

우리는 교회의 부패와 타락에 기여하는 자들이 아니라 교회를 살리는 일에 헌신하는 진리의 사람들이 되어야 할 것이다.

Crisis of the Church
The Bible is the Key

3장

한국의 교회 개혁

한국의 개신교 교회들이 16세기 종교개혁의 정신에 얼마나 충실한가? 그 현실을 점검하는 일들은 신학자들과 뜻 깊은 이들의 연구를 통해서 늘 제기되어 왔다. 그들의 공통된 주장은 한국 교회는 분명 개혁이 되어야 한다는 것이었다. 그럼에도 불구하고 왜 나아지는 모습보다 지탄의 대상이 되었고 사람들로부터 외면당하고 있는가? 종교개혁 500주년을 앞두고 있는 현 시점에서 한국 교회의 개혁은 과연 무엇이어야 하는지를 재차 이야기하는 것이 무슨 소용이 있겠는가? 그 동안의 개혁의 외침들이 전혀 먹혀들거나 개선되었다는 판단이 서지 않기 때문에 더 더욱 목소릴 높여야 하는가? 아니면 포기하고 속된 말로 너나 잘해라! 라고 말하며 개혁을 외면하는 것이 낫겠는가?

그 동안의 외침이 부족해서라면 또 다시 나팔을 불어대야 할 것이다. 그러나 여전히 공허한 메아리로 되돌아 올 것을 알면서도 이에 대한 글을 또 다시 써 보려고 한다. 낙숫물이 바위를 뚫는다는 말도 있기 때문이다.

우리는 무엇을 개혁해야 하는가? 정말 몰라서 방향 전환을 하지 못하는 이들도 혹 없지는 않을 것이다. 그러나 목회자들과 대화를 나누다 보면 개혁의 필요성은 대부분 인정한다. 그러나 어떻게 어디서부터 시작해야 할지를 몰라서, 그리고 변화에 대한 막연한 두려움 때문에 실천에 옮기지 못하고 있다. 설사 강력한 욕구를 가지고 실천하고자 할 때 부딪히는 반발세력에 대한 두려움, 아니면 현재의 상황에 안주하고 싶은 욕구 때문에 개혁의 외침들을 애써 무시하고 가는 경우가 많은 것이 현실이다.

최소한 지난 20년 동안 필자를 비롯한 복음의 나팔수들이 끊임없이 주장하고 외쳐왔다. 그러나 한국의 교회들이 흘러가고 있는 거센 물꼬를 트는 일은 조금도 보이지 않는다. 그러한 외침들이 무익한 것은 아니었다 하더라도 일말의 기대감조차도 보이지 않는다. 그러나 작은 샛강들이 생겨난 부분들이 없지 않다. 비록 그 규모가 극히 미미하다 할지라도 언젠가는 그 샛강들이 모여서 거대한 강물을 이룰 것이라고 소망한다. 그 소망의 내용은 이러하다.

목사들이 먼저 개혁되어야 한다

교회 문제는 100% 목사들의 책임이다. 물론 부수적인 요소들도 없지 않아 존재한다. 그러나 그 요소들은 교회를 이끄는 지도자들의 책임만큼 크지 않다. 500년 전에 유럽대륙에서도 성직자들이 개혁의 주된 대상이었듯이 지금도 다른 것이 없다. 그때도 성직자들의 무지와 부도덕과 탐욕이 하늘을 찌를듯했다. 지금도 달라진 것이 거의 없다. 우리나라나 외국 선진국에서도 과거에는 목사 되는 것이 참으로 쉽지 않았다. 그러나 지금은 목사 되는 것이 너무나도 쉽다.

필자가 속한 교단만 하더라도 정식 루트는 대학을 나와서 적어도 신학대학원 3년 과정을 마쳐야 한다. 그리고 강도사 고시에 합격하고 일 년의 인턴 과정을 통해서 목사 고시를 합격해야 목사로 안수를 받는다. 정기 과정을 밟는다면 목사가 되기까지 대학 과정을 제외해도 최하로 5년이 걸린다. 아마 대다수 대표되는 교단들이 다 같은 입장일 것이다.

그런데 그렇게 오랜 학습과 수련과정을 거쳐서 목사가 되는 것 말고, 단기과정을 통해서 혹은 통신과정을 통해서 필요한 학점 이수를 하여 군소 교단에서 쉽게 안수를 받고, 기존 대형 교단의 단기 편목과정을 통해서 2, 3년도 안 걸려 목사가 되는 길이 있다. 일명 '학위세탁 과정' 을 거치는 과정이 그것인데 그 같은 일이 가능한 배경은 교세 확장이라는 헛된 야욕 때문이다.

'장로회' 라는 좋은 정치제도가 존재하지만 형식적인 것에 불과하다. 강력한 개교회 중심의 교회 운영원칙이 주 안에서 하나인 형제들 사이를 세속적인 경쟁구도가 되게 했다. 사람들만 많이 모이면 그 개교회 목사가 교계 지도자로 급부상을 하게 된다. 그들의 숙련되지 못한 내공은 돈을 주고 고용하는 지식인의 지식이 채워준다. 설교 준비 전담반이 꾸려져 있어서 거기서 준비한 것을 토대로 때로 삭제하거나 첨가하여 강단에 선다. 자기 것이 아니라 누군가가 대필해 준 것이 대부분이라면 그런 목사들의 설교는 요즘 논란을 빚고 있는 표절 문제에서 결코 자유롭지 않다. 영적인 능력은 물론이거니와 지적인 능력조차도 무릎 꿇는 수많은 시간들과 연구하는 고통이 없이는 불가능하다. 목사 자신의 입을 통해서, 목사 개인의 인격을 총동원하여 듣는 자들의 영혼을 울리는 외침은 나타나지 못할 것이다.

신령한 것은 신령한 것으로만 분별이 가능하다. 왜냐하면 목회는 사람의 지혜의 가르친 말로 하는 것이 아니라 오직 성령의 가르치신 것으로 하는 것이기 때문이다. 그런데 '종교장사' 에 분주한 사람들이 어떻게 하나님과 영적으로 깊은 교제를 끈덕지게 나눌 수 있겠는가? 물론 개 중에는 기도원에 들어가 금식한다. 또는 철야기도를 하거나 일정한 시간을 내어 기도에 몰입한다. 그러나 자신의 영적 깊이와 길이와 크기와 넓이를 풍성케 함이 기도의 주목적이 아니라 교세확장을 위한 치적 쌓는 것에 있다. 나의 이러한 정성과 헌신을 보여드려 하나님의 개입을 강요하는(?) 것이 대부분이다. 마치 하나님이 자기에게 빚을 진 것과 같이 빚 갚으라고 떼를 쓰는 무례를 범하는 것이다.

특히 예배당을 짓기 위해, 혹은 교회의 특별한 사업을 확장하는 일을 위해 재정이 필요하고 인적 자원이 필요할 때, 또는 교세 확장을 위한 효과적 방편을 추구할 때 그러하다. 단지 삼위 일체 하나님과 깊은 교제의 시간, 성경을 더 깊이 연구하고 육의 심비에 깊이 새기기 위하여 기도원에 가거나 금식기도를 하거나 묵상의 시간을 갖는 경우는 극히 드물다. 이러한 상황이기 때문에 개혁에 대한 외침은 더욱 절실하다. 그것도 뼈를 깎는 아픔을 감수하는 고통스러운 개혁에 나서야 한다. 목사가 제일 먼저 앞장서서 개혁되어야 한다.

그렇게 하려면 우선적으로 목사 후보생에 대한 철저한 점검이 요구된다. 과거 스코틀랜드의 종교개혁자 존 녹스는 전국의 교회에 필요한 개혁주의 목사들을 제공하기 위해 단기과정을 개설한 적이 없다. 당시 개혁된 목사가 6명밖에 되지 않아서 전국에 흩어져 있는 교회에 필요한 목회자 수가 절대적으로 부족한 상황이었다. 그럼에도 그는 어느 정도의 성경 지식을 갖춘 것만으로 목사로 세우려하지 않았다. 목회가 영원한 생명을 다루는 것임을 잘 알고 있었기 때문이다. 그는 잘 준비된 자들을 세워 새롭게 출범하는 장로교회를 든든한 반석위에 세우고자 했다. 신학적 훈련과 경건훈련은 기본이었다.

그러나 우리의 현실은 가장 기본적인 이 훈련부터 잘 되지 않고 있다. 심지어 정규과정을 밟아 목사가 된 자들조차도 신학적 기반이 극히 빈약하고 경건 생활의 외형적 습관과 내면적 깊이가 강바닥을 훤히 드러내 보이는 영적 가뭄이 심화되고 있다. 그 같은 현상이 빚어내는 필연적인 결과는 성경적 사고와 성경적 삶의 실천을 찾아보기 어렵다는 것이다.

수년 동안 교회를 다녀도 어린 아이와 같이 쉽게 미혹된다. 얄팍한 지식으로 만족하고 교리의 풍성함을 내버렸기 때문이다. 나쁜 이단에 쉽게 빠지는 이유가 여기에 있다. 성경을 읽어도 자기 생각대로 읽고 신비주의적인 교훈들을 더 선호하게 된다. 자칭 재림주로 등록된 자만 한국에는 40여 명이나 된다고 한다. 그들도 다 한때는 건전한 교회에서 믿음 생활을 접했을 것이다. 그러나 가르침의 빈곤으로, 스스로 터득한 신비적인 체험이나 주관적인 해석이 그들을 잘못된 길로 빠지게 만들었다고 본다.

과거 국민들의 지적 수준이 저조했을 때와는 달리 지금은 대다수가 대학 출신들인 상황에서 성도들의 목양을 책임질 목사의 지적 수준도 세상적인 수준에 버금간다. 거기에다 신학적 전문성과 영적, 인격적 실력을 배양해 가는 고도의 훈련이 요구된다.

신학생이 되는 과정도 본인의 의사에 좌우될 것이 아니라 교회가 충분히 검토하고 노회에 추천을 요구하여 노회는 고시부를 통해서 특별히 검증작업을 해야 한다. 후보생의 교리적 견해와 논증 능력 그리고 신앙생활의 실천적 부분과 가정생활, 자녀 교육 및 사회에서의 대인관계 등 다양한 방면의 심층검증을 통해서 인정되는 자만이 신학교에 들어가게 해야 한다.

신학교 교수들은 그렇게 검증된 자들을 책임감 있게 소속 교단이 필요로 하는 인재들을 길러내는 일에 주력해야 한다. 여기에서도 개혁의 요소가 있다. 현재 신학교 교수들 임용 문제이다. 신학교 교수들은 목사들의 선생이며, 교회의 스승이다. 그런데 신학교 교수들이 그런 대접을 받고 있지도 않을뿐더러 교회가 그들의 지도를 받으려고 하지 않는다. 다만 이용할 뿐이다. 심하면 교회가 신학교 교수들을 가르치려고 한다. 그 원인은 교수 임용에서부터 출발한다고 본다.

해외 교단 신학교 교수들은 교단 내에 신학전문 위원회가 있다. 지금처럼 학교 자체 내의 교수위원회에서 선발하여 이사회에서 임용하는 것이 아니다. 교단의 신학 전문 위원회에서 교단의 목회자 후보생들을 길러낼 만한 실력을 갖추고 있는지 동일한 신학적 입장과 목회 경험을 검증한다. 검증을 마치면 총회 석상에서 신학교 교수 임명장을 수여한다. 그렇게 해서 교수로 임용이 되면 전 교단이 믿고 순종한다. 물론 총회 산하의 전문 신학위원회에서 매년 교수들의 가르침과 논문들을 검증하여 교단이 지향하고 있는 신학적 기조에 어긋나지 않도록 살핀다. 외국에서 학위를 받았다고 해서 돌아오자마자 강의를 맡기지 않는다. 그러나 우리의 현실은 말만 교단 신학교일 뿐 교단이 교수 임용에 간여하지 않는다. 그렇기 때문에 교단과 학교와의 갈등 구조는 항상 존재한다. 정치 바람에 쉽게 흔들리는 것이다.

신학교 교수는 반드시 교단 내의 목회지에서 최소한 5년 이상의 단독 목회 경험이 있어야 한다. 그래야만 신학교 교육이 교회 실제와 괴리감이 사라지고 성경적인 바른 교회를 세워갈 수 있다. 신학교 교수 임용이 지금과 같이 박사 학위 전공자들로 채워지는 한, 직업인으로서 교수일 뿐 하나님의 교회의 지도자들을 세우는 교회 선생으로서의 역할은 기대할 수 없다.

교회나 유관 단체에서 신학교 교수들을 청하여 강의를 들어도 행사 위주의 실적 쌓기일 뿐 그로 인하여 교회 전체가 고민하고 연구하여 변화를 일으키는 일은 한 번도 보지 못했다. 개혁이 되지 않는 이유가 이것이다. 일회용 행사요, 정적들에 대한 제제용이 될 뿐 교회의 변화, 목사 개개인의 삶의 변화까지는 이어지지 못한다. 그걸 기대하는 자들도 많지가 않다. 근본적으로 교회는 신학이 이끌어야 한다. 왜냐하면 교회는 진리의 기둥과 터이기 때문이다.

이처럼 목사 바로 세우기가 그 어느 때보다 절실히 요구된다. 물론 중세 시대처럼 신부들의 영적 무능력과 무지만큼은 아닐지라도 현대 목사들의 무지와 무능력도 대동소이하다. 인격적 결함과 도덕적 타락은 도를 넘은지 오래되었다. 주를 위해서 모든 것을 버려두고 주님을 따른다는 것은 허울에 불과하고 실지로는 주님의 이름을 빙자하여 주님의 보좌 좌우편에 누가 앉을 것인지를 다툰 제자들의 길을 기꺼이 달려간다. 부를 탐하는 것은 하나도 이상하지 않은 지경이다. 세상적인 쾌락을 즐기는 것도 체력 단련이라는 명분으로 당당하게 나아간다. 청빈, 청렴, 정직, 거룩함, 용서, 화평, 인내심을 필요로 하는 목회직이다. 그럼에도 불구하고 목사도 인간이라는 말로 미치지 못하는 자질들을 묵과해 버린다. 목사도 사람이기 때문에 실수할 수 있다. 하지만 진정으로 용서를 구하고 참회함이 필요하다. 그런 자는 교회도 가슴으로 용납하고 여전히 하늘나라 식구로 수용해야 한다. 하나님의 영은 살리는 영이시기 때문이다.

목사 세움과 관해 개혁할 부분은 목사직 규정이다. 목사직에 대한 엄격한 규정이 필요하다. 목사는 말씀 선포자 그 이상도 그 이하도 아니다. 설교자이다. 그렇기 때문에 "설교할 줄 모르는 자를 강단에 세우는 것은 우상을 세우는 것과 같다"고 존 녹스는 말했다. 그런데 한국의 교회 강단에는 설교할 줄 모르는 자들로 넘쳐나고 있다. 음악적 기능이 있다고 해서, 상담의 역할을 잘 한다고 해서, 스포츠에 남다른 재능이 있다고 해서, 사회생활에 더 유용하게 쓰임을 받는다고 해서 주님의 신부인 교회를 섬기도록 목사 안수를 받는다.

다양한 계층의 사람들이 다양한 분야에서 그리스도인으로서 역할을 감당하면 될 것을 굳이 목사 안수를 받게 하여서 전문 직종의 기능인으로 일하게 하는 것은 불합리하고 비성경적인 처사이다. 하나님의 전권 대사로서, 하나님과 함께 일하는 동역자로서, 말씀 선포자로서, 새 언약의 일꾼으로서의 신적 부르심에 의한 권위는 다르다. 직업의 귀천이 없는 세상의 직업관에 입각한 직업의 한 종류로서의 목사직을 요구하는 것이 아니다. 가장 고귀하고 가장 영광스러운 직분이다. 왜냐하면 영원하신 하나님의 진리를 맡은 자들이기 때문이다.

바른 목사가 세워지면 강단의 개혁은 자연스럽게 일어날 것이다. 지금의 한국 교회의 강단은 생명수가 줄줄 흘러내리지 않는다. 지극히 교훈적이고 사변적이고 윤리적이며 심리학적이고 과학적이며 경험적인 교훈들이 판을 치고 있다. 성경 진리의 풍성함을 맛보게 하는 일은 뒷전으로 밀려났다. 감미로운 말들로 세상에서의 행복한 삶을 추구하게 만드는 일에 전문가로 자청하고 있다.

어떤 곳은 개그콘서트장을 방불케 한다. 강단은 만담의 장소도 아니요, 정보센터도 아니다. 강단은 오직 지극히 높으신 하나님의 능력의 말씀을 선포하고 전하는 처소이다. 여호와께서 말씀하신 것 외엔 다른 어떤 말을 전파할 권위를 지닌 목사는 한 사람도 없다. 그럼에도 불구하고 사람의 교훈으로 계명을 삼아 하나님을 헛되이 경배하게 하는 일에 강단이 앞장서고 있다. 이러한 강단 사역의 철저한 개혁이 이루어지려면 성령의 검, 곧 하나님의 말씀을 가장 예리하게 사용하는 자들이 되어야 한다. 그러한 신학적 지식과 영적인 능력이 없는 자들은 교회 지도자로 세우지 말아야 한다.

교회는 유능한 사업가를 청하는 것이 아니라 진리의 기둥과 터인 교회를 진리의 말씀으로 잘 먹이고 정결한 신부로 한 남편인 그리스도에게 중매할 수 있는 자를 모셔야 한다. 그렇지 않으면 강단은 광명한 천사로 가장하여 할 수만 있으면 택한 자도 미혹하여 삼키려는 사단의 전유물로 존재할 뿐이다.

한국 교회의 개혁은 말씀을 책임진 목사의 개혁으로부터 시작되어야 한다. 이것이 선행되지 아니하는 한 제도의 개혁, 구조조정, 혁신적인 인사조치 등은 무의미하다. 한국의 교회가 지금이라도 참 진리의 사람들로 강단을 채우게 된다면 이방인 가운데서 모독을 당하고 계신 하나님이 도리어 가장 존귀하신 만유의 주재자로 크게 높임을 받게 될 것이다.

교회 직분자들은 반드시 성경적 은사를 소유한 자라야 한다

교회의 직분은 계급이 아니다. 봉사직이다. 그러나 한국 교회의 직분제도는 성경의 가르침과는 상관이 없이 계급으로 전락했다. 로마 교회의 성직자 계급과 평신도 계급의 구분 정도가 아니다. 보이지 않는 권력이 형성되어 서열이 존재한다. 그러나 성경은 모든 직분은 그리스도 예수 안에서 동등한 지위를 가진다고 가르친다(고전 12장 참고). 몸은 하나이지만 지체는 여럿이고 지체가 몸에 붙어 있는 것이지 반대로 몸이 지체에 의존되어 있는 것이 아니다.

교회 직분은 성경대로 선출되어야 한다. 성경에 나타나 있지 않는 직분, 예를 들어서 서리집사 제도, 권사제도, 전도사 제도와 같은 직책은 사라져야 한다. 교회 직분을 세울 수 있는 권위는 교회 어느 누구에게도 허락된 적이 없다. 성경에서 말하고 있는 교회 직분은 장로와 집사(안수집사)뿐이다. 물론 사도직과 선지자직, 및 복음전하는 자가 있었다. 그러나 그 직분들은 한시적 직분이었다. 사도들에 의해서 교회에 세워진 직분은 바울의 목회서신에서 찾을 수 있는 장로와 집사직이다. 장로들 중에는 잘 다스리는 자가 있고 잘 다스리는 자 중에 말씀과 가르침에 수고하는 이들이 있다(딤전 5:17).

전자를 교단 헌법에서는 편의상 '치리장로' 라고 하고 후자를 '강도장로' , 즉 목사라고 한다. 다시 말하면 두 종류의 장로직임이 아니라 한 종류의 장로직임에 두 가지 기능이 있다는 것이다. 그러므로 목사도 장로요, 장로로서 말씀과 가르침에 전념하는 직분이다. 여기서 장로직의 기능이 분명하게 드러난다. 그 기능은 주님께로부터 받은 은사에 따라 규정된다.

그런 의미에서 교회 직분은 반드시 주님께 받은 은사에 따라 세워져야 한다. 목사로 부름을 받은 이들이나 치리장로나 이 직책은 반드시 잘 다스리는 은사를 소유해야 하고 특히 목사는 잘 가르치는 은사를 지닌 자여야 한다. 다스리는 은사가 없는 자가 장로가 되어서는 안 된다. 그리고 말씀을 잘 전파하거나 잘 가르치지 못하는 자가 목사가 되어서는 안 된다. 목사는 첫째도 둘째도 셋째도 설교자여야 한다.

집사는 구제와 봉사하는 직분이다. 그런데 다스리는 은사와 전혀 관련이 없음에도 안수집사에서 잘 다스리는 장로가 되는 것이 어떻게 가능한가? 집사가 장로가 되는 사례가 성경에 전혀 없다. 집사는 언제나 집사였고 장로도 처음부터 장로였지 안수집사가 되고 나중에 장로가 된 적이 없다. 한국에서 벌어지고 있는 직분들의 승진(서리집사에서 안수집사로, 안수집사에서 장로로)은 유교사상에 근거한 것이지 성경에 근거한 것이 아니다.

그러므로 교회 개혁은 직분제도도 포함해야 한다. 직분이 성경대로 회복되지 않는 한 제도의 불합리와 비성경적인 교회 활동들이 종식되기는 어렵다. 사도 바울이 디모데에게 편지하면서 기록한 직분자들의 영적 도덕적 자질 문제는(딤전 3장) 지금도 유효한 기준이다. 왜냐하면 하나님의 말씀이기 때문이다. 그 기준에 해당되지 아니하는 자들에게 직분을 수여하는 것 자체는 교회의 타락을 조성하는 것이다.

한편 모든 직분은 그리스도 예수 안에서 그 지위가 동등하기 때문에 우월감이나 열등감을 일으키는 섬김은 합당하지 않다. 교회 직분은 군림하는 자리가 아니라 섬기는 자리이며 양 무리의 본이 되는 자리다. 모든 지체는 다 몸을 위해 존재하지 몸이 지체를 위해 존재하지 않는다. 그러므로 몸을 위함이 지체인 자기 자신을 위하는 길임을 알고 교회의 주인 되시는 주님이 주신 은사를 통해서 주님의 몸 된 교회를 충성스럽게 섬기는 일꾼이어야 한다.

교회는 세상의 가치와 판단의 기준에 의하여 움직이는 곳이 아니라 오직 기록된 말씀에 의해서 세워지고 유지되고 보존되는 영적 기관이다. 세상의 조직이나 기구와 같은 종교집단이 아니다. 최고의 권위인 하나님의 말씀만으로 신앙적인 면이나 생활적인 모든 면에 있어서 판단의 기준을 삼는다. 교회 조직과 예배와 교육과 운영지침들이 다 기록된 말씀에 근거해야만 교회가 사용할 수 있다. 철저하게 말씀으로 돌아가는 운동은 여전히 개혁된 교회가 나아가야 할 방향이다.

교회 예배의 개혁이 필요하다

중세 시대의 개혁의 가장 핵심은 예배 문제였다고 해도 틀리지 않는다. 미사가 구원의 조건과 같이 작용하고 온갖 미신과 우상숭배의 절정을 이루는 핵이었기 때문에 종교개혁자들은 예배의 개혁을 무엇보다 중시했다. 예배 개혁의 핵심은 하나님께 나아감은 반드시 하나님이 정해 주신 방식이어야 한다는 것이다. 사람들의 고안한 특수한 방식이나 제도가 필요한 것이 아니다. 설혹 그것들이 사람들이 선호하고 사람들을 더욱 종교적인 사람이 되게 하는 효험이 있을지라도 성경에서 찾을 수 없는 요소들이라면 과감하게 버려야 한다. 이것이 예배 개혁의 정신이었다. 예배는 하나님과의 만남이며 구약의 제사가 아니다. 신약 성경에서는 더 이상 제사를 드리지 않는다. 그러므로 제단을 쌓는다는 말은 미신적이요, 비성경적인 가르침이다. 제사를 드림과 같이 일천번제를 드리는 식의 교육은 인간의 공로 때문에 하나님께 나아가는 길이 열리는 것처럼 성경을 왜곡하는 것이다.

제사는 죄 사함을 받기 위한 조건이었다. 그러나 예배는 이미 죄 사함을 받은 신자들이 그 은혜에 감사하여 마땅히 나타내는 믿음의 반응이다. 그 반응도 예배자 스스로가 규정하는 것이 아니라 예배의 대상이신 만유의 주재자이시오, 만왕의 왕이신 주님이 제정하신 방식대로 하는 것이다. 마치 왕궁에 청함을 받은 자가 왕실의 규례를 무시하고 임의대로 행동할 수 없는 것과 같다.

그렇기 때문에 예배의 '규정적 원리'를 개혁자들이나 청교도들은 엄격하게 강조하였다. 그렇지 않으면 '사람의 교훈을 계명으로 삼아 하나님을 헛되이 경배'하는 일이 되기 때문이다. 예배의 규정적 원리라는 것은 예배의 모든 요소들이 다 성경에 근거하는 것이라야 함을 전제한다. 예배의 순서가 다 성경적이어야 한다는 말이다. 성경에 나타나지 않은 예배의 요소들은 아쉬워도 제거의 대상이다. 성경에서 찾을 수 있는 예배의 요소는 기도, 찬송, 헌금, 성경 읽기와 설교, 성례(세례와 성찬)이다. 그 외의 사람들의 행위가 부각되는 요소들은 하나님만이 받으셔야 할 영광을 가로채는 행위가 된다. 사람들이 즐기는 예배가 아니라 하나님이 받으시는 예배여야 한다.

모세의 장조카들이요, 아론의 두 아들들인 나답과 아비후의 죽음은 단순히 하나님이 명하시지 않은 다른 불로 분향한 것이 원인이었다(레 10:1). 그 원리는 이것이다: "나는 나를 가까이 하는 자 중에 내가 거룩하다 함을 얻겠고 온 백성 앞에 내가 영광을 얻으리라"(레 10:3). 하나님의 거룩성과 영광이 나타나지 아니하고 인간의 유희나 공적만이 부각되는 예배 행위는 우상숭배이다. "여호와의 이름에 합당한 영광을 돌리며 거룩한 옷을 입고 여호와께 경배하는"(시 29:2) 것이어야 한다. 감사와 찬미의 제사만이 유일하게 '제사'라는 용어를 사용할 수 있는 신약 성경이 말하는 성도의 신앙 행위이다(히 13:15). 감사해야 할 이유는 말하지 않아도 성도라면 지극히 알 수 있다(시 136편; 살전 5:16-18 참고). 그러나 찬미를 제사라는 말과 함께 사용하고 있는 것은 의미 깊게 생각해야 할 문제이다. 제사 자체가 제사를 드리는 자가 고안한 방식이 아니라 하나님이 정하신 방식대로 하는 것이어야 했다. 앞의 나답과 아비후의 경우이다.

그렇다면 찬양도 하나님이 정하신 방식이 있다는 것인가? 그렇다. 이사야 43:21에서 개역 성경은 하나님이 우리를 지으신 이유가 "하나님의 찬송을 부르게 하려 함"임을 강조하였다(그러나 불행하게도 개역개정은 단순히 "하나님을 노래하게 하려 함"이라고 번역했다. 이것은 명백한 오역이며, 이렇게 번역한 것은 하나님의 찬송이라고 말할 수 없는 노래들이 교회 안에서 유행되고 있는 것을 허용해 주는 처사이다).

종교개혁자인 칼빈과 쯔빙글리 및 녹스는 모두 시편을 '하나님의 찬송'으로 인정하고 시편 찬송가를 새롭게 편찬하여 개혁교회의 예배 특징을 살려냈다. 정통보수 신학을 신봉한다고 말하는 교회들이 간과하고 있는 것이 하나님이 구약 시대나 신약 시대의 성도들이 부르도록 주신 시편이다. 한국 교회도 이 시편 찬송가를 부르는 것이 예배 개혁의 꽃이라고 본다. 감사하게도 합동측 총회 신학부에서 '시편 찬송 편찬 위원회'가 구성되어 칼빈 탄생 500주년 때 진리의 깃발사의 출판으로 제네바 시편가가 소개되었다. 그 전에 출판사 고려서원에서 스코틀랜드 장로교회에서 부르는 시편가를 나와 김준범 목사의 주관 하에 출판하였다. 이 시편 찬송을 예배음악으로 필히 사용해야 한다. 찬송은 하나님이 받으시는 찬송이어야 하며, 사람들을 위한 노래가 되어서는 안 된다.

칼빈이 말한 대로 시편은 '영혼의 해부학' 이기 때문에 인간이 경험할 수 있는 영적인 것들을 시편 말씀으로 충분히 표현할 수 있다. 더구나 시편은 하나님의 영감된 말씀이다. 그것처럼 하나님께 영광이 되고 우리의 영혼을 울리는 노래는 없다. 음악적 재능이 탁월한 사람들이 만든 노래로 하나님을 감동시키려는 무모한 행동은 포기해야 한다. 천군 천사들의 합창과 대등한 실력으로 노래할 합창단은 없다. 그럼에도 불구하고 우리가 그의 노래를 부를 때 우리 찬양을 기뻐 받으신다. '여호와의 노래' 를 부르는 것이다(시 137:4).

예배의 개혁과 관련해 성례 문제를 생각하지 않을 수 없다. 로마가톨릭의 7성례와는 달리 우리는 세례와 성찬만이 성례라고 인정한다. 왜냐하면 그 둘만 성경에 근거하고 있기 때문이다. 세례는 구주 예수 그리스도를 마음으로 믿고 입으로 시인한 자들에게, 그들의 언행심사를 살펴 세례받기에 합당하다고 여길 때 성경에 근거하여 교회가 베푼다. 만약 그들에게서 신앙 고백적 삶이 나타나지 않을 때 교회는 그들을 탈락시킨다. 참된 그리스도인이라면 탈락을 계기로 더욱 믿음 생활을 정진할 기회를 가지고 겸손히 교회법을 따라 행동할 것이다. 하지만 그들이 교회를 떠난다면 그것은 오히려 세례를 받을 자격이 더더욱 없는 것임을 스스로 증명하는 것이다. 세례는 구원의 조건이 아니다. 구원받았음을 하나님 앞과 사람들 앞에서 선포하고 이제부터는 그리스도인으로 살아감을 맹세하는 것이다. 교회는 완벽하지 않다. 교회의 판단이 항상 옳다고 단정할 수는 없다. 그렇지만 객관적인 심사 기준으로(성경에서 말하고 있는 최소한의 규정을 따라 제정된 세례와 입교와 관련된 교회법으로) 판단할 때 그 기준에 부합하지 않는 자들은 탈락시켜야 한다.

교회는 세례 받음을 별것 아닌 것으로 전락시킨 죄를 회개하고, 참되게 신앙을 고백하는 자에게만 세례를 베풀어야 한다. 또한 회개하고 예수를 믿겠다고 고백하는 자가 있을 시에는 언제든지 세례를 베풀어야 한다. 대다수의 장로교회가 하고 있는 것처럼 일 년에 연례행사로 세례식에 베풀어서는 안 된다. 마치 그때가 되면 세례자들을 만들어내야 하는 부교역자들의 고충은 하나님이 인정하실지 의문이다. 물론 그 중에는 참된 신앙인도 나올 수 있다. 그렇지만 규격 상품을 찍어내듯 연례적으로 세례자들을 창출하는 일은 성경적이지 않다.

세례를 받을 시에는 온 교회 앞에 먼저 어떻게 해서 예수를 믿게 되었는지, 그 예수님과 관계가 어떠한 것인지, 교회가 믿고 있는 교리적 가르침이 무엇인지를 알고 순복하는지를 스스로 고백하는 시간이 있어야 한다. 그렇지 않으면 세례 받음은 단지 의식에 불과하다. 사람들은 새로운 피조물로서 첫 출발을 공적으로 알리는 이 세례식을 감격하지도, 기뻐하지도 않을 것이다.

천국에서는 회개할 것이 하나도 없는 천사들을 인하여 기뻐하는 것보다 죄인 하나가 회개하고 돌아오는 것을 더 기뻐한다고 했는데 한국의 교회들은 세례 받은 자들과 기념사진 한 장 찍는 것과 새신자실에서의 간단한 다과가 전부이다. 그것조차도 없이 헤어지는 경우는 더 많다. 세례식이 끝나면 온 교회가 그들의 손을 잡고 진정으로 하늘나라 시민권자가 됨을 축하해야 할 것이다.

성찬식도 지금처럼 연 두 차례 정도로 할 것이 아니다. 모일 때마다 떡을 떼고 잔을 나눔이 성경적이지만 인간의 죄성 때문에 성찬을 남용할 가능성이 많다. 그리고 성찬을 하기 전에 성찬에 참여하기 합당한지를 장로들이 점검함이 결코 쉽지 않다. 그래서 칼빈은 자주하되 최소한 연 4차례 정도 할 것으로 권고했다. 물론 장로교회는 전통적으로 년 2회 실시하고 있으나 이것은 스코틀랜드의 특유의 전통인 성찬 시즌이 있었기 때문에 가능했던 일이다. 성찬 시즌은 보통 두 주간 거행된 사경회였고 성찬 준비의 시간이었다. 그리고 지역 노회 안에 있는 교회들이 다 협력했기 때문에 한 교회에서 일 년에 두 번만 시행하게 했던 것이다. 두 번만 해도 성도들은 거의 40주 이상을 성찬 시즌으로 참여할 수 있는 것이 되었다.

그에 비해서 한국의 장로교회는 개교회별 성찬식을 거행하기 때문에 일 년에 두 번은 너무나 적다. 따라서 한 달에 한 번 혹은 년 4회 정도 실시함으로써 성찬을 남용하는 죄에서 벗어날 수 있다. 그리고 그리스도와의 신비적 연합과 생명의 헌신이 새롭게 갱신되는 영적 깊은 잔치를 즐길 수 있다.

성찬과 관련하여 깊이 생각할 것이 "주의 떡과 잔을 분별없이 먹고 마시므로 자기의 죄를 먹고 마시는" 문제이다. 주의 떡과 잔을 합당치 않게 먹고 마심을 한국 교회는 전혀 살피지 않고 있다. 성찬 참여자의 양심에 맡길 뿐이다. 물론 신자가 한 주간 동안에 회개하고 거룩하게 살았기 때문에 성찬에 참여할 자격이 되는 것으로 가르치지 않는다. 우리가 성찬에 참여하는 것은 그리스도께서 십자가상에서 이룩하신 은혜 때문이다. 성찬은 형벌의 기준이 아니라 은혜의 장소이다. 그러나 성찬에 참여할 자들이 스스로를 점검하고 떡과 잔을 받기에 합당한 것인지 아닌지 살피는 일 없이 도매급으로 넘기는 것은 분명 죄를 범하는 일이 된다. 그러므로 장로교를 국교로 하는 스코틀랜드에서는 전통적으로 성찬을 앞두고 사경회를 개최한다. 일명 '성찬 시즌'(Communion Season)이다. 말씀으로 자신을 살피고 회개의 시간을 가지는 기회이다. 사경회 기간 중에 장로들이 교구별로 나누어서 성도들의 신령한 일들을 통찰한다. 여기에 합격한 자들만 성찬에 참여할 수 있게 된다. 그에 비해 오늘날 우리는 그리스도인으로서 성결하게 살아가지 못할 뿐 아니라 기도 생활이나 가정예배나 개인 경건 생활이 극히 미미한 자들도 주일에 실시되는 성찬에 버젓이 참여하는 것을 방관하고 있다.

성찬에 대한 교리적 가르침은 개혁교회 성도들이 익히 알고 있어야 한다. 로마교의 화체설이 무엇인지, 루터파의 공재설이 무엇인지, 그리고 쯔빙글리의 기념설이 무엇인지, 우리가 믿는 영적 임재설이 무엇을 말하는지를 설명하고, 그리스도와의 생명의 교제가 풍성하게 일어나게 해야 한다. 칼빈주의 성찬론은 기념설이 아님에도 불구하고 대다수의 교회들이 기념설로 성찬을 실시하고 있다. 올바른 성찬식을 거행하여 생명 공동체의 그 특성을 분명히 하는 교회여야 한다.

교회 절기의 개혁이 필요하다

'교회력'(教會曆: Annus Ecclesiasticus)은 기독교의 절기를 배열시킨 달력으로, 주로 예수 그리스도의 삶과 죽음과 부활에 관련된다. 주로 가톨릭교회와 성공회, 정교회 그리고 루터교회 등이 교회력을 신봉한다. 그러나 한국의 교회들은 가톨릭과 같은 예전 중심의 교회들만이 아니라 장로교, 감리교, 성결교, 침례교, 순복음교회 등 교파를 초월하여 지키고 있다. 종교개혁자들은 가톨릭교회가 지키고 있는 교회력을 폐지하였다. 이유는 성경적이지 않고 미신적이고 우상숭배적인 내용들로 점철되어 있었기 때문이다.

개혁자들은 교회가 지킬 절기가 있다면 죄와 사망의 권세를 이기고 부활하신 그리스도의 승리를 기념하는 주일뿐이라고 하였다. 따라서 자연스럽게 주일성수를 강조하게 된 것이다. 그럼에도 불구하고 개혁신앙의 전통을 이어가는 교회라고 하면서 전통적인 기독교 교회력을 무작정 도입하여 사용하고 있다.

물론 교회력의 유용성이 있다. 구주 예수 그리스도께서 하신 일들을 생각나게 하고 그 의미를 되새김질하면서 우리의 신앙을 더욱 고취시킬 수 있는 장점이 있다. 그럼에도 불구하고 개혁자들은 왜 절기들을 폐지하였는가? 그것은 한 가지 이유뿐이다. 성경에 절기들을 지키라는 계명이 없기 때문이다. 과거에 절기들을 교회가 어떻게 이용했는지, 그것은 교회의 교리적 부패와 도덕적 부패의 온상이기도 했다. 그렇기 때문에 인간의 공로나 혹은 미신적인 기독교로 전락시킨 절기 지킴을 폐지한 것이다.

예수의 탄생일을 가장 잘 알 수 있는 사람들은 물론 마리아와 예수님의 동생들 그 다음엔 예수님의 제자들이다. 그런데 4복음서 어디에도 이들이 예수님의 생일이라고 하여 모여서 축하파티를 가졌다는 기록을 남겨놓지 않았다. 더욱이 초대교회 성도들 역시 해마다 예수님의 탄생일을 기억하고 함께 모여 축하한 일이 없었다. 그들은 단지 안식 후 첫날 모여서 그리스도께서 성취하신 구원의 은혜를 찬양하고 경배하였을 뿐이다. 부활절을 지켰다는 기록이 없다. 그의 부활하심을 기념하여 모이는 주일만 있었다. 그들은 모일 때마다 주님의 오심과 고난당하심과 죽으심을 설교하였고 노래하였다. 그것을 기념하여 떡과 잔을 나누었다. 그것이 전부였다. 매일이 감사의 날이었지 감사절이 따로 있었던 것이 아니다.

우리가 아는 대로 추수감사절의 유래는 1620년 미국으로 건너간 영국의 청교도들에 의해서 시작된 것이다. 성경에 그 어느 행사도 연례적으로 성도들이 모여 기념한 것이 없다. 그러므로 성경대로 개혁해야 한다면 무분별한 절기행사는 폐지해야 맞다. 이는 단지 헌금을 더 거두려는 목적과 자신들의 재능을 과시할 수 있는 기회를 탐하는 자들의 욕구충족의 도구로 사용될 뿐이다.

물론 불신자들에게 주 예수 그리스도를 알리는 좋은 기회가 될 수 있다. 그러나 절기 축하 행사를 통해서 구주 예수 그리스도를 영접하는 것이 아니라 예수 그리스도의 십자가 복음 선포를 통해서 죄를 회개하고 세례를 받으며 영생을 선물로 받는다. 더구나 설교자는 언제나 예수 그리스도의 오심과 고난당하심과 죽으심과 부활하심의 복음을 전파해야 한다. 하지만 그의 탄생은 오직 성탄절에만, 그의 고난과 죽으심과 부활하심은 오직 부활절에만, 성령의 역사하심은 오직 성령강림절에만, 감사함은 오직 감사절에만 설교하는 것은 설교자의 직무유기이다.

절기들이 없다면 어쩌면 상당수의 설교자들이 예수 그리스도의 고난과 죽으심과 부활하심에 대해서 한 번도 설교하지 않고 지나갈지도 모른다. 그런 의미에서 절기라도 지키면 복음 선포의 기회를 가진다는 구실은 이해가 된다. 그러나 강단의 개혁이 제대로 성사가 된다면 절기의 유용성은 하나도 없게 된다.

현재 한국 교회가 회복해야 할 것은 교회력이 아니라 주일성수이다. 일주일의 첫날, 구원의 완성을 기념하여 모이는 주일을 '주님의 날' 로 인식하고 거룩하게 지키는 일이야말로 신앙회복의 첫 걸음이다. 오후 예배를 폐지하고 저녁 예배로의 귀환은 주일성수의 의미를 더욱 부각시킬 수 있는 기회가 될 것이다. 모든 날이 다 주의 것이다. 그러나 성도들이 함께 모여 예배하며 교제하는 '주의 날' 은 오직 주일뿐이다. 이 날은 하나님을 경배하고 하나님의 말씀을 배우고 복음을 전파하고 병자들을 돌보고 가난한 자들을 섬기는 영적 박람회날이요, 영적 장날이다. 한 주간에 필요한 영의 양식을 풍성하게 마련하는 날이다. 인간의 유희와 육체적 쉼의 날로 전락되어버린 이 날을 거룩하게 지키도록 힘을 기울여야 한다. 예배 모범에 수록된 것만이라도 강조하고 지키도록 성도들을 이끌어야 한다.

할례와 안식일이 하나님의 백성으로서 구약 시대의 이스라엘 백성들이 가진 외적 표시였던 것처럼 지금도 기독교인이라는 외적 표식은 세례를 받는 것과 주일을 거룩하게 지키는 것이다. 조선 시대에서 일요일 개념은 기독교가 들어오기 전에는 꿈도 꾸지 못한 것이었다. 주일성수의 아름다운 신앙유산을 회복하고 계승 발전시켜야 한다. 주일성수를 어기는 자들, 하나님의 말씀대로 순종하거나 실천하지 못하는 자들, 그리고 주님의 영광을 가리고 교회의 순수성을 타락시킨 자들에 대한 권징의 회복 역시 철저하게 실천되어야 할 것이다.

그러나 현실은 장로교회가 항상 강조해온 정당한 권징이 사라진지 오래이다. 아니 있어도 권징은 오직 정적 제거 대상으로만 활용할 뿐이다. 교회의 거룩성과 성도의 온전함을 위한 방편이 되지 못하고 있다. 교회 재판국원들이 성경과 교회법에 따라 정당하게 판결하지 아니하고 지극히 세속적인 흐름에 따라가고 있어 불법과 불의를 양산하고 있는 실정이다.

우리는 하나님의 말씀의 권위가 세상 법정 판사의 권위보다 못한 것으로 전락시킨 죄를 통감하고 말씀의 권위를 회복해야 한다. 성경을 신앙과 행위의 유일한 규범으로 믿고 따르는 서약을 어기는 행위에 대해서는 엄중하게 다스려야 한다. 그렇지 않고서 교회 개혁은 허공에 퍼지는 메아리에 불과할 것이다. 지면 관계상 권징 문제를 다루지 못하지만 성경적인 교회의 회복을 꿈꾸는 이들의 기도와 바람에 조금이나마 유익함을 주는 글이 되었으면 한다.

나가는 말

개혁된 교회는 날마다 개혁되어야 한다. 그 표준은 시대정신이라거나 사람들의 민주적 의견이 아니다. 그렇다고 어떤 권위 있는 학자들의 의견도 아니다. 개혁의 잣대는 영원하신 하나님의 영원한 진리의 말씀이다. 즉 성경 66권만이 하나님의 영감된 정확 무오한 진리요, 신앙과 행위의 유일한 잣대이다. 성경이 침묵하고 있는 곳에는 침묵해야 한다.

목사는 진리의 일꾼이요, 복음 선포자요, 그리스도의 사신이다. 자신의 직무에 충실한 자들이어야 한다. 종교 장사꾼이 아니다. 종교 권력자는 더더욱 아니다. 장로들은 종교기업의 이사들이 아니다. 교회의 전권을 쥐고 좌지우지하는 사주(社主)가 아니다. 교회 직분은 계급이 아니라 주님의 교회를 섬기는 직임일 뿐이다. 주님 안에서 모든 직분이 다 동등하다. 다만 기능의 구분만 있을 뿐이다.

예배가 성경적이어야 하고 성도들의 삶이 성경적인 사고방식에 따르게 해야 한다. 이 일을 위해서 한국 교회에서 사라진 권징의 회복이 절실하다. 순결하고 정직한 그리스도인들이어야 한다. 혹자는 도덕적 개혁이 절실하다고 말한다. 그러나 보수적 불신자들의 삶이 아닌 영적인 삶이 필요한 것이다. 이것은 복음 전파의 효력에서만 발생한다. 그 효력은 하나님의 말씀을 따라 의와 진리의 거룩함으로 지음을 받은 새 사람으로 나타난다. 화평함과 거룩함의 열매로 이어진다. 도덕적 삶이 수반된다. 그렇기 때문에 복음에 충실한 사역자들과 그 복음에 온몸으로 순종하고 섬기는 성도들이 필요하다.

개혁이 되기 위해서는 외침만 가지고는 성공할 수 없다. 지금까지 외침이 없어본 적은 없다. 그러나 성공의 기미를 전혀 가지지 못한 것은 실천하는 희생적 헌신이 없기 때문이다. 사람을 두려워하지 않는 그리스도의 참된 일꾼으로서 외치는 자들이 개혁의 성공을 위해서 과감하게 몸을 던져야 한다. "진리를 거스려서 아무 것도 할 수 없고 오직 진리를 위할 뿐"(고후 13:8)이라는 사도 바울의 행동하는 신앙을 본받아야 한다. 맑은 샛강을 끊임없이 흘러 보내는 일에 진리의 영께서 힘을 공급해 주시길 기도한다.

교회의 개혁과 관련하여 읽어야 할 책들

1. 강영안 외 20명. 『한국 교회 개혁의 길을 묻다』. (새물결플러스, 2015).
2. 김근수 외. 『한국 교회 어디로: 한국개혁주의 교회 신앙유산과 신학적 전망』. (민영사, 2008).
3. 미래 목회 포럼. 『이슈 & 미래』. (예영커뮤니케이션, 2015).
4. 박재훈. 『대한민국 교회 리스타트』. (라온북, 2015).
5. 서창원. 『개혁교회는 무엇을 믿는가?』. (진리의 깃발사, 2012).
6. 서창원. 『깨어있는 예수의 공동체』. (진리의 깃발사, 1995).
7. 이상규. 『개혁주의란 무엇인가?』. (고신대출판사, 2007).
8. 이광호. 『한국 교회 무엇을 개혁할 것인가?』. (예영커뮤니케이션, 2014).
9. 제2종교개혁연구소. 『제2 종교개혁이 필요한 한국 교회』. (기독교문사, 2015).
10. 허순길. 『어둠후의 빛』. (셈페르만다 출판사, 2014).

4장

교회의 미래와 목회자의 역할[1]

하나님이 영원하심으로 하나님의 교회는 영원하다. 하지만 지상에 있는 교회는 유한하다. 세상이 영원하지 않기 때문이다. 따라서 교회의 미래를 말할 때 천상에 있는 보이지 아니하는 교회가 아닌 땅에 있는 보이는 유형교회를 의미한다. 그러나 우리가 알아야 할 것은 이 교회를 하나님의 아들 예수 그리스도께서 세우셨다는 점이다. "주는 그리스도시요 살아계신 하나님의 아들이시니이다"라는 위대한 신앙고백 위에 주님이 직접 주님의 교회를 세우신 것이다.

이 교회의 구성원들은 누구도 예외 없이 다 예수 그리스도를 하나님의 아들이시요 죄인들의 구주라고 고백한다. 교회가 신자들의 모임이라고 말할 수 있는 근거가 이것이다. 더구나 교회의 머리는 예수 그

1. 본 글은 2017년 8월 21일 한국개혁주의 설교연구원 25주년 기념 세미나에서 발표한 글을 수정 보완하였다.

리스도이기 때문에 예수를 구주로 믿지 아니하는 자들은 참 교회의 일원이 될 수 없다. 문제는 이 일원을 어떻게 공급할 수 있는가? 이다. 저절로 교회 구성원이 만들어지는 것이 아니지 않는가? 단지 세대의 계승을 의미하는 것이 아니다. 나라도 있다가 망할 판인데 교회의 존폐 역시 인위적으로 가능할 수 있다. 북한 당국이 지난 70여 년 동안 공식적인 교회가 하나도 없도록 단속한 것과 같이 겉으론 한 사람도 남아 있지 않을 수 있다(지하교회 성도들은 적어도 몇십만 명이 존재한다고 한다). 소아시아 교회들도 건물이나 집터 외에는 흔적이 하나도 없이 사라지고 말았듯이 지상의 교회들도 그렇게 될 수 있다.

교회 구성원들은 세대가 지나가듯이 가고 오는 세대가 있어야 한다. 믿음의 식구들이 거룩한 씨로 번성케 하는 일을 통해서, 그리고 전도활동을 통해서 영적 계승을 적극 세워 갈 수 있어야 한다. 21세기 교회는 이 두 가지 방법을 적극 활용해야 한다. 전도가 안 되는 세상이라고 해서 전도를 포기할 수 없다. 지구상에서 가장 전도가 안 되는 시대를 꼽으라면 사도들의 활동 때였을 것이다. 예루살렘 교회에서 흩어진 무리들이 있는 곳을 제외하면 대적자들만 있었지 신자들은 전무하였다. 그들은 그야말로 맨 땅에 헤딩한 자들이다. 그에 비하면 오늘날은 그래도 교회들이 없는 곳이 없을 정도이다.

교회들이 비난의 대상이 되어버려서 전도의 문이 막혀가고 있는 것은 사실이지만 여전히 복음 전파를 통해 하나님은 믿는 자들을 구원하시기를 기뻐하시는 하나님의 방식은 유효하다. 동시에 믿음의 가정들이 자녀들을 많이 두는 방안도 적극 활용해야 한다. 믿는 자들이 아이들을 많이 낳아서 그들에게 복음을 전하여 철저한 그리스도인으로 양육하는 일을 감당한다면 신앙의 계승은 끊어질 수 없을 것이다. 전도하는 성도가 있고 신앙의 계승을 위하여 거룩한 씨로 번성케 하고자 하는 믿음의 식구들이 있는 한 지상의 교회도 주님이 오실 때까지 존속이 가능하다.

1. 목사의 정체성 확립

교회의 주인 되신 예수님이 부활승천하시면서 교회에 주시고 간 선물이 있다.

> 그가 혹은 사도로 혹은 선지자로 혹은 복음 전하는 자로 혹은 목사와 교사로 주셨으니 이는 성도를 온전케 하며 봉사의 일을 하게하며 그리스도의 몸을 세우려 하심이라 (엡 4:11–12)

예수님이 지상에 있는 교회를 위해 주신 이 선물들의 공통점은 다 말씀을 전파하고 가르치는 일을 하는 자들이라는 점이다. 교회에 남다른 재주꾼들을 세우신 것이 아니다. 교회에 탁월한 정치지도자를 남기신 것이 아니다. 교회에 유능한 철인들을 세우신 것도 아니다. 교회에 순수하게 하나님의 말씀을 전파하는 자들을 세우셨다. 이것이 교회에서 목회자들이 가지는 가장 중요한 덕목이다. 목회자는 다른 자가 아니라 양들을 보살피며 양육하는 일을 하는 자이다. 그것이 교회를 세워가는 중대한 방편이다. 그 보양(保養)을 위한 수단은 철저하게 하나님의 말씀이다. 그래서 예수님은 이렇게 말씀하신다: "하나님의 보내신 이는 하나님의 말씀을 하나니 이는 하나님이 성령을 한량없이 부어주심이니라"(요 3:34). 말씀이 육신이 되어 우리 가운데 오신 그 예수님이 다른 보혜사 성령을 주님의 백성들에게 보내어 주셨는데 그 성령의 주된 역할은 아버지와 아들로부터 받은 진리를 증언하는 것이다. 그래서 성령을 진리의 영이라고 말한다. 그 성령 충만함은 오순절 마가 다락방에서 경험한 사도들이 증언하고 있듯이 그들의 입에서 성령의 말하게 하심을 따라 하나님의 큰일들을 말하였다. 즉 하나님의 아들 예수 그리스도를 통해서 죄인들의 구원을 이루어놓으신 위대한 복음 전파사역에 충실한 것이었다.

그런 의미에서 오늘날 목회자들의 본래 본분 회복이야말로 교회의 미래를 좌우한다고 확신한다. 조국 교회의 미래는 철저하게 하나님의 손에 달려있지만 동시에 그 유형교회를 위해서 세움을 받은 목회자들의 손에 달려있기도 하다. 목회자의 주된 관심이 무엇이어야 하는가? 스스로 사도가 된 것이 아니었듯이 목사도 스스로 목사가 되고자 한 사람은 아무도 없다. 다 하나님의 부르심에 대한 확신(소명)과 사명이 있어서 목사가 된 것이다. 교회 리더들은 이 점을 분명히 해야 한다. 하나님의 부르심 없이 목사가 될 수 없다. 혹 있다면 그런 자는 하나의 직업인으로서 성직에 나선 것뿐이다. 참된 목사는 누구도 예외가 없이 다 교회의 머리이신 주님의 부름을 받은 자여야 한다. 그렇지 않으면 가짜 목사일 뿐이다. 왜 주님이 부르셨는가? 그 부름의 목적을 사명이라고 한다.

교회당 지으라고 불렀는가? 복지 사업가가 되라고 불렀는가? 행복 전도사가 되고, 힐링 전도사가 되라고 불렀는가? 교회를 성장시키라고 불렀는가? 자기 제자 삼으라고 불렀는가? 아니다. 주님이 목사를 부르신 것은 누구도 예외 없이 다 복음을 전파케 하기 위함이다. 하나님의 말씀을 전파하고 가르쳐서 성도들을 온전케 하시기 위함이다. 그래서 목회는 케리그마와 디다케 이 두 가지가 공존하는 사역이다. 전파하고 가르치는 일을 병행하는 것이 목회이다. 물론 개중에는 순회 전도자로서 사명을 감당하는 자들도 있다.

그러나 교회에 목사가 필요한 것은 전파하는 일과 그 사역을 통해서 회개하고 주님께로 돌아온 자들을 온전한 그리스도인으로 보양하는 일을 위해서이다. 더욱이 우는 사자와 같이 삼킬 자를 삼키려고 덤벼드는 악한 이리 떼들이 득실거리기 때문에 그 모든 사악한 공격으로부터 양들을 보호하고 건강하고 튼튼한 주님의 자녀로 훈련시킴이 요구된다. 이 일에 주님이 주신 도구는 그의 입에서 나온 말씀뿐이다. 그래서 어거스틴은 그의 고백록 10장에서 "오 주님 주님이 전에 내게 말씀하신 것 외에는 내게서 주님이 들을 수 있는 것은 아무것도 없나이다"라고 하였다.

이 고백을 패러디하면 이렇게 말할 수 있다. "오 성도들이여 주님이 내게 말씀하신 것 외에는 내게서 여러분이 들을 수 있는 말은 아무것도 없습니다!" 그렇다. 한마디로 주님이 우리에게 들려주신 그 말씀 외에는 내 입에서 나오는 말은 아무것도 없어야 한다. 이러한 고백은 구약의 아합 왕 시대에 무수하게 존재하였던 400명의 선지자들과 고생의 떡과 고생의 물을 마셔야 했던 이믈라의 아들 미가야 선지자와 구분되는 잣대이다. 다른 이들은 다 아합 왕을 기쁘게 하기 위해서 왕이 간지러운 귀를 긁어주는 사욕 충족을 위한 도구로 전락하였다. 그러나 미가야는 주님의 부르심이 그로 고생의 떡과 물을 먹게 하고 거친 감옥에 가게 할지라도 두려움 없이 나아갔다. 그는 고난에 타협하지 않고 여호와의 입에서 나오는 말씀을 전하였다. 이것이 목사의 갈 길이다. 이 사명감이 없이 자신의 안위와 안락함 그리고 사람들의 인기를 위한다면 자신을 목사라고 말해서는 안 된다. 바울처럼 "내가 사람을 기쁘게 하는 것이었다면 나는 그리스도의 종이 아니니라"고 한 고백을 지금 우리 스스로에게 적용해야 한다. 목사는 사람들의 종인가? 아니 더 노골적으로 말하면 장로들의 종인가? 아니면 주님의 일꾼인가? 만일 전자라면 주님의 교회의 일꾼이 아니다. 다만 종교집단의 리더에 불과하다. 어떻게 해서든지 자신의 왕국을 형성하고 세상에서 부와 영화를 누리고자 하는 세속 정치꾼들과 다르지 않다.

2. 목회자의 역할

현대 교회의 미래는 목사들의 사역과 깊이 연결되어 있다. 한 개인의 미래가 지금의 활동에 달려있듯이 오늘의 축적이 내일의 열매다. 그렇다면 지금 교회를 위해서 세움을 받은 주의 종들이 어떻게 하느냐에 따라 교회의 미래가 긍정적이든 부정적이든 결판이 날 것이다. 좋은 결과를 바라는 것은 누구나 다 원하는 바이다. 그러기 위해서는 반드시 선행되어야 할 두 가지 필요가 있다.

첫째, 믿는 도리를 굳게 부여잡는 것이다. 내가 믿고 있는 것이 무엇인지에 대한 분명한 확신이 필요하다. 이것을 다른 말로 하면 신학적 체계가 분명해야 한다는 말이다. 교회는 교리적 체계가 분명하지 않으면 마치 모래위에 짓는 집과 같다. 교회가 들어야 할 말씀은 하나님의 말씀이다. 교회가 듣고 순종해야 할 것도 하나님의 입에서 나오는 진리의 말씀이다. 사람들의 지혜의 말이 아니다. 문학적 교훈과 철학적 가르침도 아니다. 오직 기록된 말씀뿐이다.

그러나 진리의 일꾼이 되라고 부름을 받은 목사들 상당수가 무엇을 믿고 있는지에 대한 기본적인 확신이 매우 희박하다. 교리적 교훈은 단지 머릿속에서 혹은 입에 발린 고백적 내용에 불과하지 그것이 교회를 세워가는 일에, 아니 한 성도를 양육하는 일에 아무런 역할이 없다는 듯이 행동한다. 신학이 없는 목회의 위험성을 안고 산다. 마치 우리가 언제 화마에 휩쓸릴지, 언제 쓰나미에 쓸려갈지 모르는 채 먹고 마시고 사고팔고 시집가고 장가가는 일에 몰두하는 것과 같다. 교회의 미래는 분명 지도자에 달려있다. 그러나 그 지도자가 무엇을 위해 세움을 받았는지를 모른다면 교회가 가는 길은 오리무중이 되고 말 것이다. 사람들이 만든 종교집단으로서의 성공은 가능할지 몰라도 하나님이 세우신 교회로서의 기능은 불가능하다. 사람들에게서 나온 종교단체로서의 교회는 가능해도 하나님께로부터 나온 하늘의 시민권자들의 신앙공동체로서는 불가능한 것이다.

오늘날 교회에 수많은 혼란이 가중되고 있는 가장 큰 이유는 신학적 체계가 부실한 것 때문이다. 교회가 왜 존재하는지, 교회를 위한 목사직의 주 역할이 무엇인지를 잘 알지 못하여서 종교백화점 노릇하는 일들이 얼마나 많은지 모른다. 그래서 백인백색의 목회가 빈번한 것이다. 어떤 이들은 교회를 송두리째 복지기관으로 전락시킨다. 목욕탕도 이발소도 운영한다. 찜질방도 제공한다. 교회를 문화센터와 체육관 시설 및 카페 공간으로 만들어서 사회적 욕구에 부응하는 전략을 세운다. 그러나 교회가 세상을 가장 잘 섬길 수 있는 길이 있다면 세상 사람들의 욕구 충족을 위한 시스템이 아니다. 교회가 더욱 철저하게 교회로서의 본질적인 역할을 감당하는 것만이 세상 사람들에게 감당하기 어려운 두려움과 존경의 대상이 된다. 사람들이 원하는 바가 아닌 사람들이 들어야 하고 따라야 할 진리의 기둥과 터로서의 임무에 충실해야 한다.

성경 속의 인물들을 보라. 그들이 세상이 요구하는 것들을 충족시키기 위해서 몸부림친 자들이었는가? 아니다 도리어 그들은 세상을 거슬리는 길을 갔다. 아니 그것이 주님이 그들을 불러주신 길이었다. 세상을 사랑하는 것은 하나님과 원수가 되는 길이다. 그들은 세상을 사랑하되 진리로 그리고 진리 안에서 사랑하였다. 그래서 그들은 진리 탐구에 더욱 열심을 내었다. 흔히들 진리 탐구는 사랑을 식게 하고 사랑실천은 진리를 무시한다고 말한다. 즉 가슴이 뜨거우면 머리가 비고 머리가 커지면 가슴이 냉랭하다는 것이다. 그러나 성경의 가르침은 정반대이다.

> 내가 기도하노라 너희 사랑을 지식과 모든 총명으로
> 점점 더 풍성하게 하사 (빌 1:9)

진리를 사랑함이 하나님과 영혼들을 향한 사랑을 더욱 풍성하게 한다고 가르친다. 그렇기 때문에 머리가 커지면 사랑이 식어진다는 말은 틀린 것이다. 아니 우리 스스로가 잘못된 지식을 가지고 있음을 말하는 것이다. 그 반대의 경우도 마찬가지이다. 사랑은 훨훨 타오르는

데 머리가 빈다는 것도 제대로 된 사랑이 아니다. 하나님을 사랑하기 때문에 그분을 더욱 더 알려고 몸부림친다. 사도 바울은 예수 그리스도를 아는 것이 가장 고상한 지식이라고 하여 주님 안에서 더 확고하게 발견되고자 학문적 성취감과 가문의 자랑과 개인의 도덕적 고상함 모두를 다 배설물로 여겼다. 다시 말하면 주님을 더 아는 일에 방해가 되는 것이라면 그것이 박사학위이든, 그것이 명문가문을 만드는 것이든, 그것이 사회적 지명도를 넓히는 것이든 가리지 않고 다 헛된 것들로 여겨 버렸던 것이다.

그러나 오늘날 목회자들의 삶은 그와 전혀 딴판이다. 예수님을 아는 것보다 개인의 명성과 야욕과 출세를 위한 것에 더 몰두한다. 그러한 현상은 교회가 왜 지탄의 대상이 되어버렸는지를 말해 주는 증거이다. 그와 같은 야욕은 세상에 널려있는 것들인데 교회마저도 그러한 허황된 것들에 몰두해 있으니 사람들이 교회를 떠나거나 아예 교회를 찾지 않는다. 세상에서 경험할 수 있는 것들을 이제는 교회라는 이름으로 경험하게 하고 있다. 과거에 드러내놓고 애용하지 못하였던 것들을 이제는 합법적으로 교회 안에서 즐기는 시대가 되어버렸다(드라마, 밴드와 다양한 무희와 댄스 등). 그렇게 성도들을 인도하는 목회자가 시대에 부응하는 목회자로 인식되어가고 있다. 현대감각이 있는 멋쟁이 목사가 되는 것이다. 시대에 무지하고 세속적 흐름에 둔하며 오직 기도와 말씀 지킴이로 한국 교회를 세워온 목회자상은 이제 구시대적인 유물로 전락되었고 구닥다리요 고리타분한 존재로 무시당해버린다.

목사가 섬기는 곳은 유행을 타는 세상이 아니다. 어제나 오늘이나 영원토록 동일하신 예수님이 머리이시다. 교회는 세상 사람들이 만든 친목단체나 동우회가 아니다. 교회는 주님이 피 흘려 세우신 주님의 신앙공동체이다. 세상에서 불러냄을 받아 구속함을 받은 자들이 모인 거룩한 공동체이다. 그렇기 때문에 세상에 드러내 보일 수 있는 방편이 있다면 교회는 세상과 구별된 모습이어야 한다. 그것은 세상에서 찾을 수 없는 거룩함이다. 성도 개개인도 마찬가지이다. 구분이 안 되는 일원화는 성경의 가르침이 아니다.

교회는 세상과 하나가 될 수 없다. 교회는 세상에 존재하나 하나님께 속한 영적 공동체이다. 그 공동체의 운영은 신령한 말씀으로 말미암는 것이다. 말씀에 근거하지 않는 것은 교회에 도입되어야 할 이유가 없다. 그것이 종교 개혁가들이 우리에게 남겨준 '오직 성경'(Sola Scriptural) 정신이다. 하나님의 입에서 나오는 말씀이 교회의 생명이요 힘의 모든 것이다. 기록된 말씀만이 정확 무오한 말씀이요, 교회를 세우고 그리스도의 온전하고 정결한 신부로 단장하는 유일한 방편이다. 그 말씀으로 무장되어 있는 목사만이 한국 교회의 미래를 밝게 할 것이다.

둘째, 기도 생활을 하는 것이다. 오늘날 목회자의 윤리 도덕적 추락은 전파하는 말씀과 상반된 길을 가는 것에 기인한다고 볼 수 있다. 그렇기 때문에 철저한 교리적 교육과 실천적 삶의 훈련이 병행되어야 한다. 세상의 것을 포기하는 것만이 아니라 우리 안에 내재해 있는 죄의 습성들을 날마다 죽이는 훈련을 병행해야 한다. 그런 의미에서 목회자의 기도 생활 강조는 아무리 해도 지나치는 법이 없다. 여기서 우리가 조심해야 할 것은 기도의 목적이다. 한국 교회 목회자들 중에 기도를 강조하지 않는 분들은 거의 없다고 보아도 틀리지 않다. 그리고 실질적으로 새벽기도회를 포함하여 많은 기도를 하고 있음이 사실이다. 그러나 무엇을 위한 기도인가를 묻는다면 천차만별일 것이다. 목회 성공적 야망, 혹은 종교적 야망 달성을 위한 수단으로서의 기도가 아니다.

기도는 철저하게 두 가지 목적만 가진다.

하나는 자신의 뜻을 죽이는 것이다. 예수님도 겟세마네 동산에서 이마에 흐르는 땀이 핏방울이 되어 떨어질 정도로 기도하신 가장 큰 이유는 "내 뜻대로 하지 마옵시고 아버지의 뜻대로 하옵소서" 였다. 즉 우리 자신의 의지와 욕구를 죽이고 오직 하나님의 뜻을 세우기 위한 수단이 기도이다. 그러한 마음가짐에 성령의 역사는 하나님의 영광을 위한 잔치를 벌여주실 것이다. 날개 없는 새를 생각할 수 없듯이 기도 없는 신자는 존재하지 않는다. 그러나 그 기도의 목적은 하나님과 교통하는 즐거움에서 더욱 하나님을 닮아가는 은혜를 풍성하게 하는 것이다. 우리 안에서 아버지의 뜻이 확고하게 세워지며 실천되기 위함이어야 한다.

다른 하나는 은총의 표징이다. 즉 주님의 교회이기 때문에 하나님이 우리와 함께 하신다는 은총의 표징이 떠나지 아니하기 위한 방편이다. 기도하는 자들이 있는 곳에 주님의 교회가 있고 주님의 교회가 있는 곳에 주님이 임재하신다. 기도하는 교회만이 살아남을 것이다. 기도는 지성을 쌓는 행위가 아니다. 기도는 주님의 임재하심을 즐거워하며, 주님의 품 안에 안기는 것이다. 다시 말해 세상에 물든 모든 때를 다 씻겨버리고 하늘의 신령한 것으로 덧입힘을 받는 행위다.

현재 한국의 교회들은 전반적으로 기도의 힘을 잃어가고 있다. 그것은 자유주의와 세속주의 혹은 포스트모던니즘의 영향에 기인한다고 말할 수 있다. 하늘의 것보다 땅에 것에 더 관심을 기울이는 세상 공중 권세 잡은 자의 주도적인 이끌림이 그 어느 때보다 농후하게 드러난다. 그러나 성도는 오직 여호와를 앙망하는 자들이다. 구원의 하나님을 인하여 즐거워하며 기뻐하는 자이다. 하나님의 궁정에서 문지기로 있는 것을 악인의 궁정에서 천 날을 거하는 것보다 더 흥겨워한다. 하나님과의 교제가 단절되는 것만큼 인생에 임하는 더 큰 불행은 없다. 에덴동산에서의 아담과 하와가 경험한 것처럼 주님이 계셔야 할 곳에 주님이 계시지 않고 인간의 헛된 야욕만 넘실대는 기도회 장소에서 우리가 무엇을 경험할 수 있겠는가?

이러한 목적을 도외시한 채 기도를 문제가 있을 때만 하는 경향이 많다. 가난했기 때문에 새벽기도회를 부지런히 다녔다. 병들었기 때문에 주님을 더욱 찾았다. 그래서 주님의 복으로 인하여 가난도 벗었다. 건강도 찾았다. 자녀들도 출세의 가도를 달린다. 그렇다면 더 주님을 찾아야 하고 더 주님께 영광을 돌려야 하지 않겠는가? 그러나 현실은 더 참담하다. 주님을 가까이 하기보다 더 멀어졌다. 주님이 주신 것들을 즐겨야 한다는 궤변을 늘어놓으면서 점점 모이기를 폐하는 어떤 자들의 습관을 따라간다. 지난날의 기도 생활은 진정으로 주님을 즐거워한 기도가 아니었다. 마치 나보다 더 잘 나가고 더 힘 있고 더 능력 있는 자를 가까이 하여 자신의 욕구 충족을 위한 하나의 발판으로 삼고자 하는 것처럼 기도를 통해서 원하는 것을 성취하면 기꺼이 배신하고 떠나는 인간쓰레기들과 다를 것이 없다.

그러나 성도의 기도는 원하는 것을 손에 넣는 수단이 아니라 천지에 충만히 계신 하나님과의 교제의 즐거움, 그의 눈앞에서 거니는 황홀함을 맛보고자 함이다. 기도 응답이 있느냐 없느냐 엔 별 관심이 없고 오로지 사랑의 주님과 함께 교제하는 즐거움으로 만족한다. 날 사랑하사 나를 위해 자신의 몸을 내어주신 그 주님과 함께 하는 시간의 달콤함 때문에 더욱 기도하는 시간을 즐거워한다. 그리고 그 주님이 피 흘려 세우신 교회를 위해 일꾼으로 삼아주심에 감사하며 주님의 기대와 소망에 결코 부끄럽지 않게 하기 위한 필요한 지혜와 능력을 구한다. 나는 간데없고 오직 교회의 머리되신 주님만 드러나는 일을 위함이다. 그런 기도에 힘을 쏟는 자들은 영적인 교만함을 나타내지 아니한다. 도리어 어린아이와 같이 겸손하고 온유해진다.

반면에 목적달성을 위한 수단으로 기도방편을 애용하는 자들은 목적 달성이 되면 될수록 교만해 진다. 기도 많이 하지 아니하는 자들을 향한 비난과 괄시적인 행동이 돌출된다. 자신은 하루에 몇 시간씩 기도하는 사람이라고 홍보한다. 기도 응답주시는 주님보다 기도한 자신을 더욱 부각시킨다. 그러나 기도의 사람은 철저하게 기도를 들으시는 주님을 앞세운다. 사나 죽으나 우리 안에서 교회의 머리이신 그리스도만을 존귀케 하고자 몸부림친다.

이러한 목회자의 역할 수행이 한국 교회의 미래를 보장한다. 왜냐하면 미래의 주인이신 하나님이 그러한 목회자들을 사용하시기 때문이다. 현재는 내게 주어진 시간이다. 그리하여 현재 내가 할 수 있는 것을 부지런히 수행해야 한다. 그러나 내일은 주님께 속한 시간이다. 그 주님의 뜻에 부합하는 목사와 교회만을 주님이 책임져 주실 것이다. 출애굽한 이후 끝까지 생존했던 사람들은 오직 여호와께 붙어 떠나지 아니한 자들뿐이었다(신 4:4). 그렇다면 우리도 천지는 없어지지만 주님의 말은 사라지지 않는 진리이니 그 진리에 붙어 떠나지 아니하는 교회와 목회자만이 주님이 오실 날까지 생존할 것이 분명하다.

그런 의미에서 목회자의 역할이 얼마나 중요한 것인지를 새삼 새기지 않을 수 없다.

목회자들은 말씀의 사람들이어야 한다

목회자는 우리가 믿는 바를 자신의 경험담에서 발췌하는 것이 아니라 오로지 기록된 말씀에 근거하고 그 계시의 말씀을 잘 풀어 증거 하는 진리의 사람이어야 한다. 존 번연처럼 "우리의 몸에서 흐르는 피가 말씀의 피여야 한다." 전통적으로 우리가 믿고 있는 개혁신학과 신앙의 전통, 청교도 사상의 유산들을 재음미하고 가슴에 새기는 일을 해야 한다.

목사는 말씀하시는 주님의 대변인이다. 그의 입에서 나오는 말은 하나하나가 다 주님의 뜻이어야 한다. 자신의 개인적 의견을 가미해서는 안 된다. 오로지 대변인으로 세움을 받은 자답게 자신을 세워주신 이의 뜻을 전달하는 것이라야 한다. 그렇기 때문에 우리를 세워주신 주님의 뜻을 하나도 가감 없이 전달하는 자신의 직무에 충실해야 한다. 세상 사람들이 어떻게 하든, 지금의 교회 흐름이 어떤 방향으로 가든 주님의 진리의 파수꾼으로서 자신의 직무에 목숨을 걸어야 한다. 그렇지 않으면 사욕을 채우는 망나니가 될 뿐이다.

목사는 진리의 말씀으로 충만해야 한다. 다른 것은 잘 몰라도 진리의 교훈하는 바가 무엇인지를 소상하게 알고 있어야 한다. 단지 지식적 정보 전달자가 아니다. 그 진리가 자신의 삶에서 작동되는 살아 있는 진리여야 한다. 말씀과 사생활은 분리되지 않는다. 세상 직업은 일터와 사생활이 구분된다. 그러나 성직은 구분이 필요 없다. 삶 그 자체가 주님을 대변하는 것이기 때문이다. 더욱이 진리는 삶의 영역 안에 있는 것이지 삶과 동떨어진 이상이 아니다.

목사는 믿는 자만이 아니라 믿는 것을 따라 살고 기동하는 자이다. 그러므로 진리가 우리 속에서 살아 역사함을 맛본 자들이 더욱 확실하게 진리의 능력을 들어낼 수 있는 것이다. 그렇지 않으면 성경은 실생활과 아무 관계가 없는 이론적 사상으로 전락하고 말 것이다. 무엇을 믿어야 하는지와 어떻게 살아야 하는지를 분명하게 가르치는 것은 하나님의 말씀인 성경뿐이다. 그렇기 때문에 목사는 성경 한 권의 사람이어야 한다.

목회자들은 서적을 늘 가까이해야 한다

이는 말씀을 풍성하게 이해하게 하는 서적을 가리킨다. 신앙간증집이나 예화집이 아니다. 무엇보다 진리를 깊이 탐구하게 하는 책들을 섭렵하고 소화해야 한다. 좋은 설교자는 좋은 설교를 많이 들을 때 탄생한다. 먹은 것이 없으면 속에서 나올 것이란 아무 것도 없다. 입에서 외쳐지는 진리는 머리와 가슴에 새겨진 진리로부터 나오는 것이다. 그런 의미에서 개혁주의 신학과 신앙을 잘 드러내고 있는 청교도들의 작품이나 칼빈주의 자들의 주석과 신학서적들을 탐독하는 모임들이 활성화되어야 한다. 그리고 그런 신학적 입장에서 강단사역을 주도하고자 하는 모임들에 부지런히 참석하여 배워야 한다. 예를 들면 한국개혁주의설교연구원 정기 세미나나 성경신학회 혹은 개혁주의 목회자들과의 교류를 통해서 진리의 기둥과 터인 교회를 바르게 세워가도록 힘써야 한다.

좋은 목사는 성도가 만들고 좋은 교회는 목사가 만들 수 있다. 그렇기 때문에 진리를 사랑하고 그 진리를 전하는 일에 전무하는 사역자가 될 때 건강한 교회를 세울 수 있다. 재정적 자원이 튼튼하고 인적 자원이 풍성한 교회가 건강한 교회라고 단정할 수 없다. 건강한 교회는 리차드 박스터의 고백처럼 '건전한 가르침과 건전한 삶'(sound teaching and sound life)이 있는 교회이다. 건전한 가르침과 삶은 진리의 말씀이 올바르게 선포되는 교회에서만 가능하다.

교회의 삼대 표지 중 그 첫째가 하나님의 말씀의 신실한 선포사역을 꼽고 있다. 지금의 한국의 교회 강단을 보면 하나님의 말씀을 찾아보기 힘들다. 하나님의 말씀을 듣지 못한 기갈이 심화되고 있다. 목회자들이 늘 듣고 배우는 것은 목회기술에 집중되어 있다. 방법론과 성장론에 매몰되어 있다. 그러다 보니 자연히 사람을 변화시키는 진리에 대한 갈망은 사라지고 현실적 욕구부응만 늘어간다. 교회 다니는 행복은 진리 때문이 아니라 친목계 모임이 잘 활성화되었을 때 느낀다. 그래서 예배조차도 성도들이 만족할 수 있는 방법들을 구현하는 쇼가 되어버렸다. 진리에 의한 감동과 변혁이 아니라 지극히 육감적인 감동을 자아내는 일에 힘을 쏟고 있다. '어머니의 은혜' 혹은 '불효자는 웁니다'와 같은 세속적인 노래가 설교 시간에 버젓이 불러지고 사람들을 즐겁게 하기 위한 꽁트나 판토마임 또는 단막극 연출 등이 예배 순서에 등장하는 것이 그 한 예이다.

예배는 성경적으로 신학적으로 하나님이 그 중심이라는 것을 모를 목사들이 없다. 그러나 목회 현장은 그러한 신학적 지식은 전혀 무시되고 있다. 오로지 사람들을 행복하게 하고 신나게 하고 뭔가 인간적인 왁자지껄임이 분출되어 사람들의 육감을 만족시켜주고자 함이 온몸을 감싸고 있다. 그런 곳에는 돈도 모이고 사람들이 따르기 때문이다. 예배자 자신이 대우받고 있다는 생각을 가지기에 충분하다.

그에 비해 개혁교회는 죄인임을 자각하게 하고 자신과 세상은 보이지 않고 오로지 주님만 보이게 한다. 그러니 인간에게 인기가 있을 리가 없다. 가뜩이나 세상살이 힘든데 죄 회개와 각성을 촉구하는 메시지가 달갑게 여겨질리 만무하다. 그러므로 경배와 찬양 문화가 주름잡더니 가정 사역이 유행하였다. 그 후에는 행복론이 강단을 점령하더니 이제는 힐링이 주도하고 있다. 진리는 유행을 타지 않는다. 진리는 영원하다. 인간의 생명은 유행 따라 달라지지 않는다. 영원한 진리 외에 생명 구원은 불가능하다.

기억하라. 목회자는 예배 연출가가 아니다. 희극 배우도 아니다. 개그맨도 아니다. 목사는 첫째도, 둘째도, 셋째도 말씀 선포자이다. 하나님과 함께 일하는 하나님의 일꾼이다. 하나님 자신의 피로 값 주고 세운 교회를 목양하도록 부름을 받은 자이다.

그렇기 때문에 두 유형의 섬김만이 존재한다.

첫째, 불러주신 주님을 섬기는 것이다. 목사의 일은 모두 우리의 구주이신 주님을 섬기는 일이여야 한다. 주님을 기쁘시게 하고 주님의 이름을 높여드려야만 한다. 주님을 더욱 사랑하며 주님의 뜻이라면 모든 것을 포기하고 따라야 한다.

둘째, 주님의 양들을 섬기는 것이다. 그것은 목사가 양들을 위해서 부름을 받은 자이기 때문이다. 그렇기 때문에 목사는 양들을 배불리 먹이는 일을 잘 감당해야 한다. 이것이 목사가 주님을 사랑한다는 증거가 된다. 목사는 말씀으로 양들을 돌보는 일을 맡은 자이다. 목사는 양들에게 대목자장이신 주님이 주신 진리의 말씀인 신령한 젖을 공급해야 하며, 양들을 잘 돌보아야 한다. 이는 주님의 은혜와 진리의 말씀으로 교훈하고 책망하고 바르게 하고 의로 교육하는 것을 가리킨다. 목사는 흉악한 이리 떼가 득실대고 있는 현실을 직시해야 한다. 거짓 교사들과 적그리스도가 나타나 선량한 양들을 삼키려 한다. 목사는 이들에게서 양들을 보호하고 돌봐야 한다. 이러한 섬김을 제쳐두고 목사 자신의 배만 채우려하는 것은 삯군이다.

그러나 이 일은 단지 육체적인 단련을 통해서, 지적인 수고를 통해서 할 수 있는 것은 아니다. 주님의 목회는 영적인 활동이다. 그렇기 때문에 목사는 그 누구보다 더 기도하는 사람이어야 한다. 경건의 능력이 있어야 한다. 말씀과 기도 외에 온전한 목회를 가능하게 하는 수단은 없다. 성도들을 거룩하게 하고 흠이 없고 책망할 것이 없는 자로 하나님 앞에 세울 방도는 없다. 그러므로 육체의 연습도 필요하지만 금생과 내세에 분명한 약속이 있는 경건에 이르는 연습을 게을리함이 없어야 한다. 그런 의미에서 수시로 성령 안에서 기도하는 훈련이 잘 되어야 한다. 하나님의 어전 회의에 참여하는 기도하는 목사의 목회는 주님의 영광스러운 임재하심이 풍성하게 경험되어질 것이다. 이것이 21세기에도 변함없이 필요한 참 목자이다.

목회자는
양떼들의 형편을 부지런히 살펴야 한다

현대교회의 피폐함의 한 원인은 목사가 성도들의 형편을 잘 살피지 못하기 때문이다. 즉 심방의 간소화 혹은 축소화가 영혼의 궁핍함을 더 심화시킨다. 세상에서 잘됨이 하나님의 축복이라고 인식하는 한 맞벌이 부부는 결코 줄어들지 않을 것이다. 돈과 믿음을 부여잡게 하려는 것은 패키지 상품으로 포장되는 허위이다. 믿음의 유익을 위해서 돈을 포기하든지 돈벌이를 위해서 신앙을 포기하든지 둘 중의 하나이다. 주님도 하나님과 재물을 겸하여 섬길 수 없다고 분명하게 선포하셨다. 그러나 현대 교회는 하나님과 재물을 함께 잡으려고 한다. 그것이 하나님의 복을 누리는 성공의 표본으로 자리를 잡고 있다.

참 신앙은 세상을 사랑함이 하나님과 원수 됨을 분명히 인식한다. 그렇기 때문에 목사는 단지 강단에서만이 아니라 개별적인 심방을 통해서 적극적으로 권면하고 채찍을 가해야 한다. 많은 목회자들이 이 직무를 포기하고 있다. 성도들이 들어서 싫어할 말을 굳이 하려고 하지 않는다. 그 결과가 어떠한가? 버릇없는 아이 만들고 이기주의자들로 키우듯이 성도들도 그러하다. 교인들이 버릇이 없다. 예의범절도 모른다. 다들 '손님이 왕'이라는 기업의 상업화가 교회 안에서도 깊이 뿌리를 내렸기 때문이다.

정말 진리의 말씀을 따라 사고하고 행동하는 성도들을 찾기 어렵다. 목사들 스스로도 그런 면을 자연스럽게 풍기고 있다. 자신들의 눈을 빼어 주어도 아깝지 않게 여길 줄 아는 신앙적 헌신은 역사박물관에 가서만 발견할 수 있게 되었다. 인간적이고 육체적인 친목 외에 영적 교정과 새롭게 함에는 귀찮아하고 부담스러워한다. 자신의 의지와 생각을 따라 행동하게 만든 목회가 만들어낸 현실적 고통이다.

그러나 심방은 영적 진단과 처방을 위한 가장 좋은 방편이다. 목사는 영혼의 의사이다. 단지 주일에 공예배 석상에서 얼굴을 보는 것만으로 심령 개개인의 상태를 점검하거나 치유할 수 없다. 양들과의 교감이 있어야 한다. 그 교감은 심방 사역을 통해서 이루어진다. 그들의 영적 상태를 파악한다. 육적인 형편도 살핀다. 그들에게 필요한 처방을 기록된 말씀을 통해서 내린다. 순종하면 치유가 되지만 거절하면 더 악화된다.

심방의 유익을 결코 간과해서는 안 된다. 심방에는 어린아이들도 참여할 수 있어야 한다. 그래야 온 가족이 하나님을 경외하는 자리에 더 가까이 나아갈 수 있으며 한 지교회의 목자가 누구인지를 새기는 기회가 된다. 한국 교회는 주일학교 담당 교역자들과의 관계 때문에 담임목회자와의 관계는 멀고 먼 당신에 불과하다. 그러나 목사는 장년 성도들만이 아니라 아이들의 목사이기도 하다. 심방을 통해서 그 관계를 분명하게 설정해야 한다.

그것이 교회의 미래를 더욱 든든하게 하고 병든 사회에서 신음하는 성도들로 하여금 소금과 빛의 역할을 감당하게 만들 수 있다. 목회자들끼리의 신체 단련도 필요하지만 영적인 돌봄을 위한 경건의 능력은 그 무엇과도 바꿀 수 없다. 이러한 목회자의 역할들이 제대로 발휘되는 분위기를 만들어야 한다. 그것은 목회자의 손에 달려있다. 사람들의 종이 되려고 하는 한 영적인 분위기는 불가능하다. 하나님의 임재하심이 없어도 성도들은 한층 즐거워하고 단단한 끈으로 묶일 수 있다. 그러나 정작 말씀으로 인해 핍박이나 환난이 닥치게 되면 일시적인 안위와 복락을 위해서 과감하게 타협의 길을 간다. 그렇기 때문에 사회 곳곳에 기독교인들이 존재하지만 성경적 가르침의 영향력은 미미하다.

사회 변화는 다수에 의하여 형성되기 보다는 소수의 알맹이들이 더 효과적이다. 영적 싸움에 있어서는 수의 많고 적음 혹은 무기의 강하고 약함에 달려 있는 것이 아니다. 우리의 싸움이 여호와의 싸움인가? 아니면 목회자 자신의 싸움인가? 여호와의 싸움은 여호와의 이름이 높임을 받으시는 곳이라면 언제나 승리가 보장되지만 주님의 이름이 멸시함을 받는 곳에서는 실패뿐이다.

우리의 목회가 실패한 것인가? 그렇다면 목사의 역할 수행을 재점검하라. 우리의 목회가 성공적이라고 생각하는가? 기록된 말씀을 가지고 재분석해 보라. 하나님의 영광이 충분히 드러나고 있고 하나님의 진리가 진리로 바르게 가르쳐지고 실행되는 것이라면 교회의 주인되신 주님으로부터 착하고 충성된 종이라고 칭찬하는 달콤한 음성을 듣게 될 것이다.

나가는 말

종교개혁 500주년을 맞은 한국 교회의 미래는 어떠할 것인가? 분명 현재 상태로는 안 되겠다는 의식이 있어도 어떻게 해야 할지를 물을 때는 막연한 생각이 대부분일 것이다. 그러나 본질로 돌아가는 것만이 교회의 미래를 밝게 한다. 목회자의 역할 회복이 분명해야 한다고 믿는다. 종교개혁 세미나에서 강의 요청을 받은 자로서 필자는 교회가 처해있는 현실적 상황을 볼 때 우리가 섬기고 있는 교회가 주님의 교회라는 분명한 확신이 있다든지 혹은 지극히 정상적으로 가고 있다는 생각을 가진 이들은 별로 없다는 전제하에서 본 강의를 준비하였다.

교회의 미래가 암담하다. 무엇 때문인가? 기록된 말씀에서 벗어난 것이 너무나 많기 때문이다. 동시에 교회를 위임 맡은 목회자의 역할 수행이 턱없이 부족하기 때문이다. 그렇다면 목회자로서 주님의 부르심과 사명에 충실하게 돌아간다면 지금의 교회는 분명히 미래에도 이 민족의 소망으로 자리를 잡을 것이다. 왜냐하면 교회에 주님이 세워주신 선물은 다 말씀을 맡은 일꾼들이기 때문이다. 그들이 자기소임을 100% 발휘하기만 한다면 교회의 미래는 밝다. 불가능하다고 본 중세교회도 말씀 위력 앞에서 무너진 것이다.

앞서간 선진들이 겪었던 것처럼 가혹한 핍박이 따를 수 있다. 소수로 전락되어 사람들에게 조롱거리가 되거나 외면당하여 버려질 수 있다. 세상 사람들의 기준으로서가 아니라 지금 돌아가고 있는 교회들의 현실적 판단에 의해서도 가난하고 나약한 모습으로 비쳐지기에 멸시를 당하고 있고 노회에서조차도 제대로 대접조차 받지 못한다고 할지라도 세상을 지으시고 다스리시는 하나님이 높임을 받는 길이라면 그 길을 당당하게 가야 한다. 한 사람의 헌신이 상천하지에 주와 같은 신이 없음을 드러내는 창구가 되는 것이다.

'오직 성경' 이라는 구호는 교회 구석구석에 적용되어지는 원리일 뿐 아니라 세상까지도 변혁시킬 수 있는 유일한 방편임을 믿는다. 그

엄청난 능력을 보유하고 있는 하나님의 말씀을 맡은 목회자들이 제대로 정신만 차린다면 교회는 개혁될 것이며 세상이 감당할 수 없는 위력을 발휘하게 될 것이다.

그러므로 다른 사람들이 우리를 어떻게 생각하느냐가 아니라 나를 불러 주신 주님이 나를 어떻게 생각하시고 있는지, 그의 부름 앞에 나는 어떤 반응을 보이고 있는지가 중요하다. 불러주신 분의 부름에 합당한 것이 아니라면 지금 하는 일을 통해서 아무리 보람을 느끼고 손에 실속이 넘치는 것이 주어질지라도 과감하게 내버려야 한다. 성도도 마찬가지이지만 목사는 땅에 있는 것을 더 많이 가지기 위해서 사는 자들이 아니라 하늘에서 받을 상을 바라는 자들이기 때문이다. "내가 너희 상급이요 너희 방패니라"고 하신 주님의 말씀을 깊이 경험하며 간증케 되는 그날이 오기까지 달려갈 길 다 달려가자. 믿음의 선한 싸움을 잘 싸우되 진리의 말씀을 굳게 붙들고 그 안에서 기동하며 존재하는 동역자들이 되기를 소망한다.

존 칼빈이 목회한 세인트 피에로 처치

PART 2

성경의 권위와 공교회성 회복

Crisis of the Church
The Bible is the Key

5장

성경의 권위와 바른 목회[1]

한국의 교회가 위기라는 인식은 최근 몇 년 사이에 급증하다시피 확산일로에 있다. 그럼에도 불구하고 신학자들이나 목회 일선에 있는 목회자들 사이에 뼈를 깎는 듯한 고통과 눈물어린 자기성찰, 혹은 대안을 찾는 몸부림은 상대적으로 드물다 하지 않을 수 없다.

필자는 한 사람의 목회자요 동시에 학교에 몸담고 있는 사람으로서 목회현장의 뼈아픈 현실을 직시하며 공교회성 회복을 위한 주창을 곳곳에서 했으나[2] 정작 귀를 기울이는 목회자들은 많지 않다. 단지 한 사람의 신학자로서의 의견에 불과한 것이지 공교회가 듣고 따라야 할 지침이라고 생각하지도 않을 뿐 아니라 주의를 기울여주지도 않는다.

---

1. 2018년 9월 8일 '한국개혁신학회 132차 정기학술'에서 발표한 글을 수정, 보완하였다.

2. 한국개혁신학회의 2017년 논문발표회를 통해서 또는 한국개혁주의 설교연구원의 정기 세미나를 통해서 또는 지역 목회자 세미나나 개교회 지도자 훈련을 통해서 동시다발적으로 제기하였었다.

그렇기 때문에 신학회의 논문 발표회는 학자들만의 놀이터로 전락했지 거기에서 나온 산물이 한국의 교회 개혁에 영향을 미치고 있다는 조짐은 찾기 힘들다.

그 이유가 무엇일까? 500년 전의 종교개혁자들은 상아탑에만 머물러 있지 않았다. 그들이 목회현장에서 실질적으로 하나님의 말씀을 강론하여 교회 개혁을 주도한 것에 비해 오늘날 신학자들은 교회가 아닌 학교 강의실에 매여 있을 뿐이다. 이것이 한국의 교회가 위기에 처해 있다고 아무리 외친들 교인들의 피부에 와닿는 실질적인 메아리가 되지 않는 이유다. 신학과 실천 사이에 괴리만 깊어진 것이다.

또 하나의 원인을 지적한다면 오늘 필자가 강의하고자 하는 주된 주제 목회의 모든 매뉴얼이라 할 수 있는 성경의 권위 추락에 있다. 이것은 목회자들이나 평신도들 사이에서 가장 두드러지게 나타나는 현상이다. 성경보다 교회 전통과 특정 지도자의 권세를 더 높이 여겼고 지금도 별반 달라지지 않은 로마가톨릭의 신학과 매우 흡사한 것이 한국의 개신 교회들의 모습이다. 목회자의 생존 문제와 직결하여 교세 확장과 교회 몸집 부풀리기가 최대 목표가 되었다. 교회는 힘을 진리에서 찾지 아니하고 교세에서 찾기에 대형 교회 지도자가 자연스럽게 한국 교회 지도자로 자리매김할 수 있게 되었다. 성경의 권위는 교회의 전통과 슈퍼스타들의 주장에 밀려 버렸다.

이 같은 상황에서 필자는 한국의 교회, 특히 장로교 보수 신앙을 지닌 교회들이 이 기본을 되찾고 그 기본에 따라 바른 목회를 구현하고자 하는 각오를 하지 않는 한 교회의 위기를 탈출함이 불가능하다는 사실을 전제로 본 논문을 준비하였다. 따라서 필자는 성경이 근본적으로 무엇인지 그리고 이 성경의 충분성과 권위는 무엇인지를 생각하면서, 실천적으로 한 가지 대안점을 제시하며 논고를 맺고자 한다. 이 주장이 교회 성장이라는 실질적인 방편이라고 비난할 소지도 있지만 가라지 혹은 쭉정이보다는 알곡이 더 많아지게 하며, 어쩌면 급격한 인구절벽을 실감하고 있는 현 국가적인 위기를 탈피하게 할 수 있는 방안임을 확신한다.

1. 하나님의 영감된 말씀으로서의 성경

전통적으로 성경을 하나님의 말씀으로 믿는다. 기독교는 성경을 떼어놓고 생각할 수 없다. 경전이 없는 종교는 미신이다. 경전일지라도 살아있는 전능자의 말씀과 인간 교주의 말은 비교가 되지 않는다. 내용의 깊이만이 아니라 인간사 전 영역과 내세의 세계까지 포함하고 있는 것만 보아도 그 차이는 누구도 좁힐 수 없다.

성경이 참된 하나님의 말씀이라는 것을 어떻게 아는가? 구약의 토라만 보더라도 하나님이 모세에게 일러준 하나님의 말씀임을 증명한다. 선지자들의 말을 담은 선지서의 내용 그 자체가 이를 증명한다. 왜냐하면 선지자들을 부르신 하나님이 그들에게 주신 말씀을 전한 것들이기 때문이다. 예레미야서에서 특별히 가죽에 쓴 글들도 하나님이 일러주신 하나님의 말씀임을 증거한다.

더욱이 하나님의 아들 예수께서 언급하신 것들이 다 이를 증명한다(마 1:22; 2:5, 15, 17, 23). 주님이, 즉 만군의 주 여호와께서 다 선지자들을 통해서(δια) 하나님의 말씀을 전하신 것이다. 선지자들은 모두 하나님의 말씀을 전하는 수단 혹은 통로로 사용되었다. 하지만 다른 성경의 사례를 보면 선지자 이사야 혹은 다윗이 말한 것처럼 언급하여서 마치 그들이 주체자인 것처럼 묘사하는 경우도 있다(마 13:14; 15:7; 22:43, 45; 행 1:16; 28:25). 그렇다고 해서 그것이 하나님이 말씀하신 것이 아니라고 볼 수 없다. 그것은 그 말씀이 성령의 감동하심에서 나온 말씀이기 때문이다. 인간적인 요소들조차도 하나님의 말씀을 전하는 수단으로 사용하셨던 것이다.

물론 개혁주의 신학 전통에서 신적 요소를 '제1 저자' 라고 하고 인간적 요소를 염두에 두고 '제2 저자' 혹은 '인간 저자' 라고 구분은 하지만[3] 성경 전체가 다 하나님이 말씀하신 것이라고 말하지 않을 수 없다. 왜냐하면 제2 저자에 해당되는 인간들이 스스로 발상하거나 연구하여 낸 창작물이 아니라 그들에게 역사하신 성령의 감동하심이 있었기 때문이다. 성령이 말하게 하심을 따라 말한 것이다. 베드로 사도가 이를 말한다.

> 예언은 언제든지 사람의 뜻으로 낸 것이 아니요 오직 성령의 감동하심을 받은 사람들이 하나님께 받아 말한 것임이라 (벧후 1:21)

따라서 자연스럽게 성령의 감동하심이 무엇인지를 살피지 않을 수 없다. 이것을 신학적 용어로 성경의 영감론(Doctrine of Inspiration of Scripture)이라고 부른다.

---

3. S. Greijdanus, *Schriftbeginselen ter Schriftverklaring* (Kampen: J. H. Kok, 1946), 7, 45f.를 참고하라. 변종길 박사의 논문 "개혁주의 성경관"에서 발췌한 것임.

바울은 디모데에게 편지하면서 "모든 성경은 하나님의 감동으로 된 것으로 교훈과 책망과 바르게 함과 의로 교육하기에 유익하니"(딤후 3:16)라고 선언하였다. '성령의 감동하심' 이나 '하나님의 감동하심' 이나 다 같은 의미임을 논할 필요는 없다. 삼위일체 신앙을 믿고 따르는 이들이라면 이를 부정하고 나설 자 없기 때문이다.

그렇다면 '감동하심'이라는 '테오프네우스토스'(θεοπνευστος)라는 헬라어는 무슨 뜻인가? 일반적으로 '하나님이 호흡하셨다' 혹은 '하나님에 의해서 숨을 내쉬셨다'는 말로 이해한다.[4] 즉 하나님의 영이 임하신 것이요, 선지자들 안에서 하나님이 말씀하신 것을 뜻한다. 이것이 베드로가 지적한 '하나님께 받아 말한 것'이라는 부연설명이 되는 이유이다.

우리 말 성경은 언뜻 보면 사람들에게 성령의 감동하심이 임한 것처럼 이해될 오해의 소지가 다분히 존재하나 헬라어 원어의 설명은 성령의 감동하심으로 말한 그 내용을 의미한다. 다시 말하면 성경 기록자가 영감되었다는 의미가 아니라, 그 내용 즉 '성경이 영감 되었다'는 것을 뜻하는 말이다. 그들이 한 말은 그들에게서 나온 것이 아니라 하나님의 입을 통해서 나온 말씀이요, 성령 안에서 그 말씀이 기록된 것이다. 이것이 디모데후서 3:16이 뒷받침하고 있는 것이다.

이처럼 성경은 성령 하나님이 특정인들을 감화하사 하나님의 말씀을 기록하게 하셨고 그들이 무엇을 기록해야 할 것인지도 감동하심으로 알게 하셔서 정확무오하게 기록하도록 이끄셨다고 말할 수 있다.

---

4. 이 단어는 능동형과 수동형으로 다 이해될 수 있다. 즉 하나님이 영감을 불어넣은 일이 되든, 혹은 하나님의 영감을 받은 것이 되든 다 해석이 가능한 것이다. 그럼에도 불구하고 전통적으로 "하나님에 의해서 숨을 내쉬셨다"를 감동함을 받은 것으로 이해하고 있음은 목적격 단어들이 대부분 수동형의 의미를 가지게 되기 때문이다.

하나님 자신이 무오하신 분이시기 때문에 그 입에서 나온 말씀도 오류가 없는 참 진리인 것이다. 다른 말로 말하면 성경의 저자들이라 할 수 있는 선지자들이나 사도들이 '새로운 종교, 윤리적 일신교의 창시자들이 아니라'는 말이다.[5] 전적으로 하나님의 작품이다.

특히 오경의 율법들과 선지서들에게서 매 순간 나타나는 공식적인 문구 "여호와께서 말씀하셨느니라"가 성경의 신적 기원을 부정하지 못하게 만든다. 더욱이 신약에 인용된 구약성경 자체를 보면 신약의 저자들이 신적 기원과 권위를 지닌 작품들로 인정한다는 것을 볼 수 있다. 즉 "기록되었으되"[6] 혹은 "성경에 이르기를"[7]이라는 문구들이 이를 증명한다. 이외에도 "선지자로 하신 말씀"이라든지, "주께서 선지자로 말씀하신바" 등의 문구도 있다. 복음서들만이 아니라 바울 서신이나 히브리서 등에서도 같은 의미의 문구들이 자주 인용되고 있음이 신적 기원과 권위를 증명하고 있는 것이다.[8]

이 같은 현상에 대해서 바빙크는 "예수와 사도들에게 있어서 구약성경이 다양한 책들과 다양한 기록자들로부터 비롯되었다 할지라도 단 하나의 유기적 통일성을 형성하여 하나님 자신이 저자임을 드러낸다"고 해석하였다.[9] 예수님의 말씀 역시 예수님 스스로 말한 것이 아니라 아버지께로부터 받은 것을 말씀하시는 것이기 때문에 하나님에게서 그 기원을 찾는다(요 3:32). 그를 통해서 하나님이 말씀하시는 것

---

5. 헤르만 바빙크, 『개혁교의학 1』, 박태현 역 (부흥과 개혁사, 2013), 519.

6. 마 4:4 이하; 11:10; 눅 10:26; 요 6:45; 8:47.

7. 마 21:42; 눅 4:21; 요 7:38; 10:35.

8. 롬 4:3; 9:17; 10:11; 11:2; 갈 4:30; 딤전 5:18; 히 1:5 이하; 3:7; 4:3, 5; 5:6; 7:21; 8:5, 8; 10:16, 30; 12:26; 13:5을 보라.

9. 헤르만 바빙크, 『개혁교의학 1』, 525.

이다(히 1:2). 그의 증거가 참되다고 스스로 강변하신 이유가 여기에 있다(요 8:14). 더 나아가서 선지자들 혹은 선지자들의 입을 통해서 그리고 사도들의 입과 글을 통해서 말씀하신 것을 언급하고 있는 성경의 교훈은(예, 마 1:22) 하나님이 말씀하시는 분임을 명확하게 증언하는 것이다. 즉 하나님에 대해 전치사 υπο(~에 의해)가 사용되었는데 이것은 하나님이 실제적인 주체임을 말하는 것이다.

선지자들이나 사도들은 하나님의 도구들이기 때문에 그들을 언급하고 있는 전치사는 δια+속격(~을 통하여) 형태가 쓰이고 있지 결코 υπο가 쓰이지 않았다. 이처럼 '하나님 혹은 성령이 실제적으로 말씀하시는 분이고 정보 제공자이며 원저자인 반면 기록자들은 하나님이 그들을 통해 말씀하는 도구이며 제2 저자들이고 기록자들이며 서기관들인 것이다.'[10]

여기서 한 가지 짚고 갈 것은 성경의 '영감'(inspiration)은 성령의 '조명'(illumination)과는 구별된다는 사실이다.[11] 영감이나 조명은 다 같이 성령의 사역이지만 영감은 성경의 기록과 관련된 것으로서 무오한 하나님의 말씀이 되게 한 성령의 역사이지만 조명은 이미 기록된 말씀을 성령의 비추어주심으로 인하여 잘 깨달아 알게 하는 일이다(요 16:13; 엡 1:17-19; 요일 2:27). 아더 핑크는 그의 책 『성령론』(*The Holy Spirit*)에서 신적 조명하심에 대하여 이렇게 정의한다.

> 신적 조명하심은 성령께서 이미 깨어있는 영혼에게 신적인 것들에

10. 헤르만 바빙크, 『개혁교의학 1』, 565.

11. '계시(revelatio)' 또는 '영감(inspiratio)' 과 '조명(illuminatio)' 사이의 구별에 대해서는 A. A. Hodge, *Outlines of Theology* (London: Banner of Truth, 1972), 68을 참고하라.

대해 정확한 영적인 이해를 가지게 하는 것이다.[12]

이렇게 성령께서 영혼에 빛을 비추어주실 때 그 계시된 진리를 통해 자신의 죄악성만이 아니라 하나님의 성품이나 말씀의 신령한 의미들을 잘 깨닫게 하고 수용하게 한다. 그리고 그 말씀이 참된 진리임을 확정케 하고 믿게 하여 하나님과 깊은 영적 교감을 가지는 길이 열리는 것이다.

그러나 영감하고는 달리 조명하심은 우리 자신의 죄성으로 인해 비춰주심을 받아 알았더라도 오류에 빠지거나 온전하지 못한 결과를 낳을 수 있다. 따라서 성령의 조명하심은 지속적으로 필요하나 영감은 성경의 기록 완성과 더불어 종식된 것이다. 즉 성령은 이미 주어진 성경 외에 뭔가를 덧붙이기 위하여 새로운 계시를 말씀하시지 않는다.

그렇다면 이른바 영감의 범위에 대해서는 고려하지 않을 수 없다. 왜냐하면 성경의 인간 저자들이 다 단지 받아 적는 로봇의 역할만 한 것이 아니기 때문이다. 하나님은 인간을 생명이 없는 나무 막대기로 취급하시지 않고 이성적 존재와 도덕적 존재로 대우하신다. 즉 개혁교회의 전통적인 입장은 영감의 범위가 성경의 중요한 내용만이 아니라 인간에게 알리시고자 하시는 하나님의 뜻을 펼치시기 위해 사용된 모든 단어들과 역사적 사건들까지도 다 영감으로 선정되고 사용된 것으로 믿는다. 이것은 과학적 논증에 의한 것이 아니라 믿음으로 말미암는 신앙고백이다. 그리스도인의 신앙은 눈으로 접하는 모든 것들이 과학적으로 혹은 이성적으로 충분히 증명이 되기 때문에 믿는 것

---

12. Arthur Pink, *The Holy Spirit* (Grand Rapids: Guardian Press, 1975), 65.

이 아니라 설사 의혹되는 것들이 있다고 할지라도 하나님의 작품이요, 하나님의 말씀임으로 참된 것임을 믿는다. 왜냐하면 거짓을 말하실 수 없는 하나님이 말씀하신 것이기 때문이다. 이 세상의 지혜로는 하나님을 알지 못하기 때문에 하나님이 인간이 반드시 알아야 할 필요한 지식을 계시하신 것이고(성령의 감동하심으로) 그리고 성령의 조명하심을 통해서 깨닫게 하시는 것이다.[13]

이러한 성령의 '영감'을 우리는 일명 '축자적 영감설'(inspiratio verbalis-verbal inspiration) 및 '유기적 영감설'(organic inspiration)이라고 말한다.[14] 한마디로 성령의 감동하심의 역사를 어떻게 규정하는지를 설명하는 것으로서 헤르만 바빙크는 이렇게 규정하고 있다.

> 기록과정에 있어서 성령의 사역이란 기록자들의 인간적 의식을 출생, 양육, 자연적 재능들, 연구, 기억, 숙고, 인생 경험, 계시 등을 통해 다양한 방식으로 준비한 이후, 기록하는 과정 자체에 있어서 신적인 생각을 온갖 지위와 형편, 온갖 민족들과 모든 세기의 사람들에게 최선의 방식으로 해석할 수 있는 생각들과 단어들, 언어와 문체로 그들의 의식 가운데 떠오르게 하는 것이다. 그 생각들에는 단어들이 포함되고 그 단어들에는 모음들이 포함된다.[15]

---

13. 이해되지 않는 것이기에 이해되지 않는 것을 더욱 굳게 붙드는 것이 신앙이다. 이해되지 않는 것 때문에 하나님이 그 전능하신 손으로 자연과 역사라는 책에 기록한다는 것을 의심할 수 있는 권리가 인간에게 있는가? 바빙크는 이렇게 말한다. "존재의 신비는 불신앙으로 감소되는 것이 아니라 증대된다. 그리고 마음의 불안은 더 커질 것이다."(『개혁교의학 1』, 583).

14. 그러나 개혁주의 학자들 사이에서 유기적 영감설을 사용할 때 지나치게 인간적 요소를 독립적으로 떼어내어 생각하는 오류를 가지게 됨으로 신중하게 사용해야 한다고 주장한다(리델보스, 벌카우어, 캄프하이스, 유해무 등). 그러나 그러한 논증을 제시하고자 하는 것이 아니라서 지나가지만 유기적 요소를 배제하지 않는다는 점은 분명하다.

15. 바빙크, 『개혁교의학 1』, 578.

그러나 성경의 원 저자가 전지전능하신 하나님이라고 해서 성경에 묘사된 다양한 학문적 영역에 필요한 지식을 습득할 수 있는 책이 아니다. 하나님이 주신 성경의 의도와 목적은 구원에 이르는 지혜가 있게 하는 것이다. "성경은 오로지 신학의 기초 원리이며... 성경을 중심으로 한 모든 학과목들에 있어서 우리의 목적은 하나님에 관한 구원의 지식이다. 성경은 이를 위해 필요한 모든 정보들을 우리에게 제공한다. 이런 의미에서 성경은 전적으로 충분하며 완전하다"는 바빙크의 주장은 틀린 것이 아니다.[16]

2. 성경의 권위는 충족성(The Sufficiency of the Bible)에 있다

성경의 권위는 성경 그 자체로 충분하다는 충족성(sufficientia)에 있다. 이것은 무오성과 더불어 뗄 수 없는 특성이다. 이것은 성경이 백과사전처럼 독자에게 필요한 모든 정보를 다 제공해 준다는 말이 아니다. 성경이 전지전능하신 하나님의 입에서 나온 정확 무오한 하나님의 말씀이라는 사실과 더불어 특별히 하나님의 완전하심에 비추어 볼 때 하나님의 감동하심으로 주어진 성경은 구원에 이르는 지혜를 얻게 하는데 충분한 말씀인 것이다.

하나님을 알기 위해서, 혹은 인간의 구원을 해결하기 위해서 얻을 수 있는 필요 충분한 지식은 성경뿐이다. 왜냐하면 하나님이 그렇게

16. 헤르만 바빙크, 『개혁교의학 1』, 585.

계시하셨기 때문이다. 인간의 어떤 상상이나 사사로운 방안도 심지어 가톨릭교회가 필수적이라고 주장하는 전통도 여기에 첨가될 수 없다. 성경은 우리가 알아야 할 신지식(神知識)과 구원에 이르는 참 지식을 알게 하는 일에 100% 충분하다. 웨스트민스터 신앙고백서에서는 이렇게 규정하고 있다.

> 본성의 빛과 창조와 섭리의 일들이 하나님의 선하심과 지혜와 권능이 명백하게 나타나 있어서 사람이 핑계할 수 없게 한다. 그러나 그것들이 하나님을 아는 지식과 구원에 필요한 하나님의 뜻을 아는 지식을 충분히 주지 못한다. 그러므로 주님은 여러 때에 여러 방식으로 자신을 나타내시며 그의 뜻을 교회에 선언하시기를 기뻐하셨다. 그리고 후에는 진리를 잘 보존하시고 전파하시기 위해 그리고 육체의 부패와 사단과 세상의 사악함에 대항하여 교회를 더 견고하게 세우시고 위로하시기 위해 그 진리를 온전히 기록하게 하셨다. 이것이 성경을 가장 필요로 하게 만들며 하나님이 자기 백성들에게 자신의 뜻을 계시하시던 이전 방식은 종식된 것이다.
>
> 하나님 자신의 영광과 인간의 구원, 믿음과 생활을 위하여 필요한 모든 것과 관련한 하나님의 전 경륜은 성경에 명백하게 표현되어 있거나 선하고 필연적인 결과에 의하여 성경에서 추론할 수 있다. 이 성경에는 어느 때를 막론하고 성령의 새로운 계시에 의해서이든 인간의 전통에 의해서든 아무 것도 추가될 수 없다. 그러나 우리는 말씀에 계시된 것과 같은 것들에 대하여 구원받는 것들에 대한 것으로 이해하기 위해서 하나님의 성령의 내적 조명하심이 필요하다는 것을 인정한다. 하나님을 예배하는 것, 교회의 정치, 인간의 행위들과 사회에서 흔히 일어나

는 특별한 상황들이 있음도 인정한다. 그러나 그 상황들은 언제나 순종해야 할 말씀의 일반적인 규범에 따라 본성의 빛과 그리스도인의 분별에 의해서 규정되어져야 할 것이다.[17]

본 고백서의 요지는 이렇다. 소위 일반계시로는 하나님을 아는 일과 구원의 길을 찾기에는 불충분하다. 물론 신적 존재에 대한 부정을 용납하지 못하는 근거가 될지라도 일반계시 자체로는 살아계신 하나님께 나아가는 길을 완전히 안다는 것은 불가능하다. 그렇지 않다면 길이요, 진리요, 생명이신 예수 그리스도께서 인간의 몸을 입고 이 세상에 오실 이유가 없으셨을 것이다. 그러나 그 말씀이 육신이 되셨고 하나님을 아는 길을 보여주셨으며 가르쳐주신 것이다.

그 모든 것이 기록된 그 말씀 안에서 찾아진다. 그렇기 때문에 성경의 기록된 목적(요 20:31)과 성령의 감동하심의 의도 측면에서 볼 때 신구약 성경은 그 자체로도 충분한 것이다. 성경은 하나님의 계시를 내포하고 있는 것만이 아니라 하나님의 계시이며 하나님의 말씀이다. 그럴지라도 성령의 조명하심은 절대적으로 필요한 것이다. 왜냐하면 신령한 것은 오직 신령한 것으로만 이해가 되는 것이기 때문이다.

이처럼 성경의 목적과 의도는 그 내용과 가장 긴밀하게 연관되기 때문에 그 의도하신 목적 달성을 위한 충분성은 부정할 수 없다. 우리 주 예수 그리스도께서 이 땅에 교회를 세우시고 그 교회를 위하여 사도들과 선지자들과 복음 전하는 자들과 목사와 교사를 주신 것은 '성도를 온전케 하기' 위함이다(엡 4:12). 그런데 주의 일꾼들이 무엇

---

17. 웨스트민스터 신앙고백서, 제1장 1, 6항.

을 가지고 성도를 온전케 할 것인가? 그것은 하나님의 감동하심으로 기록된 모든 성경 66권이다. 그 성경만이 교훈과 책망과 바르게 함과 의로 교육하기에 유익할 뿐 아니라 "하나님의 사람으로 온전케 하며 모든 선한 일을 행하기에 온전케 하는" 말씀인 것이다(딤후 3:17).

성경은 인간이 필요로 하는 과학적 지식 혹은 수학적 지식 또는 천문학적 지식 공급을 위한 책이 아니기 때문에 혹 그러한 척도로 성경을 판단해서 오류 혹은 불충분성을 내세우는 것이 되어서는 안 된다. 우리가 믿는 하나님이 어떤 분이신지, 구원에 이르는 참 지혜가 무엇인지 그리고 어떻게 살아야 할지를 규정해주는 유일한 잣대이다. '구원을 위해서 반드시 알아야 하고 믿어야 하며 지켜져야 할 것들은' 성경에서 분명하게 제시되어 있고 밝혀져 있다.[18]

그렇다면 정경(Canon)을 어떻게 규정하는가? 신구약성경 66권만이 정경임을 무슨 근거로 교회는 고백하고 있는가? 로마가톨릭은 일명 '외경' (apocrypha)[19]도 정경에 포함시키고 있다. 웨스트민스터 신앙고백서에서는 외경을 이렇게 정의한다.

> 보통 외경이라 불리는 책들은 영감에 의한 것이 아니기 때문에 경전

---

18. 웨스트민스터 신앙고백서에서는 성경을 '신앙과 행위의 유일한 규범이라' 고 규정하고 있다. 오늘날 종교다원주의 사상을 철저히 배격하고 기독교의 유일성, 혹은 구원의 유일한 길이 성경에 계시된 대로 이 세상에 오셔서 구원을 완성시키신 예수 그리스도뿐인 것이다.

19. 외경이란 글자 그대로 '정경 밖의 책' 으로서 유대교의 경전인 타나크, 즉 히브리어 구약성서에 포함되지 않은 책들을 말한다. 타나크는 대략 B.C. 1500~400년대 사이에 오랜 세월을 거쳐 바벨론, 블레셋, 이집트 등의 지역에서 낱권들로 기록된 경전들을 모아 놓은 것으로서, 오랜 세월을 거쳐 한 권의 책으로 만들어졌는데, 본 주후 90년에 열린 얌니아 회의를 통해 현재의 분류가 확립되었다는 전승이 정설로 받아들여진다(출처: 얌니아 회의: 위키백과). 외경은 토비트, 유디트, 솔로몬의 지혜, 바룩, 예레미야의 편지, 마카비서 상하, 수산나, 세 청년의 노래, 벨과 용, 에스더 속편, 벤시락, 에스드라 상 하, 므낫세의 기도를 외경이라 한다. 물론 가톨릭에서는 마지막 세 권만 외경으로 인정하고 첫 12권은 정경에 포함시킨다.

의 일부가 될 수 없으며 하나님의 교회 안에서 어떤 권위도 행사할 수 없다.[20]

외경을 정경에 포함시키지 않는 이유는 크게 세 가지이다. 첫째는 히브리어 성경에 포함된 일이 없다. 둘째 그리스도나 사도들에 의해서 인용된 적이 없다. 셋째는 초대교회 교부들이 작성한 정경 목록 속에도 포함된 적이 없다. 무엇보다도 하나님의 감동하심으로 되었다는 증거가 전무한 것이기 때문이다.[21]

그러나 정경은 로마가톨릭이 주장하는 것처럼 공의회의 결정으로 형성된 것이 아니다. 교회는 성경의 정경을 인정하고 받아들이고 그것에 복종할 뿐이다. 그리하여 공의회가 사용한 단어는 라틴어의 recipimus, 즉 '우리는 받아들이다' 는 단어를 선택하였다. 바빙크는 이렇게 인용하고 있다: "정경은 사람들이 말하는 것처럼 사람들의 단번의 행위에 의해서가 아니라 점차적으로 영혼과 시간의 통치자이신 하나님에 의해서 산출되었다."[22]

물론 신구약 책들에 대한 정경성을 어떤 원리들에 근거하여 교회가 결정한 것인지는 확실하게 알 수 없지만 신약의 교회들안에서 그 책들이 어떤 '공식적인 약속도 없이 자연스럽게' 정경으로 자리매김을 했다는 사실이다. 즉 그 글들이 언제, 어디서 처음으로 권위를 얻었는지 지적할 수 없지만 성경의 정경성은 '그 글들의 존재에 근거한다.'

---

20. 웨스트민스터 신앙고백서, 1장 3항.

21. 서창원, 『개혁교회는 무엇을 믿는가?』 (진리의 깃발, 2010), 40.

22. 헤르만 바빙크, 『개혁교의학 1』, 530. 바빙크는 헤르만 Strack의 "Kanon des alten Testament," in *PRE* ², vii 424를 인용한 것임.

다시 말하면 그리스도와 사도들이 인용한 글들과 초대교회가 자연스럽게 받아들인 책들과의 내용상 조화를 이루는 것으로서 바빙크의 표현을 빌리자면 '자신들의 권리' (Jure suo)로 그 권위를 가진다. "왜냐하면 그 글들이 존재하기 때문이다. 기록하는 것을 지도하고 그 글들이 교회에서 인정받게 한 이는 바로 주의 영이다."[23]

웨스트민스터 신앙고백서는 이렇게 말한다.

> 성경의 권위는 어떤 인간의 증언이나 교회의 증언에 의존하는 것이 아니라 전적으로 하나님께 의존한다. 하나님이 이 성경의 저자이시다. 이처럼 성경은 하나님의 말씀이기 때문에 우리는 그것을 믿고 순종해야 하는 것이다.[24]

신약의 교회는 처음부터 성경과 함께 존재했다. 교회는 사도들의 손에서 구약성경을 받았고 그것이 곧 신적 권위로 주어진 경전으로 받은 것이다. 이 성경을 연구할수록 그리고 성경의 교훈하심을 열심히 순종할수록 하나님에 대해 믿어야 할 모든 것과 하나님이 사람에게 요구하시는 모든 의미에 대해 성경이 충분히 설명하고 있음을 확신하지 않을 수 없게 한다. 이것은 특히 그리스도와 사도들이 성경에 기록된 것들보다 훨씬 많은 것들을 말씀하셨고 행하셨지만 기록된 부분만 우리에게 전달된 것은 성도들이 믿어야 할 것들, 구원에 필요한 것들을 완전하게 포함한 내용임을 말하는 것이다.

그러나 작금의 한국의 교회들은 성경의 무오성을 입으로는 고백하

---

23. 헤르만 바빙크, 『개혁교의학 1』, 532.
24. 웨스트민스터 신앙고백서, 1장 4항.

나 실제 행위로는 성경의 충족성을 부정하고 있다. 물론 교회의 조직을 위해서 필요한 모든 관습들과 의식들과 규정들 및 규칙들을 성경이 다 가르쳐주는 것은 아니다. 그러나 명시적이든 암시적이든 신앙에 필요한 조항들은 성경에 다 포함되어 있기 때문에 다른 자료의 도움이 없이도 "오로지 비교 연구와 숙고를 통해서 성경으로부터 도출할 수 있다."[25] 이것이 성경의 충족성이다. 그럼에도 불구하고 성경에 근거하고 있지 않은 수많은 것들을 교회는 속속 수용하면서 인간의 교훈을 따라 하나님을 헛되이 경배하는 일들을 하고 있다.

하나님께 나아가는 길은 하나님께 나아가는 사람들이 정하는 것이 아니라 오직 지존자이신 하나님이 정해 주신 규례대로 하는 것이어야 한다. 그 점에 있어서 성경은 하나님께 나아가는 지식을 충분히 소개해주고도 남는다. 그럼에도 불구하고 교회의 제도와 예배에 대한 규례, 교회 회원권과 직분자, 복음 전파 방법론 등 기록된 말씀에 그 근거를 찾을 수 없는 것들이 교회의 관습 혹은 사람들이 선호한다는 명목 하에 하나님의 일들로 자리 잡아 가고 있다. 초대교회와 종교개혁자들의 교훈은 기록된 말씀 외에 결코 다른 어떤 것에도 주시하지 않았다. "교회는 항상 주어진 시기에 현존하는 성경에서 매번 필요한 모든 것을 발견해왔다."[26]

성경에 기록되어지지 않은 예수의 말씀, 성경에 남아 있지 않은 사도들의 가르침이 설혹 발견되었다고 하자. 그것들이 역사적으로 가치 있고 중요한 것일지는 몰라도 신앙적으로는 더 이상 필요한 것이 아니다. 바빙크는 이렇게 말한다.

---

25. 헤르만 바빙크, 『개혁교의학 1』, 639.

26. 헤르만 바빙크, 『개혁교의학 1』, 641.

우리는 우리의 구원을 위한 성경에 만족하기에 비록 예수 자신에게서 유래된 것이라 할지라도 결코 다른 글을 필요로 하지 않는다. 이것이 종교개혁의 가르침이었다. 계시는 양적으로 성경이 보전했던 것보다 훨씬 더 풍부하고 많았으나 질적으로, 실질적으로 성경은 우리의 구원을 위해 완전히 충분하다.[27]

'성경은 시작한 곳에서 종결된다.' 진리의 영이신 성령의 오심은 주어진 계시에 어떤 새로운 무엇을 덧붙이려고 함이 아니라 교회를 진리가운데로(요 16:13-15) 인도하여 모든 차이를 통과해 신앙과 하나님을 아는 지식에 하나 되게 만드시기 위함인 것이다.

여기에서 우리가 한 가지 생각할 것은 특별계시 전달 방식은 이제는 완전히 종결되었다는 사실이다(히 1:1-2).[28] 그리스도는 하나님에 대한 최종적이며 최상의 계시이다. 그를 본 자는 하나님을 본 자이다. 그로 말미암지 않고는 누구도 하나님께로 나아갈 수 없다.

교회는 언제나 그 말씀 외에 다른 것에 주목할 필요가 없다. 새로운 계시나 교리가 더 이상 필요한 것이 아니다. 물론 그리스도께서 성경에 기록된 것 외에도 더 많은 것을 말씀하셨고 사도들 역시 성경에 기록되어 있는 것들 보다 더 많은 것들을 가르쳤다. 그럼에도 불구하고 실질적으로 기록된 계시인 성경만이 우리의 구원과 삶을 위하여 완전하고 충분한 진리임을 결코 부정할 수 없다. 성경의 충족성은 이처럼 자연스럽게 성경의 권위 문제를 다루게 한다.

---

27. 헤르만 바빙크, 『개혁교의학 1』, 643.

28. "옛적에 선지자들로부터 여러 부분과 여러 모양으로 우리 조상들에게 말씀하신 하나님이 이 모든 날 마지막에 아들로 우리에게 말씀하셨으니 이 아들을 만유의 후사로 세우시고 또 저로 말미암아 모든 세계를 지으셨느니라."

3. 성경의 권위는 성경이 하나님의 말씀이요 하나님의 책이기 때문이다

웨스트민스터 신앙고백서가 지적하고 있듯이 성경에는 권위가 있다. 이 권위는 인간이나 교회의 증언에 달려 있는 것이 아니다. 권위의 출처는 전적으로 진리이신 하나님 자신에게 있다. 마치 왕의 어명 그 자체가 권위가 있는 것이지 그 어명을 전달하는 사신의 지위나 인격에 달려있는 것이 아닌 것과 같다. 바빙크는 이렇게 단언한다.

> 그리스도의 사역은 신자들의 선행 공로로 보충될 필요가 없으며, 그리스도의 말씀은 교회의 전통으로 보충될 필요가 없으며 그리스도 자신은 교황에 의하여 계승되거나 대체될 필요가 없다.[29]

누군가가 대신한다고 해서 그의 말씀의 권위가 더 품위 있고 위용 있게 드러나는 것이 아니다. 그 자체로 충분하다. 그리스도께서 보내신 성령께서도 이 시대에 그리스도께서 하신 일들을 각각의 성도들에게 적용하며 그리스도의 말씀으로 인도하시고 가르치시고 깨닫게 하시는 일을 하시는 것이다. 그 성령께서는 그 일을 그리스도께서 세우신 교회의 일꾼들을 통해서 확정하신다.

구약 시대에 선지자들과 신약 시대의 사도들을 사용하신 성령은 기록된 말씀을 보존하시고 증거하게 하시어 그리스도께서 이룩하신 구

---

29. 헤르만 바빙크, 『개혁교의학 1』, 644.

원의 완성을 적용해 가신다. 그 일을 통해서 그리스도의 나라가 점점 흥왕케 되는 것이다. 교회의 전통을 성경의 권위보다 더 우위에 두었던 중세교회의 비성경적 가르침들을 타파한 종교개혁자들은 성경에 대한 올바른 이해를 가지게 했을 뿐 아니라 교회의 모든 전통과 관습이 다 성경의 최고 권위를 넘지 못함을 남겨주었다. 바빙크는 종교개혁자들의 유산을 이렇게 설명한다.

> 성경은 설교, 신앙고백, 예전, 예배, 신학, 종교적 문학 등에 지속적으로 생존하는 모든 전통이 자라나고 길러지는 하나의 유기적 원리였고 모든 종교적 삶의 샛강들과 물줄기들이 양육되고 유지되는 순수한 생수의 원천이었다. 그와 같은 전통은 성경 자체에 근거한다. 예수는 자신의 사역을 완수했을 때 성령을 보냈다. 그 성령은 실로 계시에 어떤 새로운 것을 덧붙이지 않을 것이며 교회를 진리 가운데로 인도하여 모든 차이를 통과해 신앙과 하나님을 아는 지식에 하나 됨에 이르게 할 것이다.[30]

따라서 성경 기록자들과 설교자의 권위는 그들의 인품과 학식 및 선한 공로들이 출중한 사람들 자체에 놓여 있는 것이 아니다. 그들의 손으로 그리고 입으로 나타낸 산물 그 자체가 여호와의 입에서 나온 것이라는 사실만으로도 자체 권위를 가지게 한다. 그리고 그 권위는 수신자 혹은 설교자의 도덕적 성결함을 낳게 하고 그 열매가 성경 진리를 더욱 신뢰할만한 것으로 만드는 것은 사실이다. 그러나 설교자

---

30. 헤르만 바빙크, 『개혁교의학 1』, 646.

의 흠결이 있다고 해서 그가 선포하는 진리의 말씀까지도 흠 있는 것으로 간주할 수 없다. 반대로 학식 있고 덕망 있는 어떤 사람이, 혹은 종교적인 위용을 지닌 사람이 성경이 진리라고 선언한다고 해서 성경이 참 진리가 되는 것이 아니다. 그 무게 있는 사람도 결국은 성경에 의해서 판단되어질 존재이기 때문이다.

오늘날 일부 신학자들 사이에서는 성경의 권위가 인간의 재량에 달린 것처럼 주장되기도 하지만 그들의 주장대로 하면 성경이 살아남을 여지는 거의 사라지고 만다. 왜냐하면 인간이 규정하는 범위란 언제든지 요동치는 것과 같기 때문이다. 인간적이고 도덕적인 권위 역시 세월의 흐름에 따라 달라진다. 최근에 아일랜드에서는 국민투표를 통해서 동성연애 결혼이 합법적인 것이 되게 하였다. 성경에 반하는 명백한 잘못이지만 성경의 완전성과 충족성을 부정하는 무리들 앞에서는 얼마든지 가능한 결정이 된다.

인간은 누구나 자신이 최종적인 진리라고 믿는 어떤 권위에 근거해서 사고하고 행동한다. 이것은 유한한 인간에게는 필연적인 사고방식이다. 권위란 일반적으로 누군가가 어떤 것을 말할 수 있는 권세, 어떤 문제에 있어서 결정할 수 있게 하는 권리를 말한다. 그러므로 그리스도인도 자신의 최종적인 권위가 무엇인가에 따라 행동방식이 결정되는 것이다. 내가 말하는 이유와 행동하는 이유가 더 여기에서부터 출발한다. 세상의 유행과 관습이나 국민들의 생각이 최종 권위가 아니라 성경이라고 분명히 고백한다면 사람들이 만들어 낸 어떤 전통이나 관습이 다 영원한 진리인 성경에 의해서 판단되어져야 한다.

성경이 주어진 목적과 주어진 동기나 그 과정과 그 내용은 그 어느 것 하나도 인간적인 기준에서의 권위를 내세우지 않는다. 그것은 그 성경의 원 저자이신 하나님께 있음을 분명히 밝히고 있다. 먼저 성경이란 용어는 그들이 이미 영감 된 책으로 믿었던 구약(딤후 3:16; 롬 3:2)과 신약(벧후 3:16)의 거룩한 책들을 가리키는 말로 사용되었다. 그리고 '하나님의 말씀' 이란 표현은 기록된 형태의 신구약 모두에 대해 사용되었다(마 15:6; 요 10:35; 히 4:12).

이들 각각의 용어는 '뛰어난 책', 즉 '하나님이 인간에게 주신 계시를 기록한 유일하고도 공인된 책' 을 가리키고 있다. 한편 헬라어를 사용했던 초대교회의 성도들은 성경을 '타 비블리아' 즉 뛰어난 책들이라고 불렀다. 그 후에 문헌들의 총체를 가리키는 단수인 'Bible' (책 또는 두루마리의 뜻)을 성경 전체를 가리키는 데 사용한 사실은 이 성경이 하나님의 확실하게 증거한 다양한 문서의 선집일 뿐 아니라 하나님의 직접적인 섭리로 통합된 한 권의 완전한 책이라는 기독교인들의 확신을 나타내 준다. 성경은 유일한 책이다.

또한 이 책은 1500여 년 동안 약 40명의 저자가 기록했으나 그 내용에 있어서는 모순이 없는 한 권의 책이다. 왜냐하면 이미 알고 있는 것과 알 수 없는 것, 유쾌한 것과 불쾌한 것, 인간의 성공과 실패, 과거와 미래, 그 모두를 쉽고도 권위 있게 말해 주기 때문이다. 성경처럼 광범위한 책도 없지만 성경처럼 완전하고 정확한 책도 없다.[31]

성경의 권위가 인간 저자 자신에게 있다거나 전달자 자신의 인격에 좌우된다고 한다면 그것처럼 불안과 의심을 극대화하는 것이 없다. 설교자가 성경을 강론할 때 그 자체가 자신의 도덕적 성결함에 근거한다고 한다면 말씀의 능력(히 4:12)은 결코 나타나지 않을 것이다. 사람

31. "개혁주의 신앙고백에서의 성경관," http://www.theology.ac.kr/institute/dtdata/

의 인격은 일시적인 감동을 줄 수는 있어도 변화를 일으킬 수 없는 것이기 때문이다. 설교자가 말씀을 전달할 때 그 말씀이 하나님의 진리라는 확신 속에서 전달할 때 그것을 듣는 자들도 믿음으로 수용하고 그 말씀의 위력을 경험하게 된다. 설교의 모든 권위와 영향력과 변화의 능력은 다 어명 그 자체에서 뿜어 나오는 것이다. "기독교 신앙과 기독교 설교는 둘 다 신적인 권위를 그 토대로 삼을 것을 요구한다. '만일 성경의 신적 권위가 흔들린다면 신앙은 비틀거릴 것이다.'"[32]

그러므로 우리는 이렇게 말할 수 있다. 어떤 무엇이 성경에 있기 때문에 참된 것이 아니라 성경에 있는 것이 참되기 때문에 참된 것이다. 그렇기 때문에 그 진리는 듣는 이들에게 순종을 요구한다. 그 진리는 진리의 영이신 성령 하나님의 인치심으로 주어진 것이기에 권위가 더욱 돋보인다. 신적 권위 외에 무엇이 우리를 순종하게 하고 신뢰하게 만들 수 있겠는가? 하나님의 말씀으로서의 성경의 권위는 단지 종교적 영역만이 아니라 국가와 사회, 학문과 예술 정치 모든 분야에서 사람들이 가지는 권위를 능가한다. 우리의 신앙과 인격과 삶의 영역의 유일한 규범이 된다.

성경의 권위는 그 성경 진리가 영원한 것이라는 사실에서도 입증된다. 국가의 권위나 사람의 권위는 그 범위와 영향이 한정적이다. 그러나 하나님의 말씀은 시대와 인종을 뛰어넘는 진리이다. 성경이 하나님의 말씀이기 때문에 무엇보다 영원한 진리이다. 하나님의 입에서 나온 말씀은 그 시대와 사람들에 따라서 다르게 적용되거나 해석되지 아니한다. 사도 바울이 로마서 15:4에서 이렇게 증언하고 있다:

---

32. 바빙크, 『개혁교의학 1』, 605.

"무엇이든지 전에 기록한 바는 우리의 교훈을 위하여 기록된 것이니 우리로 하여금 인내로 또는 성경의 안위로 소망을 가지게 함이니라." 여기에서 우리는 성경의 영원성에 대한 귀한 교훈을 얻는다. 바울 당시에 "전에 기록한 바"는 구약 성경을 가리킨다. 적어도 중간사 시대를 포함하여 로마서를 기록할 당시는 말라기 시대에서부터 계산해도 500년 가까운 시간이 흐른 다음의 일이다.

구약성경을 구약 시대 성도들의 영적 유익을 위하여 장래 소망을 가지게 하기 위하여 준 것으로만 해석한다면 바울이 본문에서 "우리"라는 일인칭 복수 대명사를 사용하지 않았어야 했다. 그러나 그는 구약성경이 신약 시대 성도들의 교훈을 위한 것이라고 해석하였다. 그 원리는 신구약 성경을 읽는 우리 모두에게도 그대로 적용되는 성경 이해의 원리가 된다. 비록 2천 년 전에 주어진 말씀이라고 할지라도 모든 성경은 하나님의 감동하심을 따라 주어진 것이기 때문에 21세기를 사는 이 시대의 성도들에게도 교훈과 책망과 바르게 함과 의로 교육하기에 유익한 진리인 것이다.

더구나 인간에게는 과거와 현재와 미래가 존재하지만 영원하신 하나님에게는 과거나 미래가 없고 언제나 현재만 존재하신다. 그는 알파와 오메가가 되시기 때문이다. 그에게는 '천년이 하루 같고 하루가 천년'과 같다. 그렇기 때문에 성경이 권위가 있는 진리요 모든 인간은 이 진리에 순종해야할 의무가 있다. '주의 말씀은 영원히 하늘에 굳게 서있는 것'이다(시 119:89). 그러므로 성경은 하늘 아래에 있는 모든 시대 모든 사람들에게 적용되는 현재의 교훈이요 규범이다.

또한 성경의 권위는 비록 시대적인 구분에 의해서, 또는 인간 저자들에 의해서 66권이라는 분류가 존재하나 한 하나님 입에서 나온 것이요, 한 하나님의 손가락으로 쓰신 것이라는 측면에서 성경은 하나이다. 신약과 구약이 한 하나님의 영원하신 품속에서 나온 하나의 진리이다. 시대적 환경과 지식적 배경과 사회적 혹은 종교적 지위가 다 다를지라도 그들 저자들은 하나같이 동일한 하나님을 말씀하였고 동일한 구원의 길을 제시하였다. 같은 하나님의 영의 인도하심이 아니라면 그것은 불가능하다. 모든 성경은 인간의 구원자 예수 그리스도를 증거하고 있는 한 권의 책이다. 그 권위를 누가 부정할 수 있는가? 여기에서 우리는 자연스럽게 이 권위 있는 말씀을 어떻게 해석해야 하는가?를 생각하지 않을 수 없다.

4. 성경의 권위는 성경은 성경으로만 해석됨에 있다

개혁주의 성경해석은 성령의 직접적인 조명하심에 의한 이해와 깨달음을 바탕으로 하여 그 성경을 읽는 독자 자신의 몫에 해당된다. 즉 성령의 깨닫게 하심에 대한 설명적 부분이 해석의 영역이다. 웨스트민스터 신앙고백서는 이렇게 설명한다.[33]

> 성경의 모든 기록들은 그 자체가 모두 같은 정도로 알기 쉬운 것이 아니며 모든 사람에게 같은 정도로 분명한 것도 아니다. 그러나 구원을

33. 웨스트민스터 신앙고백서 1장 7항

위해서 우리가 꼭 알아야 하며 꼭 지켜야 할 부분들은 성경의 이곳저곳에 분명하게 계시되어 있고 열려 있기 때문에 유식한 사람이든 무식한 사람이든 일상적인 구원의 수단이 적절히 사용될 경우 그것들을 충분히 이해할 수 있다.

성경은 문자화되어 우리에게 전달되고 있다. 따라서 그 문자를 이해하려면 정확한 해석이 필요하다. 그 해석의 원리는 사람들의 설명에 따라 달라지는 것이 아니다. 성경 자체가 헌법재판소와 같이 성경 자신의 해석자요, 판단의 기준이다. 여기에서 개혁주의 성경해석의 가장 중요한 명제가 등장한다. 그것은 '성경을 성경으로 해석한다'는 원칙이다. 성경의 어떤 한 부분에서 애매한 부분이 다른 부분으로 더 명료해 질 수 있는 것이다. 이것은 한 본문을 가지고 다른 본문과 대립시켜 해석하는 것을 뜻하지 않는다. "모든 본문은 직접 접해 있는 문맥에 비추어서 해석할 뿐 아니라 성경 전체의 문맥에 비추어 해석해야 한다."[34]

전통적으로 로마가톨릭교회는 성경해석 방법을 네 가지로 간주했다. 문자적 해석, 은유적 해석, 비유적 해석 그리고 신비적 해석이 그것이었다. 그 같은 해석의 권위자는 사제였다. 평신도들은 성경을 해석할 능력이나 자격이 없었던 것이다. 그러나 종교개혁자들, 특히 칼빈의 교훈은 무엇보다 역사적 문법적 해석만이 유일한 방편이라고 했다. 문법적이라는 말은 성경의 문법적인 구조와 언어를, 역사적이라는 말은 성경 문맥의 역사적인 상황을 중요시하는 것을 가리키며, 이

34. 서창원, 『개혁교회는 무엇을 믿는가?』 (진리의 깃발사, 2010), 42.

를 통해 성경의 문자적인 의미를 말한다.

개혁자들은 성경이 누구나 다 이해할 수 있는 자기 언어로 번역되는 것을 적극 지원하였다. 한마디로 회중들조차도 성경에 기록되어 있는 그대로 성경을 해석하고 적용할 수 있는 방편이 마련된 것이다. 존 오웬은 이렇게 말한다.[35]

> 성경에는 실질적으로 성경을 구성하고 있는 단어들 속에 담겨진 의미 외에 다른 의미가 없다...어떤 사람의 생각을 해석함에 있어서 먼저 그가 말하고 기록한 것을 올바르게 이해하는 것이 필요하다. 그러나 우리는 그가 말한 언어, 관용어구, 표현의 통상적인 사용과 취지들을 올바르게 이해하지 않는 한 그의 생각이 무엇인지 직시할 수 없다.

그러므로 역사적 문법적 해석은 그 책이 주어진 저자의 의도를 파악하고 본문의 문맥과 문법을 세심하게 살피는 작업이다. 이러한 의미 파악을 위해 문법적이고 역사적인 문맥의 이해는 무엇보다 중요하다. 성경에는 모호한 부분이 있기 때문에 사제들의 주관적이고 비유적인 해석이 필요하다는 가톨릭의 주장에 반하여 개혁자들은 성경이 명료하기 때문에 외부적인 표준이나 전통에 매이지 않고 성경 자체가 해석자임을 강조한다.[36] 그렇다고 성경은 사사로운 해석을 용인하지

---

35. 서창원, 『개혁교회는 무엇을 믿는가?』 43에서 재인용.

36. 성경의 저자이신 성령만이 참된 유일한 해석자임을 강조한 칼빈의 성격해석방법은 총 8가지로 구분함을 나타내고 있다: (1) 간결성과 용이성, (2) 저자의 의도를 찾는 것, (3) 저자의 환경에 한정된 역사적, 지리적, 제도적 상황을 조사하는 것, (4) 본문의 참된 의미를 말하는 것, (5) 분문의 문맥을 조사하는 것, (6) 십계명과 같은 경우에 문자적 의미를 뛰어넘는 것, (7) 은유나 비유의 조심스런 해석, (8) 그리스도 중심의 해석이다. 안명준의 광주 칼빈 탄생 500주년 학술대회에서 발표한 "칼빈과 성경해석"에서 발췌한 것임.

않는다. 성경의 진리를 발견할 자유는 누구든지 가지고 있지만 자신들의 입맛대로 꾸며댈 권리는 없다. 즉 주관적인 해석을 거부한다.

한마디로 바른 성경해석은 언제나 기록한 성령의 본래 의도하심을 파악하는 것이 제일 중요하다. 왜냐하면 하나님의 말씀은 그 말씀이 최초로 주어진 상황에 아주 적절한 것이었기 때문이다. 그리고 같은 주제를 다룬 다른 본문에 비추어서 해석해야 한다. 성경의 통일성과 충족성 및 명료성을 믿기 때문이다. 여기에서는 초기 계시가 후기 계시의 조명으로 해석되어짐을 전제한다. 예수 그리스도는 율법의 완성이기 때문이다. 이것이 성경은 성경으로 해석한다는 의미이다. "성경의 위대성은 분문해석의 무한성에 있는 것이 아니라 한 가지 뜻의 명료성에 있다"는 칼빈의 해석 원리는 흔들림이 없어야 한다.

이처럼 저자의 의도와 역사적인 상황, 문법적 구조, 그리고 문맥에 적절한 성경해석은 오늘의 현실에 적용 가능한 생동감 있는 말씀으로 전달될 수 있는 발판이 된다. 하나님의 말씀은 비록 오래 전에 기록된 것이라 할지라도 오늘 이 시대 하나님의 백성들을 위하여 주신 교훈이요, 생명의 양식이기 때문에 올바른 해석과 적용은 절대적으로 필요하다. 성령의 역사는 성경 기록에 국한된 것이 아니다. 그 성경에 대한 해석과 전달에도 나타난다.

따라서 해석자 혹은 전달자들은 언제나 지적 탐구만이 아니라 성령의 나타남과 능력으로 전달함이 되도록 항상 기도에도 힘써야 한다. 성령의 역사하심이 없는 성경해석과 전달은 죽은 문자에 불과한 것이요, 생명 없는 지식 전달에 불과한 것이 되기 때문이다. 심령의 변화 혹은 영혼의 치유는 성령의 검인 하나님의 말씀으로만 가능한 것이다. 하나님께로 보내심을 받은 자가 하나님의 말씀만을 할 수밖에 없는 가장 큰 이유는 그에게 한량없이 부어주신 성령 때문이다(요 3:34). 성경해석과 전달에 있어서 성령의 역사야말로 모든 것을 좌우한다고 말할 수밖에 없는 이유가 이것이다. 그러므로 성령의 의도를 파악하려는 것이 성경해석의 진정한 목적이어야 하며 진리를 이해하고 확신하며 믿어 실천하게 하는 것은 전달 혹은 선포의 목적이어야 한다.

지금까지 개혁주의 신앙 고백적 성경관을 살펴보았다. 단지 학문적인 접근이 아니라 신앙 고백적이고 실천적인 측면에서 성경이 하나님의 말씀이며, 그 말씀의 권위 앞에 모든 인간이 다 순복해야 할 유일한 규범임을 제시하였다. 하나님의 말씀을 대신할 만한 어떤 신학자의 글과 가르침은 없다. 오직 그 성경만이 최고의 권위를 지니고 있고 그 성경만이 신앙과 행위의 유일한 규범이다.

그 성경에 대한 해석과 적용은 신학자들과 설교자들의 책무이지만 그들의 가르침을 따라 진리의 말씀에 순복하고 실천하는 것은 성도의 마땅한 의무이다. 성도 개개인들도 성경을 읽고 이해하고 깨달을 수 있는 것은 거듭난 성도 심령 속에 내주하시는 성령의 인도하심 때문이다. 그러나 교회에 가르침에 수고하는 목사와 교사를 세운 것은 거짓 교사들이 진리를 왜곡하여 성도들의 마음을 그리스도를 향하는 진실함과 깨끗함에서 떠나 부패하게 만들기 때문이다(고후 11:3; 행 20:29-30). 성경이 하나님의 말씀이라는 최고의 증언은 성령 하나님 자신만이 아니라 말씀을 맡은 이들의 온전한 순종적 헌신에서 고스란히 드러난다. 말씀을 맡은 이들의 불순종적 삶이나 모순된 언어 행실로, 성경의 권위를 아무리 강조해도 사람들은 믿지 않을 것이다.

한국의 교회가 조롱과 비판의 대상이 된 가장 큰 이유는 진리에 대한 불순종이다. 이기적이고 기복적인 행동 양식이 다른 사람의 유익을 구하며 거룩함과 화평을 추구하는 희생적인 삶을 무용한 것으로 만들었기 때문이다. 사람의 교훈을 하나님의 말씀 듣는 것보다 더 중요한 것으로 만들었다. 하나님께 순종함이 사람의 말 듣는 것보다 더 우선이어야 함을 행동으로 부정한 것이다. 이제라도 성경이 오늘 이 시대에도 여전히 적용되는 유일한 진리임을 믿는다면 개개인의 사고방식과 삶의 행동 양식에서 진리에 기초한 철저한 개혁이 일어나야 할 것이다.

전하고 가르치는 자들의 모범이야말로 그 어느 때보다 필요하다. '그리스도의 학교 선생' 이라고 말할 수 있어야 하는 신학교의 교수들과 교회 지도자들 사이에서 일어나고 있는 현상들이 세상에서 보는 것보다 더 볼썽사나운 한 성경은 죽은 문자일 뿐이다. 소위 성직을 맡은 이들이 먼저 회개와 각성과 변화를 일으키는 길을 가지 않는 한 진리의 말씀의 권위 앞에 전적으로 무릎 꿇을 인간은 없게 될 것이다. 하나님의 말씀이 흥왕케 되는 부흥의 역사를 소망한다.

5. 교회 개혁의 실천적 방안

> 여호와께서 모세에게 일러 가라사대 너는 이스라엘 자손에게 고하여 이르라 나는 여호와 너희 하나님이라 너희는 그 거하던 애굽 땅의 풍속을 따르지 말며 내가 인도할 가나안 땅의 풍속과 규례도 행하지 말고 너희는 나의 법도를 따르며 나의 규례를 지켜 그대로

> 행하라 나는 너희의 하나님 여호와니라 너희는 나의 규례와 법도를 지키라 사람이 이를 행하면 그로 인하여 살리라 나는 여호와니라 (레 18:1-5)

> 너희는 이 세대를 본받지 말고 오직 마음을 새롭게 함으로 변화를 받아 하나님의 선하시고 기뻐하시고 온전하신 뜻이 무엇인지 분별하도록 하라 (롬 12:2)

성경이 최고의 권위를 가진다는 이론적 구호가 실천적 경험으로 자리 잡기 위해서는 성경이 교회의 개혁의 축이 되어야 한다. 교회 제도만이 아니라 교리적 가르침과 실천적 생활 규범에 이르기까지 전 영역에 하나님의 주권을 인정하는 것이 '솔라 스크립투라'(Sola Scriptura: 오직 성경)의 정신이다. 더욱이 교회는 진리의 기둥과 터이기 때문에 하나님이 계시해 주신 말씀에 근거한 것이 되지 않으면 가르치지도 말고 알려고도 하지 말아야 한다.

교회의 목회 사역을 전반적으로 다 계시의 빛으로 조명할 필요가 있지만 본 논문에서는 한 가지 영역에 집중하고자 한다. 세상의 유행과 흐름이 잣대가 아니라 또는 인간의 취향이 주요인이 아니라 오직 기록된 하나님의 말씀만이 신앙과 행위의 유일한 규범으로 적용되어야 한다.

필자는 삶의 모든 영역 가운데 특별히 성도들의 가정을 들여다보고자 한다. 이유는 두 가지 때문이다. 하나는 가정이 교회보다 먼저 시작되었다는 것 때문이다. 하나님이 아담과 하와를 만드시고 부부가 되게 하심으로 비로소 가정이 탄생된 것이다. 또 하나는 가정이 사회를 구성하고 있는 가장 기본적인 단위이기 때문이다. 가정들이 모여서 사회가 구성된다. 그렇기 때문에 가정이라는 가장 기본적인 곳이 성경의 권위에 따라 제대로 성립해야 나머지 기관이나 단체도 정상적일 수 있다. 무엇보다도 성도들의 가정이 건강해야 건강한 교회를 형성할 수 있다. 더욱이 크리스천의 가정은 기독교교육의 센터이다.

신명기 4:9과 이스라엘의 교육현장이라고 할 수 있는 신명기 6:4-9은 신앙교육의 책임이 교회가 아닌 부모에게 주어져 있음을 알 수 있다. 따라서 가정에서 신앙교육이 형성되어야만 교회생활과 사회생활에서 진리의 꽃을 피울 수 있다. 물론 불신 가정에서 교회에 출석하는 아이들을 어떻게 할 것인가에 대한 문제가 대두된다. 그러나 이것도 정상적인 기독교인 가정에서 주일만이라도 영적으로 입양하여 돌봐주는 방편을 택한다면 얼마든지 해결할 수 있는 것이라고 본다.

부모의 입은 여호와의 영예로운 일을 읽을 수 있는 큰 책이어야 한다. 여호와의 영예와 그 능력과 그의 기이한 사적을 후손들에게 전해줄 책임은 부모 외에는 없다(시 78:1-8 참고). 하나님의 은혜로 덮여 있는 조부모의 손자 손녀들은 그들의 영혼에 가장 복된 신령한 양식이 되나 그렇지 않은 이들은 후손들의 영혼에 허기진 양식이 될 뿐이다.

더욱이 작금에 전통적으로 한국 교회의 장점으로 꼽혀왔던 주일학교 교육의 쇠퇴[37]와 교인 수의 감소현상으로 심각한 위기를 겪고 있는 상황에서 그 문제를 해결할 수 있는 방법은 성경의 교훈대로 가정을

---

37. 해마다 여름성경학교를 앞에 두고 개최되는 주일학교 교사 강습회에 참여하는 교사들의 숫자가 현저하게 줄고 있고 주일학교가 없는 교회들이 전국 교회의 절반이 넘는다는 가상치가 이를 뒷받침하고 있다. 필자는 주일학교 교육 현황을 확인하기 위해서 2010년에 수도권 교회 주일학교를 설문조사한 적이 있었다. 그때 399개 교회 응답 중 53% 교회가 주일학교가 없었던 것을 기억한다. 지금 상황이 그보다 나아졌다고 볼 수 없는 증거는 많다. 가장 큰 것이 인구감소이다.

세워가는 것 외에는 다른 대안이 없다는 것이 필자의 확신이다. 특히 동성애 문제로 인하여 성경적인 가정관이 처참하게 깨어지고 있는 상황에서 성경의 권위를 강력하게 들이밀어야 할 영역이 가정이라고 말하지 않을 수 없다.

성경이 가르치고 있는 가정에 대한 교훈은 다음과 같다.

첫째 결혼은 남자와 여자와의 결합이다. 성경은 동성 간의 결혼을 인정하지 않으며 도리어 쳐 죽여야 할 가증스러운 범죄행위로 규정한다.[38] 구약만이 아니라 신약의 교훈 역시 마찬가지이다. 로마서 1장에서 인간의 욕심에 따라 여자들이나 남자들이 순리대로 하지 않고 역리대로 음욕이 불일듯하여 남자가 남자로 더불어 부끄러운 일들을 행하는 것은 다 '사형에 해당함을', 하나님이 그렇게 정하셨다는 것을 언급한다(롬 1:26-27, 32). 예수께서는 남자가 부모를 떠나 여자와 연합하여 한 몸을 이룬다고 명확하게 적시하셨다(마 19:5, 창 2:24, 엡 5:31). 그렇기 때문에 세상 사람들이 어떤 논리를 가지고 동성애를 합법화하고자 하더라도 교회는 강력하게 항거하여 성경적인 교훈에 입각한 건강한 결혼생활을 주지시켜야 한다. 죄를 죄라고 말하지 않는 것이 죄악이 관영하도록 방관하는 것이다.

둘째 언제 결혼할 것인가? 성경에서 이에 대한 나이의 규정을 제시한 것은 없다. 그러나 추측할 수 있게 하는 것은 더러 있다. 먼저 아담과 하와가 창조되었을 때에 그들의 나이가 몇 살 정도였을까 하는

---

38. "너희는 여자와 교합함같이 남자와 교합하지 말라 이는 가증한 일이니라"(레 18:22). "무릇 이 가증한 일을 하나라도 행하는 자는 그 백성 중에서 끊쳐지리라"(레 18:29).

것과 또 말라기 2:14과 잠언 5:18에서 '어려서 취한 아내' 혹은 '젊어서 취한 아내' 라는 말씀에서, 그리고 예수를 잉태한 처녀 마리아가 정혼했을 때 당시 유대인들의 결혼관습을 통해서 본다면[39] 지금처럼 30대를 훌쩍 뛰어넘는 나이는 결코 아니라는 것은 확실하다.

물론 예외적인 일도 있다. 아브라함의 아들 이삭은 40세에 결혼을 하였고 첫 아이를 낳은 것이 그의 나이 60이었을 때였다. 그렇기 때문에 모든 사람이 다 반드시 10대 후반에서 20대 초 중반 사이에 혼인을 했다고 단정할 수 없지만 이삭의 경우는 보편적인 것이 아니라 특별한 것으로 보아야 한다. 따라서 결혼을 위한 보편적인 평균 연령은 이팔청춘의 나이였다고 해도 반박할 근거는 거의 없다고 본다. 이 부분과 관련해서 성경의 권위가 현대인의 결혼관에 영향을 미치고 있는가? 절대적으로 아니다. 나는 이것을 귀가 따갑도록 강조해야 한다고 확신한다.

기독교인은 세상의 유행이나 풍조에 따라서 사는 자들이 아니다. 영원불변의 진리의 말씀을 따라 살아야 한다. 우리의 시민권이 땅에 있는 것이 아니라 하늘에 있기 때문이다. 그 하늘나라 법칙에 따라 가정을 세워야 한다. 그러기 위해서는 가능한 일찍 결혼을 해야 한다. 현실적인 상황을 무시하자는 것이 아니다. 현실적인 풍토는 욕심이 더 우세하다. 번듯하게 한 살림 차릴 수 있을 때에 결혼하고자 한다.

---

39. 당시 유대인의 결혼 관습에 의하면 정혼하는 연령이 남자 13세 여자 12세였다고 한다. 물론 지금은 너무 이르다고 해서 성인식도 16세에서 18세에 한다고 하지만 대략 결혼은 정혼한지 약 1년 이상을 기다렸다가 하는 것을 관습으로 본다면 우리식으로 표현하여서 이팔청춘 나이에 해당된다고 해도 틀리지 않는 것이다. 실지로 우리나라도 법적으로는 남자 18세 여자 16세면 부모의 동의하에 결혼할 수 있다.

그러나 과거처럼 결혼 초기엔 부모님 집에 얹혀살아도 무방하지 않은가? 왜 고부간의 갈등을 피하고자 세상의 방식대로 한 밑천 장만해야 시집·장가 갈 수 있다고 하는가? 처음에는 한 집에서 살다가 때가 되면 자연스럽게 분가할 수 있는 기회를 가질 수 있다.

핵가족보다 대가족이 자녀 양육에 있어서 더 사회성 발달과 인격 형성에 많은 기여를 한다는 것에 이의를 제기할 근거가 없다. 갈수록 고령화시대가 되고 있는데 지금 노인 '홀대시대'에 살고 있지만 할아버지 할머니와 함께 살아본 경험이 없는 아이들이 장년이 되었을 때는 노인 '경멸시대'가 도래한다는 사회학자들의 일갈도 있다. 이러한 사회적인 갈등요인을 해소할 수 있는 것은 기독교인들이 성경의 원리에 따라 살아가는 것뿐이다.

무늬만 기독교인이고 실제는 세상방식으로 가정을 꾸려가는 것은 기독교인이 아니다. 한국 땅에 기독교문화가 거의 없다시피 한 원인은 기독교인들이 성경말씀대로 순종하며 가정과 사회생활을 영위하지 않는 것 때문이다. 성경대로 일찍 결혼하게 해야 한다. 선택사항으로 가르치지 말고 하나님의 명령으로 가르쳐야 한다.

더욱이 일찍 결혼을 해야 할 가장 큰 이유 중 하나는 거룩한 씨로 번성케 해야 할 사명 때문이다. 성경의 생육하고 번성하며 땅을 정복하고 다스리라는 문화명령을 수행하기 위한 가장 효과적인 방안이 자녀생산이다. 그것도 거룩한 백성들이 많아지게 하는 것이다. 과학적으로 30이 넘은 나이에 결혼을 해서 아이를 낳으면 종자 자체도 튼튼하지 못할 뿐 아니라 인구절벽을 더욱 더 조성하게 된다.[40] 성도들

---

40. 일반적으로 여성의 나이 만 15세부터 25세까지가 가장 자궁이 건강할 때이기 때문에 건강한 가임 시기에 아이를 낳게 될 때 많이 나을 수 있고 건강한 아이들을 낳을 수 있다고 한다. 물론 여

이 아이를 하나 둘만 낳는 것은 하나님의 뜻이 아닌 세상의 유행에 따르는 개인의 욕망의 산물이다. 더구나 아이를 전혀 낳지 않는다는 것은 하나님의 뜻하고는 아무 관련이 없다. 물론 낳고 싶어도 못 낳는 경우, 하나님이 허락하지 않는 경우가 있다. 예외적인 사례들을 제외하면 오늘날의 흐름은 세상의 풍조가 그렇기 때문에 저 출산의 흐름을 자연스럽게 받아들이는 형편이다. 물론 불임 여성 혹은 무정자증을 지닌 예외적인 부분을 떠나서 일반적으로 자녀 수는 인간이 맘대로 조절해서는 안 된다. 하나님이 주시는 대로 낳을 수 있어야 한다. 생명을 주시는 분은 하나님이기 때문이다.

가정을 이루면서 하나님의 뜻대로 하지 않고서 기독교인이 어떻게 성경의 권위를 인정한다고 말할 수 있겠는가? 입으로는 시인해도 행위로는 부정하는 것이다. 지금 한국 사회의 인구절벽 현상은 유래없는 세계 초유의 일이다. 2017년 통계가 가임 여성의 자녀 출산은 1.05명이었다. 그런데 지난 5월 신생아 출생수가 처음으로 27만 명대로 떨어졌다면서 1% 미만대로 떨어질 것이라는 발표가 있었다. 작년 통계는 37만 명 선이었던 것이 올해는 30만 명 대 안팎이 될 것이라는 전망이다. 아기를 낳을 수 있는 가임 여성들이 현저하게 줄어든 탓이라고 한다. 그러나 만고불변의 진리인 하나님의 말씀을 따라 살아야 하는 기독교인들이 세상적 기준에 맞춘 결혼관을 추구하는 한 거룩한 씨로 번성케 하는 역사적 사명 성취는 불가능하다. 그리고 동시에 국가의 존속을 위태롭게 하는 공범이 된다.

필자는 1991년도부터 애기 낳기 운동을 벌였다. 산아조절 캠페인

성이 애 낳는 기계는 아니다. 그러나 하나님은 여성만이 아이를 낳을 수 있게 창조하셨다는 것을 잊지 말자.

이 왕성할 때였다. 아이 셋만 되어도 매사에 불이익을 당하던 때였다. 교회 담임목회를 하면서 전국에서 최초로 '출생 장려위원회'를 구성하여 아이가 출산하면 출산비용 전액을 교회가 부담하였다. 그리고 초등학교에 들어갈 때까지 매월 5만원씩 양육비를 교회가 지불하였다. 10여 년이 지나면서 효과를 보기 시작했다. 젊은이들의 인식을 바꾸는데 들어간 시간이었다. 직장여성들의 경력단절도 마다하지 않았다. 그 후로 평균 자녀 수가 가정 당 3.1명이었다. 가장 많이 낳은 가정이 6명의 자녀를 두었다. 그 부모들은 자기들이 제일 잘한 것이 셋째 혹은 넷째 혹은 다섯째 아이를 가진 것이라고 고백하였다. 4명 이상을 둔 가정은 강남의 보금자리 아파트에 입주할 수 있게 되는 복을 누렸다.

인구절벽 현상이 벌어진 이후에 뒤늦게 교회들이 이 문제를 해결해보겠다고 나서고 있다. 그러나 성경대로 가르치고 살아야 할 목회자들의 자녀들도 성경에 입각한 결혼 생활을 하지 않는 현상은 세상과 다르지 않다. 목회자들 대부분도 성경에 입각하여 거룩한 씨로 번성케 하려는 생각 자체가 없다. 어떻게 키우냐며 포기한다. 교육비를 핑계대고 자녀 양육하는 부모의 고통을 감내하려고 하지 않는다. 실질적으로 젊은 교역자들도 현실적 이유를 든다. 교역자들 중 자녀 수가 많으면 교육비 많이 들어간다고 교회에서 청빙 자체도 거부당하기 때문이다. 나라를 위하여 걱정은 많이들 하면서 희생이 따르는 진리의 말씀에 대한 순종을 거부하는 것은 우리 스스로 나라를 위한 걱정, 아니 교회를 위한 염려가 위선이라는 것을 증명하는 것이다.

필자는 신학교 교수들을 필두로 목회자들이 말로만 성경의 권위를 내세우지 말고 가장 기본적인 영역인 가정에서부터 성경에 충실한 교훈에 따라 가정을 세우도록 힘을 다해야 한다고 생각한다. 세상의 흐름에 지극한 영향을 받으며 자라고 있는 아이들에게 어려서부터 성경 말씀을 따라 사고하고 행동해야 함을 주지시키지 않으면 일찍 결혼하는 문제, 자녀 낳는 문제는 세상의 흐름을 그대로 수용해버리게 된다. 자녀교육 문제는 어떠한가? 성경에서 자녀 양육의 모든 책임은 부모에게 있음을 강조한다.

하나님이 부모가 되게 한 것은 단순히 자녀 낳기에 머무는 것이 아니다. 장성한 자로 키워내는 책임까지도 받았다. 찬송가 중에 "나의 사랑하는 책 비록 헤어졌으나 어머님의 무릎 위에 앉아서 재미있게 듣던 말 그때 일을 지금도 내가 잊지 않고 기억합니다"라는 노래가 있다. 이 노래를 자신만만하게 부를 수 있는 성도들이 얼마나 되며 우리아이들 중에는 얼마나 될 까? 상당수가 이 찬송을 부를 때 거짓되게 노래한다. 하나님이 받으실 노래가 될 리가 만무하다.

이 일은 전업주부만이 아니라 전문적인 직종에 종사하는 주부들까지 포함하여 자녀를 낳고 성장케 하는 과정에서 엄마의 역할은 막중하다. 그러나 맞벌이 부부가 됨으로써 자녀 낳기에도 제동이 걸리고, 설사 낳더라도 아이를 부모의 손에서 양육하지 않고 보육원이나 타인에 의해서 양육되도록 방치하여, 결국 경건하게 어머니의 무릎 위에 앉아서 재미있게 성경말씀을 들으며 예수 그리스도를 아는 지식 가운데서 자라가게 함이 불가능하게 되었다. 경제적인 이유로 인해서(부부의 세속적 욕망이 아닌) 직업을 가질 수밖에 없다면 파트타임으로 일하는 것을 택할 수 있다. 그러나 받은 교육과 재능이 아까워서 일을 해야 한다고 한다면 외국처럼 아이들이 학교에 들어간 후에 아이가 학교에 다니는 그 시간에 맞추어서 직장생활을 하는 것이 건강한 자녀양육에 큰 도움이 된다.

피곤한 부부의 삶에서 행복과 안식이 깃든 경건한 가정생활이 힘들다고 말하지 않을 수 없다. 청교도들은 기독교인의 가정을 '국가와 교회를 위하여 꿀을 저장하는 신학교'라고 간주했을 만큼 가정에서의 신앙교육을 무엇보다 중요하게 여겼다. 그것이 영국의 얼굴을 바꾼 발판이 되었다. 기독교인들의 자녀 낳기와 부모에 의한 자녀양육과 경건훈련은 교회 살리기만이 아니라 국가 살리기에 크게 기여할 수 있다. 국방의 의무를 감당해야 할 병력이나 사회 곳곳에 필요한 노동인구를 배출하는 일을 기독교 여성들이 감당할 수 있다면 장차 대한민국은 기독교국가가 될 수 있는 것까지도 기대할 수 있을 것이다. 기독교인의 가정, 하나님의 계시의 말씀을 따라 세워져야 한다. 자녀교육 역시 하나님의 기록된 말씀대로 부모가 그 모든 책임이 있음을 기억해야 한다. 신앙의 계승은 믿음의 부모에게서부터 이어진다.

기독교신앙을 계승하게 하는 최고의 수단은 주일학교의 부흥이 아니라 가정에서 경건 생활을 훈련하는 가정예배다. 크리스천 가정들 중 불행하게도 가정예배를 드리는 가정은 그리 많지 않다. 신앙교육의 책임이 부모에게 있다는 교훈은 가정예배를 통해서 실현할 수 있는 것이다.

장로교회의 예배모범 15장 3항에서 이렇게 명시하고 있다.

> 3항. 가정예배는 집집마다 행할지니 아침저녁으로 기도하며 성경을 읽으며 찬송함으로 한다.

4항과 5항에서는 어떻게 인도할 것이며 무엇을 교훈할 것인지를 이렇게 규정하고 있다.

> 4항. 인도하는 이는 이 직분을 거행하되 마땅히 주의하여 모든 권속으로 하여금 참여하게 하고 시작부터 끝까지 한 사람이라도 불참하는 일이 없도록 하며 성경을 읽을 때에 모든 보통 사무를 중지하고 엄숙히 예배하되 기도하며 찬송할 때와 같이 조심한다.
>
> 5항. 인도하는 이는 마땅히 주의하여 기독교의 원리로 그 자녀와 집 사람을 가르치고 적당한 기회를 얻는 대로 이 일을 힘쓸지니 그러므로 주일에는 구제할 목적이나 부득이한 경우 외에는 벗을 심방하거나 손을 청하는 등 방해되는 일체 행사를 금지한다.

이러한 예배모범을 교회에서 거의 가르치지 않고 있고 심지어 중직자들도 이를 모르는 가정이 대부분인 현실이다. 그렇기 때문에 가정에 대한 성경적인 가르침을 누누이 강조하여 건강한 가정들이 건강한 교회를 형성해 가는 개혁교회 목회실천이 되어야 한다. 이 길은 "여호와를 알지 못하며 여호와께서 이스라엘을 위하여 행하신 일도 알지 못하는"(삿 2:7-10) 다른 세대의 출현을 막을 유일한 대안이다.

나가는 말

본 논문은 앞부분 성경의 권위 문제를 다룬 것을 제외하면 실천적 대안은 논문을 읽는 것보다 어쩌면 설교 한편을 대하는 듯한 느낌이 있을지 모른다. 그러나 성경 자체가 학문을 위한 책이 아니라 실천 지침서라는 측면이 강하다고 믿는다면 실천적 목회의 대안점을 찾고자 가정 문제를 강조한 부분은 충분히 이해할 만한 것이라고 생각한다.

모든 성경은 하나님의 감동하심으로 기록되어진 것으로 거듭난 성도들이 믿고 순종해야 할 절대적 권위를 가진다. 그리고 그 성경은 하나님의 교회와 하나님의 백성들을 향한 교회의 머리이신 예수 그리스도의 통치를 주권적으로 구현시키는 도구이다. 그래서 필자는 성경의 권위를 단순히 강단용으로 혹은 신학교 교육 또는 교리교육상 제창되는 것으로만 만족할 것이 아니라 실질적으로 인간의 삶의 모든 영역에도 미치는 것이어야 한다고 피력했다. 성경의 권위가 침해되고 훼손된 것 때문에 교회의 권위와 목사의 권위 역시 바닥을 치고 있다.

교회 안에서 더 이상 진리의 음성은 지배적인 동력이 아니다. 사람들의 생각과 의견이 성경의 권위를 능가하고 있다. 말씀 중심의 강단 회복이 절실하다. 강단에서부터 말씀의 위엄과 능력을 선포하는 것이 전부여야 한다. 설교는 교양강좌도 아니고 정보제공 수단이 아니다. 설교는 오로지 기록된 말씀을 강론하는 것이어야 한다. 진리를 듣는 성도들의 삶이 변화되는 것이다. 성도들의 일반적인 세상의 삶에 대한 검증 역시 선포되고 기록된 성경 말씀에 따라 이루어지게 해야 한다. 그렇지 않으면 비진리가 기준을 형성한다.

진리는 인간 삶의 모든 영역의 지렛대이다. 인간 사회를 구성하는 최소의 단위인 가정이 성경대로 이루어져야 한다. 그것이 죽어가고 있는 교회를 살리는 길이다. 죽어가는 영혼을 구원하는 능력은 성경 진리의 말씀뿐이다. 하나님의 은혜는 진리의 역사이다. 진리의 영은 진리가 그 중심에 있을 때 역사한다. 세상과 구별된 백성이어야 한다. 가정 세움의 시작부터 경건한 가정이 되어야 한다. 일찍 혼인하고 자녀들을 많이 낳는 것이 성경적이다. 최고의 진리로 최상의 교육을 펼치는 경건한 부모여야 한다. 아이들이 어릴수록 경건훈련이 효과적이다. 나이 들면 더 어려워진다. 한 주에 한두 번 실천하는 것으로 거대한 지류를 바꿀 수 없다. 지속적으로 실천하고 강조해야 한다. 영적 교육이 반복적이듯이 때를 얻든지 못 얻든지 강조해야 한다. 세상 방식이 아니라 하나님의 방식으로 실천하는 것이 참 기독교 문화를 창달할 수 있다.

성경의 권위는 언제나 성도들에게 순종만 요구할 뿐이다. 성경을 누가 폐할 수 있는가(요 10:35)? 문화와 관습이 성경을 변경시킬 수 없다. 인간의 욕망이 진리를 뒤집을 수 없다. 순종하지 않으면 불법을 행하는 자가 된다. 주님의 입에서 "내가 너희를 도무지 알지 못한다"(마 7:23)는 엄중한 심판의 음성만 들릴 것이다. 성경은 삶 속에서 이루어져야 할 진리이지 파기될 문서가 아니다. 상아탑이나 유토피아 세계에나 존속되는 이상이 아니라 지극히 현실적 삶의 원리이다. 예수께서 고난을 당하신 이유가 기록된 말씀을 이루시기 위함이었다. 가정을 구성하고 세워가고 온전케 하는 것은 교회를 온전케 하는 영감 된 하나님의 말씀인 성경뿐이다. 가정에서 성경의 권위가 세워지면 실추된 교회의 권위와 설교자의 권위도 온전히 높아질 것이다.

> 여호와여 주의 율례의 도를 내게 가르치소서 내가 끝까지 지키리이다 나로 깨닫게 하소서 내가 주의 법을 준행하며 전심으로 지키리이다 (시119:33-34)

참고문헌

1. 변종길. “개혁주의 성경관.”『개혁주의를 말하다』. (SFC출판부, 2011).
2. 헤르만 바빙크.『개혁교의학 1』. 박태현 역 (부흥과 개혁사, 2013).
3. 서창원.『개혁교회는 무엇을 믿는가?』. (진리의 깃발사, 2010).
4. 안명준. “칼빈과 성경해석학.” 칼빈 탄생 500주년 기념 광주 학술대회, 2009.
5. 칼빈.『제네바 시편가』. 서창원 역. 2009.
6. 웨스터민스터 신앙고백서
7. “개혁주의 신앙고백에서의 성경관.” http://www.theology.ac.kr/institute/dtdata/
8. Hodge, A. A. *Outlines of Theology*. (London: Banner of Truth, 1972).
9. Greijdanus, S. *Schriftbeginselen ter Schriftverklaring*. (Kampen: J. H. Kok, 1946).
10. Pink, Arthur. *The Holy Spirit*. (Grand Rapids: Guardian Press, 1975).

가정생활과 관련한 추천도서

1. 서창원. 『청교도 신학과 신앙』. (지평서원, 2013).
2. 래리 크리스텐슨. 『크리스천의 가정생활』. 김용순 역 (보이스사, 1976).
3. 리차드 백스터. 『하나님의 가정』. (복있는 사람, 2012).
4. 제임스 W. 알렉산더. 『가정예배는 복의 근원입니다』. 임종원 역 (미션월드, 2003).
5. 존 맥아더. 『하나님 방식으로 자녀키우기』. 마영례 역 (디모데 출판사, 2001).
6. 테드 트립. 『마음을 다루면 자녀의 미래가 달라진다』. 조남민, 조경애 역 (디모데출판사, 2004).

Crisis of the Church
The Bible is the Key

6장

장로회주의 목회 원리

한국에서 장로교회라는 간판을 달고 있는 교회들은 대개 개혁주의를 표방하고 있다. 그러나 개혁주의와 한국의 장로교회는 전혀 상관이 없다고 해도 틀리지 않는다. 김성봉은 '목회와 신학을 위한 개혁주의 포럼'를 통해 한국 장로교회의 현실 인식과 지속가능한 발전적 대안 제시를 주제로 한 강연을 하면서 개혁교회를 표방하는 장로교회이지만 "우리 모두는 모범적인 개혁교회 목회를 본적이 없다"고하며 안타까움을 표명하였다.[1]

개혁신학은 너도나도 외치지만 개혁신학에 근거한 개혁교회는 거의 존재하지 않는다고 해도 과언이 아닌 것이 우리의 현실이다. 마찬가지로 장로교회를 표방하고 있지만 실질적으로 장로회 정치원리에

1. 한국개혁주의 장로교 연구소, 제1회 목회와 신학 위한 개혁주의 포럼, 2015년 3월 9일 신반포중앙교회당에서 발표한 글 참고.

충실한 노회나 총회를 만나기도 여간 힘든 것이 아니다. 도리어 교권주의가 팽배하고 노회장이나 총회장이 중앙집권제 권력자로 둔갑해 가고 있는 듯한 양상이 농후하게 드러나고 있다. 그렇지 않다고 한다면 선거에 불미스러운 금권 문제나 그것을 방지하기 위해 제비뽑기까지 동원하고 있는 것은 그에 상응하는 막대한 부와 권력이 집중되어 있기 때문이 아닌가 생각된다.

좀 규모 있는 교회들이 가지는 임직식에 설교자들로 초빙받는 분들의 대다수가 총회장급 혹은 총회 임원급 인사들이다. 그렇게 하는 이유는 임직을 하는 교회들의 자기 과시와 동시에 그런 자리에서 순서를 맡는 것에 대한 사례가 차원이 다르기 때문이다. 2년간 임원직에 있으면 후보 등록비 이상의 금액을 뽑아낼 수 있는 기회가 된다는 말이 그저 루머에 불과하기를 바랄 뿐이다. 왜 중대형 교회들은 총회 임원급 인사들을 초빙해야 하는가? 왜 지역 시찰이나 노회 경내의 인물들, 혹은 신실한 학자들이나 경건한 목회자들은 교회 잔치에 명함도 못 내밀고 있는가?

우리는 우리 스스로 성경의 권위를 믿는다는 신앙고백적인 삶을 포기하였다. 그리고 현실적 실용주의 가치와 인간중심적 흥밋거리 유발을 즐기는 종교집단으로 전락되어버린 교회를 만들어가고 있다. 그런 와중에서 성경적인 주님의 보편적 교회 회복을 위한 처절한 땀 흘림을 마다하지 아니하는 분들이 있다. 그것 때문에 이번에 귀한 포럼을 준비하고 부족한 사람을 청하여 장로회주의의 신앙고백을 중심으로 하는 바른 교회 세우기를 주제로 함께 논의하는 시간을 가진 '평공목' 회원 여러분들에게 깊이 감사드린다.

사실 우리는 다 주님의 교회를 목양하고 있다고 믿는다. 그러나 내가 목양하고 있는 교회가 주님의 교회라고 어떻게 자신할 수 있는가? 이 질문 앞에 논리적인 답변은 못되더라도 성경적인 답변이라도 듣고 싶다. 설혹 자신 있게 대답을 할지라도 나의 답변 혹은 내 주장이 옳은 것이라고 어떻게 증명이 가능한가? 그렇게 확신을 가지고 자신감 넘치게 목양을 하는 목사들이 얼마나 될까? 자신이 지닌 자신감은 무엇에 근거를 두고 있는 것인가? 성경과 개혁 신학적 바탕인가? 아니면 사역의 성과 혹은 일명 성공 사례에 근거하고 있는 것인가? 내가 목회하는 현장이 주님이 피 흘려 세우신 교회, 진리의 기둥과 터임을 부정하는 목사들은 없을 것이다.

분명 성경에 명시되어 있는 교회는 주님의 교회이다. "주는 그리스도시요 살아계신 하나님의 아들이니이다"를 믿는 신앙고백 위에 주님이 주님의 교회를 세우시는 것이다. 하나님도 하나요, 주님도 한 분이듯이 교회의 주인은 한 분이신 주 예수 그리스도이시다. 그 그리스도는 어제나 오늘이나 영원토록 동일하다. 그런데 왜 지상에 있는 주님의 교회들마다 각각 다른 모양과 색을 띠고 있는가?

교회정치는 흔히 교황정치, 감독정치 조합정치 혹은 회중정치 및 장로회정치로 나눈다. 그중 장로회정치는 목사와 장로로 구성된 장로회정치 운영 체제를 통한 유형교회의 통일성을 이루는 것이다. 이러한 장로회주의 역사는 한국의 현실에서는 전혀 통용되고 있지 않는 것이다. 교회라는 간판만 하나일 뿐 교회 안에서 행해지고 있는 모든 것들이 다 각양각색이다.

이러한 현실적 상황에서 나는 본 논고에서 주어진 주제에 맞게 개혁주의 신학에 근거를 둔 장로회주의 목회 원리가 어떤 것인지를 밝히고자 한다. 그러나 그전에 먼저 장로회주의가 무엇이며 전통적으로 장로교회 목회의 실제가 어떠했었는지 17세기 청교도 또는 언약도들의 실례를 소개할 것이다. 그 다음에 성경과 역사적이고 전통적인 개혁 장로교회의 성경적이고 개혁신학적인 개혁교회 세우는 일을 위하여 실제적 대안을 제시해보며 본 글을 마무리하고자 한다.

1. 장로회주의 혹은 장로교란 무엇인가?

장로교는 역사적으로 1560년 스코틀랜드의 종교개혁자 존 녹스에 의해서 장로교라는 하나의 교단을 만들게 됨으로써 세상에 처음 등장하였다. 그러나 장로회 원리나 체제는 구약성경에 그 뿌리를 두고 있다. 구약에 등장하는 장로는 종교적 직임을 감당하는 것보다 자치행정 기구의 어른들로 활동하면서 사법적 판단을 주로 담당하였다. 그러나 신약교회가 시작되면서 허다한 유대인들이 회심하며 기독교 신자가 되면서 유대인 사회 구성원들 중 장로들이 자연스럽게 교회 안에 유입되었다.

교인들의 수적 증가는 교회 운영에 필요한 일정한 조직이 구성되어야 함을 인식한 초대교회는 자연스럽게 유대사회에서 어른 역할들을 하던 장로들이 교회에서도 지도급 인사들로 활동하게 되었다. 그리하여 초대교회의 시작과 성장과정을 기록하고 있는 사도행전에는 그 어디에도 장로들을 선출하거나 임명한 것이 전혀 없음에도 불구하고 자연스럽게 예루살렘 교회를 대표하는 자들로 등장하고 있는 것을 사도행전 15장에서 발견할 수 있다. 그리고 20장에 나오는 에베소 교회

장로들 역시 선출한 적이 없었지만 장로들이 교회의 지도급 직임자들로 나타나고 있고, 그들에게 사도 바울은 에베소 교회 목양을 일임하였다. 이렇게 초대교회에서 교회운영과 성도들을 돌볼 책임 있는 직임이 대두되었으니 그 직임을 장로들이 감당하였다. 구약의 민의를 대변하는 자치기구 성격이 강했던 장로회가 신약에서는 순수하게 종교적 업무에 종사하는 직임자들로 나타나게 된 것이다. 그리하여 초대교회에서는 사도들도 감독이었고 장로로 섬기게 되었다(벧전 5:1). 그렇기 때문에 사도 바울은 목회서신을 쓰면서 장로직의 자격을 명확하게 규정한 것이다.

> 그러므로 감독은 책망할 것이 없으며 한 아내의 남편이 되며 절제하며 근신하며 아담하며 나그네를 대접하며 가르치기를 잘 하며 술을 즐기지 아니하며 구타하지 아니하며 오직 관용하며 다투지 아니하며 돈을 사랑치 아니하며 자기 집을 잘 다스려 자녀들로 모든 단정함으로 복종케 하는 자라야 할지며 사람이 자기 집을 다스릴 줄 알지 못하면 어찌 하나님의 교회를 돌아보리요 새로 입교한 자도 말지니 교만하여져서 마귀를 정죄하는 그 정죄에 빠질까 함이요 또한 외인에게서도 선한 증거를 얻는 자라야 할지니 비방과 마귀의 올무에 빠질까 염려하라.[2]

그레데에 세운 장로들에 대해서 바울은 디도에게 다음과 같이 권면하였다.

---

2. 딤전 3:2-7

(...장로들을 세우게 하려 함이니) 책망할 것이 없고 한 아내의 남편이며 방탕하다 하는 비방이나 불순종하는 일이 없는 믿는 자녀를 둔 자라야 할지라 감독은 하나님의 청지기로서 책망할 것이 없고 제 고집대로 하지 아니하며 급히 분내지 아니하며 술을 즐기지 아니하며 구타하지 아니하며 더러운 이를 탐하지 아니하며 오직 나그네를 대접하며 선을 좋아하며 근신하며 의로우며 거룩하며 절제하며 미쁜 말씀의 가르침을 그대로 지켜야 하리니 이는 능히 바른 교훈으로 권면하고 거스려 말하는 자들을 책망하게 하려 함이라.[3]

이상의 말씀에서 장로직이 성도들을 교훈하고 권면하고 책망하며 바른 길로 나아가도록 이끄는 지도자 역할을 강하게 강조하고 있음을 발견한다. 이 직임에 대해서는 나중에 다시 설명하겠지만 이렇게 성경은 교회의 조직에 있어서 장로 혹은 감독에 해당되는 중요 직책을 세움으로 인해 실질적으로 지교회의 운영과 체제에 적합한 장로회제도를 구현하여 실행할 수 있는 자료들을 충분히 제공해 주고 있다.

감독정치 혹은 교황정치의 대두는 기독교가 널리 확산되면서 새로 교회를 맡아 부임하게 된 목사들이 이미 목사가 되어 중심지에서 사역을 하고 있는 분들의 조언과 도움을 필요로 한 것에서부터 기인한다고 보아야 한다.[4]

또 실질적인 교회의 문제들이 대두 되었을 때 문제 해결을 위하여 목사들끼리의 논의를 하는 과정에서 자연스럽게 장(長)이 생기고 그 의장에 의해서 회의가 주도되며 결의하는 일을 하다 보니 그 의장을

---

3. 딛 1:6-9

4. 윌리암 커닝함, 『역사신학 1』, 서창원 역 (진리의 깃발, 2017).

감독으로 혹은 노회장 혹은 총회장으로 부르게 된 것이다. 이것이 오늘날 감독정치의 출처가 되었지만 장로교회에서는 결코 우월적 지위를 가진 것이 아니라 단지 회의 주재자였을 뿐이며 목사는 다 동일한 지위를 가진 자요, 동일한 업무를 실행하는 자로 간주한 것이다. 그리하여 장로교회에서는 감독이나 교황 같은 일인 절대적 지위를 허용하여 교회 위에 군림하는 일을 사전에 차단하게 된 것이다.

어째든 장로회 정치체제는 장로교회뿐 아니라 화란의 개혁교회들도 사용하고 있고 심지어 한국에서는 감독정치를 표방하고 있는 교회에서도 그리고 회중정치를 선호하는 교회에서조차도 장로직제를 두어 제대로 된 것은 아니지만 약식 장로회 정치제도를 실천하고 있는 기현상이 있다. 그런 측면에서 한국의 장로교회는 지극히 혼합적이고 지극히 개교회주의적이 되어버렸기 때문에 각양 정치제도가 혼합되어 있는 누더기 장로회제도라고 해도 틀리지 않다고 본다. 한마디로 성경적이고 역사적으로 자리를 잡은 제대로 된 장로회 정치체제가 무엇인지 올바른 학습을 하지 못한 상태에서 틀만 가져다가 운영하고 있는 기형아 장로교회가 된 것이다.

더욱이 교세확장주의가 기형아를 가속화시켰다고 볼 수 있다. 그런 의미에서 현실적으로 장로회라는 형식에 대한 판단이 어떠하든 각자가 인식하고 있는 편견을 내려놓고 과연 성경에서 말하고 있는 장로회제도 또는 1560년 존 녹스와 그의 동료들이 『제1치리서』와 1578년 앤드류 멜빌이 완성시킨 『제2치리서』에서 강조하며 뿌리내리게 된 역사적 장로회정치가 어떤 것인지를 고찰하는 것이 매우 절실한 것이다.

학문적으로 세세히 검토해야 할 부분들이 많이 있지만 기본적인 정의를 하자면 장로회 정치체제란 교회에 세워진 장로들에 의한 교회 운영체제를 말하는 것이 아니라 개교회 목사들과 장로들의 연합으로 교회를 다스리는 정치체제를 말한다. 즉 교회 운영상 필요한 정치에 목사 일변도가 아니라 성도들의 신령한 일을 통찰하는 일에 부름을 받아 목사의 목회를 돕는 장로들도 함께 의논하며 결정하는 교회정치 체제인 것이다.

장로회체제는 본래부터 당회(Kirk-Session), 노회(Presbytery), 대회(Syond) 및 총회(Genera1 Assemb1y)라는 구조 조직을 통해서 주님의 보편적 교회를 치리(Courts)해가는 체제를 말하며 각각의 치리회가 언제나 목사와 장로로 구성되는 교회정치체제이다. 종교개혁 당시 스코틀랜드에서 장로교라는 교단이 형성된 후로부터 지금까지 단 한 번도 목사만 혹은 장로만으로 당회나 노회나 대회나 총회를 모인 적은 없다. 이러한 정치체제나 치리체제를 장로회 정치체제(Presbyterial Church Government)라고 하며 이것은 감독교회체제(Episcopalian System)와 구분된다.

종교개혁 이전에 중세교회는 초대교회에서 사도들이 장로들에게 양 무리를 돌보는 감독의 직무를 부여했던 것을 장로들 중에 우위를 차지하는 직임으로 잘못 해석하여 1천 년 이상을 감독체제 혹은 교황체제의 교회로 굳혀버렸던 것이다. 그리하여 종교개혁자들은 수많은 논쟁과 토론을 거쳐서 감독체제를 벗어던지고 특별히 마틴 부써와 존 칼빈 및 존 녹스에 의해서 장로회 정치체제를 구축하게 되었다. 한마디로 교회 정치 구성원들을 목사(minister 또는 Pastor)와 감독(bishop)으로 할 것인가 아니면 목사(minister)와 장로(presbyter)로 할 것이냐를 놓고 성경을 상세하게 들여다보고 토론한 끝에 목사와 장로로 된 장로회정치체제(長老會政治體制)를 결정하여 오늘날 장로회주의(長老會主義)가 정착된 것이다.

그렇다면 녹스와 그의 동료들은 어떻게 해서 장로회정치체제를 가장 성경적인 교회정치로 결정하였는가? 그것은 앞에서도 잠시 언급한 것이지만 안디옥교회에서 일어난 문제로부터 발단이 되었다. 사도행전 15장을 보면 바울과 바나바는 안디옥 교회에 있을 때, 이방인들이 예수를 믿고 그리스도인이 되고자 할 때 안디옥 교회 성도들 중 유대인 출신들이 유대인의 관습과 의식을 지켜야만 한다는 논리를 폈다. 이 문제를 어떻게 처결해야 할지 바나바와 바울은 안디옥 교회 지도자들로서 충분히 답을 줄 수 있는 위치에 있지만 이 문제를 예루살렘에 있는 사도들에게 질의하게 되었다.

만일 안디옥 교회가 예루살렘 교회와는 별개로 독립적인 교회였다고 한다면, 즉 독립교회의 정치체제인 회중정치제도 하에서 안디옥교회 스스로 문제를 해결해 나갔다면 장로회체제에서 말하는 상회개념이 존재하지 않았을 것이다. 즉 예루살렘 교회에 문의하지는 않았을 것이다. 그러나 안디옥 교회는 예루살렘에 있는 사도들에게 문의를 함으로써 최초의 공회의가 개회되게 했고 거기서 결정한 것을 사방에 흩어져 있는 교회들이 따르도록 했다. 이것을 녹스와 그의 동료들은 하회, 즉 개교회가 속해 있는 당회와 그 당회들이 모인 노회와 대회 및 총회라는 4단계의 치리회를 구성하였다.

최초의 예루살렘 공회는 오늘날 장로회 노회 혹은 총회개념을 지닌 것으로, 거기서 결정한 것을 안디옥 교회만이 아니라 그 밖의 모든 교회들도 이 결정을 따르게 함으로써 공회의 결의의 권위와 공정성을 이룩하였다. 즉 이 공회의 성격은 한마디로 신약의 모든 교회를 하나로 묶는 끈이었다고 해도 틀리지 않는 것이다. 이것만이 아니다. 훗날에 사도 바울은 초대교회가 어느 정도 안정을 얻어가던 때 그리고 자신의 사역이 마무리되면서 곳곳에 정착한 교회들의 돌봄과 교역자들 혹은 직분자들을 세움에 있어서 필요한 목회서신을 기록하면서 어린 디모데에게 이렇게 말하고 있음을 본다: "네 속에 있는 은사 곧 장로의 회에서 안수 받을 때에 예언으로 말미암아 받은 것을 조심 없이 말며"(딤전 4:14).

이 말씀에서 사용된 '장로의 회' 라는 말은 헬라어 원어로 '장로단' 혹은 '장로회' 라는 말로 번역되는 단어이다. 여기서 사용된 단어에서 영어의 '노회' (Presbytery)라는 단어가 파생되었다. 간단히 말하면 초대교회는 처음부터 '노회' 라는 조직을 통해서 직분자들을 세우고 교회의 목양적 돌봄을 감독하는 정치를 펼쳤다는 것을 알 수 있다. 녹스와 그의 동료들 그리고 앤드류 멜빌과 같은 선각자들이 이러한 성경적 원리를 분명하게 끄집어내고 체계화시킴으로써 교황 일인 독재의 감독정치의 폐단을 폐지하고 장로회정치 원리에 따른 주님의 보편적 교회의 공교회성을 회복시켰던 것이다.

결론적으로 말하면 모든 장로들이나 감독들이나 그리스도 안에서 지위의 높고 낮음을 가름하는 직책들이 아니라 주님이 피 흘려 세우신 주님의 교회를 돌보는 목양자들로서 동등한 지위를 지닌 자들이며 단지 교회 회의가 있을 때 회의 진행자로서 의장 일명 노회장이나 총회장이 필요했던 것이다. 그러나 로마가톨릭교회처럼 노회장이라고 해서 혹은 총회장이라고 해서 모든 다른 성직자들보다 더 우위에 있는 항존직이 아니다. 로마교회에서는 교황이 종신직으로 모든 성직자들을 관할하는 최고의 직위이지만, 장로회의 총회장은 그 임기가 일

년뿐인 것도 단지 회의를 주재하는 의장직으로 한정되었기 때문이다. 그러나 한국의 장로교회에서는 일년직이라는 틀은 그대로 유지하고 있으면서도 권력 집단으로 군림하여 마치 교황처럼 행동하는 잘못을 저지르고 있다. 이것은 인간의 부패한 심성이 빚어낸 이탈로서 종교개혁가들이 물려준 그 유산을 회복해야 하는 사명이 이 시대의 목사들에게 있다.

어떻게 회복하는 개혁을 이룩할 것인가? 그것은 개교회의 귀한 잔치 때에 노회장 혹은 총회장을 설교자로 청하는 일을 배제하면 가능하다. 물론 그들을 청할 수 있다. 그러나 개교회의 임직식은 그 교회가 속해 있는 시찰회가 주관하면 된다. 굳이 노회장이나 총회장을 모셔야 한다면 할 수 있다. 그러나 그것이 순수한 동기에서가 아니라 우리 교회는 이 정도의 사람이 와서 설교하는 교회라는 개교회 우월주의 혹은 과시주의에 기인해서 하는 것이라면 반드시 피해야 한다. 그 분들이 오려면 손님으로 오면 된다. 임직을 받으시는 분들이 노회장 혹은 총회장이 와서 설교해야 더 권위가 있고 하나님의 임재하심이 더 강력하게 임하는 숨겨진 권능의 역사가 있다고 생각하는 것이 미신적이다.

많은 경우 그런 분들이 와서 설교를 하게 되거나 순서를 맞게 될 때 영양가 있는 것은 별로 없고 오히려 은혜가 되지 않는 경우들도 많이 있다. 교회 잔치인데 개교회가 속해 있는 시찰회 소속 교회들의 참여로 충분하다. 굳이 좀 더 확대한다면 노회 산하의 교회들이 와서 축하해도 족하다. 그렇게 노회장이나 총회장을 청하는 교회가 없게 된다면 서로들 장이 되고자 피나는 싸움을 할 이유가 없어질 것이다. '증경노회장', '증경총회장' 이라는 감투가 누리는 특권들은 사라져야 한다. 교회 잔치에 때로 그분들이 오지 않는 것이 더 은혜로운 것이 될 수 있다. 교회는 순서 맡으시는 거물급에 대한 예우 때문에 막대한 재정을 쓰지 않아도 되고 최소한의 경비로 귀한 잔치를 할 수 있다.

노회장이나 총회장의 권위는 회의 주재할 권위이며 성경과 개혁주의 신학에 근거한 교회들의 영적 상태를 바르게 교정하는 일을 위한 회의를 성경대로 잘 이끄는 자에 불과하다. 돈벌이의 수단이 아니다. 명예욕의 방편이 되어서도 아니 된다. 개교회도 그런 감투를 쓰신 분들을 초청하는 것이 더 신령해지고 더 감동적이고 더 은혜로워지며 더 하나님께 영광을 돌리는 것이라는 미신적 착각에서 속히 벗어나야 한다. 자신들의 과시욕구 달성을 위하여 그들을 이용하는 것이 되어서도 아니 된다. 언제 안디옥 교회가 베드로를 청하여 바나바와 바울을 선교사로 파송하는 예배를 가졌는가? 안디옥 교회 성도들이 했다. 우리는 장로회정치체제를 가지고 있다고 하면서 너도나도 감투 쓰려고 자리를 만든다. 그렇게 자리를 만들고 순서를 맡기는 일을 하는 것은 한 푼이라도 더 가지려는 속물근성과 '우리는 이 정도이다' 라는 자기 과시욕이 맞아 떨어진 결과물인 것이다.

2. 장로회주의 정치체제의 특징적인 원리

장로교회는 당회, 노회, 대회, 총회의 대의적(代議的) 정치체제를 통한 주님의 보편적 교회 즉 공교회(公敎會)의 유기적 통일체를 이루고 있는 교파이다. 당회는 개교회의 목사와 장로들로 구성된 치리회로서 개교회의 현안들을 다룬다. 단 신학적이고 교리적인 문제들은 상회에 헌의하여 답을 구한다. 대한예수교장로회 헌법에 규정되어 있는 당회의 직무를 소개하면 다음과 같다:

제5조 당회의 직무

① 교인의 신앙과 행위를 총찰. 당회의 직무는 신령상 모든 사무를 처리하는 것이니(히 13:17) 교인의 지식과 신앙상 행위를 총찰한다.

② 교인의 입회와 퇴회. 학습과 입교할 자를 고시하며 입교인 된 부모를 권하여 그 어린 자녀로 세례를 받게 하며, 유아세례 받은 자를 고시하여 성찬에 참여하게 하며 주소 변경한 교인에게는 이명증서(학습, 입교, 세례, 유아세례)를 접수 또는 교부(交附)하며 제명도 한다.

③ 예배와 성례 거행. 목사가 없을 때에는 노회의 지도로 다른 목사를 청하여 강도하게 하며 성례를 시행한다.

④ 장로와 집사 임직. 장로나 집사를 선택하여 반 년 이상 교양하고 장로는 노회의 승인과 고시한 후에 임직하며 집사는 당회가 고시한 후에 임직한다.

⑤ 각 항 헌금 수집하는 일을 주장. 각 항 헌금 수집할 날짜와 방침을 작정한다.

⑥ 권징하는 일. 본 교회 중 범죄자와 증인을 소환 심사하며 필요한 경우에는 본 교회 회원이 아닌 자라도 증인으로 소환 심문할 수 있고 범죄한 증거가 명백한 때에는 권계, 견책, 수찬 정지, 제명, 출교 하며 회개하는 자를 해벌한다(살전 5:12~13; 살후 3:6, 14~15; 고전 11:27~30).

⑦ 신령적 유익을 도모하며 각 기관을 감독. 당회는 교회의 신령적 유익을 도모하며, 교인을 심방하고 성경 가르치는 일과 주일학교를 주관하며, 전도회와 면려회와 각 기관을 감독한다.

노회(Presbytery)의 역할은 무엇인가?

노회는 일정한 지역 내의 모든 목사와 각 교회로부터 파송된 총대 장로에 의해서 구성한다. 노회는 지역 내의 교회와 목사들에 대한 법적 권위를 가지고 있다. 이 노회의 의의는 교단마다 조금씩 차이가 있겠지만 일반적으로 '그리스도의 몸 된 교회가 나뉘어 여러 개체 교회가 되었으므로 서로 협의하며 도와 교리의 순전을 보존하고, 권징을 동일하게 하며, 신앙과 지식을 증진하게 하고, 배교와 부도덕을 방지하는' 일을 위하여 노회가 존재하는 것이다.

장로교에서 노회는 입법과 사법의 역할을 담당하는 중추적 기관이다. 그러므로 노회는 노회원의 과반수가 아니라 각기 다른 교회에서 시무하는 목사와 장로 각 3인 이상이 회집하면 개회성수가 된다. 노회 안의 지교회 혹은 개체교회의 장로 선택과 임직의 승인, 장로와 전도사의 자격 고시, 목사의 임직 · 위임 · 해임 · 전임 · 권징(勸懲)에 관한 사항의 처리 등 주요 안건의 대부분을 처리하는 중심적 기관이다. 노회는 년 2회 소집된다.

대회(synod)는 인근 지역 최저 3개 노회 이상으로 구성된다. 소속 노회의 모든 목사와 한 교회 한 명의 장로에 의해 구성된다. 그 관할하는 노회에 대해서 감독권을 가지고 있다. 한국에서는 아직 대회로 모이는 교단은 없다. 그 이유는 잘 모르지만 지역 정치적 이유로 대회제를 실시하자는 목소리는 끊임없이 제기되고 있다.

총회(General Assembly)는 교회의 최고 의결기관이다. 그러므로 총회는 전 교회를 대표하고 있다. 총회는 전 노회로부터 파송 된 대의원(총대)에 의해 구성되며 대의원의 수와 선출 방법은 규정을 정하여 시행한다. 총회는 전 교회와 그 활동에 대한 감독권을 가지고 있는 것이다. 년 1회 소집된다.

이상이 장로회주의 정치 체제이다. 구조나 형식상 한국의 장로교회들도 같은 원리에서 크게 벗어나 있지 않으나 실천적 측면에서는 장로회의 신학적 원리와 정치적 원리가 동떨어져 있다고 보아야 한다. 성경의 조명을 구하기보다 실용적 이해관계가 판단의 근거가 되는 일들이 더 많기 때문이다. 장로회주의 정치에서는 지교회 위임목사의 권한은 다 동일하다. 우월적 지위에 있는 자는 아무도 없다. 앞에서 지적한 것과 같이 의장으로서의 역할과 중재자로서의 정치를 하는 것이다.

그러나 교권이 강화되면서 교회의 규모와 크기에 의해 자연적으로 서열이 생긴다. 또 감투 때문에 누리는 권리가 다르게 적용된다. 이러한 것들은 시급히 개혁되어야 할 것들이지만 권력과 특권적 지위의 매력 때문에 벗어던지지 못하고 관행이라는 이름으로 계속되고 있다. 세속적 가치관의 기준에 따라가는 교회정치의 무게의 축을 시급히 옮겨야 한다. 성경의 원리와 교단의 신앙고백적 진술을 우선적으로 고려해야 한다. 그렇지 아니하면 공교회의 회복과 하나 됨의 은총은 지상에서 찾아보기 힘든 미제로 남는 것이다.

3. 장로회주의 정치체제하에서 교회의 직분

우선 장로회주의 직제 문제를 논하기 전에 먼저 점검하고 갈 것이 하나 있다. 그것은 교회에서 직분이 어떻게 생겼는가? 이다. 그리고 교회에 있어야 하는 직분이 어떤 것인지를 살펴보아야 한다. 물론 교회의 시작을 언제로 보느냐에 따라서 달라지겠지만 일반적으로 예수께서 주는 그리스도시요 살아계신 하나님의 아들이라고 고백하는 베드로의 신앙고백 위에 "내 교회를 세우리라"고 하신 그때를 기점으로 하여 오순절 마가 다락방에서 성령강림의 역사로 말미암아 비로소 교회가 지상에 세워진 것이라고 보는 것이 일반적인 인식이다.

그렇기 때문에 구약에서의 이스라엘 공동체 안에 있던 종교지도자들, 제사장이나 선지자 혹은 장로들과 같은 직분들을 말할 수 있지만 제사 제도와 관련된 직분들은 예수 그리스도의 단번에 드린 제물로서의 완전한 희생으로 종식된 것이다. 그렇기 때문에 신약에서는 더 이상 제사장이 존재하지 않는다. 그리고 신약의 성도들도 더 이상 제물을 제단에 바치는 일은 없다.

반면에 선지자와 장로직은 신약에서도 존재한다. 에베소 교회에 보낸 편지에서 승천하신 그리스도께서 교회에 주신 선물을 언급할 때 사도와 선지자 복음전하는 자 및 목사와 교사로 주셨다고 언급함으로서 선지자직이 존재하였음을 말해준다. 더구나 빌립의 딸들도 선지자라는 표현이 있으니(행 21:9) 초대교회 안에서 하나님의 진리의 말씀을 전파하는 예언자적인 직임이 존재하였다. 그러나 교회가 정착해가면서 더 이상 사도와 선지자 또는 복음 전하는 자라는 계시와 관련된 초자연적인 은사는 나타나지 않게 되고, 목사 혹은 목자와 교사라는 직능을 가진 장로 혹은 감독의 직분이 존속하게 된 것이다.

그러나 그 이전에 교회에 직분이 생기게 된 것은 교회 안에 들어오는 신자들의 증가로 말미암은 것이다. 처음부터 직제가 있었던 것이 아니다. 사도들의 복음 전파로 인해 허다한 무리들이 주 예수를 믿고 주님의 교회의 일원이 되었다.

사도행전 6장에 보면 유대인 과부들과 헬라파 과부들의 충돌이 벌어졌다. 이유는 그들에게 배부되는 구호물품에 차등이 있었기 때문이었다. 가뜩이나 유대인들에게만 복음을 전하고 있었던 사도들이었기 때문에 예루살렘 교회에 들어온 디아스포라들 중 헬라 사람들을 아내로 맞이한 유대인들에게 불만이 있었을 것이다. 그런데 남편들이 죽고 난 후 헬라파 부인들이 교회 안에 있었지만 차별 대우를 받게 된 것이 노골적이었던 것 같았다.

문제는 헬라파 과부들이 매일의 구제에서 제외되었다는 사실이다. 따라서 이에 따른 불만의 항의 시위가 발생하였다. 이에 사도들은 본연의 직무에 충실하겠다고 선언하며, 대신 구제하는 업무를 위해 성령과 지혜가 충만하여 칭찬을 듣는 사람 일곱을 택할 것을 요청하였다(행 6:3). 초대교회는 요청에 따라 최초로 일곱 명의 구제위원들을 선발하였다. 그들의 이름은 스데반, 빌립, 브로고로, 니가노르, 디몬, 바메나 안디옥 사람 니골라였다.

흥미로운 것은 사도들은 다 유대인들이었던 것에 비해 구제를 담당하기 위해 선발된 이들 7명은 모두다 헬라파 유대인들이라는 점이다. 아마도 소외된 헬라파 과부들의 불만을 신속하게 잠재우는 방식이었을 것이다. 그들 중 첫 두 사람인 스데반과 빌립은 구제활동에만 종사한 것이 아니라 사도들처럼 전도자 역할을 감당하였다. 그렇기 때문에 이 당시에는 구제와 섬김의 직임은 주어졌지만 직분은 아직 따로 없었다고 본다. 훗날 사도 바울이 목회서신을 쓰면서 집사의 자격과 장로의 자격을 언급할 때에 교회 안에 어떤 직분들이 있는지를 알게 된다. 그에 비추어서 이 일곱 명을 집사라고 흔히 말하지만 이들이 집사로 선출된 것은 아니었다.

초대교회에서 중요한 역할을 한 장로들은 언제 선출되었는가? 사도행전 15장과 20장에 보면 장로들이 등장한다. 그러나 그 어디에도 장로들이나 집사들을 선출하였다는 기록은 없다. 사도행전은 예루살렘 교회와 에베소 교회 등에 자연스럽게 장로들이 있음을 알려준다. 아마도 오순절 날에 대량의 제사장들과 회당의 사람들이 개종하는 일들이 벌어졌을 때 회당에서 중요한 지도력을 발휘한 장로들도 이에 포함되었을 것이다. 그들이 교회에서 어떤 일들을 처리하고자 할 때 자연스럽게 교회의 지도급에 속한 자들로 등장하게 되었다고 보는 것이 정설이다.

사도들은 예수님이 선발하셨고 가룟 유다 대신 맛디아를 선발하는 것도 사도들에 의한 제비뽑기였다. 그러나 장로들을 선출하거나 임명한 것이 나타나지 않는다. 다만 디도서를 쓴 사도 바울이 디도를 그레데에 떨어뜨려 둔 이유 중 하나를 장로들을 임명하게 하기 위함이라고 말한 것이 나온다(딛 1:5). 이러한 근거들을 종합하면 교회의 직분자들이 어떻게 해서 세워지게 된 것인지를 추정할 수 있다.

교회의 직분은 첫째 필요에 의해서, 즉 업무 분담을 위해서 선출하였다. 사도들은 기도와 말씀전하는 일에 전무하고자 했고, 일곱 명은 구제와 봉사의 일에 전념하게 한 것이다. 고린도 교회에 보낸 서신에서 바울이 강조하고 있는 것은 받은 은사에 따라서 교회의 직임을 수행한다는 것이다. 즉 은사가 없는 직분은 존재하지 않는다. 그리고 둘째는 사도들의 임명으로 세워진 것이다. 그 직분에 맞는 직임이 주어지고 있는데 집사는 구제와 봉사의 직임자로, 장로는 다스림과 가르침의 직임자로 세움을 입게 된 것을 본다. 각각의 직임자들에게 요구되는 자질은 은사 외에는 일반적으로 동일하다고 볼 수 있다. 디모데전서 3장을 보라.

감독(장로)의 자질: 책망할 것이 없어야 한다. 한 아내의 남편이어야 한다. 절제와 근신, 아담하고 나그네를 대접한다. 가르치기를 잘 한다. 술을 즐기지 않는다. 관용한다. 다투지 아니 한다. 돈을 사랑하지 않는다. 자기 집을 잘 다스려야 한다. 복종하는 자녀들이 되게 한다. 새신자는 안된다. 외인에게서 선한 증거를 얻는 자라야 한다(딤전 3:2-7).

책망할 것이 없고 한 아내의 남편이어야 한다. 믿는 자녀(방탕하다 비방이나 불순종이 없는 자녀)를 두어야 한다. 자기 고집대로 않는다. 급히 분내지 않는다. 술을 즐기지 않는다. 구타하지 않는다. 더러운 이익을 탐하지 않는다. 나그네를 대접한다. 선을 좋아한다. 근신한다. 의로우며 거룩하며 절제하며 말씀의 가르침을 그대로 지켜야 한다(딛 1:5-9).

너희로 감독자로 삼고 하나님이 자기 피로 사신 교회를 치게 하셨다. 은혜의 말씀이 든든히 세운다. 은, 금, 의복을 탐하지 않는다. 약한 사람 돕는다. 주는 것이 받는 것보다 복이 있다

(행 20:28,32,35).

양 무리를 치되 하나님의 뜻을 좇아 자원한 마음으로 한다. 더러운 이익을 위해 하지 않고 오직 즐거운 뜻으로 한다. 군림하지 않고 양 무리에 본이 된다(벧전 5:2-3).

집사의 자질: 단정해야 한다. 일구이언을 하지 않는다. 술에 인박(몸에 깊이 밴 버릇)이지 아니해야 한다. 더러운 이를 탐하지 않는다. 깨끗한 양심에 믿음의 비밀을 가져야 한다. 한 아내의 남편이어야 한다. 자녀와 자기 집을 잘 다스려야 한다(딤전 3:8-13).

장로회주의 정치체제는 일관되게 목사와 장로 및 집사로 구분하고 있다. 물론 목사와 장로는 두 가지 종류의 장로직을 말하는 것이 아니라 한 가지 종류의 장로직에 두 가지 다른 기능으로 구분한다. 목사를 '강도장로'라 하고, 일반적인 장로를 '치리장로'라 한다. 이 구분은 에베소서 4:11에서 목사와 교사로 주셨다는 말씀 안에서와 디모데전서 5:17의 설명으로 확정될 수 있다. 목사 혹은 목자는 양 무리를 치는 감독직의 역할을, 교사는 잘 가르치고 먹이는 역할을 갖는다. 그것을 전자는 '치리장로'로, 후자는 '강도장로'로 구분한 것이다.

그러나 알아야 할 것은 이 둘 역시 주 안에서 동등한 위치에 있는 직분이며, 높고 낮음을 대표하는 것은 눈곱만큼도 없다. 감독정치를 추구하는 자들이 주장하듯이 감독들 중 누구도 우월적 지위에 있다고 선언하지도 않았다. 로마교가 강조하는 베드로의 뒤를 잇는다고 하는 교황권 계승자들처럼 베드로가 다른 사도들보다 우월적 지위를 가지고 초대교회를 좌지우지한 일들이 전혀 없었다. 그리고 제자들 중 누구도 특정 지역의 교회 감독으로 행세한 적도 전혀 없었다. 그런 의미에서 장로회주의 전통에서 모든 성직자들은 교회의 머리이신 그리스도 안에서 동일한 지위를 지닌 자들로 선언하고 있는 것이다.

심지어 집사들도 교회의 머리이신 주님 안에서는 다 동일한 성도요, 하늘나라 시민이요, 하늘나라 권속이다. 집사직이 장로직보다 열등하다거나 장로직이 집사직보다 우월하다는 서열을 성경은 결코 가르쳐주지 않는다. 교회의 직분은 받은 은사에 따라 다르게 나타난다. 그러나 모든 은사는 다 교회의 머리이신 그리스도로 말미암는다. 그런 의미에서 교회의 직제는 무엇이든지 가장 값지고 소중한 것이다. 왜냐하면 만왕의 왕이신 그리스도께서 부여하신 것이기 때문이다.

그의 몸에 붙어 있는 지체로서 그 자체가 지체의 크나큰 영광이다. 각각의 지체는 하나님께로 나온 것이기 때문에 역할을 바꿔 달라고 요구할 수 없다. 주심에 만족하며 즐거움으로 자기 책무를 다하는 것이다. 그것이 선한 청지기이다. 그러므로 역사상 최초로 장로회주의 정치를 표방한 장로교단을 세운 존 녹스의 가르침 속에서 어떻게 표출되었는지를 살펴보는 것은 매우 의미가 있다고 본다.

따라서 본란에서는 장로회주의의 원리로 제시했던 초창기의 문서 『제1치리서』에서 규정하고 있는 직분자들의 역할을 소개하고자 한다. 여기서 소개한 직분자들의 직임 자체를 보며 앞에서 언급한 성경의 교훈과 얼마나 차이가 있는지 아니면 일치되고 있는지를 눈여겨볼 수 있기를 소망한다.

목사(Pastor, or Minister): 목사는 말씀을 맡은 자로서 말씀을 선포하고 가르치고 교육하는 일에 전념하는 직책이다. 부활하신 예수께서 시몬 베드로에게 나타나셔서 "네가 나를 사랑하느냐"고 세 번씩 물으셨을 때 "내가 주를 사랑하는 줄 주께서 아시나이다"라고 대답한 베드로에게 "내 어린 양을 먹이라", "내 양을 치라", "내 양을 먹이라"고 명령하셨다. 여기에서 목사의 주된 역할은 주님의 양 무리를 먹이는 일과 치는 일임을 보여준다. 무엇을 먹여야 하는가? 주님이 마련해 주신 신령한 젖을 공급해 주어야 한다. 그것은 생명의 양식인 하나님의 말씀이다.

목사는 무엇보다 하나님의 진리의 말씀을 풍성하게 나눠줘야 한다. 성도들이 그 양식을 먹고 그리스도의 장성한 분량에 이르기까지 성장케 해야 하는 것이다. 그러나 양들은 각기 시험에 빠지기 쉽다. 오류에 속히 물들게 된다. 그렇기 때문에 주의 교양과 훈계를 가지고 양 무리를 바르게 교육해야 한다. 살펴야 한다. 그리고 오류와 모순과 불결함으로부터 양 무리를 보호해야 한다. 그것이 곧 돌봄의 사역이다. 이를 위해서 심방사역을 매우 중요한 것으로 간주하였다.

존 녹스는 "말씀을 전할 줄 모르는 자를 강단에 세우는 것은 우상을 세우는 것과 같다"고 하였다. 전 세계적으로 그 어떤 교단보다 기록된 말씀에 충실했던 장로교가 급속히 쇠퇴한 원인이 무엇인가? 그것은 자유주의 신학의 영향으로 성경의 권위 추락에 기인한다. 더 이상 신적 권위가 있는 정확무오한 하나님의 말씀이 아닌 것이 되었다. 그러므로 사람들이 성경에 귀를 기울일 필요가 없게 된 것이다. 그것이 장로교회의 추락의 근본이다.

사람들의 간지러운 귀를 긁어주기 급급해 하고 진리에서 돌이켜 허탄한 이야기들을 따라가게 한 죄를 회개하고 철저하게 들어야 할 진리의 말씀을 듣게 하는 강단이 되어야 한다. 말씀의 막대기로 양들을 주의 깊게 살피고 이끌어야 했는데 단지 교회 출석하는 그 자체만으로 개개인의 영적 상태를 진단하고 마는 피상적인 관찰이 된 것이다. 한쪽에서 병들어 죽어가도 깨닫지 못하게 되었다. 신학교는 철저하게 말씀의 사역자들을 양육해야 한다. 하나님의 말씀에 능한 일꾼들이 되게 해야 한다. 기록된 말씀으로의 복귀만이 교회를 다시 살리는 생명의 역사를 기대할 수 있다.

목사는 성경에 능하여야 하며 성경을 잘 풀어 증거하는 말씀의 종이어야 한다. 도덕 윤리 선생의 역할이 아닌 항상 복음 선포자로서의 사명이 급선무인 것을 잊지 말아야 한다. 우리가 믿고 있는 교리적 입장이 확고해야 하며 탈신학적이고 비성경적인 교훈들을 배격하고 성경과 신앙고백서에 충실한 교리 선생이어야 한다. 하나님의 말씀을 옳게 분별하는 자여야 한다. 그렇지 않으면 속이기도 하고 속기도 하여 교회를 병들게 하고 성도들을 죽게 하는 무시무시한 주범이 되는 것이다. 노회는 목사 후보생 추천에 신중에 신중을 기하여 분명한 소명과 가르침의 은사가 있는지를 확인해야 한다. 그렇지 않은 자들을 목사 후보생으로 추천하는 것은 하나님의 교회에 죄를 짓는 악이다.

2. 교회정치와 직제

1) 교회정치

교회정치는 크게 교황정치 혹은 감독정치, 회중정치 혹은 독립정치 및 장로회정치가 있다. 교황정치 혹은 감독정치는 주로 가톨릭교회와 성공회가 채택하고 있는 것으로서 대주교, 주교, 사제, 부주교, 집사 등의 직제를 두고 이들에 의해서 교회가 운영되게 하는 정치제도이다. 가톨릭교회에서는 모든 권력이 교황에게 집중되어 있는가 하면 성공회의 감독정치에서는 교회의 수장권이 군주에게 있다.

가톨릭에서는 교회의 전통과 가르침이 성경의 권위와 동일한 것으로 간주하며 철저한 계급조직에 의해서 움직이되 최고 권력은 교황에 집중되어 있다. 성공회의 감독정치에서는 국왕이 하나님 아래에 있는 최고 통치자이며 교회의 영적인 일과 세속적인 정부와 국민을 다스리는 자이다. 이처럼 감독정치는 한 사람의 최고 통치권자 밑에 여러 계층의 직제에 움직이는 교회정치이다.

회중정치 혹은 독립정치는 교회의 계층구조에 대한 반발로 시작된 것이다. 따라서 정치에 대한 성경적 교리나 가르침을 공식문서에서 언급하고 있지 않다. 다만 '정교분리' 원칙을 고수하면서 회중에 의한 목사청빙과 교회의 운영을 최대한으로 내세운다. 교회 연합을 부정하고 교회의 독립성만 강조하고 있기 때문에 개교회에서 문제가 일어날 때, 또는 목사에게 문제가 발생할 때 처리할 기구가 없어 큰 혼란에 빠지게 된다.

목사가 독재자가 될 수 있고 그 반대로 교인들의 횡포에 목사가 고용인으로 전락할 수 있다. 이러한 단점을 보완하기 위해 독립교회들의 연합기구가 생겨서 그들이 연합하여 목사 안수식을 비롯한 장로정치제도를 일부 채택하고 있는 것을 본다. 그러나 엄밀한 의미에서 한국 교회 장로교회는 독립교회성격의 회중적 장로교회라고 해도 틀리지 않는다.

그러나 본래 장로정치는 성경에 의하여 교회의 모든 것을 판단하고 다스리는 것을 강조하면서 장로회(딤전 4:14)정치에 의해서 움직이는 교회정치이다. 교회들 간의 연합과 협력을 통하여 교회의 순결함과 복음의 확장을 꾀함에 있어서 아주 유익한 제도이다.

앞의 정치제도보다 장로회정치가 가장 성경적인 교회 정치 특성을 잘 살리고 있다고 믿기 때문에 성경을 최고의 권위있는 표준으로 삼고 있는 개혁교회가 장로회정치제도를 채택하고 있는 것은 우연한 일이 아닌 것이다.

2) 장로 교회직제

『제1치리서』에서 강조한 교회 직제는 항존직으로서 목사, 감독 혹은 설교자, 그리고 장로 혹은 치리자, 및 집사 혹은 분배자로 구분하였다. 이 항존직에서 파생되는 4가지 직임이 있었는데 그 직임은 목사와 박사, 장로와 집사라고 하였다. 목사와 박사는 교리와 성경을 해석하고 설명하며 가르치는 일을 하는 자들이며 1578년에 작성된 『제2치리서』에서는 목사로 통합하였다.

목사

『제1치리서』 4장에 의하면 각 지교회는 지교회 목사를 선출할 권리를 내세웠다. 그러나 이 권리는 제한된 것으로서 목사의 자질 여부에 대해서는 당시 가장 잘 개혁된 목사들의 모임, 즉 오늘날의 노회 성격의 장로회에서 검증을 받아야 했다. 그 검증 내용은 성경본문 해석과 전달에 있어서 교리적 논쟁을 얼마나 잘 펼쳐갈 수 있는지 후보자의 역량과 목사의 경건 생활 등이었다. 당시 목사에게 금한 것을 보면 술에 취해있는 일과 재물에 욕심을 부리는 것, 선술집이나 대중 유흥업소에 드나드는 것들이었다.

목사 위임식은 공개적이었고 주로 목사직의 임무와 책임을 상기시키는 설교가 진행되었다. 특히 성도들에게는 목사가 하나님의 입과 책(성경)으로부터 선포되는 말씀에 순종하여 하나님께 순종하는 삶을 살아야 할 것을 강조하였다. 흥미 있는 일은 안수식을 삼갔다는 점이다. 그 이유로는 사도직이 종결되었기 때문에 안수의 어떤 기적은 없다고 보았기 때문이다. 칼빈 역시 목회사역을 위해 하나님께 헌신한다는 상징적인 표시로서 구별되이 세우는 적절한 방편이 안수식이라고 인정은 하면서도 반드시 필요한 일이라고 주장하지는 않았다.

그러나 목사의 주된 의무는 무엇보다도 설교였다. 따라서 설교할 줄 모르면 목사로 세우지 않았다. 당시 개신교 설교자가 태반이나 부족한 상황에서도 목사를 함부로 세우지 않았던 것은 스코틀랜드에서 종교개혁이 성공을 거둔 획기적인 요인이 무엇이었는지를 시사하는 매우 주목할 만한 일이다.

목사의 생활비는 지교회가 전적으로 부담하였고 기타 순회사역에 들어가는 경비 역시 교회가 따로 추가하여 지불하였다. 따라서 목회자가 생활고 때문에 목회직을 그만 두는 일은 없어야 한다고 했다. 그리고 목사의 미망인과 가족들을 돌보는 일도 교회가 책임지도록 규정하였으며 가난한 자들의 구제와 아이들 교육비까지도 교회가 책임을 지게 하였다.

장로(치리, elder or Presbyter)

서두에서 언급했듯이 장로의 자격은 목사의 자격과 같다. 다만 잘 다스리는 은사를 지녀야 한다. 성경에서 교회의 직제는 교회의 머리이신 그리스도께서 수여하신 은사에 따른 것이다. 따라서 목사는 말씀과 가르침에 수고하는 은사가 있어야 하고 장로는 잘 다스리는 은사가 있어야 한다. 장로는 교회의 모든 공적인 일에 목사를 도와야 한다. 사건을 판단하고 결정하는 일, 방탕한 자들에게 경고하는 일, 교인들을 돌아보는 심방 등에 있어서 목사를 보좌하였다.

장로의 임기는 1년으로 하였고 회중들의 자유투표에 의해 재선이 가능했다. 1년마다 투표를 한 것은 장기 직무에 임하게 될 때 교회의 자유를 남용할 소지가 있기 때문이라고 했다. 이것은 재 신임투표하고는 다른 것이다. 재선이 가능하였지만 3년이 넘지 못하게 하였다. 그리고 반드시 휴직하였다가 후에 다시 선출되는 것을 가능케 하였다. 그러다가 1578년 『제2치리서』에 오면 장로직을 성직과 구별하여 교회 치리직으로서 항존직으로 간주하게 되었다.

장로의 자격은 디모데전서 3장의 자질은 물론이거니와 무엇보다도 하나님의 말씀을 잘 알고, 깨끗한 생활을 하며 가장 정직한 말을 하는 사람이어야 했다. 장로의 임무 중 주목할 만한 것은 '목사의 생활, 예의범절, 근면성 및 연구자세' 를 주시하여 바람직한 방향으로 목사를 권유하고 시정하는 임무를 부여했다는 점이다. 혹 면책이 합당한 경우에는 교회법정에 소송하도록 하였다.

그러나 그 당시 목사를 교회법정에 소송할 만한 사유는 한건도 나타나지 않았으며 목사와 장로가 협력하여 개혁교회를 바르게 세우고 정착시키는 일에 혼신의 힘을 기울였다. 그 일에 주도적인 방편 중 하나는 심방사역이었다. 심방은 목사의 설교가 각 가정에서 어떻게 접목되어 실천되고 있는지, 그리고 성도들이 각 가정에서 경건 생활에 얼마나 힘쓰고 있는지를 점검하고 필요시에는 목사에게 보고하여 특별 심방을 요청하였다. 따라서 심방을 통한 신령한 일들을 통찰하는 것과 문맹자들을 대신하여 가정에서 가정예배를 인도하고 성경의 교리들을 가르치는 일을 감당하였다. 이것은 오늘날 우리 헌법에도 읽을 수 있는 내용이다(장로회 헌법, 정치조례 5장 치리장로 항목 제4조).

가. 교회의 신령적 관계를 총찰한다.

나. 치리장로는 교인의 택함을 받고 교인의 대표자로서 목사와 협동하여 행정과 권징을 관리하며 지교회 혹은 전국교회의 신령적 관계를 총찰한다.

다. 교우를 심방하여 위로, 교훈, 간호한다. 교우를 심방하되 특별히 병자와 조상자를 위로하며 무식한 자와 어린아이들을 가르치며 간호할 것이니 평신도보다 장로는 신분상 의무와 직무상 책임이 더욱 중하다.

라. 교인의 신앙을 살피고 위하여 기도한다. 장로는 교인과 함께 기도하며, 위하여 기도하고 교인 중에 강도의 결과를 찾아본다.

마. 특별히 심방할 자를 목사에게 보고한다. 병환자와 슬픔을 당한 자와 회개하는 자와 특별히 구조 받아야 할 자가 있는 때에는 목사에게 보고한다.

이상의 헌법 조항에서 명시하고 있는 내용들은 스코틀랜드 장로교에서 처음부터 규정한 임무들을 토대로 작성된 교회정치조례에 해당하는 것임을 알 수 있다. 적어도 한국 교회가 교회 명예직으로서 장로가 아니라 실질적인 주님의 교회를 온전케 하기 위하여 세움을 입은 감독자라는 분명한 의식이 우선한다면 목사의 영적인 동반자로서 장로직의 풍성한 열매가 그 어느 때보다 풍성할 것을 의심하지 않는다.

또한 장로는 교회 성찬식의 떡과 잔을 분배하는 일을 수행하였다. 성찬을 분별하지 못하고 합당하게 취하지 않는 일이 발생하지 않도록 장로직 수행에 있어서 교구 식구들의 영적 생활을 점검하는 심방을 성찬식 전에 반드시 수행하게 했다. 이 심방에서 성찬에 참여하기 합당치 않음 점이 발견되면 목사에게 보고하고 수찬금지와 같은 권징을 수행하였다(G. D. Henderson, *The Scottish Ruling Elders* [London : James Clark & Co. 1935]. 2장과 4장 참고).

집사

집사는 교회의 재정관리, 구제금을 모아 교회에서 정하는 대로 분배하는 일을 맡아 수행하였다. 그러나 이들도 판결하는 일에 있어서 목사와 장로를 도왔다. 우리가 기억할 것은 집사는 안수집사를 의미하는 것이며, 한국 교회의 일반적인 관행으로 굳어진 서리 집사직은 없었다는 점이다. 서리 집사직은 지금도 개혁교회에서는 사용하고 있지 않는 한국 교회만의 직분이다.

이상의 직제에 대해서 장로회주의 정치 원리를 재정립하고 확고하게 세운 앤드류 멜빌이 작성한 『제2치리서』에서 이 직제에 관계된 부분을 어떻게 설명하고 있는지를 소개하며 직분에 대한 논의는 여기서

마치고자 한다.[5]

교회는 그리스도께서 말씀과 성령으로 친히 다스리시지만, 그리스도께서는 이 목적을 위해 가장 필요한 수단으로(as a most necessary middis [means] for this purpose, 2.3) 사람의 사역을 사용하신다는 것을 천명한다(1.1 그리고 1.3).

그리고 교회의 정체가 교리(doctrine), 치리(discipline), 나눔(distribution)에 있다고 규정하고, 이에 따라 교회에는 교리를 가르치고 성례를 섬기는 설교자(목사), 치리를 하는 통치자(장로), 그리고 나누어 주는 자들, 즉 집사들(distributors, deacons)의 세 직분이 있어야 한다고 선언한다(2.2. 그리고 2.5). 이 모든 사람들이 교회를 섬기는 사람들(ministers of the kirk)이라고 하여(2.3) 성경의 가르침에 일치한 표현을 하려고 노력하고 있다. 이 사람들은 다 성령의 은사가 부여된 사람들이어야 함을 분명히 하면서(2.4), 그러나 독재의 위험에서 벗어나도록 하기 위해서 각기 다른 기능을 따라 섬기는 동등한 권세를 지닌 형제들의 상호 협의에 의해 다스리도록(they should rule with mutual consent of brethren, and equality of power, every one according to their functions)하셨다고 선언한다(2.4).

신약 시대에 세워진 직분 가운데 비상한(非常) 직임이 셋 있었으니 그것은 사도들의 직임, 복음전하는 자들의 직임, 그리고 선지자들의 직임이다. 이 직임들은 영구한 것이 아니고 교회에서 그쳐졌다(2.6). 교회 공동체 안의 일반적이고 통상적인 직임들은 목사, 즉 감독의 직임,

---

5. 본 인용구는 이승구 교수의 "스코틀랜드 교회의 제2치리서(1578)에 나타난 장로교회의 모습"이라는 글에서 발췌한 것임.

> 교사의 직임, 장로의 직임, 그리고 집사의 직임이다(2.6). "이 직임들은 평상적(ordinary) 직임들이고 교회 안에 계속해서 있어야만 하는 것이고 교회의 통치와 정체의 필수적인 직임들이다. 그리고 하나님의 말씀에 따라 수립된 참된 하나님의 교회에는 다른 직분들이 있어서는 안 된다"(2.7). "그러므로 이 네 종류의 직분이 아니고 적그리스도의 왕국에서 창안된 모든 높은 호칭들과 잘못 사용된 위계질서 안에 있는 직임들은 그에 부속하는 다른 직임들과 함께, 한마디로, 거부되어져야만 한다"(2.8). 이처럼 제2치리서는 칼빈과 다른 개혁자들의 가르침에 충실해서 오직 성경이 말하고 있는 목사, 박사(교사), 장로, 집사의 직임만이 교회에 영구적으로 있어야 한다는 것을 분명히 하는 것이다.

이상의 장로회주의 원리는 한 세기 후인 1648년 웨스트민스터 종교회의에서 장로회주의가 가장 성경에 근접한 교회정치임을 확정지음으로써 오늘날까지 장로교회가 지상에 존재하고 있는 것이다. 그렇다고 한다면 장로회주의의 신앙적 특질은 어떤 것들이 있는지를 살펴보도록 하자.

교회의 권세의 본질

① 교회 직분자들의 복수성과 동일성: 한 개인에게 권위가 귀속되는 것이 아니라 교회의 직분자들의 교회 안에 있다. 하나님의 신격(Godhead)에는 삼위가 계신데 이 삼위가 한 하나님이시며 권능

과 영광이 동등하시다고 믿는다. 하나이면서 다수라고 하는 이 원리는 장로들이 하나님의 교회의 감독직을 맡고 있는 복수성과 연합 안에서 드러난다.

② 장로회주의는 지역의 개체 회중의 중요성을 인식한다.

③ 장로회주의는 최종 권위가 지역 교회에 있지 않다는 것도 주장한다. 장로들을 통해서 수행되어야 하는 것은 교인들의 뜻이 아니다. 그들의 주 임무는 교회 생활에서 하나님의 뜻이 실현 되도록 함에 있다. 하나님의 말씀만이 교회의 생활과 실천의 본질이다.

사도시대 동안의 교회는 고립된 채로 독립된 개교회들로 이루어지지 않았다. 개별의 교회들이 구성원을 이루는 하나의 몸이었다. 각각은 나머지 전체에 순종하고 또는 모든 것 위에 연장된 권위에 복종하였다. 다시 말하면 신자들의 각각의 모임이 교회 생활과 교리와 실천의 문제들에 있어서 최종권위가 아니라는 사실이다. 그것이 장로회 혹은 노회중심의 교회 정치형태를 필요로 한 원인이기도 하다. 안디옥 교회에서 일어난 문제들을 예루살렘 교회 공회의에서 결정하고 시달한 것과 같은 것이다.

장로교회의 신앙적 특질

간략하게 설명한다면 본질적인 면에서는 통일성을 추구하며 비본질적인 면에서는 신앙적 자유를 그리고 모든 것에서는 사랑으로 행한다는 원칙을 가지고 있다(In essentials, unity; in non-essentials, liberty; in all things, charity).

일반적으로 장로교회의 신앙은 칼빈주의 5대 교리를 중심으로 설명하지만 근본적으로는 다음 세 가지 중요한 특징을 가지고 있다고 본다. 첫째는 오직 성경제일주의적인 원칙이요, 둘째는 교회의 수장권은 오직 교회의 머리이신 그리스도에게만 있다는 원칙, 그리고 세 번째는 앞에서 지금까지 설명한 장로회주의 정치원리이다. 이러한 원리들을 지켜 내려온 장로교회는 한국에서 상당히 많이 변질되어 정착하였기 때문에 우리는 다시금 본원으로 되돌아가는 개혁을 추구하지 않을 수 없다. 우리의 선조들이 남겨준 거룩하고 순전한 예배와 삶의 엄숙함 그리고 주일성수 회복과 시편 찬송의 회복 및 가정예배와 자녀들의 신앙교육의 위대한 유산들을 되찾는 것이 그 무엇보다 시급하다고 본다. 이러한 가시적인 개혁과 장로교회의 정체성을 확립하고 세워가는 일들이 지금 그 어느 때보다 시급하다고 본다.

장로회주의 교회의 삼대표지가 그래서 중요하다. 하나는 하나님의 신실한 말씀 선포 둘째는 올바른 성례 거행, 셋째는 정당한 권징시행이다. 이것들이 없는 교회는 참 교회가 아니다. (이에 대한 자세한 설명은 다음 7장과 12장에 있다.)

Crisis of the Church
The Bible is the Key

7장

장로회주의 원리와 공교회성 회복

예배 때마다 고백하는 '사도신경' 이라는 단어는 밀란 총회에서 성 암브로스가 로마주교 시리키우스에게 390년에 보낸 편지에 처음으로 등장하였다(Symbolum Apostolicum).[1] 그 단어는 4세기에 널리 고백되던 신앙과 연계된 것으로서 성령의 감동하심 하에 12사도들이 신경의 각각 조항을 만들어 조합한 것이 그 시초라고 한다.[2] 사도신경의 내용은 삼위일체 하나님에 대한 신앙고백과 교회에 대한 고백 및 부활 신앙을 담은 교리의 총집합이다. 보다 세부적으로 말하면 창조주 하나

---

1. St. Ambrose of Milan, "St. Ambrose of Milan, Letter 42:5," Tertullian.org. Archived from the original on June 5, 2011. Retrieved 2011-05-19. "로마 교회가 항상 지켜왔고 순결하게 보존해온 사도들의 신경을 신뢰하게 하십시오."

2. Jack Rogers, *Presbyterian Creeds*, (Westminster John Knox Press, 1985), 62-63, "James Orr: The Apostles' Creed, in International Standard Bible Encyclopedia," Reformed.org. Archived from the original on June 22, 2011. Retrieved 2011-05-19.

님, 독생자 예수 그리스도의 성육신과 고난 및 죽으심과 부활, 그리고 승천과 재림, 그리고 간략하게 성령님과 공교회의 거룩성과 성도의 교통과 부활 신앙을 고백하는 것으로 이루어져 있다.

본 글은 그 내용 중 "거룩한 공교회를 믿는다"(I believe in the holy catholic church)라는 조항을 조명하고자 한다. 과연 이것이 무엇을 의미하는지와 장로회주의 원리 안에서 가능한 그 구체적 실현방안을 제시해보고자 한다. 특히 장로교라는 이름만 거창하게 내세우고 있지 실질적으로는 장로회주의와는 거리가 먼 한국의 장로교회의 현실을 공교회 원리적 측면에서 개혁하고자하는 열망을 조금이나마 피력하고자 한다. 본 글을 위해서 존 녹스의 『제1치리서』와 앤드류 멜빌의 『제2치리서』에 나타나 있는 장로회주의 원리 가운데 보편적 교회론과 관련하여 한국의 장로교회의 현실적 대안을 제시하고자 한다.

본 글의 목적은 교회론에 관련된 조직신학분야나 실천신학 분야의 전문가들이 기대하는 학문적인 논지를 피력하고자 함이 아니다. 목회자의 한 사람으로서 본 글에서 추구하고자 함은 주님의 보편적 교회의 구체적 실현의 방편으로 삼은 장로회주의의 유산을 되찾고 장로회주의 체제 안에서만이라도 교회의 하나 됨을 경험할 수 있는 실천적 방안을 제시하려는 것이다.

이를 위해 먼저 교회의 보편성 원리를 살펴보고자 한다. 그리고 존 녹스와 그의 제자들이 다진 장로회주의 원리와 보편적 교회 원리와의 관계를 다루며 회중적 독립교회의 형태를 띠고 있는[3] 한국의 장로교

3. 거시적인 형태는 장로회주의를 띠고 있으나 실제 세부적인 사항들은 독립교회 형태인 회중교회주의 운영을 실천하고 있는 것이 한국의 장로교회 모습이라고 해도 틀리지 않는다. 따라서 본 논고에서는 보편적 교회 형성을 위한 실천적인 방안을 제시하면서 장로회주의 안에서 유형교회의 보편성 회복을 꾀하고자 한다.

회의 보편성 회복을 위한 실천적 방안 몇 가지를 제시하고자 한다.

1. 교회의 보편성이란 무엇인가?[4]

'가톨릭'(보편적 교회)은 성경에 없는 단어이다. 하지만 주님의 교회가 하나요, 보편적이라는 것을 암시하는 본문들은 많이 있다(창 12:3; 시 2:8; 사 2:2; 렘 3:17; 말 1:11; 마 8:11; 28:19; 요 10:16; 롬 1:8; 10:18; 엡 2:14; 골 1:6; 계 7:9).

이 구절들이 보여주는 보편성의 의미는 '기독교가 모든 민족과 모든 세기, 모든 신분과 지위, 모든 장소와 시간에 적합하고 의도된 세계 종교'라는 것이다. 그 같은 내용을 함께 고백하는 신앙고백서 중심으로 주님의 교회는 하나된 보편적 교회를 형성하고 있다. 그 구체적인 증거는 특별히 오순절 성령 강림사건 때부터이다(행 2:11, 17, 21, 39; 10:11). 국수주의적이고 지역적이며 한 종족적이었던 것이, 우주적이고 국제적인 여러 열방 민족들의 교회로 전환된 것이다.

그런 의미에서 개교회 중심적인 독립교회 형태는 성경적으로 인정받기가 어렵다. 도리어 지상의 가시적인 유형교회 형태에서는 장로회주의의 원리가 주님의 보편적 교회 세우기에 가장 적합한 정치형태라고 말할 수 있다(이 부분은 잠시 뒤에서 살펴볼 것이다).

같은 신앙을 고백하는 자들은 특정한 지역 교회만의 성도가 아니라

---

4. 서창원, "로마교회에 대한 개혁교회의 이해," 「진리의 깃발」 통권 128호(2014) 5-20 참고.

주님의 보편적 교회의 회원임을 인식해야 하고 어디에 있든 주님의 교회가 함께 건강한 교회로 성장하도록 받은 은사들을 최대한 활용할 수 있어야 한다. 이것이 돈과 권력, 또는 학연과 지연이 지배하는 교회가 아니라 진리가 모든 동력이 되는 '진리의 기둥과 터' 로서의 교회를 세워가는 길이다. 이것은 개교회주의의 병폐와 종교기업으로 치닫는 대형화의 폐단을 막는 성경적 수단이기도 하다. 동시에 그리스도의 수장권(Headship of Christ)을 확실히 다지는 길이기도 하다.

한편 로마교회는 자기들만이 유일한 교회라고 주장한다.[5] 개신교를 때로 형제교회라고 립 서비스를 하지만 실제로는 참 교회로 여기지 아니한다. 도리어 동방정교회나 이슬람을 참 교회로부터 분리해간 자들로 말하면서도 개신교는 인정치 아니하고자 함이 그들의 본래 입장이다. 가톨릭이 말하는 교회의 보편성은 오직 로마교회의 수장인 교황권 하에 놓여있는 교회를 말한다.[6] 그러나 교회가 보편적이라 함은 "세상의 시초부터 항상 지상에 존재해 왔고 아담의 때로부터 예수 그리스도를 구주로 믿는 모든 신자들을 포함한다"는 측면에서 말하는 것이다. 여기에는 민족적 제한이나 성불평등 혹은 차별이나 피부 언어 문화적 차이를 뛰어넘어 하나님의 택함을 받아 구원을 받은 모

---

5. "이것이 바로 그리스도의 유일한 교회며, 우리는 신경에서 하나이고 거룩하고 보편되며 사도로부터 이어오는 교회라고 고백한다." — 제2차 바티칸 공의회, 교회헌장 제8항

6. 로마가톨릭교회에 의하면 '가톨릭' 이라는 말은 '전체' 혹은 '완전성' 의 의미를 지닌 '보편적' 이라는 뜻을 가지고 있다. 교회는 신앙 전체를 선포하며 구원에 필요한 모든 방법을 충만히 수행한다. 그리스도가 교회에 현존하고 있으므로 진리를 온전히 지니고 있고, 이를 모든 시대, 모든 사람에게 전하기 때문이다. 그래서 안티오키아의 이냐시오(35-110년)는 스미르나인들에게 보낸 서간에서 "그리스도 예수님이 계시는 곳에 가톨릭교회가 있다."라고 말했다. 또한 교회는 모든 시대, 모든 사람을 위하기 때문에 다양한 국가와 사회와 문화 속에 뿌리를 내리지만 그리스도 안에서 완전한 일치를 이루고 있다. 따라서 교회는 보편된다. 서로 다른 시대, 서로 다른 곳에서, 서로 다른 환경 속에 사는 신자들이 같은 신앙 안에서 일치를 이루고 있다는 것이다.-위키백과 사전.

든 열방과 족속들을 다 포함한다. 이것이 교회의 보편적 가치이다. 물론 참된 교회일지라도 한 지역 교회는 있다가도 사라질 수 있으나(엄밀하게 말하면 교회당이 사라지는 것이다) 주님의 교회는 주님이 계신 한 언제나 존재한다. 우주적이요 보편적이다. 그러므로 음부의 권세가 결코 이기지 못한다.

또한 보편적이라 말하는 것은 바빙크에 의하면 "사람에게 전달하려는 하나님의 모든 진리와 은혜를 교회가 온전히 소유하고 보존하고 나누어 주며, 따라서 모든 사람의 구원을 위한 유일무이한 필수 기관"이라는 차원에서 설명한다.[7] 이런 차원에서 교회를 떠나서는 구원이 없다고 말하는 것이다. 그 교회가 로마교회라는 주장은 터무니없다. 왜냐하면 로마교회는 참된 교회의 본질적 표지를 교황권 아래에 놓인 외형적인 화려함과 공간적인 확대 혹은 회원 수의 막강함에서 찾고 있기 때문이다. 이는 주님의 참 진리는 점점 사라지고 교회 제도와 인간적 권위만 남게 된다.

바빙크가 지적한 것처럼 "옛 언약 아래서 은혜의 분배가 예루살렘을 중심으로 모든 신자들을 이 장소에 연계했던 것처럼 새 언약의 시대에 로마교회는 믿음과 사람의 구원을 특정 장소와 특정 인물에 의존시켰고 이로써 기독교의 보편성을 부당하게 취급한다."[8] 그런 의미에서 로마가톨릭교회는 '교황교회'라고 할 수 있다. 즉 주님의 보편적 교회가 아니라 교황의 보편적 교회이다. 우리의 신앙고백은 주님의 보편적인 교회, 공교회를 믿는 것이다. 여기는 가시적 형태보다 불가시적 형태의 교회를 전제한다. 솔직히 말해서 가시적 교회의 보편

7. 헤르만 바빙크, 『개혁교의학 4』, 박태현 역 (부흥과 개혁사, 2013), 381.
8. 헤르만 바빙크, 『개혁교의학 4』, 382.

성은 로마가톨릭이나 성공회가 더 잘 드러내고 있다고 해도 틀리지 않는다. 그럼에도 불구하고 우리는 로마교회의 보편성을 따르지 아니함은 그들이 가진 신학적 오류와 부당성 때문이다.

따라서 사도신경의 '거룩한 공회'는 로마교회를 말하는 것이 아니다. 교회의 보편성이라 함은 주님의 하나된 교회이지만 온 땅에 퍼져 존재하는 지역 교회들이 있고 동시에 보이지 아니하는 주님의 교회가 존재한다고 믿는 것을 의미한다. 웨스트민스터 신앙고백서 25장에서는 보편적 교회에 대해서 이점을 명확하게 규정하고 있다.[9]

> 보편적 또는 우주적인 교회는 보이지 않는 것으로 교회의 머리되신 그리스도를 중심으로 이전에도 모였고 현재에도 모이며 앞으로도 모일 택함 받은 모든 사람들로 구성된다. 이 교회는 그리스도의 신부이며 몸이며 만물 안에서 만물을 충만케 하시는 그의 충만이다. 보이는 교회 역시 복음 아래서 보편적이고 우주적이다. 이 교회는 전에 율법 아래에 있던 것과 같이 한 국가에 한정된 것이 아니다. 이 교회는 전 세계적으로 참 종교를 신앙 고백하는 자들과 그 자녀들로 구성되어 있다. 이 교회는 주 예수 그리스도의 왕국이며 하나님의 집이요 가족이다. 이 교회를 떠나서는 일반적인 구원의 가능성은 없다.

종교개혁 당시 가톨릭교회를 인정할 수 없었던 개혁자들의 공통된 생각을 엿볼 수 있는 벨직 신앙고백서(1561) 제 27항에서도 매우 분명하게 보편성의 원리를 다음과 같이 규정하고 있다.

---

9. 웨스트민스터 신앙고백서 25장 1-2항(서창원, 『칼빈의 제네바 시편가』 [진리의 깃발사, 2009]).

우리는 하나의 가톨릭교회, 즉 보편적인 공교회를 믿는다고 고백한다. 이 교회는 예수 그리스도의 피로 정결하게 되고, 성령으로 성화되고 인침을 받아서, 예수 그리스도 안에서 그들의 전적인 구원을 바라는 참된 그리스도인 신자들의 하나의 거룩한 회중이며 회합이다. 이 교회는 세계의 시작부터 있었고, 또 세계의 마지막까지 있을 것이다. 이 사실은 그리스도께서 영원한 왕이시지만 신하된 백성이 없이는 왕이 되실 수 없으므로 진리임이 분명하다. 그리고 교회가 때로는 사람들 눈에 아주 작고 보잘 것 없는 것 같으나, 하나님이 이 거룩한 교회를 광분하는 온 세상에 맞서도록 보존하시고 지탱하신다. 아합의 위험한 통치기간에도 그러셨으니 그때 주께서는 바알에게 무릎을 꿇지 않았던 칠천명을 보존하셨다. 더구나 이 거룩한 교회는 어떤 장소나 혹은 어떤 인물들에게 국한되거나 구속되어 있거나 제한을 받고 있는 것이 아니고, 온 세상에 퍼져 흩어져 있다. 그러면서도 믿음의 힘으로, 같은 한 성령 안에서 마음과 뜻으로 연결되고 연합되어져 있다.

또한 하이델베르크 요리문답 54문은 이렇게 질문하고 답한다.

'거룩한 보편적 교회'에 관하여 당신은 무엇을 믿는가?

답: 나는 하나님의 아들이 세상의 처음부터 마지막 날까지 모든 인류 가운데서 영생을 위하여 택하신 교회를 참된 믿음으로 하나가 되도록 그의 말씀과 성령으로 자신을 위하여 불러 모으고 보호하고 보존하심을 믿는다. 나도 지금 이 교회의 살아 있는 지체이며 영원히 그러할 것을 믿는다.

이러한 신앙 고백적 원리 위에 서 있는 주님의 교회는 비록 지역과 나라 혹은 문화적인 차이들을 가지고 있을지라도 교회의 머리되신 그리스도 안에서 한 몸을 형성하고 있다. 그 그림을 외형적으로 가장 잘 그려주고 있는 교회의 보편성은 로마가톨릭이 당연 으뜸이지만 신앙 고백적 가치를 크게 훼손하고 있음으로 인하여 결코 수용할 수 없는 교회이다. 신앙 고백적으로, 그리고 교회의 가시적 형태의 보편성으로 가장 적합한 교회는 장로회주의 교회 정치체제하의 교회라고 본다.[10] 그렇다면 장로회주의란 무엇인가?

2. 장로회주의 원리와 교회의 보편성

장로회주의의 기본적인 특성은 성경의 최고 권위와 그리스도의 수장권 및 장로회정치를 통한 교회의 통일성 구현에 있다.[11] 성경의 정확 무오성과 성경의 충족성에 기초한 오직 성경(Sola Scriptural)이라는 원칙은 누구도 바꿀 수 없는 대원리이다. 예수께서 당시 유대인들의 전통을 기록된 말씀보다 더 중히 여기는 것을 신랄하게 지적하였다: "이 백성이 입술로는 나를 공경하나 그들의 마음은 내게서 멀리 떠나 있도다 그들이 나를 헛되이 예배하며 사람의 계명들을 교훈으로 가

10. 감독주의를 표방하고 있는 성공회나 감리회주의 역시 보편성 원리를 추구하고 있어도 이들 역시 신앙 고백적 차원에서 특히 성공회는 교회의 수장권이 그리스도가 아닌 왕으로 명시하고 있는 차원에서 수용하기가 어렵다. 감리회주의나 성공회 역시 로마교와 마찬가지로 성직자 계급주의를 선호한다. 그러나 모든 그리스도인은 주 안에서 그 위치가 동등하나 다만 기능적 부분에서 구분이 될 뿐이다. 이러한 면은 장로회주의가 단연 탁월하다.

11. 이에 대해서는 서창원의 『장로교회 역사와 신앙』(진리의 깃발사, 2004)을 참고하라.

르치는구나"(막 7: 6-7, 바른성경). 장로교회도 나름 전통이 있다. 그러나 그 전통이란 결코 성경보다 앞서지 못한다. 반면에 유대교나 로마교에서는 사람들의 계명으로 이루어진 유전이나 전통이 성경 위에 있다. 이것이 교회의 보편성을 훼손하는 가장 큰 폐단이다. 다시 말하면 하나님의 입에서 나온 진리의 말씀보다 사람들의 교훈(사람들의 느낌이나 정서도 포함)을 더 무게 있는 것으로 간주하고 그것들에게 우선권을 부여하는 것은 교회의 머리이신 그리스도의 교훈보다 인간의 가르침을 더 권위 있게 간주하는 것이기 때문에 주님의 교회가 아니라 특정인의 교회, 즉 '교황교회', 또는 '담임목사 교회' 라고 말할 수 있다.

교회의 보편성은 특정 지역 혹은 인종이나 언어나 풍습을 떠나서 오직 기록된 말씀 위에 세워져 있는 교회를 말한다. 지역의 문화적 특성이나 관습이 교회의 형태나 구조를 결정짓는 것이 아니라 하나님의 입에서 나온 불변의 진리 위에 서 있는 교회이다. 예수님은 교회를 언급할 때 베드로 개인 혹은 베드로가 살아온 유대인들의 전통 위에 세우신다고 한 것이 아니었다.

베드로가 고백한 신앙고백, "주는 그리스도시요 살아 계신 하나님의 아들이니이다"라는 그 반석 위에 '내 교회'를 세우신다고 하셨다. 그러므로 이 신앙고백을 하는 교회가 공교회이다. 주님의 보편적 교회인 것이다. 교회를 규정하는 것은 그 교회의 전통이나 고위 성직자의 판단에 의한 것이 아니라 성경이 말씀하고 있는 것으로 말미암는다. 웨스트민스터 신앙고백서의 내용을 더 보자.[12]

---

12. 웨스트민스터 신앙고백서, 25장 6항.

교회의 머리는 오직 주 예수 그리스도뿐이다. 로마의 교황은 어떤 의로도 머리가 될 수 없다. 교황은 적그리스도이다. 그는 죄의 사람이며 멸망의 아들이다. 교회에서 그리스도를 대적하여 자신을 높이며 하나님보다 높이는 자이다.

교회의 머리이신 그리스도께서 보이는 이 보편적 교회에 직분자들을 세워주신 것은(엡 4:11-12) '이 세상에서 세상 끝날 까지 성도들을 모으고 온전케' 하기 위함이었다.[13] 가톨릭처럼 교회 안에 계급을 형성하고 각각의 지체들의 기능의 차이가 아니라 지위의 구분으로 우월성을 과시하며 성도들을 이끌라는 것이 아니다. 도리어 양 무리의 본이 되어 그리스도의 형상이 새겨지기까지 해산의 수고를 아끼지 아니하는 교회의 일꾼이 되라는 것이다. 그 일꾼이 성령으로 말미암아 그리스도와 함께 일하는 동역자들이다(고전 3:9). 이러한 성경의 교훈을 따라 역사 속에서 바른 교회를 세우고자 사력을 다한 존 녹스의 교훈을 되새겨봄이 필요하다.

녹스와 그의 동료들이 1560년에 제작한 『제1치리서』에서 찾아볼 수 있는 종교개혁의 제 일 원리는 오직 성경(Sola Scriptural)이다. 서문에서 그들은 만일 이 치리서의 내용들 중 성경에 반하는 것들이 발견되거든 성경을 토대로 정중하게 알려주면 성경을 연구하여 반드시 성경대로 답하겠다고 말하였다. 그만큼 그들의 모든 실천적인 개혁사상은 하나같이 다 성경 66권을 표준으로 삼았음을 보여준다. 이것을 후세대인 청교도들이 웨스트민스터 종교회의 때 만들어낸 웨스트민스

13. 웨스트민스터 신앙고백서, 25장 3항.

터 신앙고백서에서 명백하게 규정하고 있다.[14] 두 가지 사실에서 엿보는데 하나는 신앙고백서 제1장이 다른 고백서들과 달리 '신론'에서 '성경론'으로 제시되어 있다는 점이다. 그것은 성경만이 교회와 국가에서 최고의 권위를 가진다는 것을 명문화하여 천명한 것이다.

지금까지 교회는 교황권과 교회 전통을 최고의 권위 있는 것으로 간주하였지만[15] 개혁자들은 철저하게 성경 66권만이 최고의 권위를 지닌다고 가르쳤다. 왜냐하면 성경만이 하나님의 입에서 나온 영감된 말씀이기 때문이다. 또 하나는 이 성경을 규정하면서 '신앙과 행위의 유일한 규범'으로 천명한 것이다. 즉, 교회가 믿고 가르치고 행사하는 모든 것들에 대한 판단의 기준은 오직 성경뿐이라는 것이다.

내가 믿고 있는 것, 내가 행동하기 전에 옳은 것인지, 그른 것인지, 합당한 것인지, 부당한 것인지, 진리인지 아닌지를 분별하는 기준은 오직 기록된 말씀인 성경뿐이다. 이것이 무너지면 기독교 신앙 전체가 무너진다. 그렇지 않고도 존재하는 교회는 참 교회가 아니다. 교회는 주님의 교회이고 주님이 직접 세워 가신다. 그 기준은 기록된 말씀에 바탕을 두고 있다. 성경은 주님의 집을 어떻게 지을 것인지를 세세하게 보여주는 설계도와 같다. 어떤 건축물이든지 설계도가 있고 그 설계도에 따라서 건물을 세우는 것과 같이 교회 역시 주님이 그의 말

---

14. 물론 1560년 존 녹스가 주도하여 만든 스코틀랜드 신앙고백서는 신론이 첫 장을 장식하고 있다. 그렇다고 해서 성경의 권위를 앞세우지 않은 것이 아님을 그들의 교회 개혁을 향한 추진동력이 증명한다. 스코틀랜드 신앙고백서에서는 따로 성경을 다룬 것은 없으나 4장에서 약속의 계시에 대하여 그리고 19장에서 성경의 권위 문제를 다룬 것이 전부이다. 여기서도 성경만이 최고의 권위를 지닌다는 것을 명시하고 있다.

15. 로마가톨릭은 '교회는 성경이 없어도 존재할 수 있지만 성경은 교회 없이 존재할 수 없다'고 주장한다. 그러나 개혁자들은 성경이 없이는 교회가 존립할 수 없으며 교회와 교회 전통은 성경에 의해서 검증되어야 함을 강조한다. 이에 대한 자세한 글은 헤르만 바빙크의 『개혁교의학 1』, 박태현 역 (부흥과 개혁사, 2011) 597 이하를 참고하라.

씀에 제시하고 있는 설계도에 따라서 세워져야 하는 것이다. 건축가에 해당되는 목사들은 목사 개인의 의견이나 생각을 가지고 교회를 세워갈 수 없다.[16] 설계도에 없는 건물은 불법 건축물에 해당된다. 그렇기 때문에 인간의 상상이나 고안한 방식을 따라 교회를 세우는 것은 크기에 있어서 남이 범접할 수 없는 위용을 자랑할 만하며 회집되는 숫자에 있어서도 차고 넘치는 것이라 할지라도 '불법을 행하는 자들아 내게서 떠나가라' 는 주님의 음성을 들을 수밖에 없다.[17]

존 녹스와 그의 동료들, 일명 Six Johns[18]은 새롭게 탄생하게 된 개신교 국가를 성경에 기초한 나라로 만들고자 하였고 교회 운영의 모든 요소들도 하나같이 성경에 충실한 것이 되고자 하였다. 『제1치리서』의 내용 중에 교회 직분과 관련하여 독경사나 감독과 같은 일시적인 직분이 포함되기는 했어도 개혁된 참 목회자들이 절대 부족한 상황에서 온 나라에 흩어져 있는 교회들을 돌보는 일을 위하여 임시 직책을 주어 교회를 이끌게 한 것은 바람직한 것이라고 볼 수 있다. 1578년 앤드류 멜빌에 의해서 장로회주의가 온전히 체계를 각계각층에 뿌리를 내리게 한 『제2치리서』에는 임시직인 두 직책이 사라지고 목사와 장로와 집사의 항존직을 세워 간 것이 그 증거이다.[19]

---

16. 웨스트민스터 신앙고백서 제21장 1항

17. 마 7:23, 사실 주의 이름으로 선지자 노릇하는 자나 귀신을 쫓아내는 자, 큰 권능의 역사를 나타내는 자들은 대단한 성공적인 목회를 한 사람들이라고 볼 수 있다. 그러나 성경에 근거하지 아니한 모든 사역들은 비록 주 예수의 이름을 사용했을지라도 주님과는 상관이 없는 종교집단에 불과하다. 목회자들은 이점을 주의해야 한다.

18. John Knox, the stern visionary; John Willock, the ardent innovator; John Winram, the ambiguous latecomer; John Row, the surprise convert; John Spottiswoode, the quiet supervisor; John Douglas, the learned forerunner. 이들에 대한 간략한 소개는 www.dsgraves.com에서 Dan Graves가 쓴 글에서 읽어볼 수 있다.

19. '항존직' 이라 함은 교회가 세상에 존재하는 한 항상 있어야 할 직분을 말하는 것이지 종신직

오늘날 교회 개혁에 있어서 가장 필요한 부분은 교회 멤버십과 직분자들 바로 세우기이다. 왜냐하면 장로회주의를 이끄는 자들이 교회 직분자들이기 때문이다. 그 직분자들은 다 교회 회원 가운데서 선정된다. 그렇기 때문에 신앙고백의 내용과 실천적 삶을 통해 교회 성도로 규정하는 작업이나 성경에서 지적하고 있는 자격조건에 부합하는 일꾼들을 세우는 일이야말로 그리스도의 교회의 순결성을 보존하고 교회 기능적 역할에 충실할 수 있는 발판이 되는 것이다. 아무나 교회 회원으로 받고 별로 영적인 자질이 보이지 아니함에도 불구하고 직분을 맡기는 행태야말로 근절되어야 한다.

성도라는 이름 자체도 신뢰할만한 것이어야 하지만 교회 직분자는 그 누구보다 모범이 되어야 할 자들이다. 말과 행실과 믿음과 사랑과 정절에 있어서 모든 믿는 자의 본이 되어야 한다. 뿐만 아니라 세상 사람들에게서도 존경은 아니라할지라도 나쁜 평을 받아서는 안 된다. 물론 온전한 사람은 없기 때문에 허물이 있다. 심지어 교회 공동체조차도 불법에 휘둘릴 수 있는 가능성은 언제나 존재한다. 그러나 성도나 교회 공동체는 말씀과 기도로써 거룩해 지는 것이기 때문에 올바른 말씀 선포와 세밀한 영적 통찰을 통해서 진리의 기둥과 터로서의 사명에 충실하게 만들어야 한다.

엄격한 자질 검증은 부작용도 있을 수 있다. 영적 교만에 빠지거나 새로운 특권층을 형성할 수 있는 위험성도 있다. 그러나 교회 직분은 무엇이든지 기능 자체가 다 섬기는 직분이기 때문에 거짓이 없는 믿음을 가진 자들 중에서 영적 깊이가 남다르고 받은바 은사 활용이 분

을 의미하지는 않는다.

명한 자들이 선택이 된다면 그리스도의 몸을 온전히 세워갈 수 있다. 동시에 각각의 연약한 지체들에게 도전과 격려와 교훈을 받는 일들은 자연스럽게 나타날 것이다. 그런 의미에서 『제1치리서』 8장에 나타난 직분자 선출에 대한 글은 오늘날 교회에게 던지는 소리가 매우 크다 말하지 않을 수 없다.

하나님의 말씀을 가장 잘 알고 있는 사람들, 깨끗한 삶을 사는 자들, 신실한 사람들, 교회 안에서 가장 정직한 대화를 나누는 자들이 교회 직분 후보자들이 된다. 목사가 그런 자들의 이름을 교회 앞에 공개적으로 지명하여 알리고 그 후보자들 중에서 장로와 집사로 선출되게 해야 한다. 후보자 중 공개적으로 결격 사항이 발견된다면 후보자 자격이 박탈되어야 한다. 왜냐하면 부패한 종이 하나님의 교회에서 판단하는 권위를 가진다는 것은 있을 수 없는 일이기 때문이다. 성도 중 한 사람이 후보자들보다 더 나은 사람이 있음을 알고 있다면 그들도 후보자로 이름을 올려서 선출될 수 있게 해야 한다.

만일 교회가 장로나 집사 선출하기에 너무나 소규모의 교회라고 한다면 인근 교회와 협력하여 일할 수 있어야 한다. 왜냐하면 목사들과 질서 있는 체계가 없는 교회들의 복수성은 덕을 세우기보다 해를 끼칠 수 있기 때문이다. 장로와 집사의 선출은 1년에 한 번씩 실시해야만 한다(우리의 생각에 매년 8월 첫날이 적당하다고 본다). 그렇지 않으면 직분자들이 교회의 자유를 지나치게 남용할 수 있기 때문이다. 한 사람이 그 직임에 해를 넘겨 있는 것은 해를 끼칠 수 있기 때문에 일 년에 한 차례씩 새롭게 선출되어 임명되는 것이 유익하다. 집사들과 재정 담당자들은 직임에 3년을 넘지 말아야 한다. 선거권과 투표권은 모든 사람

> 들이 자유롭게 행사할 수 있어야 하고 각 교회는 교회 형편에 가장 적절한 방식으로 행사될 수 있게 해야 한다. 선출된 장로들은 그들의 직임에 적합한 자들이어야 하고 교회의 모든 공적인 행사에 있어서 목사를 돕는 자가 되어야 한다. 판단과 분별하는 일에 있어서 지혜로운 조언자여야 한다. 방종하는 삶을 사는 자들에게는 권고할 수 있어야 하며 그들의 임무 안에서 모든 사람들에게 합당한 방식과 대화에 있어서 존중히 여김을 받아야 한다. 선배들과 협력 하에서 방종하고 제멋대로 사는 이들의 삶을 바르게 교정할 수 있어야 한다.

위의 글을 통해서 의미 있는 내용 중 한 가지는 미조직 교회의 존재를 차단하고 있는 점이다. 직분자를 세울 수 있을 만큼의 숫자를 지니지 아니한 교회는 인근의 교회와 합병하여서 정상적인 교회로 조직하도록 한 것이다. 그렇지 않고 산발적으로 여기저기에 조직되지 아니한 교회들만 여러 개 있는 것은 덕을 세우기보다는 도리어 해를 끼친다는 사실이다.

그 해라는 것이 구체적으로 무엇을 의미하는지 지적하지는 않았지만 교회 직분자들의 책임 있는 역할 수행을 통해서 교회를 온전히 세워가는 일을 할 수 없을 때 벌어질 상황들을 염두에 두고 있는 것은 분명하다. 성도들은 돌봄을 필요로 한다. 그러나 양 무리의 신령한 일들을 통찰할 직분자가 없을 경우에 방종하거나 교회의 부패와 타락이 조장될 수 있다. 그런 의미에서 장로교회의 교회설립정책에 대해서 반드시 재고해야 할 부분이라고 말하지 않을 수 없다.[20]

---

20. 한국의 교회 80%에 육박하는 숫자가 미조직 교회요, 이는 곧 미자립 교회로 이어지는 현실이다. 대다수 교회들이 장로회를 채택하고 있지만 표면적인 것일 뿐 장로회주의 원리에 입각한

또한 치리서의 이 조항에서 깊이 생각할 것은 직분자들의 임기이다. 1년 혹은 3년을 넘기지 못하게 한 것은 당시 일꾼들이 부족한 상황에서 자질 검증의 기회라고도 말할 수 있겠지만 직분의 남용 혹은 부패를 방지하고자 하는 혜안이라고 말하지 않을 수 없다. 물론 『제2치리서』에서는 장로직과 집사직을 교회가 존재하는 한 항상 있어야 할 항존직이라고 칭하면서 따로 임기를 규정하지는 않았다. 1560년 이후로 『제2치리서』가 나오기까지 약 20년 가까이 흘러오면서 교회를 치리하고 관리하는 자질을 갖춘 이들에 대한 충분한 전통이 세워져가고 있음을 시사하는 것이 아닌가 생각된다.

성경에 명시된 대로 자질을 구비한 자들이 직분자로 세워진다면 굳이 임기를 정해야 할 필요가 없겠지만 그렇지 못한 상황이 더 농후한 우리의 현실에서는 부패와 남용을 방지하기 위해서라도 그리고 교회 직분의 고귀한 권위를 회복함을 위해서라도 임기제를 한정적으로라도 실천해 봄이 바람직하지 않을까 생각된다. 권력형 직분자들이 아니라 섬김형 직분자들로 채워져야 할 것이다.

3. 보편적 교회의 3대 표지

종교개혁자, 특히 스코틀랜드에 최초로 장로교회를 세운 존 녹스는 주님의 보편적 교회의 표지로 세 가지를 언급하였다: 신실한 말씀 선

교회관 결여로 인해서 주님의 보편적 교회를 세우지 못하고 목사 개인의 종교집단으로 전락될 발판이 마련되어 있다고 해도 틀리지 않는다.

포, 올바른 성례 거행, 정당한 권징 시행. 즉 이 세 가지가 없는 곳은 참 교회라고 말할 수 없다. 이것이 장로회주의를 신봉하는 개혁교회들의 일관된 입장이다. 이러한 표지 차원에서 심각한 질문들을 하지 않을 수 없다.

첫째, 과연 현재의 교회에서 하나님의 진리의 말씀이 신실하게 선포되고 있는가? 말씀이 아닌 성인들의 교훈이나 교황의 발언록이 강단을 점령하고 있다면 그곳은 교회가 아니다. 윤리 도덕이나 성공신화들이 주된 내용들이 메시지의 축을 이루고 있다면 주님의 보편적인 교회라고 말하기 심히 어렵다. 선교지에서도 마찬가지이다. 주님의 복음을 증거하는 자가 아니라면 주님의 보내심을 받은 자가 아니다. 주 예수 그리스도의 복음을 전하는 것이 전도요 선교라고 한다면 그 외의 것은 선교라고 말할 수 없다. 그것은 교육 사업이요, 복지 사업이요, 문화 사업이다.

물론 그것들을 발판으로 예수의 복음을 전할 수 있다. 대부분의 어려운 선교지 현장들은(중국, 불교권, 이슬람권 나라들 등) 직접적으로 복음을 전파하지 못하게 하고 있다. 그래서 간접적인 방법들을 동원한다. 복음전하기 위해 땀과 정성을 쏟는 것보다 비본질적인 일이 더 많다는 것을 부정할 수 없다. 한 지역 교회의 파송을 받아 선교사가 될 수 있으나 근본적으로 복음을 전파하고 복음으로 양육하며 하나님 나라 시민으로 성장하도록 이끌지 않는 자는 그리스도의 일꾼이 아니다.

예수님은 요한복음 3:34에서 분명하게 말씀하셨다: "하나님이 보내신 분은 하나님의 말씀을 하시니 이는 하나님이 성령을 한없이 주시기 때문이다"(바른 성경). 교황교회가 파송했기 때문에 가톨릭의 사제들은 교황의 교시가 정경보다 더 우선된다. 진리에 어긋나는 교시가 있어도 순종하는 것은 교황권과 교회 전통이 성경보다 더 앞서기 때문이다. 특정한 목회 철학을 가진 목사의 교회에서 파송되었기 때문에 그 목회철학에 맞는 선교가 성경적인 선교보다 우선시 되고 있다면 그것은 주님의 보편적 교회가 아닌 파송교회 담임목사의 교회를 현지에 세우는 것이 된다. 가톨릭은 '교황교회'라는 일관성이라도 있지만 개신교회는 담임목사의 색깔을 따라 각각이 다르다.

선교지에 세웠다고 하는 교회들은 하나같이 한국에서 지원하는 개교회의 업적을 드러내는 과시용이지 주님의 진정한 보편적 교회라고 보기 어려운 것이 현실이다. 형제애보다 우월감과 열등감을 낳는다. 세상적인 소유의 많고 적음, 지식의 유무에 의한 판단 때문이다. 과연 우리는 선포되어야 할 진리의 말씀을 선포하고 있는가? 그리고 그 진리의 말씀이 지배하는 교회인가? 아니면 현실이 증언하고 있듯이 개교회 담임목사의 목회철학이 지배하는 교회인가?

둘째, 올바른 성례 거행이 있는가? 로마교에서 말하는 7성례가 아니라 개혁교회의 성례는 세례와 성찬을 말한다. 예수님이 복음서에서 친히 제정해 주신 성례가 세례와 성찬뿐이기 때문이다. 이 세례식과 성찬예식이 기록된 말씀의 규정에 따라 바르게 실천되고 있는 교회는 주님의 보편적 교회이다. 세계 어디를 가도 주 예수 그리스도를 믿는다고 고백하고 그에 상응하는 삶의 일반적인 증거들이 있을 때 교회의 성찬식에 참여할 수 있게 된다.

만일 보편적인 교회가 아니라면 불가능한 일이다. 그 교회마다 정한 규칙이 있어서 그 규칙에 따라하지 않는 한 성찬에 참여할 수 없다. 그러나 주님의 보편적 교회이요 그 교회의 일원이기 때문에, 참된 믿음으로 주의 떡과 잔을 합당하게 먹고 마실 수 있다. 성례는 교회의 머리되신 그리스도께 죽도록 충성한다는 서약이요 인침이다. 교황께 충성 혹은 세례와 성찬을 집례하는 담임목사에게 충성을 말하는 것이 아니다. 그러므로 그리스도의 명령이 없으면 움직이지 말아야 한다. 그리스도의 계명이 없이는 전쟁터에 나서지 말아야 한다. 그리스도의 인도하심이 없이는 한 발자국도 옮길 수 없다. 이 같은 성례에 동참함으로써 성도의 교통함이 이루어진다.

그러나 우리가 처한 상황은 이와는 사뭇 다르다. 그리스도께서 주신 계명이 없음에도 불구하고 임의대로 고안하여 실천한다. 사람들의 의견이 성경의 교훈보다 더 중요하고 사람들의 만족이 교회의 머리이신 그리스도의 만족보다 더 무게 있게 처리되고 있다. 그리스도께 향해야 할 충성심을 교황이나 담임목사에게 향하도록 이끄는 것이다.

그리스도께서 제정하신 성례를 빌어서 냄새나는 인간의 지도력에 매이게 한다. 예수님의 제자가 아니라 담임목사의 제자들만 키운다. 이것은 교회의 머리이신 그리스도에게 속한 교회라고 보기 어렵다. 살아도 주를 위해서 살고 죽어도 주를 위해서 죽는 자들을 쉽게 만날 수 없는 이유가 분명히 있다. 성찬을 통해서 그리스도와의 연합만이 아니라 성도들 간의 참된 연합을 실현할 수 있어야 한다. 성찬을 나누고서도 반목하고 싸우는 일들이 벌어지는 현장에서는 형제의 연합과 사랑의 본질은 그 자취를 찾기도 어렵다.[21]

---

21. 한국개혁주의 연대(회장, 박형용 박사)에서 2014년 11월 17일(월) 총신대학교에서 개혁주의 입장에서 장로교의 성경적 성찬을 깊이 있게 다루었다. 그때 발표한 글을 참고하기를 바란다. 키이스 A. 매티슨, 『성찬의 신비』, 이신열 역 (개혁주의 학술원, 2011)을 참고하면 큰 유익을 얻을 것이다.

셋째, 정당한 권징을 시행하고 있는가? 정당한 권징은 그 어느 때보다 더욱 필요하다. 장로회주의 원리에서 권징이 없다고 한다면 주님의 보편적 교회를 세워가는 일은 불가능했을 것이다. 권징은 책벌에 그 목적이 있지 아니하고 바르게 함과 성결을 유지하고 모든 부패와 타락으로부터 주님의 교회를 보호하기 위함이다. 웨스트민스터 신앙고백서에서 교훈하는 것을 보자.[22]

> 교회 권징은 범죄하는 형제들을 바로잡고 다시 얻고자 함이며, 동일한 죄악으로부터 다른 이들을 보호하기 위함이다. 그리고 온 덩어리에 퍼져 부패케 할 누룩을 제거함이며 그리스도의 명예와 복음의 거룩한 고백을 옹호하기 위함이며 만일 악명 높고 완악한 범죄자들에 의해서 하나님의 언약과 그 언약의 인침을 훼손하게 되면 교회에 임할 하나님의 진노를 막기 위함이다.
>
> 이러한 목적들을 효과적으로 달성하기 위하여 교회 직임자들은 당사자의 범죄와 과실의 성격에 따라서 권계 일시적인 수찬정지 그리고 교회에서의 출교를 부과할 수 있다.

그러나 선교현장에서나 목회 현장에서 권징이 정당하게 시행되지 아니하여 교회 분쟁이 끊이지 아니하는 아픔을 경험한다. 설혹 권징이 이루어졌다고 하더라도 순복하는 것이 거의 없다. 인간의 완악함에 기인하는 것도 있겠지만 정당하게 집행되지 아니하는 것이 더 큰 원인이기도 하다. 단지 정적 제거용으로 사용되거나 다른 의견을 가

---

22. 웨스트민스터 신앙고백서, 제 30장 3항 4항, 서창원, 『개혁교회는 무엇을 믿는가?』 (진리의 깃발사, 2010), 387에서 인용한 것임. 교회 헌법에서 다룬 권징조례를 참고하라.

진 자들을 향한 억압과 저지를 목적으로 실행됨이 많기 때문에 최고치리회의 판결이 존중되지 못하고 세상 법정의 판결에 의존하는 불상사를 초래하고 있다. 작게는 개교회에서 품행과 언어사용에 있어서 그리스도인으로서 합당하지 못한 자들에 대한 권고와 견책과 책망과 바르게 함을 정당하게 실천한다면 교회의 권위는 말씀의 권위와 더불어 견고하게 유지되었을 것이다. 세상 사람들조차도 교회에 속한 자들을 싫어하거나 경멸하게 된 지금의 현실은 목회 현장에서만이 아니라 선교 현장에서도 복음의 진보를 가로막고 있다.

현대교회에서 권징이 실행되지 않는 가장 큰 이유는 교인 감소에 대한 두려움 때문일 것이다. 실지로 교회에서 치리를 받은 성도들이 순수하게 순복하고 해벌될 때까지 근신하며 겸손을 배워가는 성도들은 거의 없고 타 교회로 이전해버린다. 치리 받은 교인을 받지 말아야 할 교회가 아무런 감독함이 없이 교인으로 수용해버리는 현실에서 치리하는 목사들만 바보가 된다. 그러나 교회의 보편성은 교회의 거룩성과 함께 강조되고 있음을 잊어서는 안 된다.

사도신경은 '거룩한 공회' 를 믿는다고 고백한다. 그 거룩한 공교회는 세상을 향해 나아가게 하는 열린 넓은 문이 아니다. 그렇다고 아무나 살펴봄이 없이 수용하는 것도 아니다. 도리어 좁은 문으로 들어가라고 하시는 주님의 명령에 대한 순종이다. 자격기준을 엄정하게 살펴서 참된 신자들로 구성되어 있는 교회이다. 낮은 교회 문턱이 알곡보다 가라지가 더 많은 교회가 되게 한다. 지금은 알곡을 제대로 훈련시키는 것이 요구된다. 장로회주의 보편적 교회의 일원이 무엇인지를 확실히 해야 한다.

선교지에서는 더 심하다. 실적 위주의 선교보고서를 하지 않으면 선교지원이 끊기기 때문이다. 따라서 교회는 업적 쌓기 선교정책에서 진정으로 주님의 복음을 전하여 그리스도에게로 온전히 돌아오는 참 신자를 배양하는 일에 최선을 다해야 한다. '선교사업 브로커' 들을 파송하는 교회가 아니라 '선교사역' 을 충실하게 감당하는 일꾼들을 보내야 한다. 전자는 선교사 임무를 자신의 경력을 쌓아 한국의 목회지에 청빙받거나, 혹은 안식년을 빙자하여 유학 갈 기회를 잡는 기회 삼기, 양질의 자녀 교육시키기 위한 발판 만들기, 선교지에서 재물 쌓아 노후생활을 안전하게 보장하기 위한 도구 외엔 다른 용도가 없다.

단기 선교팀들을 끌어들이고 그들 뒷바라지에 대다수의 시간들을 보내며 선교비 지원금 늘려서 자신들의 배만 채우는 사업가 선교사들이 없다고 부정할 수 없는 현실이다. 물론 선교사역 자체에 온전히 헌신하고 있는 많은 선교사들이 존재하고 있다. 그들 때문에 선교현장에 복음의 아름다운 열매들이 있음을 인해 감사한다. 이제 예수님의 보편적 교회 세우기를 위한 실천적 방안을 생각해보려고 한다.

4. 장로회주의 원리에서 본 보편적 교회 어떻게 세울 것인가?

1) 그리스도의 수장권을 인정하라

오직 예수 그리스도만이 교회의 머리이다. 목사가 개척할 때부터 은퇴할 때까지 비록 자립하는 중대형 교회를 이루었을지라도 그 교회가 주님의 교회라는 인식이 언제나 가슴 깊이 새겨져야 있어야 한다. 담임목사의 왕국이 아니라 주님의 나라요 주님이 주재자이시기 때문이다. 머리이신 그리스도로부터 필요한 모든 것을 공급받아 각 지체가 서로 연결되고 결합하게 된다.[23] 그리스도가 없이는 온 몸의 유지가 불가능한 것이다.

송전탑이 있는 이유는 발전소에서 흘려보내는 전기를 공급하기 위함이다. 송전탑 자체가 흐르는 전기에 뭔가를 첨가하여 각 가정에 혹은 산업단지에 보내지 않는다. 발전소에서 보내는 전기를 그대로 받아 방출하는 것이다. 마찬가지로 교회의 머리이신 그리스도께서 우리를 충성되이 여겨 주의 일꾼으로 삼으시고 주님의 교회를 맡기신 것은 우리의 의견이나 우리의 지혜나 능력이 필요해서가 아니다. 교회의 주인이신 주님이 원하는 주님의 교회를 세우는데 필요한 신령한 양분을 공급하는 송전탑 혹은 전봇대 역할을 감당하는 것이다. 각 가정이나 산업체에 전기를 보내어 필요한 열에너지를 원활하게 공급하는 역할이 전부이다.

송전탑이 없으면 가정에 전기 공급이 불가능한 것이라고 하여 송전탑이 산업체의 모든 생산품을 자랑스럽게 여기고 그 영광을 송전탑 자체가 가로채는 일은 없다. 있다면 꼴불견도 이만저만이 아니다. 각 가정도 송전탑에 고마움을 표현하지 않고 오직 발전소에서 전기를 생산해내기 위해 수고의 땀을 흘리는 분들께 감사한 마음을 갖는다.

그러므로 한 지역 교회를 세워 긍지와 자부심을 가질만한 업적을

---

23. "...그분은 머리이시니 곧 그리스도이시다. 온 몸은 그리스도께 속해 있으며 각 마디를 통하여 도움을 받아 함께 연결되고 결합된다. 각 지체가 자기의 분량대로 역사함을 따라 몸이 자라나며 사랑 안에서 자신을 세워 간다"(엡 4:15-16).

이루었다고 해서 그 모든 영광을 목사가 가로채는 것은 주님의 교회가 아니라 목사 자신의 왕국을 세운 것과 다를 바가 없다. 그런 인식 때문에 은퇴 예우가 만족스럽지 아니하면 불화와 다툼이 벌어지고, 여기에 세습까지 감행하는 서글픈 현상이 끊이지 않는다.[24]

교회를 위해서 부름을 받은 그리스도의 일꾼이요 교회의 일꾼이기 때문에 "나는 무익한 종이로소이다 나의 하여야 할 일을 했을 뿐이니이다"라고 고백하는 것으로 족해야 한다. 수고는 내가 하고 영광은 오직 하나님께 돌리는 것이라야 한다. 이 같은 일을 충성스럽게 잘 하도록 당회와 노회와 총회가 조직된 장로회주의야말로 제도자체는 최고의 시스템이다. 교회의 머리이신 그리스도로부터 위임을 받아 목회를 하는 것이다. 그것은 치리회의 감독 하에서 이루어진다. 이것이 장로회주의이다.

"한 지체가 고통을 받으면 모든 지체도 함께 고통을 받고 한 지체가 영광을 받으면 모든 지체도 함께 기뻐한다"(고전 12:26, 바른성경)는 말씀이 실천될 수 있는 것은 주님의 보편적 교회라는 개념에서만 가능하다. 주님의 보편적 교회이기 때문에 세계 곳곳에서 고난과 탄압을 받는 그리스도인을 형제라 여기며 함께 울고 함께 아파하며 간절히 기도하는 일에 동참한다. 주님의 교회이기 때문에 한 지교회가 과다하게 커지거나 부요해짐을 권장하지 않는다. 다함께 사는 길을 간다. 사역자들이나 지교회들은 서로 경쟁관계에 있는 자들이 아니다. 주님

---

24. 세습 자체가 비성경적인 것이 아니다. 온 교회의 정당한 투표에 의해서 선출이 되고 또한 아들 역시 출중한 자격을 갖추고 있을 때 얼마든지 회중의 선택권에 의해서 선출될 수 있다. 그러나 우리가 말하는 세습은 세속적 가치관에 의한 부의 대물림과 연관되어 있기 때문에 문제가 되는 것이다. 이것도 장로회주의의 원리에 입각하여 바르게 교회를 관리하면 부의 대물림 이라는 지적은 없어질 것이다.

의 보편적 교회는 서로 협력하여 주님의 교회를 세운다. 명량대첩에서 왜군들이 막대한 군사력과 전함을 가지고도 12척뿐인 이순신 장군에게 패하게 된 것은 협력관계가 아니라 경쟁관계여서 자기 공명심 혹은 영웅적인 치적 쌓기가 앞섰기 때문이었다. 지금의 장로교회가 과거에 비해 그 힘이 바닥에 떨어진 이유는 개교회주의의 경쟁관계 때문이다.

주님의 교회를 세운다는 가장 기본적인 인식만 제대로 갖추어져 있다면 신앙공동체로서 교회는 세상에서 구별된 거룩한 공교회라 칭함 받을 것이다.[25] 교회는 반드시 머리이신 그리스도의 주재권 하에서 운영되어야 한다. 그의 주재권은 그가 교회의 머리이기 때문에 그의 의향과 기록된 뜻이 항상 우선되어야 함을 의미한다. 그러나 우리의 현실은 담임목사의 목회철학과 당회원의 생각이 우선이다. 그렇기 때문에 교황교회의 또 다른 형태인 담임목사 교회가 되어버린 것이다. 그리스도의 교회 수장권 실현이 시급하다고 보는 이유이다. 그 대안은 지도자 세움에 있다.

2) 기록된 말씀에 충실한 양질의 지도자를 세우라

교회 지도자 선발과정을 다룬 『제1치리서』를 보면 지금도 적용되어야 할 교훈이 적지 않다. 앞부분에서 언급한 8장의 내용이 그러하

---

25. 나의 심적 고통은 이러한 보편적 교회를 세워야 한다는 신학적 확신을 가진 개혁교회 지도자들조차도 서로 협력하고자 하는 개혁주의 에큐메니칼 운동에 극히 소극적이라는 사실이다. 이제라도 그러한 생각을 가진 지도자들만이라도 함께 모여 고민하며 기도하며 주님이 원하시는 주님의 왕국 건설이 적극 나서야 한다. 왜냐하면 교회는 특정한 지역 교회만의 교회도 아니고 나 홀로 세워갈 수 있는 것도 아니기 때문이다.

다. 모든 성도가 다 교회의 일꾼이어야 하지만 모두가 다 목사요 모두가 다 장로는 아니다. 교회의 머리이신 주님이 어떤 자들에게 목사와 교사로 혹은 장로의 직임을 주신 것이다. 그들이 신앙공동체, 즉 신자들의 어머니요 그리스도의 몸인 교회를 이끈다. 여기에 필수적으로 지도력이 요구된다. 이것은 지적인 능력과 영적인 능력이 균형 있게 조화되어야 한다.

과거 대다수 국민들이 문맹이었던 시절에는 목사의 자질도 지적으로 최고의 학부를 나오지 않아도 되었다. 그러나 대다수가 대졸 이상을 차지하고 있는 사회에서는 목사의 자질 역시 그에 상응해야 한다. 따라서 석사 학위만이 아니라 요즘은 박사학위를 소유한 목회자들도 수두룩하다. 어느 분의 말에 의하면 미국 다음으로 신학자가 많은 나라가 대한민국이라고 들었다. 그만큼 학적 수준이 높다.

그러나 지성만으로 교회를 이끌 수 없다. 왜냐하면 교회는 주님의 신령한 몸이기 때문이다. 이 몸이 필요로 하는 양식은 썩어 없어질 양식이 아니라 썩지 아니할 영원한 영의 양식이다. 그 양식으로 성도들을 먹이고 돌보는 일을 하는 것이 목회이다. 그러므로 목사와 장로는 말씀의 일꾼이어야 하고 동시에 기도의 사람이어야 한다. 왜냐하면 자기 자신을 죽이고 오직 주님의 뜻을 찾고 그 뜻에 복종케 하는 기도 외에는 세상의 신인 세속주의 정신, 인본주의 정신, 물량주의 정신에 사로잡혀 그리스도 예수의 복음의 찬란한 광채의 비추임을 막고 있는 강력한 힘을 물리칠 수 없기 때문이다. 진리를 알수록 더 엎드리게 된다. 그렇지 않으면 가슴을 울릴 수 없는 지적 놀음에 머물고 말 것이다. 지성으로 성도들을 압도하려고 하지 말아야 한다. 사도 바울은 그 당대 가장 뛰어난 최고의 학부를 나왔지만 지성으로 회중을 사로잡고

자 시도한 적이 없다. 주님의 말씀의 권위만 내세웠을 뿐이다. 그 권위는 주님의 말씀으로 쳐서 복종시키고자 한 수없이 엎드리고 엎드린 결과물이었다. 날마다 자신을 죽이는 기도 없이는 불가능한 일이었다. 그러므로 양질의 지도자란 성령의 검, 즉 하나님의 말씀을 적확하게 사용할 수 있는 지적 능력과 아울러 거기에 섬광이 번뜩이게 하는 기도의 밧줄을 놓지 않는 경건의 능력을 소유한 자가 되어야 한다.

신학교육에 혁신적인 변화가 요구된다. 선교지에 필요한 일꾼이라고 해서 다를 이유가 없지 않겠는가? 오늘날 대부분의 신학교에서는 주님의 보편적 교회의 목회 현장에 필요한 일꾼들을 배출함에 있어서 필수적인 기본기 다지기 위한 학과목들보다 교수들의 의욕적인 지적 탐구욕으로 인해 Th.M.이나 Ph.D.학위과정에서나 필요한 과목들도 가르쳐지고 있음을 부정할 수 없다.

목회자 후보생들은 학점 이수에 급급하여 기본적으로 몸에 익히고 나가야 할 것들조차도 겉핥기로 마치고 만다. 따라서 교회는 신학이 없는 목회, 족보 없는 종교집단으로 변질되어 보편적 교회의 그림이 없는 소위 '피카소형' 교회들만 늘어가게 되었다. 신학교 교과목 개선에 대대적인 수술이 필요한 시점에 와 있음은 분명하다.[26] 성경 진리에 충실한 교회 지도자들로 강단을 채우게 해야 한다. 적어도 주님의 보편적 교회의 큰 테두리는 같아야 하지 않겠는가?

---

26. '피카소형 교회'란 필자가 만든 말로, 피카소가 들으면 분노하겠지만 그의 그림을 볼 때마다 화가 제 멋대로 그린 것이라는 느낌을 지니게 되듯이 소신껏 목회한다는 미명 하에 담임목사 맘대로 교회를 세워가는 형태를 의미한다. 필자도 신학교의 한 교수로서 책임이 없다 말할 수 없지만 교과목 개설에 책임 있는 분들의 심층 논의가 필요하다. 현재의 교과로는 일관성 있는 보편적 교회 세우기에 꼭 필요한 지적 영적 능력을 갖추기에 역부족임은 틀림없다. 적어도 목사들이 그려내는 그림은 보편적인 형태를 지녀야 하지 않겠는가?

3) 분립형 개척교회를 세우라

앞 단락에서 인용한 『제1치리서』의 내용을 보면 자연스럽게 교회 개척 문제를 생각하게 한다. 직분자를 세울 수 있을 만큼의 숫자를 지니지 아니한 교회는 인근의 교회와 합병하여 정상적인 교회로 조직하도록 한 것이다. 그렇지 않고 산발적으로 여기저기에 조직되지 아니한 교회들만 여러 개 있는 것은 덕을 세우기보다는 도리어 해를 끼친다고 지적했다. 그 해라는 것이 구체적으로 무엇을 의미하는지 지적하지는 않았지만 교회 직분자들의 책임 있는 역할 수행을 통해서 교회를 온전히 세워가는 일을 할 수 없을 때 벌어질 상황들을 염두에 두고 있음이 분명하다. 성도들은 돌봄을 필요로 한다. 그러나 양 무리의 신령한 일들을 통찰할 직분자가 없을 경우에 방종하거나 교회의 부패와 타락이 조장될 수 있다.

한 지역 교회 규모가 어느 정도여야 하는지는 성경에 명시된 것은 없다. 다만 초대교회 회집 규모에 대해서는 그 당시 건축 공학법상 4, 50여 명을 넘지 못했을 것이라는 것이 정설이다. 예루살렘 교회가 3천 명, 혹은 5천 명 회심하고 돌아왔을 때 그들이 한 곳에 다 모여서 하나의 교회를 이루고 있었다고 볼 수 없다. 왜냐하면 그 많은 회심자들이 모여서 사도들의 가르침을 받는 것과 서로 교제하며 떡을 떼며 기도하기를 전념할 수 있었다는 사도행전 2:42을 실천하려면 적어도 여러 그룹의 모임이 필요하기 때문이다. 그 그룹들이 모여 전체 예루살렘 교회를 형성하였다고 볼 수 있다.

더구나 사도행전 21:20에 오면 수천 명에서 수만 명의 그리스도인들이 존재하고 있음을 언급하고 있는데 아무리 사도 야고보의 지도력이 출중할지라도 혼자서 그들을 다 관리감독 할 수 없는 일이었음은 자명하다. 그래서 리더십에 장로들이 자연스럽게 등장하고 있다. 브루스(F. F. Bruce)는 유대인들의 관습에 따라 70여 명이 넘었을 것으로 추정한다. 사도들이 이들을 여러 그룹으로 나누어 돌아보았고 그들이 함께 하나의 교회를 이루었을 것이다.[27]

더욱이 초대교회는 예루살렘에서 일어난 핍박으로 인해 사도들을 제외한 모든 그리스도인들이 다 예루살렘을 떠나 사방으로 흩어졌다(행 8:1). 이것은 하나의 유토피아를 형성하고 싶은 마음을 산산조각 내버린 사건이었다. 자연스럽게 예루살렘과 유대와 사마리아에 흩어진 자들에 의해서 교회들이 생겨났다. 우리는 여기서 개척교회를 세우는 하나의 원리를 찾을 수 있다. 즉 한 교회가 비대해지는 것이 주님의 뜻이라고 보기 어렵다. 이것을 훗날 청교도들은 각각의 성도는 자기 목자가 있어야 한다고 말하면서 한 목자가 거느릴 수 있는 양의 숫자를 '이것이다' 라고 명시하지는 않았어도 목자가 양들을 다 알 수 있는 정도가 되어야 함을 언급하였다.[28] 그 이상이 넘으면 분립하는 정책을 선호한 것이다. 그 원리는 주님의 교회는 하나라는 보편성을 보여주는 것이라고 말하지 않을 수 없다. 물론 그 실현은 양질의 지도자들로 인해서 더욱 굳혀지는 결과를 낳았다.

이것이 개척교회를 세우고자 할 때 먼저 고려되어야 할 과제이다. 과거에는 교회라는 간판만 달아도 사람들이 모였다. 그래서 지금의 교회들을 이룬 것이 사실이다. 그러나 일반적으로 교단 소속 노회

---

27. 초대 예루살렘 교회에 대하여 자세히 알고자 하는 자는 F. F. Bruce, "The Church of Jerusalem," *Christian Brethren Research Fellowship Journal* 4 (April 1964): 5-14를 읽어보라. http://www.biblicalstudies.org.uk

28. 서창원, 『청교도 신학과 신앙』 (지평서원, 2013).

들마다 평균 미자립 교회가 40%가 넘는다고 한다.[29] 내가 아는 어느 노회의 미자립 교회들 중에는 최근에 교회를 개척한 것이 아니라 길게는 20년이 넘고 최소한 수년이 된 곳들이 대부분이다. 물론 극히 드물지만 개척해서 몇 년이 안 되어 자립할 정도로 성장하는 교회도 있다. 그러나 십수 년을 미자립 상태로 남아있다는 것은 그만큼 전도하기가 어려운 현실임을 보여준다. 이것을 목사 개인의 능력 탓이라고만 볼 수 없다.

교회의 머리이신 주님이 일꾼으로 부르셨다면 평생 식구들 끼니 걱정하고 살라고 부르신 것은 아니다. 복음을 위해서 마음껏 일하라고 부르신 것이다. 그러나 현대 교회 목회자들 중에 두 가지 일(two jobs)을 병행하고 계신 분들이 많다. 이것은 주님의 보편적 교회 개념과 근본적으로 어긋난다. 물론 목사라고 해서 다 주님이 부르신 자들이라고 말하기가 껄끄러운 분들도 더러 있다. 그런 예외적인 자들을 말하는 것이 아니라 일반적으로 주의 일꾼으로 부름을 받아 신학훈련을 받고, 일정한 기간 동안 부교역자로서 인턴 과정도 경험한 후 단독 목회를 위해 교회 개척에 나선 이들이 미자립 교회 목회자들 대부분이다. 맨땅에 헤딩하는 식의 개척은 이제 멈출 때가 되었다. 돈 있는 자들의 종교사업장이 되게 하는 것도 중단해야 한다.

주님의 보편적 교회 세우기라는 측면에서, 그리고 장로회주의 원리라는 차원에서 말한다면 개척교회가 필요한 지역에 분립개척을 강력히 추진해야 한다. 성도들도 주님의 교회를 세우는데 기여하는 일꾼

---

29. 2013년 합동측 교단의 미자립 교회 수는 약 4천 100여 교회로 38.4%로 보고하였다. 재정자립이 된다는 61%의 교회들 중에서도 겨우 절반 정도만 다른 교회를 도와줄 수 있다고 했다. 1300여 교회는 겨우 재정 자립 정도라고 한다.

이 되도록 훈련되어야 한다. 교회를 통해서 단지 필요를 얻어가려는 이기주의자들을 길러내는 것이 아니라 건강하고 은혜가 넘치는 주님의 교회를 세워가는 일에 기여하는 자들이 되어야 한다. 그것이 각각의 지체가 존재하는 이유이다. 지체가 몸을 위해서 존재하는 것이지 몸이 지체를 위해서 존재하지 않는다. 필요한 양분을 공급받아서 스스로 그리스도의 몸을 세워가는 것이다. 그렇기 때문에 스코틀랜드 장로교회는 개척교회를 세울 때에 기본적으로 한 지역 교회를 구성할 수 있는 최소 인원을 마련한다.[30] 그리고 총회가 최저 생활비를 책임진다. 그러나 한국의 '회중적 장로교회'[31] 형태로는 장로회주의 원리에 입각한 보편적 교회를 세운다는 것은 참으로 어렵다.

그러나 장로회주의는 개교회주의가 아니라 장로회주의 말 그대로 노회와 총회의 정책에 따라 움직인다. 마치 사도행전 15장에 나오는 예루살렘 총회가 안디옥 교회에서 발생한 문제에 대해 논의하고 결정하여 하달한 것과 같은 견해를 띠는 것이다. 스코틀랜드 장로교회는 최소한의 경상비를 제외하고 모든 재정이 총회에 상납되어 교단의 목회자 생활비[32], 선교정책, 교육정책, 목사 후보생들의 신학교육, 성도

---

30. 최소한 세례 교인 25명 이상을 확보한다. 이 인원은 지역 교회의 성도들의 자원과 지역 교회 목사의 권고에 따라 형성된다. 교인들은 이에 불평하기보다는 주님의 교회를 세우는 일에 참여할 수 있는 기회를 가지는 것에 대하여 크게 자부심을 가진다.

31. 장로교회라는 구조는 가지고 있지만 개교회가 모든 권한을 가지고 운영되는 교회를 말한다. 한 개교회가 선교도, 교육도 구제도 재정도 모두 관리하는 것이다.

32. 스코틀랜드 Free Church교단은 3000명 모이는 교회 목사나 30명 모이는 교회 목사의 생활비가 똑같다. 개교회의 능력에 따라 천차만별인 것이 결코 없다. 내가 아는 한 목사는 250명 모이는 목회지를 사임하고 50명 모이는 곳으로 옮겨갔다. 이유는 숫자가 많아 연구할 시간이 부족하다는 것 때문이었다. 한국적 상황에서는 도무지 이해가 되지 않지만 총회에서 받는 사례비가 다를 것이 없는데 굳이 업무가 많은 곳에 있을 이유가 없는 것이다. 목숨 걸고 목회할 필요성이 감소될 소지가 있겠지만 안정적으로 목회에 전념하게 하는 장점이 더 크다고 본다.

들의 신앙교육, 사회적 책임(구제와 봉사)등을 전적으로 관리하고 실천한다. 즉 개교회의 이름이 부각되는 것이 아니라 교단의 이름으로 그 모든 활동을 하여 교회의 머리이신 그리스도의 영광을 크게 나타내는 것이다. 어느 교회가 개척교회를 몇 개 세웠다가 아니라 교단이 몇 개의 교회를 새로 설립했는가를 보고한다. 어느 교회가 선교사 몇 명을 파송하거나 지원했느냐가 아니라 교단이 몇 명의 선교사들을 파송하고 있고 지원하는지를 보고한다. 교단의 정책에 따라서 교육과 선교사역이 통괄되고 운영 결정되는 것이다. 이것이 장로회주의 원리에 입각한 보편 교회 세우기의 한 단면이다.

목회자들은 거의 다 대형 교회를 하고 싶은 욕망이 있을 것이다. 소위 개척교회 성공 사례의 주인공이 되고 싶어 한다. 그러나 조금만 생각하면 주님이 우리를 부르실 때 교회를 성장시켜 대형 교회를 이루라고 부르시는 예가 없음을 알 수 있다. 성경에서 사도들을 파송하셨을 때 단지 복음을 전파하라고 하였다. 모든 족속으로 제자를 삼으라고 하였다. 그것은 한 교회가 다민족으로 구성된 교회가 되라거나 한 교회가 온 세상을 가슴에 품고 사역의 지경을 세계로 돌려야 함을 말하는 것이 아니다. 주님의 부름을 받은 자들이 복음을 충실하게 전파하여 구원에 차별이 없으니 모든 족속으로 그리스도인이 되게 하여 주님의 보편적 교회를 이룰 것을 뜻하는 것이다.

대형 교회를 피해야 할 또 하나의 이유가 있다면 목회자 수급과 관련되어 있다. 부산의 어느 교회는 2만여 명이 모인다. 그 교회 교역자 수는 120여 명이라고 하였다. 최근에 화려한 교회당을 지어 봉헌한 서울의 어느 교회는 4만여 명이 모인다고 하는데 교역자수는 모두 170명이라고 한다.[33] 내가 목회할 때 500명 성도를 기준으로 교역자가 최소한 8명이 필요하였다. 한 지역에 2만 여명이 모인 교회 하나 있는 것과 500명 성도의 교회 40개 있는 것 중 어느 것이 더 영향력을 발휘할지는 자명하다. 40개 교회가 있으면 320명의 교역자들이 필요한데 2만 여명의 한 교회는 120명의 교역자들이었으니 무려 200명의 실업자를 발생케 한 것이다. 후자의 교회는 500명 기준 80개 교회로 나눌 수 있다. 이에 필요한 교역자는 640명인데 4만 명 교인인 한 교회에 170명의 교역자이니 470명의 실업자가 발생하게 한 것이다. 대형 교회 목사들이 욕심을 버려야 한다. '목사 교회' 가 아닌 것이 분명하다면 주님의 보편적 교회 세우기에 앞장서야 한다. 개교회가 하고자 하는 일들을 교단이 하도록 뒷받침할 수 있어야 한다. 시냇물이 모아져 큰 바다를 이루듯이 지역에서 소금과 빛이 되는 교회들이 서로 협력할 때 사회에 끼치는 영향은 기대 이상이 될 것이다.

더구나 대형 교회의 절대 다수의 교인들이 주님의 보편적 교회를 세우는 일에 헌신하게 하기 보다는 교회를 통해서 자신들의 세속적 욕구 충족[34]을 얻기만을 바라는 이기주의자들로 만드는 것이 되고 있음을 간과해서는 안 된다. 모든 지체는 자신의 유익을 구하지 아니하고 오직 남의 유익을 구해야 하며 온전히 몸을 위한 것이어야 한다는 성경의 가르침을 전혀 구가하지 못하도록 중 대형 교회들 스스로 막고 있다. 그러므로 장로회주의의 원리에 입각한 지역 교회 세우기에

---

33. 전자의 교회는 5년 전의 이야기이기에 지금은 조금 다를 수 있으나 후자의 경우는 지난 5월에 방문하여 들은 내용이었다.

34. 나는 이런 정도의 교회를 다닌다는 과시용 욕구충족, 대형 교회에서 마련하고 있는 백화점식 프로그램을 통해서 얻어지는 지적 욕구 충족과 문화 욕구 충족, 할 수만 있으면 헌금생활에 부담을 피하고 싶은 욕구 충족, 편리성을 보장받고 싶은 욕구 충족 등이다.

헌신한다면 주님의 보편적 교회를 통한 주님 나라는 수많은 사람들의 영혼을 깃들이게 하는 산 증거를 나타낼 수 있을 것이다. 그런 의미에서 지역 장로회(노회)가 주도하고 추진하는 분립형 개척교회를 세워야 한다. 교회개척의 주체는 목사 개인이 아니라 노회여야 한다.[35] 이 방편이 교회의 본질을 회복하고 충성스러운 교인이 많아지게 하는 밑거름이 될 것이다.

4) 목회자 재교육과 현장에 맞는 선교전략과 정책을 세우라

우리 사회에는 매뉴얼 부재현상이 많다. 있어도 매뉴얼보다 개인의 판단과 경험에 의존한다. 특히 교회가 사회 보다 한참 뒤져 있는 면이 이 부분이다. 과거에는 사회가 교회를 배우고자 하였지만 이젠 두 사이의 간격은 하늘과 땅 차이만큼이나 크다. 개척교회 매뉴얼도 없지만 교단적으로 목회 매뉴얼도 없다. 일단 신학교를 졸업하면 은퇴할 때까지 본인 스스로 알아서 이곳저곳 교육 현장을 탐방하고 재교육 받는 기회를 갖는 것 외에는 공적으로 재교육을 받는 기회가 전무하

---

35. 참고로 교단별 교회 개척 정책을 요약한 2009년의 김보경 기자의 글을 다음의 주소에서 확인해 보라, http://blog.naver.com/ibs5/80094523075 또한 「목회와 신학」의 지난 4월호 특집에서 6개 한국 교회 주요 교단의 개척 정책을 조사, 분석한 내용을 참고하라. 기사에 의하면 한 해 평균 700여 교회가 개척 된다고 한다. 교단들 가운데 가장 많은 수의 교회를 개척한 교단은 대한예수교장로회 합동측이다. 합동측은 2006년 287개, 2007년 378개 교회를 개척했으며, 해마다 190여 개씩 교회 개수가 많아지고 있다고 한다. 그러나 폐쇄되는 교회들에 대한 것은 보고가 없어 알지 못하나 어느 글에 보면 한국 교회가 연평균 1300개 교회가 문을 닫는다고 한다. 심각한 현상이라고 말하지 않을 수 없다.

다. 이러한 폐단 때문에 성경적인 참된 보편적 교회관 형성보다는 파라처치 운동권의 공동체 교회관이 대세를 이루고 말았다. 그리스도의 몸이란 유기체적 통일성보다는 각각의 지체의 기능을 부각시키는 기형화된 교회들이 되었다.

장로회주의의 교회들은 이제라도 동일한 개혁주의 신학을 바탕으로 하고 있는 통일된 매뉴얼을 만들어 목회자 재교육에 힘을 기울여야 한다. 세상의 교사들도 방학 때마다 연수교육이라는 것이 있고 공무원들도 회사원들도 연수교육이 있다. 나름대로 매뉴얼을 통해서 학교교육은 학교 교육 대로 공무원은 공무원대로 직장인은 직장인대로 자기 분야에 최고의 전문가가 되게 하는 것이다. 그에 비해 목회 전문가를 기르는 매뉴얼 자체가 없다보니 목회도 제 각각이다. 목회의 대상은 인간이다. 그 인간들은 본성적으로 다르지 않다. 그러므로 목회의 철학이나 방법 역시 성경의 교훈대로 형성되어야 한다. 성경의 원리와 개혁주의 목회신학에 근거한 목회자 재교육은 보편적 교회 형성에 기여하는 큰 수단이 될 것이다.

이것은 선교지에서도 마찬가지이다. 일관된 정책이 있어서 중복되지 않고 효율적으로 선교사역을 할 수 있는 통합 시스템이 없다보니 교인들의 피땀 흘린 돈들이 줄줄이 낭비되고 있는 것이 현실이다. 정책연구원들이 있어서 전 세계 선교지 형편에 맞는 정책과 전략을 만들고 기본적인 매뉴얼에 따라 시행착오가 없이 선교 열매를 거두게 하는 일들이 되어야 할 것이다. 그러나 선교정책은 개교회주의의 과시욕 충족 때문에 만들어지지도 않고 설혹 있다고 하더라도 실행될 가능성은 없다는 것이 선교지 현장의 중론이다. 선교 선진국의 정책들과 전략들을 배우고 시시각각으로 변화되고 있는 세상의 흐름 속에서 효과적이고 효율적인 사역을 위한 머리싸움이 필요한 것이다. 각 교단의 선교회(예, 합동측 GMS)는 한 사람이라도 더 많이 파송하는 일에 우선권을 두거나 선교비를 관리하고 선교사들을 통제하는 것으로 만족할 것이 아니라 교단의 선교정책에 따라 선교사역을 추진하도록 필요한 매뉴얼을 제정해야 한다.

선교지 현장에서 선교사 개인의 역량에 맡기지 말고 구체적인 정책에 따라 서로 협력하여 대를 이은 선교활동이 되게 해야 한다. 한 선교사가 선교지를 물러나면 그 뒤를 잇는 후임 선교사가 파송되고 세워진 선교정책에 따라 지속적인 사역이 되어야 하는데 그런 일이 없기 때문에 한 텀 혹은 10년 20년 동안 일구어 놓은 모든 재정적 투자나 성과물이 일시에 다 무너지게 되는 일들이 넘쳐나는 것이다.

교회들도 단독 선교사를 파송해 놓고 담임목사가 바뀌게 되면 선교정책도 변하여 그 동안 쏟았던 모든 수고와 땀이 아무 의미 없는 것으로 전락되고 만다. 이러한 폐단을 없애기 위해서라도 교단적으로 선교 정책을 세우고 그 정책과 전략에 따라 세계 선교의 큰 열매를 거둘 수 있게 해야 한다. 선교나 목회는 당사자의 개인의 경력 쌓기가 아니다. 생명을 살리느냐 죽이느냐의 치열한 전쟁이다. 그 전쟁에 정책도 전략도 없는 싸움은 백전백패만 있을 뿐이다.

주님의 보편적 교회를 세우기 위한 신학교육 전문위원회와 선교현장경험자 위주의 선교전문 위원회가 있어야 한다. 그것이 개인의 공로세우기를 차단하고 살든지 죽든지 오직 그리스도만 존귀케 하는 교회사명을 감당하는 것이 될 것이다.

지금 대한민국은 신도시 혹은 혁신 거점 도시 개발이 넘쳐난다. 그 신도시에 교단적으로 적절한 새 교회를 개척하여 설립하는 일들이 집중적으로 이루어져야 한다. 잘 준비된 목사를 파송하여 건강한 교회를 세우도록 주도해야 한다. 목사 개인의 능력에 맡길 것이 아니라 교단적인 지원과 협력으로 교회가 든든히 세워져 교단의 발전에 기여하도록 이끌어야 한다. 지금의 관습으로는 신도시에 제대로 된 교회 세워지는 것은 매우 희박하다. 개교회의 발전과 성장에 노회나 총회가 기여하는 것은 거의 전무하다고 해도 틀리지 않는다. 남이 설립해 놓은 것 수합하여 교단 덩치 키우는 일만 하고 있는 것은 분명 옳은 길로 나아가는 것이 아니다. 센 교회가 들어오면 눈치 보기 급급해 하고 시간이 지나면 힘 있는 자의 손에 성경진리와 법조차도 무시되는 일들이 심심찮게 벌어지는 것이다.

또한 지금은 다문화시대요, 국제화 시대이다. 한해 천만인이 넘는 외국인들이 한국에 드나들고 있다. 국내 거주하며 장기간 산업인력으로 체류하는 인력도 100만 명이 넘은지 오래다. 교회 성장의 한 방편으로 영어예배가 신설되는 것이 아니라 외국인들의 영혼을 주님께로 인도하는 복음 전파와 복음 안에서의 영적 교제를 위한 준비된 인재를 활용하여 교단적으로 국제교회를 세우는 정책도 시급하게 세워 실천해야 할 것이다. 교회의 교인 감소는 현실이다. 교세확장보다는 이제 교회 생존을 위해 병합하는 일들이 흔치 않게 대두될 것이다. 그 모든 것들을 어떻게 통합하고 재배치하여 곳곳에서 복음의 광채를 찬란히 비추이게 할지를 서둘러 정해야 할 것이다.

해외 선교사수도 넘쳐난다. 그만큼 문제도 커지고 있다. 그러나 어느 교단도 정화능력을 갖추고 있는 것 같지 않다. 상당수가 특정지역에 몰려있다. 교단의 선교정책에 의한 재배치가 시급한 이유이다. 한편 국내에 들어와 있는 외국인들을 대상으로 하는 선교사역도 개발되어야 한다. 개교회에 맡기지 말고 치밀한 정책을 세워 전문가들을 배치하고 일하도록 이끄는 작업이 필요하다. 각 지역의 선교훈련과정에서 국내 선교 문제를 다루는 작업이 이루어져야 한다. 정책이라는 거창한 말을 사용하지 않아도 된다. 나그네를 그리스도의 사랑으로 대접하고 정착하는데 필요한 도움을 약간만 주어도 그들은 감동할 것이다. 주변에 산재해 있는 고통 중에 있는 나그네들을 돌보는 일에 헌신하는 일꾼들이 필요하다.

젊은이들을 대량으로 접촉할 수 있는 군선교도 관심을 기울여야 한다. 군 병영에서 벌어지는 가혹한 현실을 극복할 수 있는 한 가지 대안은 군목과 군종 사병에 대한 범 교단적 차원의 지원과 대책이 필요하다. 군목이 없는 군부대 내의 교회들도 상당히 많다. 교단적으로 남아돌아가는 사역자들을 군부대에 파송하여 군인들을 돌보고 살피는 민간인 군 교회 목사들로 사역에 임하도록 방안을 속히 마련하고 실천해야 한다. 이는 군복음화를 위한 좋은 방안이 될 수 있다. 이 일은 젊은이들이 교회를 등지고 있는 상황에서 젊은이들을 되찾아올 방안이기도 하다.

나가는 말

모든 고백이 마찬가지지만 "거룩한 공교회를 믿는다"(Credo catholicam ecclesiam)는 조항도 고백으로 머물러서는 안 된다. 이를 실현할 수 있는 최상의 장치는 장로회주의이다. 각각의 지역 교회의 특성을 인정하면서도 그리스도의 수장권을 중심으로 그리스도의 계명에 따라 장로회를 중심으로 운영되는 장로회주의야말로 지상에 주님의 보편적인 교회를 편만케 하는 최고의 방편임을 확신한다. 물론 완전한 것은 없다. 그러나 선진들이 남겨준 그 원리에 따라 성령 안에서 동일한 진리와 함께 서로 하나 되게 한 것을 힘써 지키는 정치가 장로회주의이다. 그 원리에 입각하여 주님의 보편 교회를 세워가야 한다.

개혁교회 전통은 하나의 보편적 교회관을 구축하고 있다. 그렇기 때문에 교황권이나 교회의 전통에 근거한 보편적 교회를 주장하는 로마교회와의 통일성을 추구하는 최근의 모든 개신교회의 연합운동(일명 에큐메니칼 운동)[36]은 성경의 가르침과 종교개혁의 소중한 유산들을 수용하겠다는 열린 마음으로 하는 것이 아니다. 도리어 그 모든 것들을 포기하게 하고 가톨릭교회 혹은 교황교회로의 통합과 귀정(歸正)을 의미하는 것이다. 마치 개신교회 내에서 자유주의 신학과 신앙을 주장하는 자들과의 연합 논의에서 개혁주의 신학으로의 변형이나 수용은 하나도 이루어진 것이 없고 하나같이 자유주의 진영으로 흡수되는 일들을 경험하는 것과 같다.

진리의 기둥과 터인 참 교회의 하나 됨을 위한 교회들 간의 연합은 필요하다. 하나의 성경, 하나의 찬송가를 사용한다고 해서 교회의 보편성이나 연합이 성사되는 것이 아니다. 기록된 성경 진리 안에서만 참된 연합과 하나 됨이 그 힘을 발휘하는 것이다.

또한 한국 교회는 특히 장로교회는 교인 수만 자랑할 것이 아니라 이에 걸맞은 전문 인력을 양성하고 배치하며 활용하는 종합적인 마스

---

36. 서창원, "개신교와 가톨릭 하나 될 수 있는가?," www.reformednews.co.kr 2014년 8월 5일자.

터 플랜을 속히 마련해야 한다. 제자화 훈련을 했다는 것 자체가 목적이 아니듯이 선교훈련 과정을 마쳤다, 혹은 해마다 몇 개의 개척교회를 세웠다가 목적이 아니다. 각각의 지교회들이 주님의 몸인 보편적 교회로 든든히 세워져가도록 힘을 다해야 한다. 그리스도의 장성한 분량에 이르기까지 성장하는 것이다.

지성과 경건의 능력이 갖추어진 지도자들에 의해서 목양되는 '신자들의 어머니'(Mater Fidelium)인 교회만큼 그리스도를 닮게 하는 양육과 섬김의 최적지는 없다. 신학교는 그러한 지도자 양성을 위한 기본기 다지기에 혼신의 힘을 기울여야 한다. 그리고 교회의 일꾼으로 섬기는 지도자들은 기록된 말씀 밖으로 넘어가지 아니하고 오직 성경의 교훈에 따라 그리고 개혁교회의 보편적 신앙고백위에 보편적 교회 세우는 일에 온몸을 던져야 한다. 그러한 지도력이 있는 건강한 교회가 건강한 신자들을 낳을 것이다. 온몸에 붙어 있는 지체들이 서로 경쟁관계가 아니듯이 서로 상합하고 연결되어 그리스도의 몸을 온전히 세워가며 하나님의 영이 거하시는 성전으로 함께 지어져 가야한다.

성경의 최종 권위를 앞세우고 그리스도의 이름을 높이 치켜세우며 겸손과 사랑의 섬김으로 하나님의 영광이 가득 넘치는 교회여야 한다. 개혁신학은 존재하되 개혁교회를 찾기가 쉽지 않은 이때에 같은 신학적 원리 위에 같은 신앙을 고백하는 장로회주의에 근거한 성경적인 주님의 보편적 교회가 온전히 세워지기를 갈망한다. 장로회주의 정치 체제 안에서 동일한 신앙고백과 동일한 찬송과 성경적인 동일한 공예배 형태를 통한 하나된 교회의 보편성 회복을 꿈꾼다.

참고문헌

1. 서창원. 『장로교회의 역사와 신앙』. (진리의 깃발사 2012).
2. 서창원. 『개혁교회는 무엇을 믿는가?』. (진리의 깃발사, 2014).
3. 서창원. 『청교도 신학과 신앙』. (지평서원, 2013).
4. 서창원. "개신교와 가톨릭 하나 될 수 있는가?" www.reformednews.co.kr 2014년 8월 (소논문)
5. 서창원. "로마교회에 대한 개혁교회의 이해." 「진리의 깃발」. 통권 128호 (2014) (소논문)
6. 헤르만 바빙크. 『개혁교의학 1』. 박태현 역 (부흥과 개혁사, 2013).
7. Bruce, F. F. "The Church of Jerusalem." *Christian Brethren Research Fellowship Journal* 4 (April 1964).
8. Cameron, James K. *The First Book of Discipline*. (Edinburgh: The Saint Andrew Press, 1972).
9. Kirk, James. *The Second Book of Discipline*. (Edinburgh: The Saint Andrew Press, 1980).
10. Rogers, Jack. *Presbyterian Creeds*. (Westminster John Knox Press, 1985).

Crisis of the Church
The Bible is the Key

8장

교회의 머리이신 그리스도 I

그는 몸인 교회의 머리라 그가 근본이요 죽은 자들 가운데서 먼저 나신 자니 이는 친히 만물의 으뜸이 되려 하심이요 아버지께서는 모든 충만으로 예수 안에 거하게 하시고 그의 십자가의 피로 화평을 이루사 만물 곧 땅에 있는 것이나 하늘에 있는 것들을 그로 말미암아 자기와 화목케 되기를 기뻐하심이라

(골 1:18-20)

교회를 설명할 때 성경의 가르침은 두 유형을 말씀한다. 이른바 무형교회와 유형교회, 혹은 천상교회와 지상교회를 말한다. 웨스트민스터 신앙고백서가 말하고 있듯이(25장) 무형교회는 말 그대로 불가견적 교회로서 보편적이고 우주적인 교회를 말한다. 이 교회의 특징은 '교회

의 머리되신 그리스도를 중심으로 이전에도 모였고 현재에도 모이며 앞으로도 모일 택함 받은 모든 사람들로 구성된다.' 이 교회는 구속함을 받지 못한 자는 결코 들어올 수 없는 거룩한 공동체이다(사 35:9).

가견적인 교회 혹은 유형교회는 보이는 교회로서 무형교회와 같이 보편적이고 우주적이다. 그러나 보편적이고 우주적이라는 의미는 어느 특정한 지역이나 사람에 한정된 것이 아니라 전 세계에 흩어져 있는 모든 족속들이 포함된다는 측면에서 그러하다. 이 교회 역시 그리스도를 고백하는 자들의 모임이다. "이 교회는 그리스도의 왕국이며 하나님의 집이요 가족이다."

그러나 무형교회이든 유형교회이든 공통분모는 그리스도가 그 중심에 있다. 천상에 있는 성도들이든 지상에 있는 성도들이든 다 예수 그리스도를 고백하는 자들 그 이상도 그 이하도 아니다. 그리스도 없는 성도는 불가능하다. 그리스도를 구주로 고백하는 자들이 알아야 할 것은 그리스도가 몸이요, 성도 개개인은 그 몸에 붙어 있는 지체라는 사실이다. 그런데 온 몸이 머리이신 그리스도를 중심으로 움직여야 하듯이 성도들 역시 그리스도를 따르며 그리스도에게 붙어있는 자라야 한다. 이점을 우리가 눈여겨보며 은혜를 나누고자 한다.

교회의 머리되신 그리스도

"그리스도가 교회의 머리이다." 이 문구의 의미는 몸에 붙어 있는 머리로 이해할 수 있지만 단체의 가장 우두머리 어른 혹은 지배자 또는 통치자라는 의미가 있다. 골로새서의 말씀에서 "만물의 으뜸이 되려 하심이요"라는 표현에서 그 사실을 엿볼 수 있다. 이 말씀을 오해하지 말아야 할 것은 죽은 자 가운데서 다시 살아나심으로 비로소 으뜸이 되었다, 혹은 우두머리가 되었다는 말이 아니다. 그리스도는 본래 하나님이시기 때문에 언제나 머리이시다. 그러나 그가 죽은 자 가운데서 부활하시어 부활의 첫 열매가 되어주심으로 그를 믿어 다시 사는 축복을 누리는 모든 성도들이 다 그를 따라야 할 자들임을 나타내는 말씀이다. 다시 말하면 명령하는 자, 주장하는 자, 앞서는 자, 다스리는 자라는 의미의 머리를 말하는 것이다.

교회는 그리스도의 가르침을 따라야 할 자이지 그리스도를 좌지우지할 존재가 아니다. 교회는 각 지체들의 의견을 반영하여 모든 문제를 결정하는 단체가 아니다. 회사나 단체의 수장이라고 해서 맘대로 할 수 있는 것은 아니다. 다 직원들의 이야기들을 듣고 사람들의 생각이 무엇인지를 반영해서 결단을 내린다. 물론 때로는 독단적으로 결단해야 할 때도 있겠지만 대체로 서로 소통의 관계를 통해서 단체를 이끈다. 교회는 어떠한가? 목사 혼자서 단독적으로 일하지 말라고 교회에 장로들이 있고 각종 모임이 있다. 그러나 교회는 목사의 생각이나 성도들이 생각을 내세워서 그 생각대로 밀고 갈 수 있는 모임이 아니다. 교회의 머리가 그리스도이기 때문이다. 성도는 항상 온 몸이 그리스도에게서 도움을 입어 각 마디마디마다 제 역할을 수행할 수 있게 된다. 각 마디가 머리이신 그리스도의 도움을 입는 것이다.

온 신체의 움직임이 머리의 명령을 받아야 하듯이 성도들은 그리스도의 명령을 수행하는 자들이지 그리스도에게 명령을 하는 자들이 아니다. 각 지체들은 그리스도의 몸을 세워가는 것이기 때문이다. 각 지체의 왕국을 세워가는 것이 아니다. 모든 지체들은 다 몸을 위하여 존재한다. 온 만물이 "다 그 발아래 복종케 하시고 만물 위에 그를 교회의 머리로 주신 것"이라고 에베소서 1:22-23은 말씀하고 있다. 다시 말하면 그리스도는 만물 위에 서 있는 으뜸이요, 또한 교회의 머리라는 것이다. 고로 교회의 머리는 교회의 통치자라는 뜻이다.

교회는 국민의, 국민에 의한, 국민을 위한 민주정치가 형성되는 곳이 아니다. 교회는 신정정치를 띠고 있다. 그리스도에게 복종하는 것 외에 다른 무엇을 요구하지 않는다. 사람들은 그것은 절대왕정 정치와 뭐가 다르냐고 말할 수 있다. 그러나 죄악으로 가득한 인간들에 의한 왕정 정치가 아니라 지극히 선하시고 의로우시며 거기에 어떤 흠도 모자람도 없는 완전하신 하나님의 다스림이다. 그렇다고 해서 우리를 로봇처럼 만들어 굴종만을 강요하는 억압적인 통치가 아니라 우리로 하여금 깊은 사랑으로 순종하며 자발적으로 온 몸을 다 드리는 순종을 자아내게 하는 다스림이다.

주님은 우리를 사랑하되 자신의 목숨을 우리를 위해 내어주시고 죽은 자 가운데서 다시 살아나심으로써 우리를 속박하고 있는 모든 죄와 사망의 권세에서 해방시켜주신 분이시다. 이 주님을 나의 구주요, 나의 왕이시요, 나의 하나님으로 고백하는 자들의 모임이 교회이다. 그렇기 때문에 그의 다스림에 들어가는 것이 인간으로서 누리는 최고의 영예요, 특권임을 인정하고 그에 대해서 어떤 후회나 실망이 전혀 나타나지 않는 통치를 받는다.

오늘날 교회가 직면하고 있는 심각한 문제는 그리스도에게 자발적으로 순종하는 헌신이 점점 결여되어 가는 것이다. 각각의 지체가 왕노릇 하고자 덤비고 있다. 그에게까지 자라라고 한 성경 말씀을 잘못

이해하여 손이 머리가 되도록 하고 발도 머리가 되도록 하고 눈과 코와 귀도 다 머리가 되라고 착각하여 스스로 교회에서 영향력 있는 존재로 부각시키고자 애쓰고 있다. 그런 자들 때문에 교회에는 그리스도가 설 자리가 없는 인간의 소리들만 난무하고 있다. 서로들 주인이 된다고 하면 우리말처럼 '사공이 많아 결국 배가 산으로' 가게 되는 엄청난 고통을 받게 된다.

왕이신 그리스도

그리스도가 왕이시다. 그는 왕으로서 법을 제정하시고 사람을 임명하시고 통치하시는 분이시다. 그것이 교회의 머리라는 의미이다. 왕은 법을 제정할 뿐 아니라 거역하는 자들을 징계하시고 일꾼들을 세우시기도 하며 폐하시기도 한다. 여기에 이의를 달자가 없다. 오직 순종만 요구된다. 그러나 억지로 마지못해서 하는 순종은 하나도 없다. 그에게 붙어 있는 지체들의 모든 고백은 다 "찬송과 존귀와 영광이 어린양께 있도다"라고 외치는 것뿐이다.

그러나 세상에 있는 보이는 교회, 유형교회에서 스스로를 교회의 머리로 간주하는 자들이 있다. 그들은 로마가톨릭교회의 교황이다. 또한 영국의 성공회와 같이 국왕이 교회의 머리로 앉아 있기도 하다. 교황이나 국왕이 교회의 머리가 되어 교회의 문제를 결정하면 그것이 곧 국법이 되어 준행하게 된다. 이것은 국가 만능주의 정치 제도를 의미한다. 교회 성도들의 잘못을 교회 자체적으로 권징하도록 내버려두지 않고 국가가 국법에 의해 처벌한다. 이처럼 국가가 교회의 행정이나 통치에 직접 관여하게 되는 사례들이 존재해 왔다.

그러나 그들의 주장과 행태가 잘못이라는 것을 명확하게 밝힌 것이 종교개혁자들이었다. 천상 교회에서만이 아니라 지상에 있는 보이는 교회의 수장 역시 그리스도이다. 불가견적 교회의 여러 가지 본질이나 영광의 특성들이 눈에 보이는 형식으로 나타나진다면 보이지 아니하는 교회의 머리이신 그리스도께서도 보이는 교회의 머리로서 나타나야만 한다. 이것이 개혁주의 신학의 한 중요한 요점이다. 장로교도들이 목숨 걸고 싸웠던 이유 중 하나였다. 그리스도의 머리되심을 굳건히 지키고자 했던 것이다.

그리스도만이 보이는 교회의 수장이지 왕이나 국가 혹은 교황이 통치자가 아니다. 그런데 문제는 사람들이, 아니 기독교인들이 그리스도의 주 되심을 실제 생활에서 부정하는 것이다. 실제 교회 생활가운데서 예수께서 교회의 머리되심이 나타나지 아니하고 사람들의 생각과 의지가 더 앞서게 되기 때문에 그리스도의 말씀은 항상 뒷전으로 밀려난다. 이것이 사회생활에서도 그대로 반영되어 그리스도의 진리가 통하는 사회 건설을 결코 꿈꾸지 아니하고 세상의 흐름과 유행에 민감하게 움직이는 일들이 많은 이유다.

교회의 머리가 그리스도인가? 당회가 그리스도의 다스림을 받고 있는가? 우리의 예배가 그리스도의 다스림을 받고 있는가? 기분 내키는 대로 성경 읽고 기도하고 찬송하고 예배하는 식이 되는가? 아니면 내 기분이 어떠하든, 내 생각이 어떠하든 철저하게 그리스도의 다스림에 복종하고자 기꺼이 머리를 조아리는가? 그리스도께서 교회를 어떻게 다스리고 있는가? 두세 사람이 주의 이름으로 모인 곳에 그곳에 주님이 함께 하신다고 해서 하늘 보좌 우편에 자리를 비우시고 오신다는 의미가 아니다. 그는 무한한 권능을 가지시고 신성으로써 통치를 하시는데 특별히 그가 승천하시면서 교회에 남겨주신 선물, 즉 말씀의 종들을 통해서 다스리신다.

그들을 세울 때 교회가 투표를 하기도 하고 때론 임명도 하지만 그 자체가 절대적인 것은 아니다. 하나님이 세우시면 투표하지 않고도 얼마든지 교회의 일꾼이 될 수 있다. 다만 우리가 투표라는 방식을 사용할지라도 그것이 주님이 사용하신다는 증거가 있어야 한다. 모세나 사도 바울이 투표로 교회 일꾼이 된 것이 아니고 그들 위에 임하신 성령의 역사로 말미암아 교회의 일꾼인 것을 하나님이 증명하셨듯이 오늘날에도 교회가 인정했지만 하나님이 인정치 않을 경우도 있을 수 있기 때문에 늘 교회는 영적 분별력을 가지고 있어야 한다. 말씀의 역사하심이 나타나야 하고 그 말씀에 적극적으로 순종하며 교회의 머리 되신 그리스도의 이름이 존귀케 되도록 겸손히 엎드리는 자들이어야 한다. 일꾼이라고 하면서 그리스도는 가리어 버리고 자신의 목소리만 크게 내세우는 것은 누구라도 목사라고 말할 수 없고 장로라고도 말할 수 없다.

참 사랑의 증거, 자기희생

오늘 본문에서 그 증거를 찾을 때 교회의 사명과 깊은 연관이 있는 것이지만 그리스도와 화목하게 하는 열매를 말할 수 있다. 그런데 그 방편은 자신의 피 즉 그리스도께서 십자가상에서 흘리신 피다. 이것은 교회의 일꾼들이 누구든지 자기희생을 통해서 교회의 화평을 세우고 더 나아가 살아계신 하나님과 화목케 하는 열매들이 있어야 한다는 것이다. 자기희생이 없는 섬김은 그리스도의 통치를 받는 것이라고 말하기 어렵다. 그리스도의 다스림의 가장 큰 바탕은 자기희생이다. 그것이 참 사랑이다. 사랑 가운데서 진리를 말해야 하는 이유다.

교회는 희생하려는 자들보다 얻으려는 자들이 많을 때 믿음의 공동체가 아닌 하나의 종교집단으로 전락한다. 그리스도를 머리로 하는 신앙공동체의 아름다움은 결코 드러나지 않는다. 그러나 그리스도의 십자가 사랑이 뭔지를 아는 자들은 자기희생의 본을 보인다. 아마도 이런 모습은 예수님이 오른편 양들과 왼편 염소들을 구분하시고 심판하시는 과정에서 찾아질 수 있을 것이다.

예수님이 세상에 계실 때 사방에 다니시면서 도움이 필요한 자들을 도와주셨다. 병든 자들을 고쳐주고 갇힌 자들을 해방시키시며 심지어 죽은 자들까지도 살려주셨다. 굶주린 자들에게 떡을 주셨다. 그러나 지금 하늘에 계신 예수님이 모든 권능을 가지시고 날마다 땅에 있는 우리들을 접촉하실 때 어떤 방식으로 하시겠는가? 인간들이 인식할 수 있는 방안이 무엇이겠는가? 그것은 인간이라는 매체를 통해서이다. 곧 그리스도를 대신하여 그리스도의 일을 하는 그리스도의 종들이 필요한 것이다.

그리스도께서 교회의 머리이심을 굳게 믿는 자, 그의 다스림 속에 있다고 확신하는 종들은 그의 통치에 필요한 모든 일들을 생각하지 않을 수 없고 그 중에 자신들이 할 수 있는 일들을 기꺼이 감당하고자 나선다. 즉 예수께서 손을 내미셔야 할 자리에 가서 손을 내밀고 예수께서 가시고자 하는 곳에 기꺼이 가는 것이다. 그 내용을 마태복음 25장에서 본다.

주린 자들에게 먹을 것 주고 목마른 자들에게 마실 물을 주고 병든 자들을 찾아가 주고 나그네 되었을 때에 대접해 주는 자기희생적 사랑 실천이 곧 그리스도께서 우리의 지도자요, 통치자요, 지배자임을 인정하는 행위이다. 그런 자들이 복 받을 자들로 창세 전에 예비 된 나라를 상속받는 자들이다. 물론 그들은 그 사실들을 전혀 알지 못했다. 그래서 "우리가 언제 그렇게 했습니까?"라고 반문하였다.

그때 주님은 이 세상에서 지극히 작은 소자 하나에게, 곧 세상에서 가장 이름 없고 보잘 것 없는 존재로 취급받는 자들에게 다가가서 손을 내미는 그 자체가 곧 주님에게 한 것임을 말씀하셨다. 거꾸로 왼편 염소들에게는 저주를 받은 자들이라고 말씀하시면서 지극히 작은 소자 하나에게 하지 않은 것이 곧 그리스도에게 하지 않은 것이라고 충격적인 선언을 하셨다. 그들의 최후는 마귀와 그의 졸개들을 위하여 예비 된 영영한 불 못에 빠지는 것이었다.

참으로 당혹스러운 것은 양과 염소는 외관상 그리 잘 구별이 안 되는 동물들이라는 점이다. 양과 비슷한 모양을 지녔으나 실상은 염소였다. 그들은 자신들에게 유리한 사람들을 찾아 대접하였고 돌아보았다. 그들의 선행을 과시할 수 있는 것들에 사랑을 쏟는다고 노력했다. 그러나 정작 주님이 원하시는 것과는 거리가 멀었다. 자기희생이 전혀 수반되지 않았다.

삶으로 실천하라

희생은 자기 자신의 유익을 위해서가 아니라 도움을 필요로 하는 자들을 위해서 실천되는 덕목이다. 주님이 철저히 자기를 비어 종의 형체를 가지고 오셔서 십자가에 죽기까지 순종하신 것은 죄와 허물로 죽은 인생들을 구원하시고자 한 것이었다.

가치 있는 존재들을 위한 것이 아니었다. 무가치하고 허약하여 스스로 생명을 부지할 수조차 없는 존재들을 위한 것이었다. 더구나 하나님과 원수 된 자들을 위하여 기꺼이 자신의 목숨을 내던지셨다. 이것을 실행하는 자들을 통해서 그리스도께서는 자신이 지금 온 우주적 통치자임을 나타내신다. 한마디로 이 세상에 사는 성도들은 그리스도의 그릇 노릇을 해야 하는 것이다. 김홍전 박사는 이렇게 설명하였다.

> 주님이 손을 내미실 만한 곳에 가서 손을 내밀어야 한다. 그가 가시는 곳에 가야 한다. 만일 그가 육신으로 계셨더라면 하실 듯한 것을 대신 할 수 있는 위치에 내가 서 있어야 하는 것이다 그런 일을 나 혼자서 다 하는 것이 아니다. 각각 자기가 받은 은사대로 부분 부분을 맡아서 하는 것이다. 이것이 그리스도의 지체라는 의미이다.[1]

그렇다. 이 시대에 기독교가 수많은 안티세력들의 공격을 받고 있

---

1. 김홍전, 『교회에 대하여 1』 (성약출판사, 2000), 188.

는 가장 큰 이유는 성도 한 사람 한 사람이 그리스도의 일꾼 노릇을 못하고 있기 때문이다. 그리스도의 다스림보다 세상의 유행과 풍습에 너무나도 익숙히 젖어 살고 있다. 그리스도 안에 사는 새로운 피조물이라고 말로만 외칠 것이 아니다. 그에 수반되는 삶을 살아야 한다. 그것은 머리되신 그리스도의 다스림을 몸소 삶을 통해서 나타내는 것이다. 자기 피로 우리를 깨끗케 하여 하나님 보좌 앞에 거룩하고 흠없고 책망할 것이 없는 자로 세워주신 것처럼 우리의 희생적 사랑 실천을 통해서 한 영혼이라도 그리스도의 다스림 속에 들어오는 새 역사들을 이루어 가야 한다. 세상 사람들이 우리를 보고 그리스도의 제자임을 알게 해야 한다.

교인들끼리 서로 치고 박고 싸우는 짓은 짐승만도 못한 짓이다. 그리스도 안에 있는 형제들을 향해 쌍욕하고 개 패듯이 언어폭력을 일삼는 자는 그리스도의 영의 지배를 받는 자들이 아니다. 날마다 살인죄를 짓고 있으면서도 자신들의 의를 가장하는 가장 파렴치한 자들이다. 그리스도의 이름으로 상대방을 조롱하고 비방하고 헐뜯으면서 그리스도로부터 어떤 복을 받기를 기대할 수 있겠는가? 악한 영의 지배를 받지 아니하고 오직 화목케 하는 직책을 수행하도록 인도하시는 성령의 인도하심을 받아 성령의 열매들을 풍성하게 맺는 자들이어야 한다. 좋은 나무는 그 열매를 보고 안다. 그리스도의 머리되심을 인정하는 자들이 모인 곳이 참 교회이다.

입에서 나오는 소리에는 속임과 독사의 독이 가득하면서 하나님의 자녀라고 말하는 것만큼 큰 사기가 어디에 있겠는가? 한 입으로 찬송과 저주가 발산되는 것이 가당한 일인가? 야고보 사도는 이것이 그리스도인들에게 마땅치 않은 것이라고 하였다. 왜냐하면 샘이 한 구멍으로 단물과 쓴 물을 동시에 내지 못하기 때문이다(약 3:10-11). 그렇다. 우리가 누군가를 미워해도 맘에 평안이 없는데 하물며 욕하고 다투고 비방하는 일은 아무리 옳다고 떠들어도 주님의 영의 인도함을 받는 일이 아니다. 그리스도의 머리되심을 부정하고 자신이 스스로 왕이라고 떠드는 것과 다르지 않다. 판단은 머리이신 주님이 할 일이다. 지체에 불과한 자들이 할 수 있는 일이 아니다.

그리스도는 만물의 으뜸이다. 그는 우리의 대장이시다. 그가 명령하시고 우리는 순종한다. 그를 왕으로 모시고 사는 성도들은 언제나 그리스도 중심으로 움직여야 한다. 그의 몸을 온전히 세워가는 일에 충성할 뿐이다. 각각 자기가 맡은 일을 할 뿐 아니라 강한 자는 연약한 자의 약점을 감당해야 한다. 그때 원칙은 언제나 사랑 가운데서 수고해야 한다는 점이다. 자기희생적 사랑이 바탕이 될 때 지체들끼리의 화평이 성립된다.

서로 하나 되게 하신 것을 힘써 지키는 일은 사랑이 동력이 될 때 가능하다. 사랑이 없으면 아무리 천사의 말을 할지라도 그리고 산을 옮길만한 믿음이 있을지라도 소리 나는 구리와 울리는 꽹과리일뿐 아무것도 아니다. 주님이 손 내미실 만한 곳에 내 손을 내밀고 주님이 가실만한 곳에 내가 가고 주님이 하실만한 일을 내가 감당함으로서 내가 그리스도를 대장으로 모시고 있는 그리스도인임을 입증하며 사는 성도들이 되기를 소망한다.

9장

교회의 머리이신 그리스도 Ⅱ

허다한 무리가 함께 갈쌔 예수께서 돌이키사 이르시되 무릇 내게 오는 자가 자기 부모와 처자와 형제와 자매와 및 자기 목숨까지 미워하지 아니하면 능히 나의 제자가 되지 못하고 누구든지 자기 십자가를 지고 나를 좇지 않는 자도 능히 나의 제자가 되지 못하리라, 이와 같이 너희 중에 누구든지 자기의 모든 소유를 버리지 아니하면 능히 내 제자가 되지 못하리라

(눅 14:26-27, 33)

교회의 머리가 그리스도라는 가르침은 마치 영국의 여왕처럼 상징적인 존재로서 단순히 한 단체의 지도자라는 말이 아니다. 그는 그를 따르는 자들에게 명령하고 법을 세우고 가르치며 순종을 요구하는 절

대적 주권을 지닌 왕임을 말한다. 따라서 교회의 머리가 예수 그리스도요 성도 개개인은 그 교회에 속한 지체라고 함은 머리이신 그리스도로부터 필요한 모든 것을 공급받아서 그리스도께서 명하는 모든 것을 기꺼이 순종하여 받드는 것을 의미한다. 그것이 되지 아니하고 마치 자기주장을 내세우고 장기 자랑하듯 자신을 뽐내거나 과시하고자 하는 것은 주님을 따르는 사람으로서 자격미달이 된다.

그런 의미에서 본 장에서는 우리가 주님을 지도자로, 왕으로 모시고 산다는 의미로 생각하고자 한다. 다른 말로 하면 주님을 따른다고 할 때 그것이 무엇을 의미하는지를 확실하게 우리 마음에 새기지 않으면 교회다운 교회를 세워가는 것은 물론이거니와 성도로서의 자질까지도 우리는 인정받을 수 있는 것이 아니다. 따라서 예수님이 친히 제자들을 부르실 때 하신 말씀 가운데서 주님을 따른다는 것이 무엇을 의미하는지 살펴보지 않을 수 없다.

예수님을 따른다는 것

우리가 예수님을 따른다는 것은 일반적으로 한 지도자를 따라다님 그 이상을 의미한다. 예수님 당시에 예수님을 따름은 예수님이 가시는 곳에 함께 가고, 머무시는 곳에 함께 머물며, 예수님과 함께 생활하는 것을 의미했다. 물론 그것도 그리 쉬운 일은 아니었다. 당장 생활하던 삶의 터전을 떠나야했고 부모와 친척 가족들과 헤어짐의 아픔도 경험해야 했다. 그리고 이곳저곳을 정처 없이 떠돌아다녔다. 물론 그들 중에는 예수님으로 인해 뭔가 정치적인 욕구 충족이라든지 종교적인 만족도를 구하고자 함께한 사람들도 없지 않아 있었다. 또한 그들 중에는 떡을 먹고 배부른 까닭에 주님을 따라나선 자들도 헤아릴 수가 없을 만큼 많았다. 누가복음 14장의 말씀에서도 허다한 무리가 예수를 따라 함께 가고 있음을 볼 수 있다. 그런 무리들을 보고 대체로 종교지도자들은 무슨 생각을 하겠는가?

그들이 진정한 그리스도인이냐 아니냐에 관심을 두기보다는 그저 교회당에 나오는 교인으로서 대단히 만족스럽게 여길 것이다. 나를 따라 나오는 자들이 이렇게 많다니, 주일마다 새로 들어오는 교인들이 이렇게 많아지고 있다니 마치 자신이 대단한 사람인 것처럼 으스댈 수 있을 것이다. 학문하는 사람이라면 자신이 학문이 이처럼 많은 사람들에게 먹혀들고 있고 추종하는 자들이 저토록 많다니 과연 성공했구나 하고 큰 자부심에 빠지게 될 것이다. 그래서 그들의 귀에 만족스러운 말들을 한다든지 그들의 보기에 때로 가식적인 것일 수도 있는 위선적인 행동을 해서 자신의 권위를 세우기 위한 방도를 적당하게 구사할 것이다. 가능하다면 신비적인 모습을 드러내 보이기 위한 허풍이나 허세를 떠는 일도 사람들이 전혀 눈치 채지 못하게 벌이며 자신의 신격화를 만들어 갈지도 모른다.

종교적 교주들이 그런 형태를 조성하며 자신의 추종세력을 늘려간다. 그러나 예수님은 자신이 행하는 모든 일에 허세를 떨 필요도 없고 뭔가를 조작하여 사람들로 하여금 자신이 예사 사람이 아니라 하늘로부터 온 신임을 믿게 해야 할 어떤 필요도 없으신 분이셨다. 그가 병자를 고치시고 오병이어의 기적을 일으키고 심지어 죽은 자를 살리신 일은 어느 광신자들이 날뛰며 나팔을 불어대고 포장한 전설이 아니었다. 그는 실제 하나님으로서 능히 바람과 바다도 잔잔케 하셨고 죽은 자도 살리셨다. 그렇기 때문에 예수를 따라 다니는 군중들이 날로 그 수를 더해가는 것은 당연한 일이었다. 사람들의 인기에 힘입어서 나귀타고 입성해야 할 처지에서 천리마 타고 입성하고자 한 것이 아니었다. 그런 예수님이 오늘 본문에서 그렇게 많이 따라오는 무리들을 향하여 던지신 말씀이 무엇인가?

하나는 미워하라는 것이요, 또 하나는 십자가를 지라는 것이요, 또 하나는 버리라는 것이다. 나는 이것이 참된 교회를 세우겠다고 나선 자들이나 정말로 그리스도인으로서 살아가겠다고 하는 자들이 깊이 생각하고 결정해야 할 부분이라고 본다. 그리스도가 나의 왕이심을 믿는다면 그렇다면 지금 예수께서 본문에서 군중들에게, 그것도 주님을 따르겠다고 지금 총총걸음으로 예수님 뒤를 따르고 있는 자들에게 마치 찬물을 끼얹은 듯하신 말씀이 무엇을 의미하는가? 교회를 세운다는 것은 진실로 주님을 따른다는 뜻이다.

그런데 주님을 따른다는 것이 내게 무슨 의미가 있는지를 먼저 확정하지 못하면 우리의 신앙생활은 하나의 종교적인 행위에 불과하다. 예수님 당시 바리새인들과 서기관들과 다름이 없다. 오늘날에도 바리새인들과 서기관들은 여전히 존재한다. 하나님의 율법을 꼬장꼬장 지키며 자신들의 의로움과 깨끗함을 내세우는 자들, 율법에 익숙하고 정통한 학자들 그러면서 머리이신 그리스도가 누려야 할 모든 영광을 가로채며 예수님의 자리에 앉아서 섬기는 것보다 섬김을 받는 것에 더 익숙해진 종교지도자들은 시대를 불문하고 존재한다.

그런 의미에서 주님을 따른다고 말하는 내 자신부터 오늘 본문이 주는 교훈을 잘 적용하지 않으면 나를 포함한 우리 모두에게 커다란

해만 될 뿐이다.

과연 우리는 미워하는가? 사실 성경은 형제를 미워하는 자는 살인하는 자라고 하였다(요일 3:15). 형제를 사랑하지 아니하는 자는 하나님께 속한 자가 아니다. 그런데 지금 예수님은 자기 부모와 형제와 처자와 자매까지 심지어 자기 자신까지도 미워하지 아니하면 능히 내 제자가 되지 못한다고 하셨다.

이것처럼 모순이 어디 있단 말인가? 한쪽에서는 미워하라고 하고 다른 쪽에서 미워하는 것은 살인죄를 짓는 것이라고 가르치는데 도대체 뭐를 따르라는 말인가? 미워하라는 말인가? 사랑하라는 말인가? 당연히 사랑하라는 말이다. 부모를 공경해야 한다. 아내와 자녀들을 사랑해야 한다. 형제들을 사랑해야 한다. 그것이 사람으로서 사는 도리이다. 그렇다면 지금 주님이 말씀하신 것은 무엇을 의미하는가? 본문의 가르침을 다루고 있는 마태복음을 보자.

> 아비나 어미를 나보다 더 사랑하는 자는 내게 합당치 아니하고 아들이나 딸을 나보다 더 사랑하는 자도 내게 합당치 아니하고 또 자기 십자가를 지고 나를 좇지 않는 자도 내게 합당치 아니하니라 (마 10:37-38)

이 말씀과 비교하여 살펴보면 절대적 의미로서 미워하라는 말이 아닌 상대적인 의미로 사용하고 있음을 알 수 있다. 다시 말하면 예수님을 사랑하고 섬기는 것이 가족들을 사랑하고 섬기는 것보다 더 나은 것이어야 한다는 말이다. 가족들을 진짜로 미워하라는 말이 아니라 주님 보다 덜 사랑하라(μισεί, loving less)는 의미인 것이다.

우리가 주님의 교회를 세운다는 것은 내가 먼저 주님을 온전히 따르는 자가 되어야 한다. 몸에 붙어 있는 지체는 무슨 명령이든지 순종한다. 마치 어린아이가 부모에게 절대적으로 의존하듯이 주님을 떠나서는 아무 것도 할 수 없음을 뼈저리게 인식하지 않으면 진정으로 주님을 따름이 불가능하다. 그런 의미에서 우리는 우리의 가장 사랑하는 식구들보다 주님을 더 우선순위에 두고 있는가? 그렇지 않으면 우리는 능히 주님의 제자가 될 수 없다. 주님을 우선 하지 않으면 주님의 몸에 붙어 있는 지체로서 자격이 없다는 뜻이다. 식구들을 변명거리로 만들지 말라.

한번은 주님을 따르겠다는 자들 중에 먼저 부친께 작별 인사하고 따르겠다는 자가 있었다. 그러자 예수님은 손에 쟁기를 잡고 뒤를 돌아보는 자는 내게 합당치 아니하다고 하셨다. 이 말씀 역시 같은 맥락에서 이해해야 한다. 주님을 따르겠다고 하면서 자주 식구들 걱정, 돈 걱정, 집안 걱정에 쌓이면 주님이 왕 되심을 인정하지 않는 것과 같다.

우리의 왕이신 주님은 우리가 전적으로 주님을 위하여 헌신할 때 우리의 가족들도 책임지고 지키시고 인도해 주실 것이다. 그렇다고 부모에게 해야 할 도리, 식구들에게 해야 할 도리를 내 팽개치고 오로지 주님만 보고 미친 듯이 나아가라는 뜻은 아니다. 우리가 교회를 세운다고 할 때 그럴 각오로 임해야 한다는 것이다. 우리가 주님을 따른다고 할 때 그렇게 다른 무엇을 더 사랑하는 일은 결코 하지 않겠다고 각오해야 함을 말한다. 그것이 우리를 온전히 주님께 바치는 일이다.

가장 미워해야 할 대상, 죄

그러나 우리가 정말 미워해야 할 것은 가족이 아니다. 우리가 미워하고 죽여야 할 대상은 죄다. 죄는 주님을 따름에 가장 큰 걸림돌이다. 주님이 세상에 오신 것은 우리의 죄를 제거하시고 주님을 따르기에 합당한 자가 되도록 거룩한 백성으로 삼으시고자 함이다. 예수님을 믿는 자들은 죄에서 구원함을 받아 거룩하고 흠 없고 책망할 것이 없는 자로 하나님 앞에 세움을 받는다. 그런 자들이 일생을 살면서 주의해야 할 것은 죄 문제이다. 죄 죽이기에 힘을 다해야 한다(이 분야에서 최고의 책은 존 오웬의 『죄 죽이기』 [SFC, 2009]이다). 주님의 거룩한 공동체를 깨는 가장 무서운 것이 죄이기 때문이다.

죄는 교묘하고 끈질기기 때문에 우리가 주님께 철저하게 붙어 있지 않으면 사단이 틈을 타서 죄가 자유롭게 활동할 무대를 마련해 준다. 우리는 그러한 일들을 지난 세월 동안 숱하게 경험했을 것이다. 그러므로 교회는 순결함을 잃지 않도록 늘 깨어 기도해야 한다. 그리스도인들을 기도의 사람들이라고 부르는 이유도 여기에 있다. 하나님의 뜻이 이루어지기를 위해서 기도하며 동시에 우리 가운데 죄가 틈타지 않도록 기도해야 한다.

십자가를 지라

기도의 능력은 두 번째 요구사항에 더 효과적이다. 그것은 십자가를 지는 것이다. 마태복음에서는 누구든지 나를 좇으려면 자기를 부인하고 자기 십자가를 지고 나를 좇으라고 하셨다. 그렇다. 자기 부인만큼 힘든 일도 없다. 사실 죄와의 싸움은 결국 자신과의 싸움이다. 자신의 욕구를 제어하고 육체적 욕구를 부인하는 일이야말로 그리스도를 따르는 자들에게 절실히 요구된다.

자기를 부인하는 일은 자신의 고개를 빼젓이 내미는 일을 하지 않을 때 가능하다. 그러나 우리들 대부분은 누구든지 자신을 내세우고 싶어 한다. 사람들이 앞자리를 차지하려고 하는 것도 다 그것이다. 경쟁사회에서 자신의 공적을 더 드러내고 싶어 한다. 이름 없는 천사들이 간혹 등장해서 얼어붙은 마음을 녹이는 소식을 접하기는 하지만 너도나도 자기과시와 뽐냄에서 자유로운 사람이 그리 많지 않다.

요즘 교회들이 왜 그렇게 사람들 내세우기에 혁혁한 공을 세우고 있는가? 그것은 다 자기를 부인하는 일이 안 되기 때문이다. 도리어 교회가 그런 일을 조장하고 있다. 주님의 교회라고 보기가 힘들다. 헌금하는 것도 순수하게 주님께 드리는 것이 아니라 온 교회에 광고 효과를 기대하고 헌금하는 자들이 있다. 교회 봉사도 자신의 공적과 정성을 드러내고자 한다.

그것은 다 주님의 제자의 길을 가는 것이 아니다. 단지 교회당에 앉아서 가르침을 받고 차려놓은 밥상에 앉아 먹는 것이 그리스도인의 전부가 아니다. 단지 예배 의식에 동참하고 간혹 성경책을 펼쳐서 읽어보거나 간혹 기도회에 참석하여서 종교적 행위에 동참하는 것이 그리스도인의 모습 전부라고 한다면 그것은 그리스도를 따라가는 자가 아니다. 그런 일은 누구나 할 수 있는 일이다. 만일 우리의 정체성을 교회 행사에 참여하는 것으로 규정한다면 온 세상 사람들이 다 그리스도인이라는 칭호를 받을 수 있다. 왜냐하면 단지 예배당에 가고 헌금을 하고 교회 행사에 더러 참여하는 일은 누구나 쉽게 할 수 있기 때문이다. 그러나 주님을 따른다는 것은 그것과 비교할 수 없이 훨씬 차원이 높은 것이다.

자기를 부인하는 것이라야 한다. 자신의 모든 공적과 정성과 과시욕과 뽐냄과 으스대고 싶어 함과 주장하고자 하는 모든 것을 겸손히 내려놓는 것이다. 무엇 때문인가? 주님이 영광을 받으시기 위함이다. 우리가 하는 모든 것이 다 우리의 왕이시요 머리이신 그리스도로부터 공급받아 하는 것이기 때문이다. 그래서 사도 베드로도 자신의 힘으로 죽을지언정 주를 부인하거나 도망치는 일을 하지 않고 죽는 데까지 따르겠다고 했지만 힘없는 부녀자의 외침에 주님을 모른다고 세 번씩이나 부정하는 죄를 지었다. 그런 뼈아픈 경험을 한 그였기에 자신의 의지적 결단과 헌신의 각오로 할 수 있는 것이 아님을 이렇게 고백하였다.

> 만일 누가 말하려면 하나님의 말씀을 하는 것 같이 하고 누가 봉사하려면 하나님의 공급하시는 힘으로 하는 것 같이 하라 이는 범사에 예수 그리스도로 말미암아 하나님이 영광을 받으시게 하려 함이니 그에게 영광과 권능이 세세 무궁토록 있느니라 아멘 (벧전 4:11)

자기 부인의 최종 목적은 하나님께만 영광이다. 자기 십자가를 지는 것 역시 하나님께 영광을 돌리는 것이다. 자기 십자가를 지라는 것은 내가 해야 할 일을 내가 해야 한다는 의미다. 즉, 고난의 길을 피하지 말며, 좁은 길로 가는 것을 피하지 말아야 한다는 것이다. 그리스도를 따른다는 것은 그만큼 고난과 핍박을 각오해야 한다. 사람들에게 칭찬 듣고자 주의 길을 가는 것이 아니다. 사람들에게 종교인들의 길은 이런 것이라고 으스대기 위함이 아니다. 주님을 사랑하는 마음에서 한다.

그것이 한센병 환자들의 고름까지도 빨게 만든 원인이다. 그것이 자기 두 아들을 죽인 범인을 양아들로 삼으신 손양원 목사가 살아간 이유이다. 그것이 원수까지도 사랑하라는 이유이다. 그것이 누구나 꺼려하는 장애아동들을 입양하여 건장한 아이들로 키우는 원인이다. 자기가 져야할 십자가를 피하지 않는 것이다. 물론 대다수의 사람들은 십자가 짐을 회피하고자 한다.

인성을 지니신 예수님도 십자가 지는 일을 앞에 두고 전날 밤 겟세마네 동산에서 밤새도록 기도하셨다. 할 수 있거든 이 잔이 내게서 지나가게 해 달라고 기도하셨다. 그 기도가 얼마나 애절한 것이었는지 그의 이마에서 떨어지는 땀방울이 핏방울이 되어 떨어졌다. 예수님이 그처럼 기도하셨다고 한다면 우리야 말해서 무엇하랴!

우리는 더 기도해야 한다. 자기 부정과 자기가 지고가야 할 십자가 때문에라도 날마다 깨어 기도해야 한다. 그리할 때 '십자가 고난도 은혜' 라고 노래할 수 있다.

버리라

마지막으로 교회의 머리되신 그리스도께서 말씀하기를 '버리라' 고 하셨다.

> 너희 중에 누구든지 자기의 모든 소유를 버리지 아니
> 하면 능히 내 제자가 되지 못하리라 (눅 14:33)

내 소유를 버린다는 것과 관련하여 예수님이 실제로 만난 한 부자 청년과의 대화를 살펴보면 쉽게 이해할 수 있을 것이다. 마태복음 19장에 나오는 부자 청년은 예수님께 나와서 어떻게 하면 영생을 얻을 수 있는지를 물었다. 그러자 예수님은 계명을 지키라고 하셨다. 그때 그 청년은 자기는 어려서부터 그 모든 계명을 다 지키었다고 하였다. 여기까지만 보면 이 청년은 대단한 사람임을 알 수 있다.

모든 계명을 어려서부터 다 듣고 지키며 살아왔으니 가정 교육이 철저하였고 삶이 반듯한 사람이었을 것이다. 동시에 그는 부자였기 때문에 틀림없이 사람들로부터 어려서부터 계명을 다 지키더니 하나님이 물질적인 복도 많이 주셨다고 입에 침이 마르도록 칭찬을 들을 수 있는 사람이었을 것이다. 어쩌면 하나의 롤 모델이었다. 그런 청년에게 예수님은 매우 거스리는 말씀을 하셨다.

> 예수께서 가라사대 네가 온전하고자 할찐대 가서 네
> 소유를 팔아 가난한 자들을 주라 그리하면 하늘에서

보화가 네게 있으리라 그리고 와서 나를 좇으라 하시
니 (21절)

누가복음 18장에서는 어려서부터 다 지키었다고 대답한 청년에게 이렇게 말씀하셨다.

네가 오히려 한 가지 부족한 것이 있으니 네게 있는 것을 다 팔아 가난한 자들을 나눠주라 그리하면 하늘에서 보화가 네게 있으리라 그리고 와서 나를 좇으라
(눅 18:22)

마태복음과 누가복음의 차이는 없다. "네가 정말 온전한 그리스도인이 되고자 하느냐? 그렇다면 가서 네 소유를 팔아라 그리고 가난한 자들에게 주라"고 하셨다. 그 말은 누가복음에서 지적하신 것처럼 그에게 한 가지 부족한 것이 있다는 것이다. 자신은 스스로 온전하다고 생각하였지만 그에게는 여전히 부족한 것이 있다는 뜻이다.

사람의 행위가 자기 보기에는 모두 깨끗하여도 여호와는 심령을 감찰하시느니라 (잠 16:2)

사실 우리는 우리에게 한 가지 부족한 것이 있다는 말을 들을 수 있는가? 다 좋은데 그것도 우리 중심을 보시는 주님께로부터 네게 한 가지 면이 좀 부족하구나! 이런 말 자체는 칭찬이겠는가? 저주로 들겠는가? 당연히 칭찬의 소리다. 그런데 그 한 가지 정도는 이제라도

노력해서 보충해보면 어떻겠니? 하고 아주 온화한 말씀으로 상대방이 기분 나쁘게 여기지 않도록 하신 것이 아니었다고 본다. 왜냐하면 예수님이 하신 말씀을 듣고 그 청년은 근심하며 돌아갔고 다시 돌아오지 않았기 때문이다.

예수님이 뭐라고 하셨는가? "네 소유를 팔아", 혹은 "네게 있는 것을 다 팔아 가난한 자들을 나눠주라"는 것이다. 옆에서 듣고 있던 제자들은 예수님께 눈치를 주면서 속으로, '아니 예수님 지금 무슨 말씀을 하시는 겁니까? 그가 우리에게 오면 우리는 돈 걱정 할 것이 하나도 없습니다. 우리를 따르는 저 큰 무리들에게 먹을 것 나눠주는 것에 아무런 지장도 없을 것입니다. 그냥 부드럽게 말해서 우리와 함께 지내게 하시지 않으시고 그처럼 힘든 요구를 하십니까?' 아마 속에서 부글부글 끓었을 것이다. 특히 가롯 유다는 더 그러했을 것이다.

그러나 예수님은 제자들의 생각이나 주변 사람들 특히 돈 많은 청년의 생각이 어떠하든지 전혀 개의치 아니하시고 말씀하셨다. "진정으로 나를 따르고자 하니? 온전한 사람이 되고자 하니? 그렇다면 너의 모든 소유를 팔아 가난한 자들에게 주어라. 그리고 나를 따르라!" 주님을 따르는 일에는 세상의 부와 영화가 아무런 도움이 되지 아니한다는 것이다.

주님을 따르는 것은 부를 축적하는 길이 아니라 도리어 내게 있는 것을 다 주기 위함이다. 사람들에게 인기를 얻으라는 말이 아니다. 불경기가 계속되는 요즘, 삶이 삭막한 세대에 거액을 나눠주는 것은 언론에 조명을 받을 수 있는 길이다. 주님이 이 부자 청년에게 요구하신 것은 그렇게 사람들의 시선을 끌라는 말이 아니다. 주님이 부탁하신 것은 돈 가지고 있으면서 나를 따른다고 나서지 말라는 것이다.

주님은 전적으로 주님을 의존하는 자들을 원하신다. 왜냐하면 주님이 모든 것을 챙겨 주시고 보살펴 주실 것이기 때문이다. 주님은 주님이 피 흘려 세우신 교회를 보양하실 책임을 다하신다. 그러므로 세상에 있는 것들을 가지고 주님을 섬긴다고 말하지 말아야 한다.

실제로 주님은 하늘 보좌를 버리시고 이 세상에 오셨다. 천지가 다 주의 것이지만 인간의 몸을 입고 오셔서 마치 천지에 있는 것들을 의존해서 사셔야 하는 것처럼 우리들이 먹는 물과 음식을 마시며 사셨다. 그런 주님이기에 "자기의 모든 소유를 버리지 아니하면 능히 내 제자가 되지 못하리라"고 하셨다. 그런 의미에서 주님을 따르는 우리도 스스로 청빈한 삶을 살아가야 할 것이다.

나가는 글

주님을 따른다고 하면서 잠시 후면 썩어 없어질 소유에 집착하는 것은 분명히 잘못된 일이다. 세상의 소유를 따를 때 우리의 진실함도, 주님을 섬김도 아무 소용이 없게 된다. 우리가 포기하지 못하고, 버리지 못하고, 부정하지 못하는 것 때문에 주님의 마음을 얼마나 섭섭하게 하는지 모른다. 주님을 사랑한다면 이 모든 것을 배설물로 여기고, 오직 주 안에서 발견되고자 함을 최우선으로 여겨야 할 것이다. 머리되신 주님을 결코 버리거나 떠나지 말고, 순종하는 삶을 통해 주님의 참 제자도를 실현하는 성도가 되라!

10장

그리스도의 몸의 5대 기능

오직 사랑 안에서 참된 것을 하여 범사에 그에게까지 자랄지라 그는 머리니 곧 그리스도라 그에게서 온 몸이 각 마디를 통하여 도움을 입음으로 연락하고 상합하여 각 지체의 분량대로 역사하여 그 몸을 자라게 하며 사랑 안에서 스스로 세우느니라 (엡 4:15-16)

그리스도의 몸으로서 교회를 이해할 때 유기체적 기능을 뺄 수가 없다. 일반적으로 교회의 기능은 다섯 가지로 설명한다. 예배와 교육과 전도와 교제와 봉사가 그것이다. 그 기능들의 주목적은 그리스도의 몸을 온전히 자라게 하는 것이다. 살아있는 유기체이기 때문에 움직인다. 그 움직임은 임의대로가 아니라 각각 주어진 지체의 분량에 따른다. 그 활동들이 서로 연결되어서 몸을 자라게 하고 하나님이 거하시기에 적합한 처소로 함께 지어져 간다.

1. 예배

거룩한 믿음의 공동체가 영적으로 왕성한 활동을 하는 그 모든 바탕은 예배에 있다. 소위 "예배에 성공해야 모든 것이 형통하다"고 사람들이 말하듯이 성도 개개인이나 교회 공동체의 가장 핵심적인 의무요, 특권은 예배다. 예배를 통해서 살아계신 하나님과 만남이 이루어지고 그분의 모든 뜻을 깨달으며 우리의 정체성이 무엇인지를 늘 새기게 된다.

예배가 없는 교회는 교회가 아니다. 예배는 그리스도로 말미암아 구속함을 받은 성도들이라면 반드시 최우선적으로 실천해야 할 신앙생활이다. 예배가 무엇이냐는 정의를 우리는 신을 숭상하는 행위로 간략하게 말할 수 있지만 사실 그보다 훨씬 고상하고 강렬한 뜻이 있다. 그것은 예배자와 예배의 대상과의 관계를 이해하지 못하면 예배라는 말의 의미를 정확하게 규정할 수 없다.

기독교에서 예배의 대상자는 천지 만물을 창조하신 하나님, 죄인의 구원을 이루신 성자 예수님, 그리고 그 놀라운 하나님의 일들을 알게 하고 믿게 하시는 성령 하나님이시다. 삼위일체 하나님은 삼신이 아니라 한 분이시지만 삼위를 가지신 분으로 지위와 영광과 권능이 다 동일하나 그 기능적 역할측면에서 구분된다. 성부 하나님은 창조와 구원의 계획을 주도하신 분이시다. 성자 예수님은 성부께서 정하신

택자들을 자기 피로 값 주고 사시는 일을 하신 분이시요, 성령 하나님은 우리를 그 진리로 인도하사 깨닫게 하시고 믿게 하신 분이시다. 이 삼위가 우리의 눈에는 한 하나님의 역사로 비춰지는 것이다.

누구에게 예배하는 것인가?

예배의 대상자는 전능하시고 거룩하시며 자비로우시고 은혜가 풍성하신 하나님 한 분뿐이다. 그 하나님을 경배하는 자들은 하나님의 지으심을 받은 자들로서 하나님을 주로 모시고 사는 자들이어야 한다. 천하에 주와 같은 신이 없음을 고백하고 그 주님에게만 경배와 찬양을 올려드리는 것이 참 예배이다.

예배는 엎드려 절한다는 문자적 의미를 지니고 있지만 그것은 단순한 주종 관계에서 성립되는 의전행사가 아니다. 삶 전체가 다 그에게 의존되어 있음을 고백하는 행위이다. 절하는 자의 모든 것이 다 절을 받는 분의 의지와 행동에 달려있음을 고백하는 것이다. 그렇기 때문에 그에게 나아가는 자들은 그 앞에 설 수 있는 영광을 가지게 된 그 자체로만으로도 감격한다.

감사한 마음이 없이는 하나님을 올바르게 예배할 수 없다. 천천만만의 소와 양들을 드린다고 할지라도 마음 깊은 곳에 감사한 마음이 없는 헌물은 마른 풀만도 못하다. 아무리 토실토실한 우량 제물이라 할지라도 쓰레기에 불과하다. 감사한 마음으로 제사를 드리는 것이 하나님을 하나님으로 존중하는 것이요, 그것이 곧 하나님을 영화롭게 한다. 타락한 사람들은 일반적으로 자신들이 섬기는 신들을 제물로 감동시키려고 한다. '지성이면 감천'이라는 말이 여기서 나온다. 하지만 기독교의 하나님은 사람들이 만들어낸 거짓 신과 전혀 차원이 다르다. 사람들은 자신들이 고안해 낸 신적 존재에 대해 자신들과 공감할 수 있는 한계선에 놓아둔다. 그래서 자신들이 원하는 대로 성사시켜주지 않을 때는 가차 없이 그 신을 떠나 다른 신을 찾는다. 그렇기 때문에 기독교의 하나님을 순종하는 자보다 거부하는 자가 많다. 그들은 하나님을 하나님으로 인정하지 않고 유한한 인간의 편협한 생각과 느낌에 따라 판단하고자 한다.

기독교의 하나님을 올바로 예배하는 길을 타락한 인간에게서 찾을 수 없다. 마치 왕궁에 들어가고자 하는 자는 왕의 법도와 제도에 따라 왕 앞에 나와야 하는 것과 같다. 왕을 따르지 않을 때 그 문턱조차도 넘어갈 수 없다. 그러므로 하나님을 섬기는 일은 그가 계시해 주신 말씀에서 그 방도를 찾아야 한다. 그렇지 않으면 어느 누구도 올바른 예배자가 될 수 없다. 그 방식이 무엇인가? 예수님은 사마리아 여인과 나눈 대화에서 예배자의 태도에 대하여 이렇게 말씀하셨다.

> 예수께서 가라사대 여자여 내 말을 믿으라 이 산에서도 말고 예루살렘에서도 말고 너희가 아버지께 예배할 때가 이르리라 너희는 알지 못하는 것을 예배하고 우리는 아는 것을 예배하노니 이는 구원이 유대인에게 남이니라 아버지께 참으로 예배하는 자들은 신령과 진정으로 예배할 때가 오나니 곧 이 때라 아버지께서는 이렇게 자기에게 예배하는 자를 찾으시느니

라 하나님은 영이시니 예배하는 자가 신령과 진정으
로 예배할지니라 (요 4:21-24)

이 말씀에서 우리는 예배 처소가 어디여야 하는지, 그리고 누구를 예배해야 하는지, 어떻게 예배해야 하는지를 알 수 있다. 우리는 영이신 하나님을 예배한다. 영이란 형체나 모양이 없으며, 시공간을 초월하신 분임을 뜻한다. 그렇기 때문에 하나님은 결코 하나님을 어떤 형상으로도 만들거나 조각해서는 안 된다고 천명하셨다. 이것이 다른 종교 의식과 다른 점이다.

이방종교에서는 자신들이 만들어놓은 형상을 바라보고 절하며 섬긴다. 세월이 가면 그 형상은 부식되어 새 것으로 교체해야 한다. 때론 전쟁으로 불타거나 파괴되어 사라져버리고 만다. 그러나 기독교의 하나님은 영이시기 때문에 불에 타거나 사람들의 손에 훼손되지 않는다. 사람들이 하나님을 섬긴다고 만든 성전이나 예배당 건물들은 있다가 없어져도 하나님은 사라지지 않으신다.

어떤 것도 하나님께 영향을 미칠 수 없다. 하나님은 어제나 오늘이나 영원토록 동일하시다. 하나님은 또한 특정한 장소에 매이지 않으신다. 그래서 예수님은 사마리아 사람들이 주장하는 그리심 산에서도 말고 유대인들이 주장하는 예루살렘에서도 말고 어디에서든지 하나님 아버지께 예배할 수 있음을 말씀하신 것이다. 실지로 구약성경에서도 마치 예루살렘 성전에 갇혀계신 하나님처럼 생각할 수 있을지 몰라도 그 성전을 지은 솔로몬은 하늘들의 하늘일지라도 천지의 주재자이신 하나님을 둘 수 있는 공간이 없다고 하면서 하물며 인간이 지은 이 성전이겠는가? 라고 고백하였던 것이다.

더욱이 하나님은 천지에 충만히 계신다. 계시지 아니하신 곳이 한 곳도 없다. 하늘에 자리를 펼지라도 그곳에 계시고 땅 깊은 곳에 갈지라도 그곳에도 계신다. 바다 끝에 간다고 하더라도 천지와 바다를 주관하시는 하나님은 계신다. 그래서 우리는 하나님을 언제 어디서든지 경배할 수 있다. 예배당에 와야만 하나님을 만날 수 있는 것은 아니다. 특정한 장소에 가야만 하나님을 더 잘 경배할 수 있는 것은 아니다. 물론 은혜의 터가 있을 수 있다.

옛 선진들이 만났던 특별한 장소를 우리가 중요하게 생각할 수 있다. 기념비를 세울 수 있다. 그러나 그런 장소가 중요한 것이 아니다. 만일 그러한 효험 있는 장소가 있다고 한다면 가장 효험 있는 곳은 불교에서는 부처상 만드는 공장이어야 하고, 기독교에서는 하나님의 아들 예수님이 직접 걸어 다니시고 손으로 만지시고 갖은 병자를 고치시며 이적과 기사를 행하신 팔레스타인 땅이지 않겠는가? 모든 병자들마다 그곳에까지 가서 기도해야 할 것이고 모든 문제 있는 자들마다 그 땅에서 가서 예수님 생각하며 기도해야 할 것이다. 그러나 실지로 그 현장에 사는 사람들의 기도의 효험이 대한민국 땅에서 살면서 기도하는 자의 응답보다 낫다고 누가 장담할 수 있는가?

우리가 예루살렘에 가지 않고도 이 장소의 예배당에서 모여 예배하는 것은 영이신 하나님이 이곳에도 함께 하시기 때문이다. 더욱이 주님도 두세 사람이 내 이름으로 모이는 그곳에 나도 함께 있다고 하셨기 때문에 주의 이름으로 구원받은 사람들이 주님의 이름을 부르며 경배하는 곳이 어디든지 경배를 받으시는 주님이 함께 해 주시는 것이다. 물론 이것을 오해하여 잘못 적용하는 것을 피해야 한다. 마치 주님은 어디에든 계신다고 하셨기 때문에 도박장에서 혹은 술집에서 혹은 나이트클럽에서도 하나님을 예배할 수 있다고 하여 그런 곳에 모이는 일을 정당화할 수 없다. 왜냐하면 다 같은 헌금이라도 구별하여 드리고 다 같은 소라도 구별하여 드리고 다 같은 음식이라도 따로 떼어 구별하여 대접하듯이, 전능하시고 살아계신 하나님께 구별하여 드린 공간에서 예배하는 것이 필요하다.

주님을 위한 특별한 용도를 위해서 따로 구별해 두었다는 측면에서 성물이지, 그 물건 자체에 무슨 신비한 능력이나 효능이 있어서가 아니다. 구별해 놓았다는 의미에서 소중히 여기거나 존중하는 마음으로 대하는 것이다. 이것이 하나님을 경외하는 태도이다. 하나님을 하나님으로 영화롭게 해 드린다. 우리를 낳아주시고 길러주신 부모님이기 때문에 그분들을 귀히 여기고 효도함이 자연스러운 것이듯이, 우리를 죄 가운데서 구원하여 하나님의 자녀로 삼아주신 하나님의 놀라운 은혜에 보답함이 지극히 당연하다. 이것은 억지로 혹은 강압적이고 위압적인 권위에 눌려서 굴복함이 아니라 자연스럽게 즐거운 마음으로 그것도 그 은혜에 한 없이 감격해서 엎드려 절하는 것이다.

모든 만물이 다 그 앞에 경배한다. 하나님 한 분 위에는 경배 받으실 분이 없으시다. 우리의 주군은 둘이 아니요, 하나이다. 우리가 섬기고 따라야 할 분은 두 분이 아니라, 한 분뿐이다. 우리가 명령을 듣고 절대적으로 순종해야 할 분도 하나님 한 분뿐이다. 그 자리에 누구도 끼일 수 없다. 그런 자는 누구라도 하나님의 엄위한 심판을 피할 길이 없다. 그런 자는 죽은 목숨일 뿐이다. 그런 의미에서 하나님은 하나님이 받으셔야 할 영광을 다른 어떤 피조물에게 허락하지 않는다고 단언하신다. 그 영광을 가로챘던 헤롯 대왕은 벌레가 먹어 죽임을 당하였다. 그 영광을 가로챈 느브갓네살 왕은 왕의 자리에서 쫓겨나

7년을 야생 짐승처럼 살아야 했다.

인간의 제일 되는 목적은 하나님을 영화롭게 하고 그 이름을 영원토록 즐거워하는 것이다. 이 본분을 망각하면 그 자는 노벨상을 몇 개나 받았다고 할지라도 파리 목숨보다 못한 존재가 된다. 성도의 예배는 그처럼 귀중한 의미를 담고 있다. 하나님께 나와 예배하면서 단순히 종교적 의전행사로 간주되지 말아야 할 이유가 여기에 있다.

한 나라의 대통령이 방문하게 되면 국가적 의전행사로 사열대 앞을 지난다. 거기에 차출된 병사들은 그 행사를 위해 특별히 공을 들인다. 여러 날 동안 준비한 것을 한 치의 오차 없이 실시하려고 애를 쓴다. 잘했다고 자축하며 즐길 수 있다. 그렇다고 해서 그것이 열렬한 존경심 때문에 하는 것이라고 누구도 보장할 수 없다. 그런 자들도 더러 있겠지만 의전행사를 위한 행위일 뿐 그 이상도 그 이하도 아니다.

그러나 기독교인의 예배는 이와 다르다. 예배하는 그 순간만을 위해 동원된 사람이 아니다. 예배자의 신분이 무엇이든, 또 예배자의 학식이 어떠하든지, 또는 예배자의 외형이나 재주가 어떤 것이든지 그의 삶 모든 것에 자발적 주종관계를 형성하는 감격의 섬김이다. 그 섬김은 세상에서 가정생활에도 이어지고 직정생활에도 이어진다. 더욱이 사업 현장에서도 그대로 적용된다. 매 순간 하나님을 뵈옵는 마음으로 일한다. 매사에 주께 하듯 성심으로 일한다. 그것은 우리가 그리스도 예수를 섬기는 자들이요, 그 아버지 하나님을 경배하는 자들이기 때문이다. 오늘날 우리의 예배는 어떠한가? 의전행사에 동원되어 온 자들인가? 아니면 나를 사랑하사 나를 위해 자기 목숨을 아끼지 아니하고 내어주신 그 주님을 뜨겁게 사랑하는 마음으로 예배하는가? 주님을 사랑할 때 우리는 일찍부터 나와서 기다리며, 그 주님을 만나기를 소원하고, 그 주님을 섬기는 것을 인생의 최대의 영광으로 생각하며 예배하게 된다. 이와 같은 마음으로 나오는 것이 아니면 사슴이 시냇물 찾기에 갈급함 같이 내 영혼이 주를 찾기에 갈급하다는 고백은 사기이다. 우리의 중심을 보시는 하나님을 예배하는 일은 동원된 예전행사가 아니다. 자발적 참여요, 자발적 헌신이요, 자발적 사랑의 고백이다.

예배가 그토록 중요하고 가치 있는 것은 천지의 주재자이신 하나님을 섬기는 것에만 있지 않다. 하나님이 나를 직접 만나주시고 함께 해주신다는 사실에 있다. 이것은 지음 받은 피조물이 이 땅에서와 저 세상에서 가지는 최고의 복이다. 이 복을 무엇과도 바꿀 수 없다. 이 복을 어떤 이유라도 빼앗길 수 없다. 그러나 우리들 중 얼마나 많은 사람들이 예배를 그토록 여기며 주님을 섬기고 있는가? 우리는 우리 스스로가 주인 노릇하고 있는 것은 아닌지 모르겠다.

하나님은 우리들이 원하는 시간에 등단하는 것으로 족하시다. 나머지는 우리들의 잔치다. 마치 주인공이 빠진 손님들만의 흥겨운 시간을 가지고 흩어지는 것과 같다. 이것은 결코 옳지 않다. 하나님이 정하신 시간과 하나님이 정하신 방식대로 하나님께 나아가야 한다. 하나님이 그의 손에서 홀을 빼어 인정하지 않으면 죽든지, 다시는 하나님 앞에 나아갈 수 없는 존재로 추락하여 쫓겨나든지 할 것이다.

작금의 한국 교회의 예배는 주님의 불호령이 떨어지기 일보 직전에 와있다. 하나님에 대한 배려와 생각이 모든 것이 되지 아니하고 예배하는 자들의 입장과 처지만 최우선적으로 고려되고 있기 때문이다. 그것은 예배가 아니다 사교집단의 광란의 짓거리에 불과하다. 예배는 거룩해야 한다. 왜냐하면 하나님이 거룩하신 분이기 때문이다. 예배는 온몸과 마음으로 하는 것이라야 한다. 왜냐하면 하나님이 전심으로 주께 나아오는 자들을 받으시기 때문이다.

예배는 하나님을 영화롭게 하는 최고의 방편이다. 왜냐하면 우리를 지으시고 구원하신 가장 큰 목적이 우리로 하여금 하나님을 경외하는 자들로 삼으시기 위함이기 때문이다. 예배는 최고의 순종과 헌신을 드러내는 사랑의 고백이다. 왜냐하면 우리의 최고의 순종과 헌신을 받으시기에 합당한 분이 사랑의 하나님이시기 때문이다. 그분은 우리를 그렇게 사랑하셨고 그렇게 구별하셨고 그렇게 인도하시는 분이시다. 그 예배를 소홀히 여기는 것은 곧 우리에게 그토록 놀라운 특권을 입혀 주신 주님의 이름을 욕되게 하는 것이다.

나는 예배하는 자들이 진지하고 두려운 마음으로 주 앞에 서는 것을 보고 싶다. 손을 높이 들고 찬양은 하면서도 순종과 헌신의 높은 수고가 수반되지 않는 삶은 위선이요, 사기이다. 우리의 중심을 보시는 하나님께 나아가는 자는 그가 영이신 하나님임을 잊지 말아야 한다. 그가 우리 중심을 살피는 하나님이심을 늘 기억해야 한다. 그가 우리의 몸과 마음까지도 원하는 분이심을 기억해야 한다. 그분만이 천지에 충만히 계신 주재자이시기 때문이다.

어떻게 예배해야 하는가?

주님은 우리에게 신령과 진정으로 예배하라고 말씀하신다(요 4:24). 하나님이 영이시기 때문에 하나님이 기뻐 받으시는 영적 산 제물로 우리를 드릴 때 그것이 하나님이 받으실 만한 영적 예배이다. 제물은 자신의 의지를 내세우지 않는다. 제물은 흠이 없어야 한다. 제물은 피를 흘리기까지 순종한다. 자신을 죽이지 아니하면 결코 우리 안에서 주님이 살 수 없다. 고로 예배는 전폭적인 굴복에서부터 시작된다. 굴욕적인 굴종이 아니라 감격스러운 사랑의 순종이다. 그런 순종과 헌신과 영광을 받으시기에 합당하신 분은 천지에 충만히 계시는 하나님뿐이다.

그렇기에 성경은 하나님께 나아오는 자들은 빈손으로 뵙지 말라고 말한다(신 16:16). 하나님은 재물을 필요로 하지 않으신다. 천지에 있는 것이 다 하나님 것이다. 하나님은 누군가에게로부터 도움을 받으셔야 할 분이 아니다. 그럼에도 불구하고 하나님께 나아가는 자가 빈손으로 뵙지 말라고 하는 것은 마음만이 아니라 몸도 받으시겠다는 것이다. 우리는 하나님께 나아감에 있어 마음이 중요하지 형식이 중요하지 않다는 말에 쉽게 속임을 당한다. 틀린 말은 아니다. 그러나 옳은 것도 아니다.

하나님은 우리 마음을 먼저 요구하신다. 마음이 실리지 않은 헌금은 그 액수가 상상을 초월한 것이라 할지라도 과부의 동전 두 닢하고 비교할 수 없는 티끌에 불과하다. 그런데 왜 하나님은 빈손으로 오지 말라고 하시는가? 그는 우리의 마음이 진실인지를 보고 싶어 하신다. 마음이 있으면 입으로 나오고, 입에서 나오는 것은 행동을 낳게 된다. 다시 말하면 행동이 수반되지 않는 마음은 공허한 것이다. 부모 공경도 마음과 씀씀이가 함께 움직이지 않으면 그 말은 허식에 불과하다. 하나님을 진정으로 섬기라고 하는 것은 오직 그의 진리의 말씀을 따라 섬기라는 뜻이다. 하나님이 말씀하신 방편을 좇아 하나님을 경외해야 한다. 하나님께 나아가는 예전은 예배자가 정하는 것이 아니다. 예배를 받으시는 분이 자신의 권위와 영광과 위엄을 최대한으로 드러내시는 방안을 그의 기록된 말씀 안에 주셨다. 아론의 두 아들 나답과 아비후가 죽임을 당한 것은 하나님이 명하시지 않은 다른 것으로 하다가 그렇게 된 것이다. 이 사건은 예배하다가 죽는 일이 다시는 발생하지 않도록 하나님이 정하신 일이었다.

그러나 놀랍게도 나답과 아비후 못지않은 무서운 일들이 오늘날 예배 가운데서 벌어지고 있다. 성경에 전혀 근거가 없는 것들을 예배의 요소로 받아들여 실천하고 있는 것이다. 하나님이 명령하지 않으신 것으로 하나님을 섬긴다고 하고 있다. 그것은 하나님이 아닌 사람들의 교훈을 따르는 것이다. 하나님을 높이지 아니하고 사람들을 높이는 행위는 무엇이든지 예배라는 이름으로 해서는 안 된다. 예배의 주인은 성삼위 하나님이시기 때문이다. 기록된 말씀 밖으로 나아가지 말아야 한다. 하나님은 우리의 정성이 아니라 기록된 말씀 안에서 그 말씀을 신뢰하는 믿음으로 살 때 감동하신다. 우리 모두 하나님이 찾으시는 참된 예배자들이 되고 그 하나님 앞에서 교제하는 복을 날마다 누리는 성도들이 되기를 소망한다.

예배에는 5가지 요소가 있다. 첫째는 찬송, 둘째는 기도, 셋째는 헌금, 넷째는 말씀 선포, 다섯째는 성례이다.

첫째, 찬송이다. 찬송은 국어사전을 보면 미덕을 기리고 칭찬하는 말이나 노래를 의미한다. 특히 종교에서는 신봉하는 절대자를 높이는 노래이다. 기독교의 찬송은 살아계신 삼위일체 하나님의 덕을 칭송하는 노래로서 하나님이 하신 일들과 그 하나님의 성품을 담아내는 교훈적인 예배의전이다. 다시 말하면 찬송의 대상은 철저하게 하나님이시며 하나님이어야만 한다. 우리의 생각을 반영하는 것이 아니라 하나님 자신이 계시하신 범위 안에서만 하나님을 노래할 수 있다. 이것은 찬송의 어원적 설명에서도 분명하다.

가장 대표적인 '할렐' 이라는 의미는 할렐루야를 이루는 어원으로서 주를 기뻐하고 선포하는 감격적인 노래를 뜻한다. '야다' 라는 히브리말은 감사의 찬양을 뜻하는 말로서 예배자의 의지적 결단에 의한 노래이다. 특히 고난 중에서도 주님의 선하심과 인자하심을 인해 드리는 헌신적 노래를 말한다. '토다' 라는 말은 야다의 결과물로서 직접적인 감사 행위를 말한다. 즉 감사의 노래나 헌금 및 서원을 담고 있다. 그리고 '바락' 이라는 말이 있는데 우리를 향한 주님의 놀라우신 복을 드높이는 송축행위이다. 이것은 그 주님의 복으로 성도들 서로에게 복을 비는 행위도 포함하고 있다. 성경에서 사용되고 있는 찬양이나 찬송이라는 단어는 무려 300여 곳 이상에서 찾을 수 있다. 그 모든 사례를 통틀어 살펴보면 하나같이 삼위일체 하나님과 연계되어 있다. 이것이 시사하고 있는 것은 찬송을 부르는 자는 예배자이지만 그 대상은 철저하게 하나님께 향해 있다.

찬송의 주인은 하나님이시다. 이사야 선지서를 통해서 하나님은 이렇게 말씀하신다: "이 백성은 내가 나를 위하여 지었나니 나의 찬송을 부르게 하려 함이니라"(사 43:21). 여기에서 우리는 찬송은 누가 해야 하는지, 누구에게 해야 하는 것인지 그리고 찬송의 주인은 누구인지를 분명하게 그려주고 있다. 찬송은 하나님께 지음을 받은 피조물의 일이다. 특별히 하나님의 백성들의 일이다. 찬송은 모든 피조물이 해야 할 일이다. 그것이 창조 목적이기 때문이다. 하나님은 창세 전에 우리를 택하여 주신 이유를 신약성경에서는 이렇게 설명하신다.

> 곧 창세 전에 그리스도 안에서 우리를 택하사 우리로 사랑 안에서 그 앞에 거룩하고 흠이 없게 하시려고 그 기쁘신 뜻대로 우리를 예정하사 예수 그리스도로 말미암아 자기의 아들들이 되게 하셨으니 이는 그의 사랑하시는 자 안에서 우리에게 거저주시는 바 그의 은혜의 영광을 찬미하게 하려는 것이라 (엡 1:4–6)

같은 장에서 성도들에게 그 기업의 보증으로 성령을 주신 것도 14절에 보면 "그의 영광을 찬미하게 하려 하심이라"고 하였다. 이렇게 그리스도 예수의 피로 구속함을 받은 모든 자들은 주님이 주신 그 큰 은혜의 영광을 기쁨으로 노래하며 예배함이 당연한 일이다. 이것은 의무이기도 하지만 구속함을 받은 성도들의 영원한 특권이다. 왜냐하면 찬송은 땅에서만이 아니라 하늘나라에서도 이어질 영원한 예전이기 때문이다. 하나님을 찬송하는 일이야말로 지음 받은 피조물이 하나님께 돌릴 수 있는 최고의 보답이다.

찬송이 없는 신앙생활은 불가능하다. 그런 의미에서 믿지 아니하는 훌륭한 성악가들이나 합창단이 기독교 찬양곡을 부르는 것은 그 자체로는 아름답고 감사한 일이지만 하나님을 예배하며 감사하는 행위와는 아무런 상관이 없다. 마치 국가수반을 위한 의전행사에 동원된 사람들의 축하의식에 불과한 것으로, 진정으로 하나님이 받으시는 참 예배자의 영광의 찬송은 아니다. 하나님은 음악적 기교와 재질이 뛰어난 자들의 노래보다 하나님을 사랑하고 존경하며 순종하는 자들의 마음에서부터 나오는 감사의 노래를 더욱 기뻐 받으신다. 그런 의미에서 성경은 감사함으로 그 궁정에 나아가며 기쁨으로 여호와를 섬기며 노래할 것을 주문하고 있다(시 100편).

기독교만큼 사람에게 주신 목소리를 아름답게 하는 종교는 하나도 없다. 오직 지음을 받은 성도들만이 자발적으로 주의 이름을 높여드리는 일에 기쁨으로 종사한다. 그렇기 때문에 거듭나지 아니한 사람들은 참 예배자가 될 수 없고 같은 노래를 불러도 거듭난 영혼의 찬양과 그렇지 못한 자들의 노래는 질적으로 다르다. 그러나 우리가 적어도 그리스도의 구속의 은혜를 경험한 자들이라면 주님을 높이는 것이야말로 일생의 최대 특권이며 자랑이다.

수많은 백성들을 주려 죽게 하고 가난과 굶주림에서 헐떡이는 백성들은 안중에도 없고 권력에 집착하며 호의호식하고 있는 북한에서조차 최고 지도자를 곁에서 섬기고 노래하는 자리에 있음을 가문의 영광으로 알고 있는데 하물며 만왕의 왕이시요, 만주의 주이신 하나님, 그것도 인자하심과 성실하심이 영원하고 대대에 미치게 하시는 그 하나님을 경배하며 노래하는 것이 어찌 가문의 영광이 되지 아니할 수 있겠는가?

그런 의미에서 찬송가 작사자의 고백은 충분히 이해가 되는 대목이다: "나의 기쁨 나의 소망 되시며 나의 생명이 되신 주 밤낮 불러서 찬송을 드려도 늘 아쉰 마음 뿐일세"(찬송가 82장 1절). 또는 "만입이 내게 있으면 그 입 다가지고 내 구주 주신 은총을 늘 찬송 하겠네"(찬송가 23장 1절). 우리는 어떠한가? 입은 그렇게 말하지만 진정으로 그렇게 주님을 높여드리고 있는가?

성경은 찬송을 부를 때 큰 소리로, 온 마음을 다해, 박수치며 소고

치며 노래할 것을 요구한다. 이에 대한 몇 가지는 신학적 이유로 인해 개혁교회에서 사라지고 말았지만 그러나 그러한 교훈이 주는 찬양의 원리는 변함이 없다. 즉 온 마음을 다한 노래여야 한다는 것이다. 입만 뻥긋뻥긋하는 것이 아니다. 건성으로 박수치는 것도 아니다. 립싱크 하라는 말도 아니다. 내게 주신 목소리로 온 마음을 다하여 힘차게 불러야 한다. 찬송을 큰 소리로 부르는 것과 단지 소리를 위한 소리를 내는 것과는 그 감흥에 있어서 엄청난 차이가 있다.

박수를 대충대충 치는 것과 열렬하게 치는 것과는 박수 받는 사람에게 다가가는 감동 자체도 차이가 있지만 박수를 치는 사람 자체에도 많은 차이가 있다. 어떤 것이 좋은지는 우리 모두가 다 잘 알고 있다. 그러나 문제는 그렇게 알고 있으면서도 실천하지 아니한다는 것이다. 사람들이 나를 위해 박수를 칠 때 우레와 같은 함성으로 박수치는 것이 기분 좋게 한다는 것을 알면서도 남에게는 건성으로 박수를 치는 경우가 많이 있다. 그러나 좋아하는 인기 연예인들이나 존경하는 분들을 위해서는 정말 열성적으로 박수치며 환호한다. 우리 하나님은 죄인에 불과한 인기 연예인이 받는 환호만큼도 받지 못할 분인가? 우리는 우리의 찬송하는 태도를 달리해야 한다. 큰 소리로 온 마음을 다해 불러야 한다. 어떤 찬송을 불러야 할까? 성경은 이렇게 말씀한다.

> 시와 찬미와 신령한 노래로 서로 화답하며 너희의 마음으로 주께 노래하며 찬송하며 범사에 우리 주 예수 그리스도의 이름으로 항상 아버지 하나님께 감사하며 그리스도를 경외함으로 피차 복종하라 (엡 5:19-21)

> 그리스도의 말씀이 너희 속에 풍성히 거하여 모든 지혜로 피차 가르치며 권면하고 시와 찬미와 신령한 노래를 부르며 마음에 감사함으로 하나님을 찬양하고
>
> (골 3:16)

이상의 말씀에서 우리가 주목할 것은 시와 찬미와 신령한 노래를 부르라는 말씀이다. 물론 이 내용은 교회에서 모여 예배할 때 그렇게 해야 할 것을 주문한 것이 아니라 성령 충만한 신앙생활의 실천적 행실이 그렇게 되어야 함을 강조한 말씀이다. 앞에서 성령 충만함을 받으라고 말씀하신 후에 그 결과로 나타나는 신앙적 실천 행위가 노래와 감사와 서로 권면하면서 피차 복종함이라고 말씀한 것이다. 그렇다면 공예배에서 불러야 할 노래는 그와 전혀 다른 것인가? 아니다. 실천적 삶이 그러해야 한다면 공예배에서 부르는 노래 역시 시와 찬미와 신령한 노래여야 한다.

'프살모스'(ψαλμός)는 찬양의 노래로서 시편을 가리킨다. 그 단어의 동사는 원래 줄을 잡아 뜯는다는 의미였고 명사적 사용은 악기 연주에 따른 신성한 노래를 부를 때 사용된 단어이다. '휨노스'(ὕμνος)는 찬양하기 위해서 작사된 신성한 시적 표현을 의미한다. '오데'(ᾠδή)는 특별히 운율적 시를 노래하는 일반적인 용어이다. 그런데 중요한 것은 이 세 단어에 신령하다(영어의 spiritual)는 말이 다 붙여져 사용되었다는 것이다. 다시 말하면 하나님이 구별하여 주신 시적 표현들을 가지고 노래하는 것을 의미한다. 그렇다면 당대 초대교회에서 부른 음악적 노래가 구약 시대 성도들이 불렀고 예수님과 사도들이 불렀던 시편 찬양이야말로 하나님이 주신 신령한 노래라고 결론을 지을

수 있다.

이사야서에서 '나의 찬송' 을 부르게 하려 함이라고 하신 것도 이를 뒷받침한다. 더욱이 히브리서 기자가 "이러므로 우리가 예수로 말미암아 항상 찬미의 제사를 하나님께 드리자 이는 그 이름을 증거하는 입술의 열매니라"(히 13:15)고 한 말씀에서 '찬미의 제사' 라는 용어를 사용한 것을 보면 그 의도는 더욱 분명하다. 찬미의 제사를 항상 드리자고 한 것은 계속해서 할 일임을 말하고 있다. 구약의 제사 제도는 신약에서 그리스도의 속죄제사로 인하여 다 폐지되었다. 그러나 신약에서도 계속 이어지는 제사가 있으니 그것은 감사와 찬미의 제사이다. 감사로 제사를 드리는 것은 신구약의 모든 가르침이다. 동시에 찬미의 제사 역시 호흡이 있는 자들이 해야 할 영적 제사이다. 사도 베드로는 이렇게 권고한다.

> 너희도 산돌같이 신령한 집으로 세워지고 예수 그리스도로 말미암아 하나님이 기쁘게 받으실 신령한 제사를 드릴 거룩한 제사장이 될지니라 (벧전 2:5)

그렇다. 신약 시대의 모든 성도들은 다 왕 같은 제사장이요, 거룩한 나라요, 하나님의 소유된 백성이다. 그렇기 때문에 제사장으로서 신령한 제사들을 드릴 책임과 의무가 있다. 단수로 쓰인 것이 아니라 복수로 쓰인 점을 주의하라. 여기에 감사와 찬양의 제사가 포함되어 있는 것이다. 그리고 이웃에게 선한 일을 행하는 것 역시 하나님이 기뻐 받으시는 제사라고 말하고 있다. 구약의 제사는 제사장이나 하나님의 백성들이 임의대로 정할 수 있었던 것이 아니었다. 모세의 제사법은 하나같이 다 제사를 받으시는 하나님이 지정하신 것이었다. 그 방식도 그 과정도 그 내용도 모세가 임의대로 창안한 것이 아니었다. 그렇다면 찬미의 제사라는 말을 사용한 것은 하나님이 정해 주신 하나님의 것으로 하나님께 나아가야 함을 담고 있는 교훈이라고 말하지 않을 수 없다. 그것이 곧 예수님과 사도들 및 초대교회 성도들이 즐겨 부른 시편 찬양이다. 찬양은 성도들의 삶에서 구체화되는 것이요, 그 찬송과 감사가 세상에서 구현되는 것은 선한 일에 열심히 하는 일이다. 그것 또한 우리가 구속함을 받은 가장 큰 이유 중 하나이다.

주 예수 그리스도로 말미암아 하나님 아버지께 감사하는 자가 되어야 한다. 이것이 하나님을 예배하는 이유이다. 예배하며 찬송을 부르는 이유이다. 그리고 동시에 또한 하나님이 기뻐 받으시는 신령한 제사 중에는 이웃에게 그리스도의 이름으로 선을 행하는 것이다. "우리는 그의 만드신 바라 그리스도 예수 안에서 선한 일을 위하여 지으심을 받은 자니 이 일은 하나님이 전에 예비하사 우리로 그 가운데서 행하게 하려 하심이니라"(엡 2:10). 선한 일에 열심히 하는 하나님의 친 백성이 되게 하신 것이다(딛 2:14).

선한 사업에 부요한 자가 되어야 할 이유가 여기에 있다. 그 일이 하나님을 기쁘시게 하는 영적 제사이다. 그러므로 성도들의 교제 가운데서 하나님의 구원하심을 노래하는 찬미의 제사는 중단됨이 없이 실천되어야 할 중요한 제사이며 동시에 그 하나님에 대한 사랑과 감사의 표현이 이웃에게 선한 일을 열심히 감당하는 것으로 나타나야 한다. 선한 사업과 관련해 한마디 하고자 하는 것은 성도들이 고아원이나 양노원이나 불우한 노인들 돕기 혹은 소년소녀 가장 돕기, 탈북자들 돕기와 미혼모들 돕기 등 다양한 방식으로 참가하면서 우리를 사랑해 주시고 구원해 주신 주님의 놀라운 은혜를 함께 나눌 수 있기 때문이다. 그러나 그런 방식도 필요하지만 그들을 위해 기도하는 것 역시 중요한 선한 일이다.

또한 기독교적인 용어나 신학적인 언급을 하지 않고도 좋은 글들을 써서 현대 사회에서 온갖 정신적 고통과 압박을 받으며 삶의 질을 높여보고자 애를 쓰는 사람들에게 길잡이 역할을 해 줄 수 있는 것도 선한 일이다. 불교계의 법정 스님이나 법륜 스님의 책들이 베스트셀러가 되고 있고 천주교의 이해인 수녀의 시들이 그러하다. 그러나 개신교의 글쟁이들은 찾아보기 어렵다. 여러분들 중에서 글을 써서 다른 사람들에게 교훈과 감동을 줄 수 있는 재능이 조금이라도 있다면 적극 활용하여 힐링과 멘토를 찾고 있는 세상 사람들에게 기독교적 교훈을 바탕으로 하는 좋은 길잡이 역할을 할 수 있는 것이다. 그것 역시 하나님이 기뻐 받으시는 신령한 제사 중에 하나이다.

또는 크로스비와 같은 장애를 지니고 있는 분들, 지선아 사랑해의 주인공이나 송명희 시인과 같은 분들이 남긴 귀중한 찬송 시들도 우리는 애창하고 있지만 주의 할 것은 반드시 성경적이고 개혁주의 신학적인 교훈에서 벗어나지 아니하는 것이라야 한다. 신약의 귀중한 말씀들 중에 예수 그리스도와 성령 하나님의 크신 은총을 노래하는 것들을 가지고 아름답게 하나님을 찬송할 수 있다. 찬송은 성도들의 의무이며 예배의 기본적인 요소이다. 우리는 찬송의 큰 역사를 날마다 경험하는 성도들이 되어야 할 것이다.

둘째, 기도이다. 기도는 하나님 없이는 결코 살 수 없음을 고백하는 가장 겸손한 행위이다. 단지 위급한 상황에서 하나님! 하고 큰 소리로 부르는 그 자체를 기도라고 말할 수 없다. 왜냐하면 기도는 쉬지 말고 하라고 가르치기 때문이다. 하나님께 예배할 때에 기도가 빠진 것은 참된 예배가 될 수 없는 이유가 여기에 있다. 기도는 하나님을 하나님으로 인정하는 것이다. 그러므로 여호와께 부르짖고 그의 이름을 부르는 행위는 우리가 하나님께 속해 있는 하나님의 자녀임을, 그리고 하나님의 도우심이 없이는 말하는 것도 숨 쉬는 것도 일하는 것도 아무런 의미가 없음을 고백하는 것이다. 다시 말해, 하나님이 나의 주인 되심을 인정하는 것이다. 기도 없는 신앙생활은 찬송과 감사가 없는 신앙생활을 생각할 수 없듯이 결코 불가능하다.

우리가 성도라고 한다면 기도는 선택이 아니라 필수이다. 하나님은 자기 백성들에게 항상 좋은 것을 주시기를 원하시며, 우리의 기도를 통해서 이루어주시기를 기뻐하신다. 이를 통해 성도는 하나님께 감사하는 법을 배운다. 부르짖음과 간구함이 없이 누리게 될 때 성도는 감사하는 마음을 갖기 어렵다. 하지만 땀과 수고와 노력이 깃든 일에는 자부심과 자랑하고 싶은 마음이 간절하듯 주님의 도우심으로 이룬 일이라는 고백은 영광을 주님께 돌리는 위대한 신앙고백이다. 말에나 일에나 매사에 주 예수 그리스도의 이름으로 하며 하나님께 감사하는 자리에 나가기 때문이다. 칼빈은 말하기를 "하나님께 나아가거나 구하지 않는다면 그것은 우리에게 유익이 되기는커녕 마치 보물이 있다는 이야기를 알고도 그것을 마냥 땅 속에 묻어놓고 있는 채로 내버려 두는 것이나 다름없다"고 했다.

사실 예배 자체가 하나님과의 만남인데 기도는 그 주재이신 하나님을 직접적으로 만나는 수단이다. 그 수단 사용은 보물을 손에 쥐는 것이다. 그러므로 기도는 믿음의 현실화 작업이다. 기도는 영혼의 호흡이다. 숨이 멈추면 죽은 인생이 되듯이 기도 없는 신앙생활은 죽은 자가 설쳐대는 무시무시한 일이다. 죽은 자들이 날뛰는 곳에서 벌어지는 일들을 생각해 보라. 음부에서 서로 으르렁거리며 피 흘리기를 즐겨하는 자들의 처절한 고통과 분노를 생각해 보라. 교회에서 가장 문제를 많이 일으키는 자들은 기도 없이 중직을 맡고 있는 자들이다.

기도하는 외형적 행위는 사람들에게 보일 수 있다. 바리새인들과 서기관들처럼 길거리에 서서 두 손을 하늘을 향해 치켜들고 큰 소리로 기도할 수 있다. 그러나 하나님은 그런 자들의 기도를 듣지 아니한다. 왜냐하면 그들은 진정으로 주님의 뜻을 구하고 주님의 뜻에 복종할 의사가 전혀 없기 때문이다. 그들이 기도하는 것은 사람들에게 명성을 얻고 권력 행사를 위한 명분에 불과하다. 그러나 참된 기도는 내가 생각하는 무엇을 아뢰기 전에 먼저 주님의 뜻을 구하는 것이다.

그렇기 때문에 사도 바울은 "그리스도의 말씀이 너희 속에 풍성히 거하여 모든 지혜로 피차 가르치며 권면하고 시와 찬미와 신령한 노래를 부르라"(골 3:16)고 한 것이다. 찬송과 기도에 있어서 그리스도의 말씀이 우리 안에 풍성히 거하는 것이 매우 중요하다. 칼빈은 하나님이 그 말씀을 우리 입에 넣어주셔서 그 말씀으로 하나님을 찬양케 하신다고 하였다. 마찬가지로 기도 역시 그가 주신 말씀대로 주께 아뢰는 것이다. 나의 입술의 모든 말과 마음의 묵상이 주께 열납되기를 간구한 시편 기자의 고백은 찬양과 기도의 특징이 무엇인지를 잘 보여주고 있는 것이다. 예수님이 하신 말씀을 생각해 보라.

> 너희가 내 안에 거하고 내 말이 너희 안에 거하면 무엇이든지 원하는 대로 구하라 그리하면 이루리라 (요 15:7)

그렇다. 기도는 내 맘에 생각나는 대로 내 의지의 욕구대로 마음껏 발설하는 것이 아니다. 우리의 심령에 풍성하게 거하고 있는 그리스도의 말씀이 교훈하고 있는 대로 고백하는 것이다. 기도가 안 되는 가장 큰 이유는 우리 안에 하나님의 말씀이 살아 있지 아니하고 우리 자신의 욕망이 풍성하기 때문이다. 기도는 그 욕망을 죽이고 내 안에 그리스도께서 풍요롭게 살게 하는 것이다.

기도의 중요성 성경적 가르침을 잘 실천한 분이 17세기 위대한 성경주석가인 메튜 헨리이다. 그가 쓴 기도라는 책을 보면 시종일관 하나님의 거룩한 말씀으로 이루어진 것을 본다. 그러한 기도는 하나님께 상달함이 100%이다. 기도할 때 우리가 기억해야 할 것이 두 가지이다. 하나는 긍정적인 면이요 다른 하나는 부정적인 면이다.

긍정적으로 먼저 기억해야 할 것은 하나님이 우리의 기도를 들으신다는 것을 믿는 것이다. 이것은 히브리서 기자가 교훈하고 있다.

> 믿음이 없이는 기쁘시게 못하나니 하나님께 나아가는 자는 반드시 그가 계신 것과 또한 그가 자기를 찾는 자들에게 상주시는 이심을 믿어야 할지니라
>
> (히 11:6)

하나님이 계시다는 존재 인정과 동시에 그분이 자기를 찾는 자들이 누구든지 응답하신다는 사실을 믿지 아니하면 기도할 수 없다. 이 말을 뒤집어 말하면 기도하지 않는다는 것은 하나님이 없으며, 구해보았자 헛수고라는 불신앙을 갖고 있음을 증명하는 것이라 할 수 있다. 그러므로 하나님을 믿는다고 말하는 자는 반드시 기도하는 사람이어

야 한다. 여기에는 어떤 일말의 의심도 허용하지 아니한다. 기도 응답에 관한 많은 성경 구절 중에서 사람들이 많이 인용하고 있는 예레미야 29장을 보라.

> 너희는 내게 부르짖으며 와서 내게 기도하면 내가 너희를 들을 것이요 너희가 전심으로 나를 찾고 찾으면 나를 만나리라 (렘 29:12-13)

성경에서 기도 응답에 대한 약속은 무지기수이다. 겨자씨만한 믿음만 있어도 산을 들어 바다에 던져지라고 하면 그대로 될 것임을 약속하셨다. 하나님은 언약을 지키시는 신실한 하나님이시기 때문에 우리가 기도한다는 것은 그의 존재를 인정하고 그의 약속의 말씀을 신뢰한다는 신앙고백이다. 그런 자들을 주님은 기뻐 받으신다. 그런 자들의 부르짖음을 결코 실망시키지 아니하는 분이시다.

동시에 부정적인 측면에서 기도하는 자들이 반드시 기억할 것은 우리의 정욕대로 쓰려고 잘못 구하는 일이다. 이것은 제 아무리 미사여구를 동원하여 듣는 자들이 감탄할만한 내용을 구한다고 할지라도 주님께 받을 기대를 하지 말아야 한다. 이 두 가지 점에 대해서 야고보서가 명확하게 지적하고 있다.

> 오직 믿음으로 구하고 조금도 의심하지 말라 의심하는 자는 마치 바람에 밀려 요동하는 바다 물결 같으니 이런 사람은 무엇이든지 주께 얻기를 생각하지 말라 두 마음을 품어 모든 일에 정함이 없는 자로다 (약 1:6-8)

야고보서는 자신이 즐기고자 악한 의도로 구하는 것을 경고한다.

> …너희가 얻지 못함은 구하지 아니함이요 구하여도 받지 못함은 정욕으로 쓰려고 잘못 구함이니라
>
> (약 4:2-3)

그러므로 우리는 자신이 지금 무엇 때문에 기도하고 있는지를 깊이 생각해야 한다. 혹이나 내 자신의 부와 영광과 명예를 위한 기도가 아닌지를 점검해야 한다.

우리는 먹든지 마시든지 무엇을 하든지 다 하나님의 영광을 위하여 해야 한다. 그러므로 기도 생활도 우리가 하나님께 영광을 돌리기 위한 것인지 아닌지를 먼저 생각해야 한다. 그냥 입만 열면 줄줄이 쏟아져 나오는 기도가 아니라 기도할 때 내가 무엇을 위해서 기도해야 하는지를 깊이 묵상하고 생각하며 주님의 기록된 말씀에 부합한 것으로 간구해야 한다. 하나님은 그 말씀을 보내셔서 우리를 위기에서 건져주시고 응답하신다. 그러므로 늘 주의 말씀으로 합당한 것을 구해야 한다. 물론 때로 하나님은 우리들이 보챌 때 우리의 욕구대로 허용하실 때도 있다. 그러나 대체로 그러한 경우는 축복이 되기보다도 올무가 되어 넘어지는 걸림돌이 된다. 그렇기 때문에 주님의 말씀에 합당하게 구했음에도 불구하고 응답이 없다고 할 때 그것은 나의 모든 것을 헤아리고 계시는 하나님이 가장 적절한 때에 가장 좋은 것으로 응답하심을 믿고 기다리는 것이 필요하다.

이처럼 기도에는 인내도 요구된다. 비상시에 즉각적인 응답도 있지만 오랜 세월을 기다리는 것도 필요하다. 남북통일을 위한 기도는 70

년이 다 되어간다. 믿지 않는 친구들이나 가족들을 위한 기도 역시 오랜 세월이 지나갈 수 있다. 때론 내가 죽은 이후에 응답이 올 수도 있다. 그러나 중요한 것은 기도에는 반드시 그 응답이 있음을 알고 늘 기도에 힘쓰는 자가 되어야 한다. 인내의 열매는 달다.

칼빈은 『기독교 강요』에서 기도가 주는 여섯 가지 유익을 말한다.

첫째, 기도는 하나님을 찾고 그를 사랑하며 섬기고자 하는 진지하고도 열렬한 소원으로 우리 마음이 항상 불타오르게 해 준다. 또한 어떠한 사정이 생기든 하나님을 거룩한 닻으로 여겨 그에게 의지하는 습관을 가지게 한다.

둘째, 기도는 하나님 앞에 내어놓기 부끄러운 욕망이나 바람이 우리 마음에 들어오지 못하도록 막아준다. 그리고 우리의 모든 소원들을 하나님이 보시도록 그대로 내어놓기를 배우며 또한 그리하여 우리의 마음을 그 앞에 쏟아놓는 법을 배우게 된다.

셋째, 기도는 하나님이 베푸시는 모든 은택들을 진정한 감사와 찬송으로 받게 해 준다. 우리의 기도가 그 모든 은택들이 다 하나님의 손으로부터 오는 것임을 깨닫게 해 준다. "중생의 눈이 주를 앙망하오니 주는 때를 따라 저희에게 식물을 주시며 손을 펴사 모든 생물의 소원을 만족케 하시나이다"(시 145:15-16). 기도는 때를 따라 돕는 은혜를 얻는 수단이다(히 4:15).

넷째, 구한 것을 받음이 우리의 기도에 응답하신 하나님임을 깨닫게 되면 하나님의 긍휼하심을 더욱 더 간절히 사모하게 된다.

다섯째, 우리의 기도로 말미암아 얻어진 축복들을 더 큰 기쁨으로 환영하게 된다.

여섯째, 우리의 연약함 정도에 따라 다르지만 기도는 하나님의 섭리를 체험하게 하며 확증하게 해 준다.

그렇기 때문에 기도 없는 신앙생활은 말 자체도 성립이 안 되지만 불가능한 것이다. 간구하는 자의 기도를 하나님은 들어주신다. 그것만큼 하나님의 본성에 어울리는 것이 없다고까지 칼빈은 말했다.

이제 우리는 사적인 기도 시간만이 아니라 교회가 정한 공적인 기도 시간도 잘 사용해야 한다. 특히 공 기도를 맡은 이는 온 교회 회중들을 대표하여 간구하는 것이기 때문에 더욱 잘 준비해야 한다. 중언부언하지 않기 위함이다. 기도를 통해서 거룩한 명성을 얻고 싶어 하는 것이 되면 헛된 기도가 된다. 공 기도는 예배와 교회가 필요로 하는 것과 성도들과 백성들의 죄를 회개함과 또한 하나님이 예비하신 은총을 감사함으로 받음과 말씀하심에 적극 순종하는 은혜와 예배 참여자들의 영적 감흥을 위해서 그리고 국가와 민족의 평안과 안정을 위해서 간구해야 한다. 특별히 그날에 선포될 말씀의 사자들을 위하여 기도함으로 선포되는 말씀이 온 회중들의 심령에 감동하심이 넘치도록 구해야 한다.

공 기도를 대표하여 맡은 이는 횡설수설하지 않도록 미리 기도의 내용을 준비하고 성령의 인도하심을 사모해야 한다. 혹이나 실수할 것을 예비하고 중언부언을 방지하기 위하여 미리 기도문을 적어서 하는 것도 유익하나 가능한 마음을 다한 기도를 하도록 훈련해야 한다. 이것은 사적인 기도 시간을 가지는 실천으로서 훈련되어질 수 있다. 그런 의미에서 집에서나 혹은 은밀한 곳에서 하나님과의 만남의 교제를 즐기지 못하는 자는 공 기도에 나설 자격이 없다. 사적인 기도 실천이 없이 공 기도에 나서는 것은 은밀한 중에 들으시는 하나님을 의식하고 그 하나님이 기뻐 받으시는 기도가 되기를 열망하기보다 사람들의 생각을 더 중시하는 죄를 범하는 것이다. 하나님과 함께 하는 시간이 많을수록 기도의 능력은 강렬해진다.

구하라, 찾으라, 두드리라고 하신 주님의 음성을 생각해보라. 왜 그렇게 말씀하셨는가? 들어주시겠다는 것이다. 찾는 것을 얻게 하시겠다는 것이다. 닫힌 문을 열리게 하시겠다는 것이다. 그런데도 기도하기를 주저하고 있거나 아예 무시하고 산다는 것이 가당한 일이 되겠는가? 참된 예배자들은 참된 기도의 사람들이요, 참된 찬양과 감사의 제사를 주님께 드리는 좋은 제사장들이다. 이 같은 모습으로 우리의 주님을 잘 경배하고 섬기는 일꾼들이 되기를 소망한다.

셋째, 성경 읽기와 말씀 선포이다. 그리스도의 몸으로서 교회는 예배 공동체이다. 그 예배는 특정한 시간에 전 회중이 함께 모이는 공예배가 있고 개인적으로 가지는 사적인 경건의 시간 혹은 몇몇 사람이 모이는 사적 회합이 있다. 공예배에서나 사적인 경건의 시간에 빼놓을 수 없는 것이 성경 읽기와 말씀 선포다. 물론 사적인 시간에는 설교를 회중 전체를 놓고 하는 것처럼 할 수 있는 것은 아니다. 간단한 의미의 설명이 수반될 수 있다. 그러나 공예배에서는 온 회중이 함께 성경을 읽는 것이 필요하다. 예배는 우리 자신을 드리는 것보다 더 우선되어야 할 일이 하나님의 음성을 듣는 것이기 때문이다.

여호와의 말씀을 온 회중이 듣는 일이 필요하다. 과거 청교도들이 제시한 예배모범엔 신구약 성경에서 한 장씩 낭독하거나 교독하였다. 지금도 개혁파 교회에서는 성경을 읽는다. 이것은 설교 분문과는 다르다. 본문의 내용과 연관된 장을 읽을 수도 있고 그렇지 않고 차례대로 읽어갈 수 있다.

그리고 예배에 있어서 중요한 것이 말씀 선포이다. 이것은 읽은 본문 말씀의 의미를 자세히 풀어 증거하는 것으로서 성도들의 신앙의 목적인 하나님을 더 잘 알도록 이끄는 것과 세상에서 하나님의 증거하신 뜻대로 실천하며 살아야 할 것을 명하고 권하는 일이다. 여기엔 회개와 죄 사함 및 의지적 결단이 수반된다. 하나님의 말씀을 선포하는 일은 모든 신자가 다 해야 할 일이 아니다. 물론 성도 개개인도 복음을 전할 책무가 있다. 그러나 회중들 앞에서 하나님을 대신하는 대언자로서 말씀 선포는 말씀 선포의 은사를 부여받은 자의 몫이다. 즉 교회에 세우신 목사와 교사의 일인 것이다.

초대교회인 예루살렘 교회에 있던 사도들은 공궤하는 일에 많은 시간을 빼앗기게 되자 우리는 기도하는 것과 말씀 전하는 일에 전무하겠다고 선언하였다. 그리고 공궤하는 일을 전담하는 일곱 명의 대표를 선출하였다. 다시 말해서 교회의 일꾼 그 중에 말씀을 가르치고 전하는 일에 수고하는 일꾼들은 기도와 말씀 전하는 일에 전무해야 할 전문가여야 한다. 교회의 성숙은 말씀 선포자의 역량에 달려있다고 해도 과언이 아니다. 그렇기 때문에 교회는 말씀을 맡은 일꾼들을 위해서 더욱 기도해야 한다. 그들이 입을 벌려 담대하게 주님의 진리를 선언토록 하나님의 은혜와 강권적인 역사하심을 구해야 한다. 말씀 선포가 없는 교회는 교회가 아니다. 그러므로 선포되는 말씀을 들음이 없는 성도는 성도로서 자기 역할을 감당할 수 없다.

예배에 참여한다는 것은 단지 설교를 듣기 위해서 오는 것은 아니다. 찬송도 기도도 예배 순서 모두가 다 중요하다. 그 모든 순서에서도 우리는 주님의 은혜를 경험해야 한다. 그러나 설교가 예배의 클라

이막스가 되는 것은 단지 시간이 길어서가 아니다. 설교가 하나님의 예언적인 음성이기 때문이다. 설교자의 입을 통해서 하나님이 회중들에게 말씀하시는 것이다. 다른 요소들은 우리가 하나님께 드리는 것이지만 성경 읽기와 말씀 선포는 하나님이 우리에게 말씀하시는 것이다. 그렇기 때문에 말씀 듣기를 위한 사전 준비를 청교도들은 강조하였다. 기도로 마음의 밭을 옥토로 가꾸도록 준비해야 한다. 감사함으로, 기꺼이 순종하겠다는 헌신적인 자세로 말씀을 들어야 한다. 그렇지 않으면 우리의 마음 밭은 길가의 밭이 될 것이요, 사단이 열매를 맺지 못하도록 강팍한 마음이 되게 할 것이다. 믿음으로 받아 그 말씀이 믿는 자 속에서 살아 역사하도록 해야 할 책임은 받는 자에게 있다. 주님이 말씀하심은 우리에게 유익하도록 우리가 마땅히 가야 할 길로 가도록 인도하시기 위함이기 때문에 사모하는 심령을 충분히 만족시키실 것이다.

넷째, 헌금이다. 헌금은 하나님에 대한 사랑의 표현이다. 헌금은 모든 것이 다 주님의 것이라는 사실을 인정하는 신앙고백이다. 하나님에게 뭔가 결핍함이 있어서 우리들의 도움을 필요로 하여 헌금하는 것이 아니다. 그렇다고 헌금이 목회자를 먹여 살리기 위해, 혹은 교회 사업을 성황리에 달성케 하기 위해 자발적으로 내는 기부금도 아니다. 헌금은 교회에 위임해 주신 사명을 감당하기 위해 물질적 필요를 채우기 위한 것이다. 복음전파와 선교를 위해, 그리고 구제와 봉사를 위해, 또한 성도들의 양육을 위해 필요한 부분에 사용한다.

이렇게 헌금할 때 가져야 할 기본적인 자세는 고린도후서 8장에서 발견할 수 있다. 첫째는 매 주일 모일 때마다 주님께 드린다. 성경은 빈손으로 여호와 앞에 나오지 말라고 한다(신 16:16). 그리고 하나님이 주신 복을 따라 그 힘대로 드릴 것을 말씀하신다(신 16:17). 이러한 교훈적인 실천을 신약에서 사도 바울은 마게도냐 교회 성도들의 열심으로 소개한다. 그들은 극심한 가난 중에서도 힘에 지나도록 자원하여 풍성한 연보를 했다(고후 8:2-3). 또한 헌금도 기도와 마찬가지로 미리 준비하여야 참 연보답고 억지로 하는 것이 아니었다(고후 9:5). 주님께 드리는 것이기 때문에 미리 준비해서 드리는 것이 합당하다.

그런데 놀라운 것은 연보에 대한 가르침을 마치 씨를 심는 것으로 말하고 있다. 즉 심은 대로 거둔다는 의미이다. 헌금이나 봉사가 하나님 앞에서 마치 투자하는 것과 같은 뉘앙스를 품기고 있다. 물론 속된 표현대로 돈 놓고 돈 먹기라고 말하지는 않는다. 그런 의미에서 하나님은 시험의 대상이 아니다. 그런데도 말라기를 보면 십일조와 관련하여 주께서 약속하기를 "너희의 온전한 십일조를 창고에 들여 나의 집에 양식이 있게 하고 그것으로 나를 시험하여 내가 하늘 문을 열고 너희에게 복을 쌓을 것이 없도록 붓지 아니하나 보라"(말 3:10)고 하셨다. 이것은 그만큼 하나님의 복을 받게 되는 행위임을 강조하는 것이다.

사실 하나님은 모든 것을 준비해 놓으시고 마지막으로 인간을 창조하셨다. 그렇기 때문에 인간이 누리는 모든 것이 다 하나님께로부터 온 것이다. 지구상에 수십억의 인구들이 살고 있는데 그들의 입으로 들어가는 하루의 양식이 얼마나 되겠는가? 상상할 수 없는 분량의 음식들이다. 그런데 그 모든 산물들이 공급되고 있다. 바다의 어족들과 공중의 새들과 산짐승들까지도 다 먹이시고 입히신다. 그런데 유독 하나님은 하나님의 형상으로 지음을 받은 인간에게만 공수로 나오지 말라고 요구하신다. 왜냐하면 하나님이 지으신 모든 것을 다스리는 권세를 주셨기 때문이다. 그 권세를 행함에 있어서 인간은 하나님의 주권적인 통치 아래에 놓인 자들임을 늘 기억하고 살라는 것이다. 헌금은 바로 그 사실을 인정하는 신앙적 행위이다. 헌금하고 안하고는 자유이다. 강제로 구속하는 것이 아니다. 그래서 자원하는 심령으로 드릴 것을 말씀하고 있다. 모든 것이 다 주님의 것임을 인정하는 것이다. 이렇게 헌금은 주님의 주되심을 인정하는 신앙 고백적 행위로, 주님은 그 행위에 대한 보상까지도 준비하고 계신다. 주님은 심은 대로 거두게 역사하신다. 고린도후서 9:6에서 "적게 심는 자는 적게 거두고 많이 심는 자는 많이 거둔다"고 하였다. 그러면서 하나님은 즐겨 내는 자를 사랑하신다고 7절은 말씀한다.

사실 성도들이 즐거운 마음으로 헌신해야 할 이유가 무엇인가? 고린도후서는 말씀한다.

> 하나님이 능히 모든 은혜를 너희에게 넘치게 하시나니 이는 너희로 모든 일에 항상 모든 것이 넉넉하여 모든 착한 일을 넘치게 하게 하려 하심이라 (고후 9:8)

하나님은 극심한 가난 중에서도 풍성한 연보를 드린 자들에게 필요한 모든 은혜를 넘치도록 부어주신다. 우리는 그 은혜를 받은 자로서 기꺼이 주님의 쓰심에 합당한 것을 드린다. 이에 주님은 모든 착한 일을 넘치게 하게 하시려고 모든 은혜를 넘치게 부어주시는 것이다. 주님은 우리로 선한 사업에 부한 자가 되게 하신다. 이것은 우리들을 구속하여 주시고 하나님의 자녀로 삼아 주신 이유이기도 하다. 바울은 에베소서에서 이렇게 말씀하였다.

> 우리는 그의 만드신 바라 그리스도 예수 안에서 선한 일을 위하여 지으심을 받은 자니 이 일은 하나님이 전에 예비하사 우리로 그 가운데서 행하게 하려 하심이라 (엡 2:10)

선한 일을 어떻게 해야 하는가? 우리 주님이 가르쳐주신 것처럼 오른손이 하는 일을 왼손이 모르게 해야 한다. 은밀한 중에 보시는 하나님 앞에서 은밀하게 해야 한다. 그러나 시대의 흐름은 구제도 선한 사업도 다 선전하기에 급급해 한다.

로마교에서는 성 프란시스의 흉내를 내고 있는 교황의 행보에 열광한다. 예수님조차도 군중들에게 그런 환호를 받지 않으셨다. 교황의 하는 말을 보라. 그들은 사람들이 좋아하는 소리만 한다. 그들은 약한 자들을 보듬고 위로하는 선한 모습만 부각시키며 부를 탐하고 있는 자들에 대한 백성들의 화를 풀어준다. 그러나 주님은 그러 모습을 좋아하지 않으실 것이다. 왜냐하면 그 자리엔 그리스도가 나타나지 아니하고 오직 교황이라는 인간만 높임을 받고 있기 때문이다. 그리스도의 이름으로 선지자 노릇을 하는 것뿐이다. 그리스도의 이름으로 큰일을 감당하고 있다. 그러나 그 모든 것은 교황과 가톨릭교회의 영예만 나타낼 뿐이다.

선한 사업에 부요한 것은 주는 것이 받는 것보다 낫다는 가르침을 실천하는 것이다. 은밀한 중에 보시는 하나님께 인정받으시는 일을 하는 것이다. 지금의 개신교도들도 사회에 인정받고자 대대적인 선전을 하며 칭찬에 목말라하고 있다. 누구라도 그런 미혹은 찾아온다. 나는 이렇게 자비가 많은 사람이라고 포장하고 싶어 한다. 순수하게 사랑을 실천하는 것은 나는 쇠해지고 그리스도가 흥해져야 한다는 교훈을 바탕으로 한다. 그리스도께서 높임을 받지 아니하는 선행은 불신자들의 선행과 다른 것이 하나도 없다. 비록 그것이 그리스도의 이름으로 하는 것이라도 말이다. 이름 없이 빛도 없이 감사하며 섬기리라는 것은 한갓 노래 가사 말에 불과하고, 실지로는 기념사진을 찍고 언론에 보도하며 자신의 업적들을 은근히 과시하는 풍조는 사라져야 할 일이다. 교회가 자랑되고 목사나 장로의 이름들이 추켜세움을 받는 것은 결코 주님께 잘했다고 칭찬들을 일이 아니다.

나도 사람들에게 이러저러한 일을 했다고 뻐기고 싶은 유혹이 없는 것이 아니다. 주인공이 되어 방송도 타고 신문에 오르내리고 싶기도 하다. 사람들이 알아주지 않아 섭섭하기도 하다. 목회 생활을 하면서 목사의 수고와 땀은 간데없고 허물만 들춰내어 오물을 뒤집어쓰게 하는 자들의 소위에 분노함을 금할 수 없다. 그 동안의 모든 수고를 다 헛된 것으로 만드는 것처럼 보이니 억장이 무너지는 느낌이 왜 없겠는가? 그러나 나는 주님께 감사하다. 내가 드러나지 않고 짓밟힘으로써 그리스도가 영광을 얻으시니 감사할 뿐이다. 나를 밟고 사람들이 세워진다면 그 밟힘도 영광인 것이다. 나의 굴욕이 주님의 영광이 된다면 백 번이고 천 번이고 당할 일이다. 칼빈주의는 나와 세상은 간곳없게 하고 오직 구속하신 주님만 드러내는 신앙이다. 그 일을 위한 것이라면 내게 있는 모든 것을 즐거운 마음으로 드리는 것이다.

그러나 성도들 중에는 억지로나 인색함으로 하는 자들도 없지 않아 있다. 우리는 생색내려다가 죽임을 당한 아나니아와 십비라의 사건도 기억한다. 우리는 그들을 비난할 자격이 없다. 왜냐하면 주님께 드린다고 가진 부동산을 처분하는 일이 없기 때문이다. 그에 비해 그들은 가진 전토를 팔았다. 얼마를 감추어 두었는지는 모르지만 그래도 땅을 처분할 정도로 헌신적이었다. 우리는 조금이라도 자신에게 불리하면 돌아서고 유익이 되면 고개를 내미는 경우가 얼마나 많은지 모른다. 강남의 3천억 대의 건물을 지은 교회가 다소 분쟁이 있지만 건축해 놓고 나니 떠났던 자들이 되돌아올 뿐 아니라 사람들이 몰려온다고 한다. 건축비 감당하고 싶지 않고 더 좋은 시설에서 예배하고자 편리주의를 좇아가는 현상을 보니 씁쓸하기 그지없다.

예배처소를 알아보기 위해 다니면서 강북지역에 교회들이 얼마나 많은지 새삼 느꼈다. 그러나 강남지역엔 교회들을 보기가 쉽지 않았다. 비싼 임대료 때문에 개척교회가 들어설 여지가 없는 것이다. 하지만 사람들은 번듯하게 지은 화려한 교회당을 찾는다. 거기서 선포되는 말씀이 진리이냐 아니냐를 생각하지 않는다. 시각적인 만족이 주어지고 감성의 충족이 이루어지면 그것으로 대만족이다. 현대 교회 교인들의 이기적이고 불신앙적인 한 단면을 보여준다.

헌금 사용도 목사나 당회원들이 함부로 사용할 수 없도록 성도들의 감시가 그 어느 때보다 높다. 정직하게 사용해도 트집 잡는 자들은 언제나 존재한다. 나는 사역비와 선교비 및 구제비는 교회가 언제나 아낌없이 쓸 수 있어야 한다고 본다. 물론 합리적인 선에서 해야 한다. 수입은 열인데 지출을 열둘로 한다면 그것은 어리석은 일이다. 그러나 때로 비상시에 예를 들어서 긴급하게 꼭 지출해야 할 사역비나 선교비나 구제비가 필요할 경우 하나님의 도우심을 구하며 성도들의 헌신을 교회는 요구할 수 있다. 우리에게 주신 재물은 주의 사업을 위해서 쓰라고 주신 것이다. 우리 교단의 헌법에 있는 예배 모범에 언급한 헌금에 대한 규정을 보자.

> 교회의 각 신도는 주께로부터 받은 재물을 가지고 정칙대로 헌금하는 일을 배양할지니 이로써 주 예수 그리스도의 명하신 대로 복음을 천하 만민에게 전파하는 일을 도움이 옳으니 주일마다 이 일을 위하여 회중으로 헌금하는 기회를 정하는 것이 합당하고 매우 아름다운 일이다. 성경에 가르치신 대로 이와 같이 헌금하는 것은 전능하신 하나님께 엄숙히 예배하는 일부분으로 한다.
>
> 헌금은 어느 예배회에서 할 것과 그 순서는 목사와 당회의 결의대로 할 것이요, 목사는 헌금하는 일을 예배의 한 부분이 되게 하기 위하여 헌금 전, 혹은 후에 특별히 간단 한 기도로 복 주시기를 구하고 주의 물건으로 봉헌한다.

다섯째, 성례 거행이다. 교회의 두 번째 표지에 해당되며 예배의 다섯 번째 요소에 해당되는 것은 성례 거행이다. 개혁교회는 로마교에서처럼 7성례를 주장하지 않고 오직 성례, 즉 세례와 성찬만을 수행한다. 그 이유는 교회의 머리되신 그리스도께서 직접 제정해 주신 것이 이 두 가지이기 때문이다. 뿐만 아니라 지상에 교회가 존재하는 한 언제나 실시해야 할 것으로 성경이 그렇게 명하고 있기 때문이다. 그러나 로마교에서 주장하는 다른 5가지(견진, 고해, 종부, 신품, 혼배성사)는 비록 성도로서 중요한 실천사항이라 할지라도 앞에서 지적한 두 가지 원리와 위배되는 것들이기 때문에 성례로 간주하지 않는다. 성례라는 단어는 전쟁터에 나가는 군사들이 왕에게 충성 맹세를 하는 서약에서부터 유래된 단어이다. 그리스도인들이 일평생 주님께 충성하겠다는 굳건한 다짐을 뜻한다.

성례는 두 가지 의미가 담겨있다. 하나는 성례를 제정해 주신 주님이 약속하신 은혜의 약속들을 눈으로 보게 하고 확정하게 하는 수단의 의미이다. 즉 하나님의 은혜에 대한 가시적 표징이다. 그리고 그 약속하신 것을 그대로 받아 받은 은혜를 굳건히 지키고 섬긴다는 충성 맹세의 의미이다. 세례를 통해서 그리스도와 연합 혹은 결혼을 선포하는 것이다. 이것은 주 예수 그리스도를 주로 고백하는 자들에게 그들의 신앙이 참된 것인지 아닌지를 검증한 후에 교회가 교회법이 정한 예식에 따라서 세례를 베푼다. 장로교회에서는 세례받기 전에 준비기간을 두고 학습교인으로 세워서 기독교 신앙의 기본적인 요소들을 가르치고, 세례교인이 되기에 합당하다고 할 때 세례식을 베푼다. 회심에 대한 분명한 검증과 그에 수반되는 영적 삶의 변화를 잘 살펴서 합당하다고 교회가 인정한 후 교회의 일원으로 가입시키는 것이 세례식이다.

오늘날 한국 교회는 이 멤버십에 대한 정확한 규정이 없어 세례교인이라 할지라도 사회적으로나 교회적으로 물의를 일으키는 파장이 심각할 정도이다. 개혁교회는 권징과 마찬가지로 교회의 순결성을 위해서라도 교회의 정회원이 되는 세례식을 난립하기보다는 정확하게 실시해야 할 것이다. 물론 사람들이 판단하는 기준 자체가 큰 의미가 있는 것은 아니다. 왜냐하면 구약에서 할례를 받았다는 외적 표시 그 자체가 영적으로도 참 이스라엘 사람이라는 것을 보장하지 못한 것처럼 세례를 받았고 그래서 한 지역 교회의 정회원이 되었다고 해서 그것이 곧 하늘나라 시민권자임을 보증하는 것은 아니기 때문이다.

그러나 일반적인 규정자체는 성경에 근거하여 교회가 정하여 실시한다. 그것을 우리는 교회 헌법에 규정해 놓고 실천하도록 권장한다. 성경에는 세례에 대하여 나이제한 규정도 없고 교회 다닌 지 얼마가 지나야 세례를 줄 수 있는지에 대한 규정도 없다. 그러나 교회 총회가 그 부분에 대해서 규정한 것을 따라서 교회 다닌지 6개월이 되면 학습 교인이 될 수 있고 학습 받은지 6개월이 되면 세례교인이 될 수 있는 조항을 두었다. 물론 교회가 검증하는 수준에 미치지 못하면 6개월 혹은 일 년이 넘어도 세례를 받을 수 없는 것이지만 개인의 신앙생활을 점검하여 정회원이 되게 한다.

회심을 하고 구주 예수 그리스도를 믿는다고 신앙고백을 할 수 없는 어린아이들에게 유아세례를 주는 문제를 강력하게 반대하는 침례교 주장에 비해 장로교에서는 하나님의 언약이 실제적으로 믿는다고 고백하는 당사자에게만 적용되는 것이라 할지라도 그 영향은 참 신자의 자녀들에게도 미칠 수 있다는 것을 전제로 하여 하나님의 언약백성으로 키우겠다는 다짐의 표시로 유아세례를 준다. 이것은 구약에서 난지 8일 만에 모든 남자 아이들에게 할례를 주게 하고 그들이 하나님의 언약 백성임을 강조하며 출애굽의 큰 은혜를 가르쳐 그 안에 거하도록 이끌 책임을 부모에게 주었던 것과 같은 원리이다.

할례 그 자체가 하나님 백성이라는 보증서가 아니라 마음에 할례를 받아야 했듯이 세례 자체도 천국 티켓이 아니다. 본인이 마음으로 믿고 입으로 시인하여 구원에 이른다. 그러나 그렇게 본인이 고백하도록 어려서부터 복음 진리 안에 거하게 하며 가르쳐 주님을 아는 지식 가운데서 자라가게 할 부모의 책임은 유아 세례식을 통해서 강조된다. 이에 수반되는 영아의 죽음 문제는 성경에서 교훈하고 있지 않는 한 우리가 거론할 자격이 없다. 다만 말할 수 있는 것은 그 아이가 하나님의 택함을 받은 자라면 하나님이 하나님의 방식으로 아이의 구원 문제를 이루실 것이다. 그 외에 구원은 마음으로 믿고 우리의 입으로 주 예수 그리스도를 나의 구주로 고백하고 사랑하며 섬기는 삶이 있을 때 천국 백성으로 확정할 수 있다고 말한다. 그러나 그것조차도 외적 판단에 불과한 것이요, 내적 판단은 구원의 주인이신 하나님이 하실 일이다.

성찬은 그리스도께서 친히 제정하신 원리대로 그리스도의 고난과 죽음을 기념하여 지키는 예식이다. 세례의 요소는 개인의 믿음의 고백과 외적인 물이 있다. 성찬은 떡과 포도주가 그 요소이다. 떡은 죄인을 위해 찢기신 그리스도의 몸을 상징하고 포도주는 우리 죄를 위해서 흘리신 그리스도의 피를 가리킨다. 이 부분에 대한 종교개혁자들의 치열한 논쟁이 있었다. 결국 개혁파와 루터파가 합쳐지지 못한 한 원인이 되기도 하였다.

성찬에 대한 신학적 이론은 가톨릭교회의 화체설과 루터파의 공제설 그리고 쯔빙글리의 상징설이 있다. 화체설은 사제가 떡과 포도주를 놓고 축사하면 그 물질이 실질적으로 예수님의 몸과 피로 변한다는 주장이다. 이것은 실로 미신적인 가르침이다. 기도한다고 해서 떡이 실제 주님의 몸으로 바뀌거나 포도주가 주님의 피가 되는 것이 아니다. 이에 반발해서 루터는 공재설을 주장하였다. 루터의 공재설이란 예수님의 살과 피가 성찬식에서 사용되는 떡과 포도주와 함께 존재한다는 주장이다. 즉 떡과 포도주의 본질이 예수님의 살과 피의 본질로 변화되지는 않지만 예수님의 살과 피가 떡과 포도주와 함께 한다는 것이다.

이에 반해 쯔빙글리는 “이것은 내 몸이다”라고 하신 주님의 말씀은 “이것은 내 몸을 상징한다”는 것을 의미한다고 해석했다. 그래서 떡과 포도주는 단지 예수님의 살과 피를 상징할 뿐 예수님의 살과 피가 떡과 포도주와 함께 하지 않는다는 것이다. 그런 의미에서 쯔빙글리의 성찬론을 상징설이라고 한다. 반면 루터는 “이것은 내 몸이다”라고 하신 주님의 말씀을 문자적으로 해석해서 떡은 곧 주님의 몸이라는 주장을 내세웠던 것이다.

그렇다면 지금 개혁파 교회가 믿고 있는 것은 무엇인가? 칼빈의 가르침을 따라 영적 임재설을 주장한다. 그것은 예수님의 육신, 즉 살과 피가 떡과 잔에 함께 하는 것이 아니라 성령을 통하여 예수님이 영적으로 임재하신다는 견해이다. 즉 예수님의 부활하신 몸은 여전히 하나님 아버지 보좌 우편에 계시지만, 예수님은 성령 안에서 성찬식에 임하셔서 우리와 함께 하신다는 말씀이다. 이 견해는 쯔빙글리의 견해보다도 훨씬 성경적이다. 쯔빙글리는 예수님이 성찬식에는 임재하지 않는다고 보았다. 심지어 영적으로도 주님이 임재해 계시지 않으며 성찬은 단지 예수님의 죽음을 기념하는 행사라고만 말한 것에 비해 칼빈은 성령 안에서 그리스도께서 영적으로 임재하신다고 가르쳤다. 우리는 영적 임재설을 따라서 성찬을 진행하고 있다.

얼마나 자주 성찬식을 가져야 하는가? 대체로 한국의 장로교회는 성찬식을 년 2회로 제한하였다. 그것이 장로교 헌법의 모체인 스코틀랜드 장로교회나 미국 장로교회에서 규정한 것 때문이었다. 그러나 성경은 성도들이 매 주일 모일 때마다 떡을 떼었다고 기록하고 있기 때문에 매 주일 실시하는 것이 옳다. 칼빈은 우리의 죄성 때문에 매 주일마다 성찬을 하게 될 때 남용될 가능성이 많기 때문에 가급적 자주하되 월 1회 혹은 년 4회하는 것이 좋겠다고 권면하였다. 심지어 스코틀랜드에서는 년 2회로 제한한 이유는 소위 성찬 시즌이라고 해서 노회 중심으로 성찬식을 가졌기 때문에 한 교회가 2회 이상 실천하게 되면 일 년 내내 성찬식을 가져도 모자라게 되는 현상이 벌어졌다. 성찬 시즌은 보통 2주간 계속되었기 때문에 10개 교회가 연합해서 한다고 할 때 년 40주간이 성찬 시즌으로 보내게 되는 것이다. 그들은 자주 성찬식을 가짐으로 인하여 보이는 하나님의 은혜를 경험하는 자리에 나아갔다.

2. 교육 : 진리의 기둥과 터(딤전 3:14-16)

교회의 중요한 기능은 예배와 함께 교육이다. 성도들을 온전케 하는 일은 교육을 통하지 않고는 불가능하다. 여기에서 전도와 봉사의 기능이 자연스럽게 연결된다. 무엇을 전할 것인지, 어떻게 전할 것인지, 세상에서 성도들이 어떻게 살아야할 것인지, 주님의 교회를 어떻게 섬길 것인지 그 모든 것들이 다 교육에 해당된다.

디모데서신은 바울 사도가 로마 옥중에서 석방되어 에베소를 방문하고 거기에 디모데를 남겨둔 후 자신은 마게도냐로 간 주후 65년경에 쓴 서신이라고 본다. 즉 에베소서를 옥중에서 쓴 주후 61-63년 이후 최소한 3년이 지난 후에 에베소 교회를 목회하는 디모데에게 보낸 목회서신인 것이다. 그가 이 서신을 쓴 이유는 3장 14절 이하에서 분명히 밝히고 있다: "내가 속히 네게 가기를 바라나 이것을 네게 쓰는 것은 만일 내가 지체하면 너로 하나님의 집에서 어떻게 해야 할 것을 알게 하려 함이니 이 집은 살아계신 하나님의 교회요 진리의 기둥과 터이니라!" 즉 디모데가 하나님의 집에서 어떻게 행동하고 잘못된 가르침을 어떻게 경계하며 온전한 성도들을 양육할 것인지를 알게 하기 위함이라는 것이다. 1장 3절 이하를 잠시 보자.

> 내가 마게도냐로 갈 때에 너를 권하여 에베소에 머물라 한 것은 어떤 사람들을 명하여 다른 교훈을 가르치지 말며 신화와 끝없는 족보에 착념치 말게 하려 함이라 이런 것은 믿음 안에 있는 하나님의 경륜을 이룸보다 도리어 변론을 내는 것이라 (딤전 1:3-4)

하나님의 집이라 할 때 이미 그것은 건물을 의미하거나 가정이나 가문이나 한 민족을 의미하는 것이다. 구약에서 성전의 개념은 하나님의 집이라는 말에 포함되어 있다. 사도는 그 집에서 사역자 디모데가 어떻게 해야 할 것인지를 알게 하려고 이 편지를 썼던 것이다. 그러면서 그는 교회의 표상에 대해 진리의 기둥과 터라는 새로운 용어를 언급하였다. 그 용어의 참된 의미가 무엇인가? 로마 제국 당시의 건축물 중에서 쉽게 발견할 수 있는 기둥들이 있다. 신전의 기둥들이나 여러 우상의 전각들 혹은 궁전의 돌기둥과 같은 것들이 이에 해당된다. 그 기둥들은 땅 위에다 돌을 쌓아서 높은 좌대를 만들고 그 위에 세워졌다.

그러므로 본문에서 사용하고 있는 기둥이란 건축물에 있어서 없어서는 안 되는 중요 기초임을 의미한다. 그 기둥들을 떠받치고 있는 좌대를 터라고 말한다. 즉 땅을 말하는 것이 아니라 그 대지 위에 돌로 쌓은 기초돌 혹은 주춧돌의 역할과 같은 것이다. 성경에서 말하는 터는 넓은 지층에 세운 주춧돌을 말하지 않고 넓은 암반층에 놓는 주춧돌을 의미한다.

주님이 이 반석 위에 내 교회를 세우리라고 하신 말씀도 바로 그런 의미이다. 베드로라는 개인의 이름 남성명사에 해당되는 페트로스 위에 교회를 세운 것이 아니라 여성명사인 페트라 곧 반석 위에 세운다는 말씀이다. 우리말로 제대로 해석을 하면 "베드로 너는 돌이다. 이 반석 위에 내 교회를 세우리라"는 의미이다. 돌과 반석은 분명 차이가 있다. 큰 암반석과 같은 지층에 깔려있는 암석층을 의미하는 것이 반석이다. 이는 마태복음 7장에 반석 위에 집을 지은 지혜로운 자에 대한 언급에서 볼 수 있다. 반석 위에 집을 지은 것은 바위라는 주춧돌을 놓고 그 위에다 집을 세웠다는 의미가 아니라 암석토로 된 곳에 집을 지은 사람이라는 뜻이다. 이와 반대로 집을 지을 대지를 모래 위로 결정한 사람은 무너짐이 심한 것이다.

그렇기 때문에 사람들은 집을 지을 때 그 토양을 잘 다져서 그 위에다 다시 기초석을 놓고 집을 세운다. 교회의 기초라고 할 때 이 바위를 가리키지 않는다. 에베소서 2장 20절에서 사도들과 선지자들의 터 위에 세웠다는 말씀에서 '터'는 예수님이 사용하신 이 반석 위에 세운다는 말씀에서의 '반석'과는 다르다.

'반석'이라고 할 때에는 대지에 있는 '큰 암반'을 뜻하지만 '사도들과 선지자들의 터'는 집을 지을 때 세우는 '주춧돌'을 의미한다. 즉 바울이 염두에 두고 있는 '기둥과 터'는 기둥과 그 기둥을 받들고 있는 주춧돌이 있고 그 주춧돌 아래에는 암반의 대지가 있는 그림을 연상해야 한다. 암반의 대지가 없이 그냥 대지 위에 세운 주춧돌은 땅이 꺼질 때 쉽게 무너지고 만다. 그러나 암반의 대지 위에 세워진 주춧돌은 그 위에 세워진 기둥들을 충분히 떠받들기에 충분하다.

사도들과 선지자들은 주춧돌과 같은 자들이요, 그 위에 기둥을 세우고 전각을 세워 하나의 집이 형성되듯이 주님의 교회가 그와 같다는 것이다. 그 교회를 은유적으로 진리의 기둥과 터라는 말로 묘사하였다. 그러나 진리 자체는 은유적인 말이 아니라 실체를 말한다. 주님의 집을 생각할 때 가장 두드러지게 눈에 보이는 기둥과 그 기둥들을 떠받들고 있는 터가 온통 진리로 이루어진 것이라는 말이다. 한마디로 교회는 진리의 전당이다. 다시 말하면 사람들에게 하나님의 진리를 가르치고 전수하는 학교와 같은 것이다. 그런 의미에서 교회라는 한자어가 회중들을 가르친다는 의미를 담고 있는 것이다. 그러므로 가르침이 없는 교회는 교회가 아니라고 해도 틀리지 않는다. 다른 교훈을 가르치지 않고 바른 교훈을 가르치는 곳이다.

그 가르침의 내용을 사람들이 알게 해야 한다. 기둥과 터는 로마제국에서 주로 사람들이 잘 보이는 곳에 세워둔 건물이었다. 멀리서도 보일 수 있는 곳으로, 사람들이 그곳을 향해 발걸음을 옮기게 된다. 그곳에 가면 신을 만나고 사람들을 만나고 필요한 것들을 얻는다. 따라서 교회를 진리의 기둥과 터라고 하는 것은 사람들이 멀리서도 볼 수 있는 것으로, 두드러진 모양을 띤다. 그곳에 와서 그 집의 주인이신 하나님과 교제하고 그 하나님의 교훈하심을 듣고 그 하나님을 섬기는 같은 지체들과 교제하며 경배하는 처소가 하나님의 집이다.

한마디로 하나님의 입에서 나온 진리를 들을 수 없는 곳이라면 하나님의 집이 아니다. 예배의 요소들 중에서 하나님의 말씀 읽기와 말씀 선포를 언급하였듯이 하나님의 입에서 나온 말씀으로 살아가야 할 하나님의 백성들이기에 그 집을 섬기는 자들은 반드시 하나님의 말씀을 전파하는 자여야 한다. 진리의 양식을 공급받지 아니하면 하나님의 백성들은 영적 기근으로 죽게 된다. 하나님의 집의 특징은 주인이 하나님이시라는 것 때문에 사람들은 이 집에 와서 집 주인이신 하나님을 뵈는 것이요, 동시에 그 주인이신 하나님이 그 집에 모인 자들에게 교훈하시는 진리의 말씀을 들어야 한다.

사람들만 잔뜩 모이고 하나님은 보이지 않는다면 그곳은 하나님의 집이라고 말할 수 없다. 하나님은 어느 특정한 건물에 한정되어 계신 분이 아니기 때문에 하나님의 집이라고 하면서 하나님의 진리가 풍성하게 역사하는 곳이 아니라면 외형적인 건물이 아무리 화려해도 그것은 하나님의 집이 아니다. 그 말씀을 들어야 하나님의 뜻을 행할 수 있는 자가 된다. 하나님의 복음의 영광의 광채를 찬란히 비추게 된다. 그것이 세상의 빛이 되는 길이다. 동시에 세상을 살맛나게 하는 소금의 역할을 감당할 수 있다.

단지 소금으로서 부패를 방지하는 것만이 아니라 맛을 낼 줄 알아야 한다. 기독교인들 때문에 살맛이 난다는 말을 들어야 한다. 그러나 불행하게도 요즘은 세상 사람들이 교회가 없으면 좋겠다고 할 정도로 교회의 신임도가 추락하고 있다. 복음이나 교회에 대한 반감이라서 그렇다면 반기기나 할 것이지만 교회가 보여주고 있는 여러 추태들 때문이다.

우리는 복음에 충실한 교회여야 한다. 교회의 머리이신 그리스도를 충분히 드러내는 교회여야 한다. 목사 개인이나 성도들 중 특출한 사람들을 드러내는 곳이 아니다. 그들을 기념하여 세운 교회가 아니다.

주님의 교회이다. 주님이 자기 피를 흘려 세우신 주님의 몸이다. 그러므로 사람들은 교회에 나올 때마다 우리 죄를 인하여 십자가에서 못박혀 죽으신 예수 그리스도를 생각해야 한다. 그분을 만나 뵙는 자여야 한다. 그를 통해서만 하나님께로 나아갈 수 있기 때문이다. 그 집에서 봉사하는 자들을 구약에서는 레위 족속들로 세웠다. 그리고 그들 중에 아론의 반열을 좇아 제사장들을 세웠다. 그들을 가리켜서 하나님은 이스라엘 백성들에게 주신 선물이라고 표현하였다(민 18:6-7). 그 선물들의 임기는 물론 그들이 살아있는 동안 감당하는 것이지만 주님의 백성들이 이 세상에 존재하는 한 항상 있을 영원한 규례였다. 그 불변의 원칙임을 소금언약으로 확정하여 주셨다.

그 말씀을 주신 하나님이 신약에서도 동일하게 주님의 교회에 선물을 주시고 하늘로 승천하셨다. 즉 에베소서 4:7 이하에서 언급하고 있고 11절에서 구체적으로 밝히고 있는 선물이 있다. 그것은 다 주님의 말씀을 전하는 자들이다. 사도들과 선지자들과 복음 전하는 자들과 목사들과 교사들이다. 그들을 선물로 주신 이유는 그들을 통해서 성도들을 온전케 하여 봉사의 일을 하게하고 그리스도의 몸을 온전히 세워가게 하려 함이었다.

그러므로 교회가 '진리의 기둥과 터' 라는 의미는 주님이 교회에 주신 선물을 통해 성도들은 신령한 양식을 공급받아 세상에서 소금과 빛으로서의 사명을 감당하고, 안으로는 주님의 거룩한 몸을 온전히 세워가는 일에 최선을 다해야 함을 의미한다. 이 일에 누구도 제외되는 자는 없다. 적어도 우리는 예수 그리스도를 주로 믿는 자들은 예외없이 이 일에 충성을 다하는 자가 되어야 함을 요구받는다. 그것이 세상 사람들, 특히 어둠에 속한 자들을 일깨워 빛의 자녀가 되게 할 수 있는 길이다. 또한 사랑 없어 탄식하는 자들에게 사랑을 알게 하며 그 사랑에 감동하게 하는 길이다. 그것이 이 세상에 교회가 존재하는 이유이다. 또한 이 세상 사람들이 왜 교회가 필요한 것인지를 말해주는 이유이다. 눈이 어두워서 참 빛이신 그리스도를 볼 수 없는 자들에게 그리스도를 보여주는 길이 여기에 있다. 이는 자선 사업이 아니다. 성도 개개인의 선한 행실로 하늘에 계신 우리 아버지께 영광을 돌리게 되는 것이다. 그렇지 않으면 그리스도가 없는 교인이 될 뿐이다. 그리스도가 드러나지 않는 교회와 성도는 세상에서 생명을 잃어버린 존재일 뿐 아무 의미가 없는 것이다.

그리스도를 드러내는 것은 화려한 외관도, 건축물도 아니다. 그렇다고 초라한 건물만이 그리스도를 드러내는 것이라고 말할 수도 없다. 외관이야 우상 신전들보다 못하다 할지라도, 남루한 옷차림을 한 모습이라 할지라도 그곳에 주님이 계시기에 편안함을 느끼는 곳이라면 주님의 교회이다. 진리의 기둥과 터가 된다. 우리는 우리 교회에 주인 되신 주님이 우리들로 인하여 편안해 하실지, 행복해 하실지, 아니면 그 반대가 될지 생각해 보자. 우리들 때문에 살맛이 나는 이웃들인지, 아니면 제발 이사가주기만을 학수고대하는 존재들인지를 생각해 보자.

건물은 조화를 이루어야 한다. 그래야 아름답다. 조화를 이룬 교회는 아름답다. 만일 아름다운 교회가 아니라면 주인이신 주님의 불명예이다. 나는 목사 때문에 아름다운 교회가 추하고 더러운 교회로 전락하는 일이 없게 되기를 간절히 소망한다. 그러나 교회는 어차피 죄인들의 공동체이다. 그 공동체의 아름다움은 그 구성원들이 아름다워서가 아니다. 그 교회의 주인이 너무나도 아름답기 때문이다. 사람들의 눈에 흠모할만한 것도 없고 고운 모양도 고운 풍채도 없었던 존재 같았지만 하나님은 그를 지극히 높여 모든 이름 위에 가장 뛰어난 이름을 가지게 하셨다. 모든 열방이 다 그 이름 앞에 무릎을 꿇고 그를 주라 시인하는 엄청난 역사를 이루셨다. 그 주님을 모시고 있는 교회이기에 교회가 아름다운 것이다. 왕이 거처하는 곳은 세상에서 가장 아름답고 훌륭한 건축물로 이루어졌다. 하물며 만왕의 왕이시요, 만주의 주재이신 하나님이 거처하시는 처소야말로 어찌 아름답다 말하지 않을 수 있겠는가? 더구나 자신의 피로 값주고 산 백성들의 모임이기에 교회만큼 아름다운 것이 없다.

에덴 동산에서도 모든 만물 가운데 가장 뛰어난 피조물이 인간이었다. 하나님의 형상으로 지음 받은 존재였기 때문이다. 그러나 그 인간을 파괴시키고 하나님의 창조를 조롱하려고 덤비는 사단이 활보하고 있었다. 결국 인간은 마귀의 유혹에 넘어가 하나님의 영광에 이르지 못하였다. 모든 인류가 타락하여 죄 가운데 태어나 죄 가운데 살게 되었다. 결국은 죄 없으신 하나님의 아들이 세상에 오셔서 우리의 모든 죄 짐을 짊어지시고 십자가에 죽으셔야 했던 것이다. 그리하여 누구든지 저를 믿기만 하면 하나님의 자녀가 되는 권세를 입혀 주셨다.

그러나 그러한 하나님의 자녀들을 여전히 유혹하는 마귀의 왕성한 활동이 처처에 널려있다. 그리하여 세상에서 흔히 부모 얼굴에 먹칠하는 자녀들에 대해서 듣는 것처럼 교회의 현실도 예외가 아니다. 정말 주님의 얼굴에 먹칠을 하고 있는 일들이 너무나도 많이 있다. 사단은 지금도 주님의 교회를 더럽히고 무너뜨리고자 갖은 방법을 동원한다. 돈으로, 이성으로, 명예로 유혹하여 넘어지는 일이 속출하고 있다. 주님이 계시기에 몹시 불편한 곳이 되어버렸다. 우리는 결단코 그러한 일에 가담하는 자가 되지 말아야 하겠다. 물론 우리들도 셀 수 없이 죄를 짓는다. 하나님의 마음을 근심케 한다. 그러나 그럴 때마다 회개하고 우리를 깨끗케 하시는 주님의 보혈의 공로를 의지하여 주님의 장막을 성결케 해야 할 것이다. 우리가 교회를 세운다고 할 때 성도들이 모이는 교회여야 하지만 먼저 주님이 좌정해 계시기에 합당한 주님의 집이어야 한다. 어떤 집이 그런 집인가? 우리 주님이 거룩하시듯 우리가 거룩할 때 그렇다. 주님이 십자가상에서 이룩하신 일이 자기 피로 값주고 사서 우리를 거룩하고 흠이 없고 책망할 것이 없는 자로 하나님 앞에 세우신 것이었다. 그러므로 끊임없이 십자가 지신 주님을 굳게 붙드는 일이 있어야 한다. 죄를 지었을 때 더욱 그리해야 한다. 그 길 외에 거룩케 되는 길이 없기 때문이다. 그리하여 우리가 서로를 살피고 돌아보아 주님의 장막이 더렵혀지지 아니하도록 힘써야 한다.

> 누구든지 하나님의 성전을 더럽히면 하나님이 그 사람을 멸하시리라 하나님의 성전은 거룩하니 너희도 그러하니라 (고전 3:17)

또한 우리 주님이 가장 높임을 받으시는 교회가 그러하다. 진리의 기둥과 터라는 말은 바로 그런 의미이다. 주님이 땅에서 가장 높은 곳에 좌정해 계셔서 천하를 호령하신다. 이것이 주님의 교회요, 진리의 기둥과 터이다. 주님이 호령하실 수 없는 곳이라면 교회가 아니다. 아니 주님의 백성들의 모임이라고 말할 수 없다. 살든지 죽든지 오직 주의 영광을 위해서 애쓰는 교회가 주님이 거처하시기에 가장 좋아하는 교회이다. 어찌하든지 세상에서 부와 영화를 누리는 일에 온통 신경 쓰는 자들에게서는 그런 삶이 결코 나타나지 않는다. 그런 자들은 어쩌다 최고급 식당에 주님을 모시고 가서 대접한다고 할지라도 주님은 가지도 않으실 뿐 아니라 가셔도 그런 자들을 위해서 축복기도조차도 하지 않을 것이다.

비록 포장마차라 할지라도 주님의 이름을 높이기 위해 수고하는 이들이 일하는 그곳에 찾아가셔서 그들이 준비한 맛있는 음식을 잘 잡수시는 주님이시다. 그때 주님은 결코 혼자 오시지 않으신다. 천군천사들을 데리고 호령하시며 올 것이다. 그 주님을 사랑하는 자들이 함께 몰려올 것이다. 이것이 신령한 집으로 지어져가는 교회의 모습이다. 그러나 현실은 그와는 정반대의 길을 걷고 있다. 사람들이 없는 것도 아니고 헌금도 없는 것이 아니다. 훌륭한 시설과 장식물이 없는 것도 아니다. 그 어느 때보다 화려하고 아름답다. 그러나 교회가 찬바람만 휘날리고 있다. 사막의 모래 폭풍처럼 일상생활을 힘들게 하는 쓴물을 흘려보내고 있다. 무엇이 잘못인가? 주님을 기쁘게 하기보다 그 집에 오는 손님들을 기쁘게 하기 때문이다. 주인의 잔치에 왔으면 그 주인의 업적을 기리고 그 주인의 인품과 일하심을 들으며 그 주인의 마음을 흡족하게 하는 일에 모든 관심이 모아져야 하는데 거꾸로 오신 손님들을 즐겁게 하고자 사력을 다한다. 진정한 종은 손님들도 잘 모셔야 하지만 주인의 안색을 살핀다. 주인의 입에서 떨어질 명령이 무엇인지를 기다리며 언제나 전하고 실천할 준비가 되어 있다.

주님의 진리가 없는 교회는 공허한 사람들의 궤휼을 좇는 집단이요, 진리를 행함이 없는 교회 역시 회칠한 무덤과 같다. 우리는 교회가 진리의 기둥과 터라고 한 사도 바울의 이 교훈을 결코 간과해서는 안 된다. 그는 본문에서 이렇게까지 묘사하고 있다. "크도다 경건의 비밀이여 그렇지 않다 하는 이 없도다!"(딤전 3:16) 이게 무슨 말인가? 주님의 이름만이 지극히 높임을 받게 하는 교회, 그의 진리만이 풍성하게 전해지고 가르쳐지는 교회에 주님이 머물기를 가장 기뻐하시는 그 놀라운 사실이야말로 교회 공동체 혹은 구성원의 영적 힘을 떠받치고 있는 것이다. 그것이 경건 생활의 비밀이다. 성도가 어떻게 거룩한 삶을 살 수 있는가? 진리의 기둥과 터인 교회를 통해 신령한 양식을 공급받을 때, 그리고 그 교회 식구들이 하나님과 함께 거하기를 무엇보다 즐거워하여 기도 쉬기를 그치지 아니할 때 가능하다.

주님의 집의 아름다움은 진리의 기둥과 터로서 그 본래 모습을 아름답게 풍기게 하는데 있다. 즉 각 집에 붙어 있는 각각의 지체들이 자기 역할에 충실해야만 조화를 이루는 것이다. 그 역할을 충실하게 감당하게 하려고 하나님은 교회 안에 말씀을 맡은 자들을 선물로 주신다. 그런 자들의 자세는 바로 이와 같다: "나의 자녀들아 너희 속에 그리스도의 형상이 이루기까지 다시 너희를 위하여 해산하는 수고를 하노니"(갈 4:19). 바울이 그런 말을 한 것은 갈라디아 성도들이 그리스도의 형상을 그릇된 것으로 나타내고 있었기 때문이었다.

가르침을 받은 대로 순종하지 아니하고 다른 복음, 다른 예수 다른 영을 좇아가는 일들이 있으니 어찌 그리스도의 형상이 드러날 수 있겠는가? 드러난 모습은 그리스도와 상관없는 것뿐이다. 그런데 그런 모습이 사람들의 눈에 상당하게 매력 있게 보인다는 것이다. 세상 사람들의 이목을 끌기에 충분하다. 그러나 유대인들이 꺼리는 것이요 헬라인들이 어리석은 것이라고 말하는 그리스도의 십자가 복음은 사람을 구원하는 능력이다. 그것만이 죄에서 자유를 얻는 길이요 어둠에서 빛으로 나아가는 길이다.

그렇기에 바울은 '내가 다시 너희를 낳아야겠다'는 의미로 해산의 수고를 한다고 말한 것이다. 기독교가 아닌 것을 가지고 기독교 복음인양 말하는 거짓 교사들이 판을 치고 있다. 그리스도를 높이지 아니하고 자신을 높이고 그리스도의 말씀을 전하지 아니하고 인간의 헛된 철학이나 심리학을 전하고 있는 자들을 주의해야 한다. 그런 자들에게서는 그리스도와 유사한 형상은 나타나게 할지는 몰라도 고난과 죽임을 당하신 그리스도는 아니다. 강제로 화려한 궁궐에 앉혀놓은 그리스도, 아니 그렇게 좌정하셔서 천하를 호령하는 그리스도의 모습은 혹 보일지 몰라도 가난한 자에게 자유를 눈먼 자에게 보게 하고 갇힌 자들을 풀어주며 굶주리고 헐벗은 자의 친구가 되시는 그리스도의 형상은 결코 찾아볼 수 없다. 베풀고 버리고 내어주고 희생하여 하나 되게 하시는 주님의 형상은 보기 어려운 것이다. 진리의 기둥과 터인 참된 주님의 교회를 통해 그리스도의 장성한 분량에 이르기까지 성장하는 은혜가 넘쳐나기를 소망한다.

3. 전도 : 복음전파 혹은 선교하는 교회

앞에서 지적했듯이 교회는 진리의 기둥과 터이다. 그래서 교회는 언제나 진리를 뿜어내야만 한다. 진리가 선포되거나 가르쳐지지 않는 교회는 주님의 교회가 아니다. 왜 이것을 강조해야 하는가? 교회라면 당연한 것임에도 불구하고 왜 이 사실을 개혁자들은 강조하였고 그 이후로 지금까지 신실한 주의 종들은 이 부분 주장함을 포기하지 않는가? 그것은 두 가지 이유 때문이다. 하나는 교회가 항상 이 점을 명심하고 있어야 하기 때문이다. 또 하나는 교회가 이 점을 늘 이탈하는 위험에 노출되어 있기 때문이다. 당연하다고 여기는 것은 별로 강조되지 않는 점을 악용하는 사단의 술수가 있다. 사람들은 늘 듣는 것이기 때문에 식상하게 여길 수 있다. 그러나 기독교 교육의 특징은 언제나 반복 교육이다. 성경도 우리는 매일 읽어야 하며 이미 들었던 말씀이라도 계속해서 반복적으로 들어야 하는 것이다.

예수께서 승천하시면서 교회에 남기신 유일한 선물이 말씀 선포자들이라는 것은 성도는 언제나 하나님의 말씀을 먹어야 사는 자들임을 강조하는 것이기 때문이다. 세상 사람들에게는 하나님의 말씀이 필요하지 않다. 아니 먹어야 할 이유도 없고 욕구도 없다. 왜냐하면 영적으로 죽은 자들이기 때문이다. 그들은 언제나 육체를 위한 양식만 추구한다. 그러나 거듭난 사람은 육신의 양식만이 아니라 영의 양식을 반드시 섭취해야 한다. 그것은 선택이 아니라 필수이다.

그런데 믿음의 사람들조차도 신령한 양식을 사모하거나 갈망함이 점점 엷어진다는 것이다. 영의 욕구보다 육체적 갈망에 더 기울이다 보니 결국 신령한 말씀은 들리지 아니하고 사람들의 소리만 가득한 교회로 변모해 간다. 이런 현상은 하나도 이상한 것이 아니다 그렇다고 새로운 일도 아니다. 교회가 존재하면서 늘 있었던 일들이다. 그렇지 않다면 교회 역사상 존재하였던 유명한 교회들이 지금까지 땅에서 존재했어야 한다. 그러나 있다가 사라져간 교회들이 얼마나 많은가! 하나님의 진리가 주도적인 역할을 하지 않으면 진리의 기둥과 터는 존재할 이유가 없다. 특별히 사도 바울은 말세가 다가올 때 교회 안에서 벌어질 가장 큰 일을 디모데에게 보낸 서신에서 언급하였다.

> 때가 이르노니 사람이 바른 교훈을 받지 아니하며 귀가 가려워서 자기의 사욕을 좇을 스승을 많이 두고 또 그 귀를 진리에서 돌이켜 허탄한 이야기를 좇으리라 (딤후 4:3-4)

바른 교훈을 받지 아니한다는 말은 곧 진리의 말씀에 귀를 기울이지 않는 것을 의미한다. 거짓된 가르침에 쉽게 현혹된다. 다른 예수, 다른 복음, 다른 영을 쉽게도 받아들이는 것은 어제오늘의 일이 아니라는 말이다. 귀가 가려워서 자기의 사욕을 추구하도록 도와주는 스승을 많이 둔다. 이 말하면 혹하고 저 말하면 혹하는 일들이 생기는 것은 개인의 욕심 때문이다. 종교 안에도 사욕을 충족시키기 위한 수단으로 간주하는 무리들이 언제나 존재한다. 개인의 행복 추구라든지, 가정의 평화라든지, 물질적인 이득이라든지, 정치적인 유익이라든지, 육체적인 낙이라든지, 개인의 심신단련을 위한 것이라든지, 입신양명의 한 수단으로 여기는 일들이 없다고 누가 부정하겠는가? 종교지도자들 중에는 사람들의 그 같은 심리를 교묘하게 이용하여 개인의 종교적 혹은 물질적 욕구 충족을 챙기는 자들이 있다. 그들의 교묘한 술수 때문에 쉽게 분별할 수 없지만 기록된 말씀을 기준으로 판단 능력을 길러야 한다. 그러한 자들을 잘 배격하고 참된 믿음의 길을 가야 한다.

사실 하나님께 속한 하나님의 사람들은 언제나 하나님의 말씀을 듣고자 하는 욕구가 있다. 이것이 충족되지 않으면서도 그저 예배당에 앉아 있다는 것은 스스로를 파멸하는 일이다. 우리가 하나님에게 속한 하늘의 시민권자라면 반드시 하나님의 말씀을 사모하며 그 말씀 안에 거해야 한다. 그러나 진리를 들어야 할 귀에 허탄한 이야기를 듣게 하는 것은 구원에 이르는 지식이 아니요, 하나님을 알게 하고 신령한 것을 사모하게 하는 가르침이 아니다. 이는 영원이 아닌 일시적이고 현세적인 일에만 몰두하게 하는 것이다.

이와 같은 가르침은 현재 한국 교회 강단의 흐름과 유사하다. 하나님의 말씀은 전혀 들리지 않고 세상살이를 좀 더 낫게 하는 이야기로 장식되어 있다. 행복론에 열광하더니 웰빙과 웰다잉에 빠져 허우적거리다가 이제는 힐링으로 도배질한다. 몇 년 전부터 유행하는 건배사 중에서 흥겹고 의미 있는 인생살이를 하자면서 강조하는 것이 있다. "인생은 껄껄껄 다함께 쎄쎄쎄"라는 것이다. "좀 더 사랑할걸, 좀 더 즐길걸, 좀 더 베풀걸", 에다 "참으세, 베푸세, 즐기세"를 의미하는 말이다. 이런 가르침에 사람들은 열광을 한다. 하나님의 말씀에 참회하고 애통해 하고 자신을 성찰하고 돌이켜 하나님께로 더 가까이 다가가는 것보다 어머니의 은혜에 눈물을 흘리고 사람들의 이야기에 감동하고 육체적인 안위와 낙에 아낌없는 헌신과 열정을 보인다.

그러나 이와 달리 영원한 하늘나라 양식에 귀를 기울이라고 외치는 자들은 인기도 없고 배척을 당한다. 세상 사람들로부터 배척당하는 것은 당연하게 여기겠지만 같은 교회 안에 있으면서도 비난과 조롱의 대상이 되고 버림을 당하는 것이기에 그 비통함은 이루 말할 수 없이 크다. 사실 죄 없으신 예수님도 종교 지도자들로부터 죽임을 당하였지 종교 밖에 있는 자들로 인한 죽음이 아니었다(시 55:12-13). 이것이 진리 때문에 순교를 당하고 진리 때문에 배척당하거나 버림을 받는 자들에게 준 큰 위안이었다. 하늘에서 받을 상이 크기 때문이다.

말씀을 사모하는 여러분들이 말씀의 종들을 귀히 여기고 아끼는 자들이 되라. 여러분들마저 등을 돌린다면 그들은 설 자리가 없을 것이다. 받은바 은혜를 생각하면 주의 종들을 위해서 목이라도 내어놓든지 눈이라도 빼어주어도 시원치 않을 자들이 거짓된 가르침과 교훈에 미혹되어 쉽게 등지고 각을 세워 배척하는 일들이 갈라디아 교회에서만 있었던 일이 아니라 시대 시대마다 존재하였다. 진리를 위하여 품을 것은 다 품으라. 버릴 것도 다 버리라. 그것이 하늘나라 시민권자의 갈 길이다. 그런 자들을 진리의 영이신 성령 하나님이 항상 동행해 주시고 지키며 영광스러운 세계로 인도해 주실 것이다.

4. 교제 : 그리스도의 몸으로서의 교회

교회의 기능 네 번째에 해당하는 교제는 특별히 그리스도의 몸으로서의 교회를 다루면서 살펴보고자 한다.

> 너희는 그리스도의 몸이요 지체의 각 부분이라 하나님이 교회 중에 몇을 세우셨으니 첫째는 사도요 둘째는 선지자요 셋째는 교사요 그 다음은 능력이요 그 다음은 병 고치는 은사와 서로 돕는 것과 다스리는 것과 각종 방언을 하는 것이라 (고전 12:27-28)

그리스도의 몸으로서 교회는 여러 지체가 존재한다. 몸과 지체는 분리될 수 없는 관계에 있다. 그렇기 때문에 성도 개개인은 그리스도의 몸 안에서 서로 교통의 은혜를 나눈다. 여기에서 성도의 교제의 근간과 특성 및 본질과 목적이 선명하게 드러난다. 그 모든 일을 위하여 교회의 주인이신 그리스도께서 교회 중 몇을 세우셨다. 먼저 여기서 우리가 생각할 것은 "너희는 그리스도의 몸이요"라는 말이다. 이것은 성도 개개인을 말하는 것이 아니라 성도들의 모임 그 자체를 말한다. 고린도에 있는 지역 교회에 속한 모든 구성원들을 의미한다. 성도 한 사람을 가리켜서 몸이라고 한 것이 아니다. 그 다음 표현에서 성도 개개인을 지칭하는 말이 나온다. 즉 그것은 "너희 각각은 그 몸의 지체들이다"라는 말이다. 우리말 성경에서는 너희가 그리스도의 몸이요 지체의 각 부분이라고 했지만 그 말의 실질적 의미는 성도 개개인이 몸에 붙어 있는 지체의 각 부분임을 말한다.

그 지체의 각 부분에 해당되는 내용을 28절 이하에서 발견하게 된다. 사도와 선지자 교사와 능력, 병 고치는 은사, 서로 돕는 것과 다스리는 것 및 각종 방언을 한다. 여기에 언급한 것은 8가지에 해당되나 통역의 은사와 그 모든 것들 보다 더 좋은 사랑의 은사까지 포함하면 10가지에 해당된다. 그 외에 교회 안에 있어야 할 세부적인 것들은 다 이 범주 안에서 언급할 수 있을 것이다.

이 말씀에서 우리가 중요하게 여겨야 할 교훈은 두 가지이다.

첫째는 몸에 붙어 있는 각각의 지체 혹은 은사는 다 하나님이 세우신 것이라는 사실이다(고전 12:11, 18). 다시 말하면 목사나 장로만이 하나님이 기름 부어 세우신 종이 아니라 성도 개개인이 그리스도의 몸에 붙어 있는 지체라면 그 지체의 역할과 기능은 몸에 붙어 있게 하신 하나님이 주도하신 일이라는 말이다. 하나님이 주도하신 것이라는 말은 하나님의 주권적 의지에 따라서 수여해 주신 것이기 때문에 귀히 여겨야 하며 동시에 주어진 역할에 충성을 다해야 한다는 것을 시사한다. 왜냐하면 필요하기 때문에 몸에 붙어 있게 하신 것이다.

그러나 죄성을 지닌 인간이기에 우리는 서로를 경쟁 상대로 간주하는 오류를 자주 범한다. 말은 그렇게 안할지라도 실지로 시기 질투를 유발하는 말과 행동들이 다반사로 나타난다. 기독교 역사상 교회들끼리 서로 경쟁하는 것을 보고 있는 참담함은 20세기 자본주의의 발달과 더불어 교회에 몰아친 현상이 빚어낸 일이다. 주님이 통탄하실 일이라고 본다. 개교회주의 혹은 우리들만의 교회라는 의식이 그리스도의 몸을 찢는 무서운 죄악을 저지르는 것이다.

손봉호 교수는 '우리 교회' 라는 신종 우상화를 지적하며 '우리 교회에게 유익하면' 하나님께 영광이 되지 않아도 기꺼이 감당하고 우리 교회에 손해가 되면 하나님을 영화롭게 하는 것이라도 배제시키는 현상들이 벌어지고 있음을 통탄하였다. 교회가 교회됨을 포기하고 자기들끼리 만의 종교 집단화 하는 작업이 곳곳에서 벌어지고 있다. 참된 교회는 숫자가 적다고 무시하거나 배척하는 태도를 가지지 않는다. 왜냐하면 주님의 교회이기 때문이다. 마찬가지로 별로 눈에 띄지 않는 지체라도 주님이 교회에 필요하여 세우신 지체이기 때문에 서로를 존중히 여겨야 한다.

각각의 지체는 남을 나보다 낫게 여겨야 하며 주님이 세우신 것이기에 귀하게 여겨야 한다. 비록 직분을 교회 목사가 임명할지라도 그것은 교회의 머리이신 예수 그리스도의 이름으로 하는 것이기에 예수 그리스도께서 직접 수여해 주시는 것으로 간주해야 한다. 물론 요즘 거짓 교사들은 자신들의 경제적, 혹은 물리적 이득에 따라 성경에서 말씀하고 있는 자질에 어긋남에도 불구하고 직분을 남발하여, 권위도 충성심도 헌신도 없는 입신양명의 수단으로 전락시키는 큰 죄를 범하고 있음이 사실이다. 그러한 교회는 성경에서 말씀하고 있는 주님의 교회라고 말할 수 없다. 성경에서 가르쳐주고 있는 참된 교회는 우리를 불러 그의 몸에 붙어 있는 각각의 지체로 삼아주신 우리 주님을 자랑하고, 그의 이름을 존중히 여기며, 받은바 사명을 소중하게 여기고, 충성을 다하는 것이다. 그 일에 가장 모범을 보이신 분이 사도 바울이다. 주 예수께 받은 사명 곧 은혜의 복음을 증거하는 일을 마치려함에는 자신의 목숨을 조금도 귀한 것으로 여기지 아니하고 죽도록 충성한다고 선언하였다(행 20:24).

여기에서 우리가 한 가지 짚고 갈 것은 하나님이 왜 교회에 본문에 언급된 직분자들을 세우셨는가? 라는 질문이다. 각각의 지체는 은사로도 대체될 수 있는 말인데, 각각의 은사는 은사 나름대로의 역할이 있는 것이다. 사도나 선지자나 교사나 능력이나 병 고치는 자나 서로 돕는 것이나 방언이나 통역이나 사랑의 은사나 모든 은사의 특성을 지니고 있다. 그냥 폼으로 구색 맞추기 위하여 세운 것이 아니다. 무엇 때문인가? 필요하기 때문이다. 뭐에 필요한 것인가? 그리스도의 몸을 온전히 세워가는 일에 필요한 것이다. 그 필요성은 몸의 정상적인 활동을 만들어 낸다. 필요한 목적에 따라 쓰임을 받는 것이다.

어떤 은사를 받았든지 받은 은사의 목적은 사도 바울이 에베소서 4:12에서 말씀하고 있는 대로 '그리스도의 몸을 온전히 세워가기' 위함이다. 마치 어린아이가 태어나면 인간으로서 가진 모든 신체부위가 다 있지만 그 각각이 다 온전히 자라가도록 자기 역할을 감당해야만 하듯이 성도 개개인도 자신이 부여받은 자질들을 적극 활용하여 그리스도의 몸을 온전케 해야 한다.

여기에 보양의 원리가 있다. 보호하고 양육하는 일이다. 이것이 이루어지지 않으면 지체들 각각이 다 완전한 모양을 하고 있어도 자기 역할을 감당할 수 있는 능력은 스스로 발휘할 수 없다. 그런 의미에서 각각의 은사는 기능적인 면에서 상대적으로 그 중요성을 충분히 가늠해 볼 수 있다.

둘째는 주님이 주셨다는 차원에서 모든 은사의 위치는 동일하다는 사실이다. 거기에 어떤 계급적 높낮이가 존재하지 않는다. 그렇다고 해서 모든 은사가 다 똑같이 비중 있는 위치에 존재하는 것은 아니다. 그것이 본문에서 언급된 '첫째는' '둘째는' '셋째는' 이라는 말로 시작된 이유일 수 있다. 다시 언급하지만 상하를 구분하는 계급적인 측면에서 은사를 이해할 수 없다. 다만 기능적인 측면에서 은사의 중요성이 강조될 뿐이다. 신체의 각 부분은 스스로 영양분을 만들어낼 수 없다. 온 몸이 제 기능을 발휘하기 위해서는 반드시 영양분 섭취가 절대적이다. 사람의 육체적 생명을 위해서는 떡이 필요하듯이 영적 생명을 위해서는 하나님의 입에서 나오는 모든 말씀이 절실하다. 그 말씀 선포와 가르침의 사역을 위해 사도와 선지자와 목사와 교사의 직책을 세워주신 것이다.

그러한 차원에서 말씀으로 수고하는 자들을 교회에서 배나 존경해야 하며, 잘 다스리는 자들보다 더하라고 권한다. 모든 은사가 다 주님이 주신 것이기 때문에 귀하지 않은 것이 하나도 없지만, 다만 역할의 중대성이 더 부각되는 위치에 있다든지 아니면 덜 드러나는 곳에 있다는 것이다. 그렇다고 은사에 따라 받을 상이 각각 다른 것이 아니다. 각각은 자기의 수고하는 대로 자기상을 받는다(고전 3:8). 모든 지체는 다 몸을 위해 존재하며, 몸을 위해 자기 역할에 충실한 자는 자기의 상을 받게 된다. 그렇다고 덜 주목받는 자리에 있다고 해서 그것이 열등한 것이라고 말할 수 없고 사람들의 시선을 끄는 보다 주목받는 자리에 있다고 해서 우쭐 댈 만큼 우월한 것이라고 말할 수 없다. 모든 직임은 다 본문 18절을 명심해야 한다: "그러나 이제 하나님이 그 원하시는 대로 지체를 각각 몸에 두셨으니!" 다시 말하면 하나님이 기뻐하시는 뜻대로 각각의 지체를 꼭 있어야 할 자리에 있도록 하나님이 정하셨다는 사실이다. 이것은 남의 자리를 넘보거나 시기하거나 괄시하는 행위들이 다 죄임을 말씀하는 것이다. 지혜로우신 하나님을 배척하는 일이 되는 것이다. 그런 의미에서 사도 바울은 로마서 12장에서 이렇게 강조한다.

> 내게 주신 은혜로 말미암아 너희 중 각 사람에게 말하노니 마땅히 생각할 그 이상의 생각을 품지 말고 오직 하나님이 각 사람에게 나눠주신 믿음의 분량대로 지혜롭게 생각하라 우리가 한 몸에 많은 지체를 가졌으나 모든 지체가 같은 직분을 가진 것이 아니니 이와 같이 우리 많은 사람이 그리스도 안에서 한 몸이 되어 서로 지체가 되었느니라 (롬 12:3-5)

마땅히 생각할 그 이상의 생각을 품지 말라고 한 것은 하나님이 그 필요에 따라서 정해 주신 위치에서 부여한 사명을 충실하게 감당해야 함을 강조하는 것이다. 남의 떡이 더 맛있다느니 하면서 탐욕의 으르렁거림을 드러내는 일은 피해야 하는 것이다. 남과 비교하면서 열등감에 빠져 자학하는 짓을 해서도 안 된다. 각자 받은바 은혜대로 지혜롭게 생각하며 자신의 역할에 충실해야 한다.

마지막 5절인 "그리스도 안에서 한 몸이 되어 서로 지체가 되었다"는 표현은 고린도전서 12장 28절에서도 그 의미가 내포되어 있다. 즉 첫째, 둘째, 셋째라는 헬라어는 부사적 대격 단수(전치사 +명사 구조에서 전치사를 생략하고 명사가 부사를 대신하여 사용된다는 의미)로 사용되었는데 이 속에 종속적 관계가 있음을 담고 있다. 지체와 몸은 결코 분리해서 생각할 수 없다. 지체가 몸에 종속되어 있다. 온 몸을 통해서 각 마디가 서로 연결되어 있고 상합하여 온 몸을 함께 세워가는 것이다. 그런 의미에서 21절 이하의 말씀은 충분히 이해가 된다.

> 눈이 손더러 내가 너를 쓸데없다 하거나 또한 머리가 발더러 내가 너를 쓸데없다 하거나 하지 못하리라 이뿐 아니라 몸의 더 약하게 보이는 지체가 도리어 요긴하고 우리가 몸의 덜 귀히 여기는 그것들을 더욱 귀한 것들로 입혀주며 우리의 아름답지 못한 지체는 더욱 아름다운 것을 얻고 우리의 아름다운 지체는 요구할 것이 없으니 오직 하나님이 몸을 고르게 하여 부족한 지체에게 존귀를 더하사 몸 가운데서 분쟁이 없고 오직 여러 지체가 서로 같이 하여 돌아보게 하셨으니 만일 한 지체가 고통을 받으면 모든 지체도 함께 고통을 받고 한 지체가 영광을 얻으면 모든 지체도 함께 즐거워하나니 너희는 그리스도의 몸이요 지체의 각 부분이라 (고전 12:21-27)

그러므로 모든 성도는 교회 안에서 쓸데없는 사람이 아니라 다 쓸모 있는 존재임을 잊지 말아야 한다. 가장 지혜로우신 하나님이 그리스도의 몸에 붙어 있는 지체로 우리 모두를 각각의 위치에 정해 주신 것이다. 이에 자족하는 법을 터득하지 못하면 평생 신앙 생활해도 행복을 누릴 수 없을 것이다. 늘 원망과 시비가 충천하여 분쟁의 소용돌이를 일으키는 장본인이 될 것이다. 우리 모두는 주님이 주신 은사를 따라 교회를 세워가는 일에 충성을 다해야 한다.

특히 말씀 선포와 관련된 지체는 그 무엇보다 중요하다. 이것이 붕괴되면 모든 것이 망한다. 그들은 성도들에게 필요한 영의 양식을 공급하는 일을 맡은 자들이다. 그러한 의미에서 교회의 머리이신 예수 그리스도께서 교회에 허락하신 은사 중에 최고로 영광스러운 직분으로 목사직을 말하는 것은 지나친 억측이 아니다. 불량식품만 섭취하게 되면 각각의 지체가 튼튼하지 못하여 온몸에 마비 증세가 나타나게 될 것이다. 음식에 불량재료와 오염물질이 들어있는 것과 같이 강단에서 선포되는 내용이 순수한 하나님의 말씀이 아닌 것이 너무 많다. 이는 교회를 기형적인 모습을 갖게 한다. 얼마 못가서 그런 교회는 망하고 말 것이다. 신체의 모든 부분이 아무리 번지르르하더라도 입으로 들어가는 음식이 청결하지 못하고 불량하다면, 정상적인 몸을 지탱할 수도 없게 될 것이다. 그런 의미에서 말씀에 수고하는 자들을 위해 날마다 기도해야 할 것이다.

또한 지체 스스로를 위해서도 서로 돕는 은사는 절실하다. 보좌 역할을 내포하고 있는데 다른 형제자매를 위해 수고의 땀을 흘리는 것을 의미한다. 주도적인 역할도 필요하다. 우리말에 다스리는 것으로 번역되는 헬라어 '쿠베르네시스'(κυβέρνησις)는 행정적인 일과 함께 항해하는 배의 키를 운전하는 능력을 가리킨다. 그런 의미에서 교회 안에서 주도적인 역할을 수행하는 자들을 뜻한다고 말할 수 있다. 통솔하고 조정하고 정리정돈을 잘 할 수 있는 사람이 이러한 은사를 받은 자인 것이다. 그러나 곁에서 잘 도와주는 이가 없다면 앞에서 아무리 주도적으로 이끈다고 할지라도 몸을 움직이는 것은 불가능하다. 이렇게 앞에서 이끌고 뒤에서 밀어주며 협력하는 것이 교회 안에서 서로 잘 융화될 때 교회의 화평함과 기쁨은 충만해 진다.

그런 의미에서 상대방을 매우 귀하게 여겨야 한다. 다툼과 분열의 원인은 시기 질투도 있지만 비하하거나 경멸히 여김을 받을 때 발생할 수 있다. 상대방을 자신보다 낫게 여기는 것은 물론이거니와 상대방에 대한 모든 기능들을 잘 인정해 줘야 한다. 그것이 교회의 화평을 가져온다. 사람들이 모인 곳이기 때문에 잘 조정하고 통솔해 가는 지도력은 교회에서 없어서는 아니 될 역할이다. 그렇기 때문에 그러한 은사는 사람들에게 잘 부각된다. 조심해야 할 것은 고개를 뻣뻣이 쳐드는 것이다. 교만한 사울은 결국 하나님께 버림을 당했다. 잘 익은 곡식은 고개를 숙인다는 말이 있듯이 누구든지 “선 줄로 생각하는 자는 넘어질까 조심하라”(고전 10:12)는 말씀을 기억해야 한다. 하나님은 겸손한 자에게 은혜를 베푸신다. 교회 섬김도 하나님이 주시는 은혜 없이는 삭막할 뿐이며 다툼과 허영으로 일하기 쉽다.

5. 봉사 : 섬기는 교회

교회의 모든 지체들의 존재 목적은 섬기는 데 있다. 지체 자체를 위해 존재하는 지체는 하나도 없다. 모든 지체가 그리스도의 몸을 온전히 세우는 데 쓰임 받는다. 여기서는 그 많은 지체들 중에서 특별히 교회의 직책을 다룬 면만 소개하고자 한다.

직분자의 역할을 잘 다루고 있는 고린도서신이 쓰인 시기는 주후 55년경 바울 사도가 에베소에 머물며 사역할 때였다. 그런데 목회서신에 해당되는 디모데전서를 쓸 때는 그의 인생 말년에 해당되는 주후 62-65년 사이이다. 교회에 필요한 직분자들을 언급한 내용은 장로와 집사 직 두 직임만 등장하고 있는 점이다. 교회에서 은사에 따라 직책이 주어지는 것이라고 한다면 고린도전서나 로마서에서 언급하고 있는 여러 은사들에 입각한 직책이 교회 안에 세워져야 함에도 불구하고 왜 사도 바울은 장로와 집사 직만 언급했을까? 우리는 그 이유를 잘 알지 못한다. 다만 교회의 일꾼으로 사도 바울을 불러 사용하신 그리스도께서 그에게 주신 명령에 따라 기록한 말씀이기 때문에 교회 안에 일명 교회 직분 그것도 특별히 안수하여 세움을 입는 직분은 장로와 집사 두 가지 뿐이라고 인정하는 것이 지금까지 교회가 견지해 온 입장이었다.

장로 중에는 잘 가르치는 장로와 잘 다스리는 장로를 구분하여 목사(강도) 장로와 치리장로로 나눈다(딤전 5:17). 그래서 목사와 장로와 집사로 구분하고 있는 것이 교단의 헌법 사항이다. 사도나 선지자 직은 더 이상 존재하지 않는다. 기록된 계시의 말씀이 주어진 이후로 딱히 사도라고 혹은 선지자라고 주장할 법적인 근거 혹은 성경적인 근거가 전혀 없다. 그러나 교사는 가르치는 은사와 가르칠 내용을 풍족하게 가지고 있는 자라야 한다. 혹 조금 부족하더라도 계속해서 가르치게 해야 한다. 좋은 교사는 하루아침에 만들어지지 않는다. 베테랑이라는 단어를 쓸 수 있기 위해서는 세월이 뒷받침되어야 하고 필요한 재정을 투자해야 한다. 시간과 재정이 뒷받침되면 베테랑들을 만들어 낼 수 있다. 하지만 대부분의 교회는 이런 면에서 인내심이 부족하다. 어리석게도 속성으로 키워 일회용처럼 사용하고자 한다.

교회는 꿈나무를 잘 가꾸어야 한다. 하나님이 쓰시는 훌륭한 사람들을 길러내야 한다. 교회에 필요한 목사나 장로 집사만이 아니다. 사회 각계 계층에서 주도적인 영향력을 발휘할 수 있는 믿음의 사람들을 잘 길러내야 한다. 일명 교육은 백년대계라고 하였는데 멀리 내다보고 사람들을 키우는 일을 해야 한다. 그것이 목사와 장로에게 요구되는 지도력 중 하나이다. 장로의 자질은 바울 사도가 디모데에게 쓴 서신에서 잘 지적하고 있다.

> 그러므로 감독은 책망할 것이 없으며 한 아내의 남편이 되며 절제하며 근신하며 아담하여 나그네를 잘 대접하며 가르치기를 잘하며 술을 즐기지 아니하며 구타하지 아니하며 오직 관용하며 다투지 아니하며 돈을 사랑치 아니하며 자기 집을 잘 다스려 자녀들로 모든 단정함으로 복종케 하는 자라야 하며 사람이 자기 집을 다스릴 줄 알지 못하면 어찌 하나님의 교회를 돌아보리요 새로 입교한 자도 말지니 교만하여져

서 마귀를 정죄하는 그 정죄에 빠질까 함이요 또한 외인에게서도 선한 증거를 얻은 자라야 할찌니 비방과 마귀의 올무에 빠질까 염려하라 (딤후 3:2–7)

그리고 구제와 봉사하는 일에 특별한 은사를 지닌 집사직에 대해 계속해서 말씀한다.

이와 같이 집사들도 단정하고 일구이언을 하지 아니하고 술에 인박이지 아니하고 더러운 이를 탐하지 아니하고 깨끗한 양심에 믿음의 비밀을 가진 자라야 할지니 이에 이 사람들을 먼저 시험하여 보고 그 후에 책망할 것이 없으면 집사의 직분을 하게 할 것이요 여자들도 이와 같이 단정하고 참소하지 말며 절제하며 모든 일에 충성된 자라야 할지니라 집사들은 한 아내의 남편이 되어 자녀와 자기 집을 잘 다스리는 자일지니 집사의 직분을 잘 한 자들은 아름다운 지위와 그리스도 예수 안에 있는 믿음에 큰 담력을 얻느니라 (딤후 3:8–13)

성경에서 규정하고 있는 자질을 가지고 충분히 점검하여(시험하여) 직분자로 세우는 것이 가장 옳은 것임에도 불구하고 성직매매라는 오명에서 벗어나 있는 역사는 찾아보기 힘들 정도로 교회 역사는 많은 아픔을 가지고 있다. 감사헌금이라는 명목이지만 분담금 때문에 직분 받는 것을 포기해야 하는 일도 일어난다. 분담금을 많이 냈기 때문에 교회에서 겸손히 잘 섬기는 자리에 있어야 할 자들이 세도를 부리며 권력행사를 한다. 그러한 현상들은 다 성경적이지 않은 방식으로 직분자들을 세웠기 때문이다. 오늘날 교회의 문제가 전적으로 목사와 장로들에게서 발생하는 원인이 다 여기에 있다.

교단 헌법의 장로직은 이러하다.(교회정치 제5장 제4조)

◎ 교회의 신령적 관계를 총찰한다. 치리장로는 교인의 택함을 받고 교인의 대표자인 목사와 협동하여 행정과 권징을 관리한다.

◎ 교리 오해나 도덕상 부패를 방지한다. 주께 받은 양 무리가 교리 오해나 도덕상 부패에 이르지 않기 위하여 당회로나 개인으로 선히 권면하되 회개하지 아니하는 자가 있을 때에는 당회에 보고한다.

◎ 교우를 심방하여 위로, 교훈, 간호한다. 교우를 심방하되 특별히 병자와 조상자를 위로하며 무식한 자와 어린 아이들을 가르치며 간호할 것이니 평신도보다 장로는 신분상 의무와 직무상 책임이 더욱 중하다.

◎ 교인의 신앙을 살피고 위하여 기도한다. 장로는 교인과 함께 기도하며 위하여 기도하고 교인 중에 강도의 결과를 찾아본다.

◎ 특별히 심방할 자를 목사에게 보고한다. 병환자와 슬픔을 당한 자와 회개하는 자와 특별히 구조 받아야 할 자가 있는 때에는 목사에게 보고한다.

집사의 직무(제6장 3조)

◎ 목사 장로와 협력하여 빈핍곤궁한 자를 권고하며 환자와 갇힌 자와 과부와 고아와 모든 환난 당한 자를 위문하되 당회 감독 아래서 행하며 교회에서 수금한 구제비와 일반 재정을 수납 지출한다.

그렇다면 장로와 집사가 아닌 일반 성도들은 어떻게 해야 하는가? 앞에서 지적했던 것과 같이 고린도서나 로마서에 언급된 몸에 붙어 있는 여러 지체, 즉 은사에 따라서 그리스도의 몸을 세워가는 일에 적극 협력하고 순종하는 자들이어야 한다. 로마서 12장에서 이렇게 교훈한다.

> 우리에게 주신 은혜대로 받은 은사가 각각 다르니 혹 예언이면 믿음의 분수대로 혹 섬기는 일이면 섬기는 일로, 혹 가르치는 자면 가르치는 일로, 혹 권위하는 자면 권위하는 일로, 구제하는 자는 성실함으로, 다스리는 자는 부지런함으로, 긍휼을 베푸는 자는 즐거움으로 할 것이니라 사랑엔 거짓이 없나니 악을 미워하고 선에 속하라 형제를 사랑하여 서로 우애하고 존경하기를 서로 먼저하며 부지런하여 게으르지 말고 열심을 품고 주를 섬기라 소망 중에 즐거워하며 환난 중에 참으로 기도에 항상 힘쓰며 성도들의 쓸 것을 공급하며 손 대접하기를 힘쓰라 (롬 12:6-13)

여기에 일반 성도들이 할 수 있는 것이 무엇인지 다 들어가 있다고 본다. 다만 교회에서 성도들의 선거를 통해서 직분자를 세우는 것은 장로와 집사직에 해당되고 그 범주에 들지 아니하는 성도들은 장로와 집사의 지도를 받아서 각 분야에서 받은 은사들을 잘 활용하여 그리스도의 몸을 온전히 세워가는 일에 자발적인 참여와 헌신을 감당해야 한다. 그런 수고와 섬김을 통해서 장로와 집사로 세움을 입게 될 자들이 나타난다. 교회는 그런 자들을 특별히 안수하여 임직자로 세우는 것이다.

교회에서 가장 얼굴이 잘 드러나는 자리는 장로직을 제외하면 찬양대일 것이다. 교회마다 찬양대로도 부족하여 일명 '찬양 사역자' 들을 두고 찬양 팀을 조직해 대대적으로 활동하게 한다. 나는 이 부분을 성경적으로 깊이 생각해야 한다고 본다. 신약성경 어디에도 구약에서처럼 레위 족속이 따로 있어서 성막에서 혹은 성전에서 수종드는 찬양대가 존재함을 발견할 수 없다. 하나님이 교회에 몇을 세우셨다고 한 말씀에서도 찬양과 관련된 지체를 언급한 내용이 하나도 없다. 다시 말하면 찬양을 은사로 간주하여 그리스도의 몸을 세워가도록 제정한 사례가 한군데도 없다는 말이다. 그래서 종교개혁 이후로 개혁교회들은 교회 안에 찬양대가 따로 조직되거나 찬양 사역자를 두고 있지 않고 있다. 그러나 한국 교회는 작은 교회라 할지라도 대게는 찬양대 혹은 찬양 팀이 존재한다. 과연 우리는 이 부분을 어떻게 이해할 것인가?

결론적으로 찬양은 은사가 아니기 때문에 사역이라고 말할 수 없다. 찬양은 주 예수 그리스도를 믿어 구원을 받은 성도들의 입에서 자연스럽게 터져 나오는 신앙고백이다. 성 삼위하나님이 죄인들을 위하여 하신 놀라운 일들을 노래하며 그의 성호를 높여드리는 것이다. 이 일은 성도들 중 어느 특정인들의 전매특허로 여기는 것이 아니라 모든 성도들이 다 해야 할 마땅한 일이다. 그 일을 효과적으로 잘 감당하기 위해 특별히 음악적 소질이 있는 자들을 세워서 앞에서 찬양을 이끌도록 허용하고 있다. 그런 자에게 교회는 사명을 주어 교인들이 올바르게 찬송을 부르도록 돕는 일을 한다.

과거에는 목사가 그 일을 맡아서 했다. 왜냐하면 찬양은 예배의 중요한 요소이기 때문에 예배 인도자인 목사가 한 것이다. 그러나 소위 전문화가 일어나면서 음악을 전문으로 한 사람들에게 그 일을 맡기다 보니 영적인 수준이 현격하게 떨어져버리고 말았다. 요즘은 교회 음악을 전문으로 공부하는 기관들이 많이 생겨서 찬양을 목적으로 일하는 전문인들이 많이 배출되고 있지만 그들을 교회가 고용하여 세워야 할지는 해답이 없다.

개혁교회는 전 교인을 '찬양대화' 하는 것이 바람직하다고 본다. 음악적 재질을 가진 자로 하여금 찬송을 바르게 부르는 법을 가르쳐서 공교히 노래하며 하나님을 찬양하도록 돕는 일은 필요하다. 그런 의미에서 서로 돕는 은사의 한 부분으로 간주할 수도 있다. 다시 말하면 찬양 그 자체는 은사가 아니지만 잘 노래하도록 가르치는 일은 필요한 은사라고 볼 수 있을 것이다. 그렇다고 그런 자를 사역자로 말할 수는 없다. 마치 악기를 잘 다루는 전문인이 성도들에게 악기 교습을 한다고 해서 그를 악기 사역자로 임명할 수 없는 이치와 같다.

하나님이 제정해 주신 교회의 사역자는 그리스도의 몸을 세워가는 일에 반드시 필요한 은사를 받은 자들 가운데서 장로와 집사로 세움을 받는 자들뿐이다. 그 외의 직임들은 인간들이 고안해 낸 것들에 불과하며 필요시에 임시적으로 사용할 수 있으나 항존직처럼 항시 존속하게 할 수는 없다. 맡은 자에게 요구되는 것은 오직 충성뿐이니 죽도록 충성하라!

존 낙스가 목회한 세인트 자일스 처치

PART 3

교회의 개혁 어떻게 할까?

Crisis of the Church
The Bible is the Key

11장

성경적인 교회 성장과 공교회성 회복[1]

500년 전에 일어난 교회 개혁운동의 진정한 의의와 신학적 토대 및 실천적 사항들을 지나간 세월 동안 수없이 많이 들어왔다. 한국의 1500명이 넘는 신학박사 혹은 철학박사 학위를 가진 신학자들이 너도나도 한마디씩만 거들었다 해도 1500번 이상 주창되었고 제기된 이슈다. 그런데도 한국의 교회는 개혁을 선도하거나 사회의 오피니언 리더(opinion leaders)들에게 영향을 미치고 있다는 소리는 거의 들리지 않는다. 도리어 교회를 향한 조롱과 비아냥거림이 더 심화되고 있는 느낌이다. 국민여론조사에서도 개신교는 가톨릭과 불교에 밀려 그 신임도가 바닥을 면치 못하고 있고 성직자들에 대한 신뢰도 역시 꼴찌를 기록하고 있다.[2] 500년 전에 부패와 타락의 오물로 개혁의 집중타

1. 본 글은 2018년 4월 28일 한국복음주의신학회 71차 정기논물발표회 글을 수정 보완하였다.
2. "한국 교회의 위기와 해결책"이란 논문에서 손봉호 교수는 2011년 통계 자료를 근거로 개신교

를 맞았던 가톨릭교회는 반대로 지금 가장 깨끗하고 신뢰받는 종교로 견고하게 서 있다. 개혁의 외침을 말하며 바른 교회를 회복하자고 몸부림쳐온 개신교는 부패와 타락의 온상이 되다시피 했다. 물론 개신교는 겉으로 보이는 부정적인 요소보다 긍정적이고 우호적으로 볼 수 있는 면들이 많이 있다. 그렇다고 교회에 대한 이미지가 쉽게 바뀔 것 같지는 않다.

개혁을 선도해야 할 교회가 왜 개혁의 대상이 되었는가? 종교개혁 500주년을 보내면서 한국 교회는 개혁의 필요성과 당위성을 연일 외쳤다. 그러나 수많은 외침과 주장들은 원론적인 이야기로 치부되고 말았다. 교회는 타락의 가속페달이 더해지고 있다. 한국의 최대 교단인 합동측 장로교는 총회와 학교와의 전투가 몇 년째 이어지고 있다. 특정인의 사퇴만 주장하고 있지 진정한 개혁의 담론은 전혀 찾아볼 수 없다. 설사 소리를 낸다 한들 진영논리 싸움이 되어버린 상황에서 상대진영의 사람들로부터 집중 구타를 당하고 만다.

필자는 교회 문제의 모든 원인이 잘못된 교회 성장추구에서 비롯되었다고 본다. 자본주의 정신을 금하기보다 도리어 수용하여 교회의 세속화를 가속화시킨 물량주의적 '교세확산'이 빚어낸 문제라고 해도 틀리지 않는다.[3]

16.6%, 가톨릭 41.4%, 불교 33.5%라고 했다. 지금은 그 지지율이 더 높아졌다고 말할 수 없다.

3. 2013년 장신대 종교개혁제, "신학생들이 본 한국 교회 개혁의 길"에서 청어람 아카데미 양희송 대표가 강의하면서 진단한 내용은 한마디로 성장론의 과오에서 벗어나야 한다는 것이었다. 그는 한국 교회에는 교회론이 없고 다만 성장론만 있다고 하면서 '작은 교회 목사는 목사로 인정받지 못하고 교회 성장을 이루어낸 큰 교회 목회자만이 존경받고 모든 행위가 정당화되고 있는 실정' 이라고 꼬집었다. 세속주의정신과 다를 것이 없는 현상인 것이다. 자료출처, 「아멘넷 뉴스」 2013년 10월 23일자. "양적 교회 성장론의 문제점," 「뉴스앤조이」 www.newsnjoy.or.kr/news/articleView.html?idxno=15530

참 교회는 성장한다. 살아있는 그리스도의 몸이기 때문이다. 그러나 그 성장을 반드시 숫자적 증가로만 볼 것인가? 과연 성경에서 말하고 있는 참 교회의 성장이란 무엇인가? 숫자적인 성장 둔화현상이 농후한 현실에서 교회 성장에 대한 올바른 성경적 이해가 필요하다. 그리고 그에 대한 교회 개혁과 그리스도의 장성한 분량에 이르기까지의 자람을 실현할 수 있는 방안이 무엇인지를 고민하지 않을 수 없다.

특별히 필자는 한국 교회의 대다수 목회자들의 신념과 목표가 되어버린 교회 성장, 질적 성장을 결코 포기하지 않는다고 말하지만 대부분은 양적 성장이 전부인 이 현실에서 다시 한 번 기본적인 입장을 정립하고 균형 잡힌 실질적 교회 성장 혹은 교회 성숙을 제시하고자 한다. 양적 성장이 둔화되고 있는 상황이기에 오히려 성경적인 질적 성숙을 꾀하는 좋은 기회가 된다고 믿는다.

따라서 필자는 우선 성경에서 말하고 있는 교회 성장 혹은 교회 성숙이 무엇인지를 살펴보며 이어서 특정한 지역 교회의 성장이 아니라 주님의 교회가 함께 더불어 자라가는 복음의 진정한 확산을 꾀할 수 있는 방편을 제시하고자 한다. 그것을 개교회주의로 변질되어 버린 공교회성 회복에서 찾고자 했다.

1. 교회 성장에 대한 성경적 이해

교회의 타락, 하나님의 백성들의 타락은 성경이 증거하고 있듯이 실상 우상 숭배와 밀접하다. 구약 시대에는 각종 거짓 종교들의 난무로 이스라엘이 미혹되어 결국 패망하게 되었다. 신약 시대에 와서도 사도들이 세운 교회의 부패와 타락은 시대마다 등장하였고 그에 따른 우상들이 교회에 파고들었다.[4] 특히 오늘날은 그 도가 더 심하다. 단순히 사람들의 수공물에 불과한 잡다한 신상들을 섬기는 것만이 아니다. 교회의 흐름을 지배하고 있는 지금의 우상은 세속주의 정신에 매몰된 성공 사례이다.

성공이라는 탐욕의 우상숭배는 이제 그 도가 넘치고 있다. 한국 교회에 불어 닥친 피터 와그너의 교회 성장학과 순복음교회의 수적 증가세에 매료되어 너도나도 교세확장에 열을 올렸다. 그 결과 대형 교회들이 속출하게 되었다. 이 같은 성공사례가 주목을 받으면서 '오직 성공' 이라는 새로운 우상으로 자리 잡았다.

이유는 간단하다. 크고 많고 높은 것을 소유하려는 인간의 욕망을 자극하였기 때문이다. 세상의 신에 사로잡혀 교회의 궁극적인 관심이어야 하는 복음의 광채를 차단해 버렸다.[5] 여기에 필연적으로 수반되는 것이 대중적 인기이다. 더 이상 복음의 광채가 만들어내는 영적 깊이와 높이와 크기가 중요하지 않게 되었다. 오로지 세속적 판단의 기준으로 물량적 교회 성장이라는 우상을 낳았던 것이다. 따라서 교회들은 소위 성장 병에 빠져서 온갖 불법적 현상들을 묵인하였고 그로 인해 갖가지의 부작용들이 파생되었던 것이다. 이제 그리스도인

---

4. 여기서 말하는 우상은 단지 사람들의 수공물이 아닌 종교적 우상을 포함한다. 가톨릭교회가 만들어낸 수많은 형상들을 포함하여 '우상' 이란 '궁극적 관심' 의 자격이 될 수 없는 그 무엇이 인간에게 '마음과 뜻과 힘을 다 하여 관심 갖도록 유혹하는 그것' 이다. 그리고 '그것' 에 충성과 마음과 뜻을 다 바치는 행위와 마음의 태도가 곧 '우상숭배' 이다. 김경재, "함석헌의 저항, 우상과의 싸움." 2013. ssialsori.net/bbs/board.php?bo_table=0402&wr_id=91

5. 고후 4:4

이라는 이름은 무색하게 되었다. 주님의 교회를 바로 세우려면 '오직 성장' 이라는 우상을 파괴해야 한다. 이것이 교회 개혁의 현실적 방안이다. 손봉호 교수는 우상숭배를 이렇게 정의한다.

> 실제로 하나님이 아니거나 하나님보다 더 믿을 수 있는 것이 아닌데도 하나님인 줄 알고 믿는 것이 우상숭배다. 교회 식구들 치고 우상을 섬기고 있다고 생각하는 자가 누가 있겠는가? 왜냐하면 자신들은 다 믿을만한 것을 믿는다고 여기기 때문이다. 우상인줄 알고 우상을 섬기는 사람은 아무도 없다.[6]

손봉호 교수는 목사들이나 성도들이 섬기고 있는 우상의 한 실례를 '우리 교회' 라는 우상으로 꼽았다. 개교회주의도 그 정도가 심한데 그것을 뛰어넘어서 '우리 교회' 가 하나님보다 더 중요하게 되었다는 것이다. 손 교수의 말을 조금 더 읽어보자.

> 하나님의 영광에 해가 되더라도 '우리 교회' 성장이나 명예에 이익이 되면 감행하고, 하나님의 영광을 크게 높이는 것이라도 '우리 교회' 에 도움이 되지 않으면 하지 않는다. 다른 교회 교인들이 오는 것을 환영하는 것은 누가 봐도 비신사적이고 하나님 나라 확장에 아무 도움이 되지 못할 뿐 아니라 오히려 방해가 된다. 세상 사람들은 이런 '양 훔치기' (sheep snatching)나 대형버스가 온 도시를 돌아다니면서 교인 실어 나르는 것을 보고 '교회 장사' 한다고 비웃는다.

---

6. "한국 교회의 위기와 해결책" 이란 글에서 발췌한 것임.

교회 성장이나 교회 개혁 문제에 있어서나 오직 성경(Sola Scriptural)이라는 구호는 여전히 유효하다. 우리가 직면하는 모든 문제들은 오직 성경으로 되돌아가는 것에 답이 있다.

강의 본론으로 나가기 전에 지난 작년 1월 30일자 동아일보에 실린 기사를 소개하고자 한다.

> 1990년대 초 세계 장난감 시장의 80%를 장악했던 레고는 경쟁사의 출현과 비디오게임기의 등장으로 갑작스레 2003년 파산 위기에 처했다. 이때 34세의 젊은 최고경영자(CEO) 예르겐 비크누스토르프는 심각한 질문을 하게 된다. '레고의 본질은 무엇인가? 아울러 레고가 사라지면 우리의 고객들은 무엇을 가장 슬퍼할까?' 결론은 복잡하고 가짓수가 많은 블록의 수를 50% 이상 줄이기로 마음먹는다. 본질로 돌아가 단순해진 것이 혁신의 비밀이었고, 3년 만에 흑자로 돌아서 매출과 영업이익을 최대로 끌어올렸다.

이 글은 "진정한 변화와 혁신은 지켜야 할 본질을 다시 돌아보는 것에서 출발해야 한다"는 교훈이 그 핵심이다. 상하이 임시정부 청사 기념관 한쪽 벽에는 김구 선생이 직접 쓴 액자가 걸려 있다. '불변응만변'(不變應萬變), 즉 "변하지 않는 본질적인 것으로써 변화무쌍한 세상에 대응한다"는 뜻이다. 당시 한 치 앞을 내다볼 수 없는 국제 정세의 소용돌이에서 우리 민족이 지켜야 할 신념과 가치를 표현한 고뇌의 글이었다. 이 글귀가 말해 주는 것 역시 동일하다. 본질만이 불확실하고 불분명한 세상의 거센 파도를 극복할 수 있는 비결이다. 도산 안창호 선생은 이렇게 말했다.

> 자유 한국을 만들려면 일본군대에 대항해 싸우는 것이 아니라, 기독교인 각자가 아주 온전한 기독교인이 되어야 한다.[7]

이 말 역시 본질로 돌아가야 한다는 김구 선생의 말이나 레고 회장의 말과 같다. 사실 이런 내용을 서두에서 지적하고 있는 것은 교회 개혁은 언제나 성경으로 되돌아가는데 있음을 강조하고자 하기 때문이다. 나는 성경에서 말씀하고 있는 것을 찾아 그 토대 위에 주님의 교회를 설계하고 건축하는 것이 올바른 개혁의 방향이라고 믿는다.

교회 개혁을 심각하게 고민하는 하나님의 사람들이라면 누구라도 동일하게 본질로의 귀환, 또는 본질의 회복만이 답이라는 사실을 인정할 것이다. 이것이 500년 전의 루터나 칼빈 및 존 녹스와 같은 위대한 인물들이 가진 공통적인 생각이었다. 그러므로 교회 성장에 대한 성경적 이해를 통해 기본을 다시 다지는 대변혁이 필요하다.

성경은 교회 성장에 대해서 우리가 속 시원히 듣고 싶어 하는 교훈을 제공하고 있지 않다. 교회의 머리이신 예수님은 제자들을 파송하시면서 교회를 성장시키라는 명령을 주지도 않으셨다. 성경 다른 곳에서도 교회가 원하는 숫자 성장을 위한 교훈이 나타나지 않는다. 성경은 그 이유를 이렇게 말한다.

> 나는 심었고 아볼로는 물을 주었으되 오직 하나님은 자라나게 하셨나니 그런즉 심는 이나 물주는 이는 아무 것도 아니되 오직 자라나게 하시는 이는 하나님뿐이니라 (고전 3:6-7)

---

7. 「크리스찬투데이」 2월 18일자 기사에서 발췌한 것임.

한마디로 성장은 인간의 영역이 아니라 자라게 하시는 하나님의 주권적인 역사라는 말씀이다. 그러므로 교회 성장을 말할 때 인간의 수단에 달려있는 것으로 착각하게 하는 방법적인 면, 기술적인 면 등을 철저하게 배제해야 한다.

품종 개량과 같은 일이 교회 성장에 필요지 않다. 그것은 하나님이 주신 씨가 최고의 품종이기 때문이다. 개량을 위한 인간의 노고가 요구되지 않는다. 다만 인간에게 필요한 것은 그 씨가 뿌려지는 토양에 대한 연구이다. 실상 그 토양에 대한 연구도 특별히 우리가 보탤만한 것은 없다.

마태복음 13장의 씨 뿌리는 비유에서 예수님은 이미 인간의 토양 4가지를 설명해 주셨다.[8] 어떤 밭이 좋은 열매를 맺게 하는지도 답하셨다. 열매를 맺지 못하게 하는 장애요소들을 제거해 주는 작업이 필요하다. 따라서 굳이 교회 성장학이 제시하는 방법론에 투자하기보다는 성경 진리에 더 충실한 길을 가야할 것이다. 교회의 '영적 성숙'이 양적 성장을 가져올 수 있음이 분명하지만, 지금의 현실은 양적 성장을 바탕으로 한 질적 성숙을 꾀하기 때문에 문제점만 더 늘어난다. 양적 성장에 초점을 맞춘 설교의 내용, 인간 중심의 예배, 성장을 위한 도구로 전락해 버린 직분자 남발, 탈신학화 현상 등이 한국 교회의 개혁을 위한 단골메뉴로 등장한다.

신약에서 '교회'(에클레시아)를 처음 사용하신 예수님이 제자들에게 하신 말씀을 보라.

---

8. 길가의 밭과 가시밭 그리고 돌짝밭은 열매를 거둘 수가 없다. 오로지 좋은 마음으로 말씀을 받아 순종하는 옥토가 교회 성장을 주도하는 것이다. 그러나 한국 교회의 현실에서는 가시밭이나 돌짝밭에서 반짝이는 일시적인 현상들을 가지고 교회 성장이라고 치부하는 것은 아닌지 염려스럽다.

> 내가 이 반석 위에 내 교회를 세우리니 음부의 권세가 이기지 못하리라 (마 16:18)

이 말씀에서 강조하고 있는 것은 두 가지이다. 첫째는 주님이 직접 주님의 교회를 세우신다는 말씀이다. 베드로에게 위임한 것이 아니다. 교황에게 위임한 것도 아니요, 목사들에게 부탁하신 것도 아니다. 교회의 머리이신 예수님이 직접 자신의 교회를 세우신다. 영어에서도 교회개척을 말할 때 '처치 플란팅'(church planting)이라고 하지 '처치 이스타블리싱'(church establishing)이라는 단어를 쓰지 않는 이유가 여기에 있다. 교회를 설립하시는 분은 하나님이시다.

초대교회의 지역 교회들이 생기기 시작한 것은 사도들에 의해서 이루어졌듯이 복음 전파 사명을 받은 이들에 의해서 지금도 계속되고 있다. 그러나 그 복음 선포자가 교회 설립자가 될 수 없다. 설립자는 예수 그리스도뿐이다. 누구도 자기가 교회를 키웠다고 헛소리해서는 안 된다. 한 지역 교회가 누구에 의해서 시작되었든 교회는 주님의 교회이고 주님이 세우신다. 만일 이것이 아니라면 교회라는 간판은 있어도 주님의 교회라고 말할 수 없다. 이것이 본문에서 찾을 수 있는 두 번째 강조점이다.

주님이 세우지 않는 교회는 음부의 권세 앞에 영락없이 굴복되고 말 것이다. 죄와 사망의 권세를 이기시고 사단의 일들을 궤멸시키신 주님은 주님의 교회가 음부의 권세에 눌려 있게 되기를 결코 용인하지 않으신다. 그렇기 때문에 목사 개개인의 비전과 철학에 따라 세워지는 교회는 주님의 교회가 아닐 뿐 아니라 음부의 권세를 결코 이겨낼 수 없는 교회가 된다. 왜 작금의 교회는 음부의 권세 앞에 벌벌 떨며 교회의 위력을 드러내지 못하는가? 주님이 세우시는 교회가 아니라는 이유가 그 답이다. 내가 섬기고 있는 교회가 주님의 교회임이 분명한가? 그렇다면 그 증거는 무엇인가? 왜 주님의 교회라고 말하면서 교회마다 다 다른 모습인가? 어떤 교회가 진짜 주님의 교회인가? 목사나 장로나 특정인의 이상과 철학에 의하여 세워지는 교회를 주님의 교회라고 말할 수 있는가?

교회의 기초는 사도적 증거인 예수 그리스도 안에 있다(고전 3:11). 그분만이 교회 설립자이시고 교회의 머리이시다. 교회의 생명과 가치는 교회를 구성하고 있는 사람들이나 또는 교회를 이끌고 있는 교회 리더들이 아니라 교회의 머리이신 예수 그리스도 자신에 있다.

진짜 주님의 교회는 주님의 진리의 말씀에 의해서 시작되고 진행되며 마무리 되는 교회이다. 주님의 말씀에 비추어서 그 말씀에 어긋나는 것들이 동원되어 시행되고 있다면 말은 주님의 교회라고 할 수 있을지 몰라도 교회의 머리이신 주님이 주인이신 주님의 교회라고 볼 수 없다. 주님이 높임을 받으시는 곳이 아니면 예루살렘 성전조차도 돌 위에 돌 하나도 남지 않고 멸망을 받게 되는 것이다. 그렇기 때문에 우리는 올바른 교회 성장의 원리와 방편을 성경의 교훈에서 찾는 노력을 게을리 하지 말아야 한다.

2. 성경적 교회 성장의 실체

1) 교회 성장은 몸집 키우기가 아니다

성경은 수적 증가를 배제하지 않는다. 믿는 자의 수가 날마다 더해지는 결과가 초대교회 안에 존재하였다(행 2:47; 4:4; 6:7; 13:48; 16:5). 이것은 구약성경에서도 엿볼 수 있다. 하나님이 아브라함에게 약속한 것은 복과 번성이었다.

> 내가 너로 큰 민족을 이루고 네게 복을 주어 네 이름을 창대케 하리니 너는 복의 근원이 될지라 너를 축복하는 자에게는 내가 복을 내리고 너를 저주하는 자에게는 내가 저주하리니 땅의 모든 족속이 너를 인하여 복을 얻을 것이니라 (창 12:2-3)[9]

심히 번성케 되는 복을 약속하신 하나님은 아브라함을 믿음의 조상이 되게 하심으로 그 약속을 성취하셨다. 특히 신약에 오면 믿음의 조상 아브라함의 후손들이 기하급수적으로 늘어나는 것을 볼 수 있다. 베드로의 설교를 듣고 삼천 명, 오천 명이 회개하고 돌아왔다는 기록을 읽을 수 있다(행 2:41; 4:4). 그러나 수적 증가에 대한 언급은 이것이 전부이다. 예루살렘 교회의 성장은 아브라함에게 한 약속의 실현

---

9. 아브라함에게 약속한 이 언약은 4번이나 더 반복적으로 나타났다(창 13:16; 15:5; 17:6; 22:17).

이요, 그로 말미암아 온 세상이 다 복을 받게 되는 그리스도의 왕국의 확장이다.

그런데 흥미로운 것은 아브라함에게 한 그 약속은 신약성경에서 단순히 수적 증가로만 표시하지 않고 수적 증가의 원인을 명시하고 있다는 점이다. 특히 사도행전 4장과 6장 및 12장과 19장에서 밝혀주고 있다.[10] 허다한 사람들이 예수를 믿고 구원을 받게 되는 그 결과를 낳게 된 원인이 무엇인가? 그것은 복음 전파이다. 다시 말하면 사도들의 복음 선포를 통해서 하나님의 말씀이 힘 있게 전파된 결과이다. 한마디로 교회 성장은 앞서 지적했듯이 사람으로 시작되는 것이 아니며 사람에 의한 것도 아니다. 오직 하나님으로 더불어 시작되는 것이다. 그리고 마지막도 하나님에게로 돌아가는 것이다. 완성은 교회의 주인이신 예수 그리스도께서 하시는 것이기 때문이다. 복음을 주신 분은 하나님이시다. 그 복음을 전파하라고 복음 전도자와 목사와 교사로 세워주시는 분도, 교회 세움의 도구와 수단을 마련하신 분도 하나님이시다. 그러므로 하나님의 의도와 계획에 전적으로 순응하는 것만이 진정한 교회가 된다.

한편 복음 선포를 제외한 인간들이 고안해 낸 경영기법을 통한 수적 증가를 추구하는 교회 성장은 목사 개인의 능력과 자질에 초점을 맞출 수밖에 없다. 그것은 개인의 우상화를 초래하였고 막대한 부와 영예와 권세를 휘두르는 결과를 낳게 되었다. 주님이 거주하시기에 매우 불편한 종교집단이 되어가고 있는 것이다. (이 우상화가 어떤 결

10. "말씀을 들은 사람 중에 믿는 자가 많으니 남자의 수가 약 오천이나 되었더라"(행 4:4). "하나님의 말씀이 점점 왕성하여 예루살렘에 있는 제자의 수가 더 심히 많아지고 허다한 제사장의 무리도 이 도에 복종하니라"(행 6:7). "하나님의 말씀은 흥왕하여 더하더라"(행 12:24). "이와 같이 주의 말씀이 힘이 있어 흥왕하여 세력을 얻으니라"(행 19:20).

과를 낳았는지는 뒤에서 더 살펴볼 것이다.) 그와 같은 성장은 교회를 자라게 하시는 하나님을 앙망하고 바라는 것보다 자질과 능력과 재능이 탁월한 목사 개개인을 주목하게 하였다. 아브라함을 번성케 한 분이 하나님이셨듯이 교회를 세우고 성장하게 하시는 분 역시 성자 하나님이시다. 목사의 수고를 헛되게 하지 아니하시는 주님만이 높임을 받으실 유일한 대상이시다. 그러나 인위적인 방편을 통한 개인의 자질과 능력이 주목받는 목사들은 입으로는 주님의 은혜요, 주님께 영광이지만 실제로는 그 모든 영광을 스스로 독차지 한다. 부와 명성과 명예를 한 손으로 거머쥔다. 그것이 목회를 은퇴하는 시점에서 교회와 줄다리기 하는 근거가 되며 목회 세습이 끊이지 아니하는 이유이기도 하다.

교회 성장은 복음의 진보 없이는 불가능하다. 수적 증가가 그대로라고 할지라도 교회 구성원들이 우리 주 예수 그리스도를 아는 지식과 그의 은혜 가운데서 자라고 있고, 자신들의 삶을 위해 오직 주님의 뜻에 복종하는 일이 개인만이 아니라 교회 전체 공동체에서 일어나고, 그로 인해 복음의 말씀이 계속 사방으로 번져나가고 있다면, 그 교회는 참된 성장을 경험하는 교회라고 말할 수 있다. 숫자는 많으나 그리스도를 아는 지식과 은혜 안에서 자라나는 일이 없는 어린아이들로 남아 있다면(히 5:11-12) 단순히 수적 증가 자체를 성경적인 교회 성장이라고 말할 수는 없다. 오합지졸이 아무리 많아도 정예대원으로 이루어진 군대와는 상대가 되지 않는다. 프로 선수와 동네 스포츠 동우회 회원들의 시합이라고 할 수도 있을 것이다.

목사 자신의 힘과 지혜와 능력을 부각시키는 것은 복음의 능력의 출처이신 주님이 드러나지 못하게 하는 것이다. 물론 씨(복음) 뿌리는 수고를 농부가 한다. 그러나 태양을 움직이고 때를 따라 이른 비 늦은 비를 공급하시는 하나님의 도우심이 없이는 그 수고가 무의미하다. 혹자는 이렇게 말할 수 있다. “내가 심지 않았는데 어떻게 자람이 있겠는가? 그러므로 심는 우리도 당연히 인정을 받아야 한다.” 그러나 그 심고 물을 주는 일을 하게 하시는 분은 하나님이시다. 나 같은 죄인의 손길을 통해서 하나님이 엄청난 일을 이루고 계신 그의 능력과 그의 지혜와 그의 은총이 높임을 받아야 한다. 더구나 하나님은 우리의 도움이 전혀 없이도 무에서 유를 창조하신 것처럼 능히 구원의 열매를 맺으실 수 있는 분이시다. 그런데도 지혜도 능력도 부족하고 가진 것이 전혀 없는 내게 천사도 흠모할만한 일을 맡겨주셨고, 주님의 능력을 나타내 주셨다. 그것이 때로 수적인 증가로도 이어지기도 한다.

우리는 이 모든 영광을 오직 하나님께만 돌려야 한다. 하나님이 받으셔야 할 영광을 가로채서는 안 된다. 하지만 하나님은 수고를 아끼지 않고 하나님께 영광을 돌리는 종들에게 그들의 수고를 치하하신다. 하나님은 심고 물주는 이들 각자의 수고에 따라 자기 몫의 상을 받게 하신다(고전 3:8). 주님은 주님을 존중히 여기는 자를 존중히 여기시며, 주님을 멸시하는 자를 경멸하신다(삼상 2:30). 이처럼 주님의 진정한 사역자들은 순수한 복음 선포를 통해서 주님을 높여드리며 그 일에 충성하는 자에게 상 주심을 바라며 나아간다. 땅에서의 모든 재물보다 복음의 진보 때문에 능욕 받음을 더 큰 재물로 간주 할 수 있다(히 11:26).[11] 그렇기 때문에 몸짓 부풀리기로 목사 개인의 몸값 늘리기를 시도하는 목회는 가짜 교회를 키우는 것이다.

---

11. “그리스도를 위하여 받는 능욕을 애굽의 모든 보화보다 더 큰 재물로 여겼으니 이는 상 주심을 바라봄이라!”

2) 교회 성장은 거듭난 성도들의 삶과 직결되어 있다

초대교회의 가장 아름다운 그림 중 하나가 사도행전 2:42-47 말씀이다. 성도들이 사도들의 가르침을 받아서 서로 교제하며 떡을 떼며 기도하기를 전혀 힘쓰는 결과는 '모든 물건을 사로 통용하는 것'과 '재산과 소유를 팔아 각 사람의 필요를 따라 나눠주는 것' 그리고 '마음을 같이 하여 성전에 모이기를 힘쓰는 것'이었다. 가르침의 결과는 성도들의 삶의 현장에서 가르침을 받은 성도들이 보여주는 삶 자체였다. 그리스도 예수 안에서 새로운 피조물이 된 성도들이 이 세상의 흐름을 따르지 않고 하늘에 시민권이 있는 자로 살아간다면 그것이 진정한 교회 성장의 큰 동력이 될 것이다. 초대교회의 수적 증가는 복음 선포와 더불어 그 복음을 받은 성도들의 구별된 삶이 주원인이었다. 그들의 삶을 보고 주변의 백성들은 그들에게 칭송을 아끼지 않았다. 그것이 믿는 자의 수가 날마다 더하게 되는 결과로 이어진 것이다. 물론 여기서도 수적 증가는 '주께서' 하신 일임을 분명히 밝히고 있다.

교회 성장에 있어서 인간의 노력은 결코 하나님의 복이 쏟아짐을 보장하지 않는다. 이방 종교에서는 '지성이면 감천'이라고 가르친다. 그러나 기독교는 '인간 공로치하' 종교가 아니라 '하나님 제일주의' 종교이다. 인간의 무익한 수고를 사용하시어 하나님의 위대한 일을 이루어 가시는 하나님만이 영광을 받으실 유일한 대상이다. 우리는 단지 주님의 복 주심을 받을 뿐이다. 그럼에도 불구하고 성도들의 삶 자체는 하나님의 은혜를 얻는 수단은 아니지만 주변인들에게 그리스도의 생명의 향기를 발하는 채널이 되고 이 채널이 믿는 자의 수를 더하게 되는 열매로 이어진다. 하나님은 그 삶의 향기를 사용하시어 죽은 자를 살리는 자리로 이끄시는 것이다.

한국 교회의 실패는 여기에 있다. 각양 프로그램을 통해서 교회에 나오는 숫자적인 증가도 나타난다. 그러나 진정으로 거듭난 새 생명의 역사로 말미암는 변혁은 찾기가 드물다. 기독교인의 흉내 혹은 모양만으로는 새 사람의 능력을 나타낼 수 없다. 비기독교인들도 하는 선한 일을 하지 않는 것이 아니다. 구제와 봉사가 뒤떨어지는 면도 있다고들 하지만 기독교야말로 다른 어떤 단체보다 낫다고 생각한다. 평균적으로 보면 한국 교회와 성도들이 사회 구석구석에서 활동하는 것들은 눈부시다고 할 정도이다. 그럼에도 불구하고 한국의 기독교가 지탄의 대상이 된 가장 큰 이유가 무엇인가? 그러한 수고가 하나님의 의이신 예수 그리스도의 은혜와 공로보다는 도리어 자신들의 의를 과시하는 전시성 행사에 불과한 것들이 많기 때문이다. 정치인들도 아닌데 보여주기 위한 선행이 너무 많다.

많은 사람들이 보이는 데서는 그럴듯한 모습이나 보이지 아니하는 데서는 자기 멋대로이다. 교회 내에서는 천사일 수 있지만 교회 밖에서는 악마 노릇도 주저하지 않는다. 목사를 비롯하여 거의 대다수의 기독교인들이 사회에 영향력을 미치지 못하는 이유는 복음의 위력을 교회 안에서만 유효한 것으로 전락시켰기 때문이다. 솔직히 고백하면 복음이 교회 안에서조차도 힘이 없다. 그런데 어떻게 교회 밖으로 흘러나가겠는가? 그 원인이 어디에 있는가? 복음이 선포되지 않거나 선포되어도 복음으로 인한 연단을 스스로 포기하는 데 있다. 신자들은 사회생활에서 말씀의 원리를 전혀 적용하지 못하고 있다. 세상에서의 삶은 세상의 흐름과 유행을 따른다. 그 힘이 교회에도 기승을 부린다. 사실 교회의 힘은 모이는 숫자에 있지 않다. 교인들의 사회적 지위나 세속적 소유의 많고 적음에 달려 있지도 않다. 교회의 힘은 교회의 머리이신 예수 그리스도이시다. 그로부터 필요한 모든 영양분을 공급받아서 각자 받은 은사대로 서로 상합하여 그리스도의 몸을 온전히 세워가야 한다. 그것이 성도 개개인이 사는 삶의 현장에서 그대로 반영된다. 문제는 성도의 마음에 내주하고 계신 성령의 인도하심이 없이 각자 자신의 소견대로 살아가는 것이다. 21세기 '신종 사사시대'를 만들고 있다.

성령의 인도하심이 아닌 세상의 흐름과 유행에 더 민감하게 반응하는 성도들의 구별되지 못한 삶은 교회 성장의 가장 큰 장애물이다. 물론 위선과 타락과 부패에 물든 목사의 책임을 무시할 수는 없다. 그러나 복음의 위력을 경험하지 못한 교회 지도자들의 가르침은 윤리 도덕적 부패보다 더 심각하다. 그 가르침으로 무기력한 성도들을 양산하기 때문이다. 진리의 기둥과 터인 교회 안에서조차도 더 이상 진리가 설 자리가 없어졌다. 이젠 교회의 부패 가속도를 멈출 수 없는 지경이다. 진리가 강력한 힘을 발휘하지 못하고 있는 원인은 진리전달 부재에 있다. '진리'보다는 '일리' 있는 허탄한 소리를 담아 사람들로 종교적 만족 혹은 위안을 전달한다. 의의 말씀을 경험하지 못하는 성도들이 세상에서 맛을 내는 삶을 살아간다는 것은 불가능한 일이다. 설혹 진리를 경험하고 있다고 하더라도 연단과 고난을 좋아하지 않는 자기 편리주의가 교회와 목회자들의 신임도를 추락시키고 있다.

성도들이 진리 안에 거하며 서로 교제하며 나누는 생활 신앙이야말로 진정한 교회 성장의 동력이 될 수 있다. 그러나 목회자들은 성도들의 교제를 잘 점검하지 않는다. 그들이 예배 후에 식당에서 주로 나누는 이야기 소재가 무엇인지 알고 싶어 하지도 않는다. 필자가 확인한 바로는 대다수가 세상 돌아가는 이야기이든지 아니면 교회 활동들에 대한 호불호 정도이다. 그리스도를 나누는 일은 거의 찾아보기 힘들다. 그러므로 성도들의 대화를 엿듣고 복음 안으로 들어와야겠다고 생각하는 이들을 만나기가 매우 어렵다.

생활 속에서 성도의 교제는 세상 사람들의 동우회 활동이 아니다. 그럼에도 불구하고 많은 교회에서 성도의 교제를 세속적인 친교 모임으로 간주하고 있다. 찬송도 있고 기도도 있다. 그러나 형식에 불과하다. 거기서 영적으로 큰 도전과 감흥을 얻어 더 주님께 가까이 나아가고자 하는 도전과 격려를 찾기 어렵다. 도움을 얻은 자들이 있다면 그들은 교회의 일에 동참해 줄 것을 요청받고 응하여 나홀로 신앙생활을 피한다는 것이 전부이다. 거기에는 인간적이고 세상적인 흥겨움은 존재할지 몰라도 진리이신 주 예수 그리스도를 닮아가고 따라가며 순종하게 되는 영적 풍요로움은 누리기 힘들다.

교회의 친교는 동우회 활동 목적과 달라야 한다. 교회 내의 세속적 친교 모임은 육의 소욕을 즐기는 이들의 수적 증가를 가져올지 몰라도, 성령을 따르며 거룩하기를 소망하는 온전한 그리스도인이 늘어나게 하지는 못한다. 세속적 친교 모임을 원하는 자들은 오히려 영적인 활동을 꼭 밖에 나와서까지 해야 하냐고 핀잔할 것이다. 기도와 찬송과 말씀은 교회 밖에서는 나눌 가치가 없는 것인가? 그런 무리들이 많은 곳에서는 기독교의 순수한 가치들이 들러리 신세로 전락된다. 사람들이 교회에 나옴이 교회의 머리되신 예수 그리스도와의 교제 때문이 아니다. 동우회 회원들과의 만남, 그리고 자신이 교회에서 맡은 일들 때문이다.[12] 그런 자들은 주님과의 영적 교통에서 오는 감격과 감동이 아닌 사람들과의 친밀한 만남을 통해 교회 생활의 재미를 느낀다. 신령한 열매가 아니라 육체적인 교감에 관심을 갖는다. 육체적 욕구만족 추구가 초대교회라고 해서 없었던 것은 아니었다. 성령을 돈으로 해결하려는 자가 있었는가 하면 분위기에 휩쓸려서 덩달아 밭도 팔아 헌금도 했다.[13] 그러나 그런 무리는 극소수였다. 대부분 성도들은 받은 복음의 은총에 강권함을 받아서 각각의 소유를 팔아 각 사람의 필요를 따라 나눠주었다. 그 모든 힘은 사도들의 가르침이 그 중심에 있었던 결과였다. 오늘날 우리의 친밀감은 어떠한가? 사도적 가르침 때문인가? 아니면 취미생활 때문인가?

선한 사업에 그 어느 종교보다도 열정이 많은 기독교이지만 신뢰도가 바닥을 면치 못하고 있는 가장 큰 이유는 사도적 가르침, 즉 복음에 기초한 선한 일이 아니기 때문이다. 오히려 보수적 불신자들 중에는 교회에 속한 사람들보다 더 착한 행실을 많이 하는 이들도 있다. 교회의 프로그램은 예수의 이름을 빙자한 위선적 행위가 되곤 한다. 심지어 예배조차도 교회 성장의 주된 도구로 전락된지 오래다. 예배의 모든 행위가 더 어디에 초점이 맞춰져 있는가? 하나님께 맞춰져 있는가? 입술로는 그렇다. 그러나 내심은 예배에 참여한 자들에게 눈이 쏠려있다. 그들이 얼마나 좋아하고, 어떻게 다음 주에도 또 올 것인가에 관심이 집중되어 있다. 그렇기 때문에 예배기획자들이 성행하

---

12. 교회에서 요구하는 일들, 즉 안내, 주차관리, 헌금계수 위원, 식당봉사, 청소, 꽃꽂이 봉사, 찬양 팀, 전도회 임원 활동들은 거듭난 증표가 없어도 얼마든지 행할 수 있다. 이는 교회 출석에 도움은 주지만 교회의 머리이신 주님과의 만남과 영적인 풍요로움을 위한 예배 참여와는 거리가 멀다.

13. 사도행전 8장과 5장에 등장하는 시몬과 아나니아와 삽비라 사건이다.

고, 예배 리허설까지 등장하게 되었던 것이다. 설교도 근본적으로 심령을 변화시키는 것이 아닌 사람들을 끌어 모으는 도구로서만 중요시된다. 사람들의 계명으로 교훈을 삼아 가르치니 하나님을 헛되이 경배하는 일만 늘어난다(마 15:8-9). 그러면서도 하나님이 기뻐 받으시는 예배임을 조금도 의심하지 않는다. 자기만족에 치우쳐있다. 사람들의 감정적 반응에 주시한다. 자기만족 추구는 결국 우상숭배와 직결된다.

그 목적 달성을 위해서 다른 교회에 속한 양들 빼내오기는 이단들만이 하는 일이 아니다. 다른 교회에서 주님을 잘 섬기는 주님의 양을 강탈하는 것은 도적질 하지 말라는 계명을 어기는 죄악이다. 그러나 사단의 소굴에서 주님의 참된 양들을 구출하는 것은 다른 사람의 생명을 건지는 가장 값진 일이다.

우리는 두 곳에서 주님의 양들을 건져낼 필요가 있다. 하나는 사이비나 우상 종교에 빠진 자들을 건져내는 일이다. 이것은 순수한 복음을 들려줌으로 가능하다. 또 하나는 거짓된 가르침에 속고 있는 소굴에서 구출하는 것이다. 이것은 많은 종교지도자들에게 욕을 먹는 일이 될 수 있다. 왜냐하면 자기 양들을 빼앗는다고 여기기 때문이다. 그들은 하나님의 복음을 전하지 않고 사람들 귀에 듣기 좋은 허탄한 것들을 듣게 하면서 스스로나 청중들에게 하나님의 말씀을 전하고 듣고 있다고 믿게 한다. 거짓된 복음을 가르치는 교회들이 참으로 많다. 사도 바울도 고린도 교회에 편지하면서 날카롭게 지적했다.

> 우리가 전파하지 아니한 다른 예수를 전파하거나 혹
> 너희의 받지 아니한 다른 영을 받게 하거나 혹 너희

의 받지 아니한 다른 복음을 받게 할 때에는 너희가 잘 용납하는구나 (고후 11:4)

사도들로부터 전해 받은 복음의 진수를 듣기가 상당히 어려운 현실이다. 상당수가 윤리 도덕적 교양 설교에 치중되어 있다. 복음의 일꾼이라기보다는 윤리 선생 역할이 더 강하다. 또한 한 하나님, 한 주 예수 그리스도를 섬기는 교회가 왜 이렇게 백인백색이 되고 있는가? 교회마다 예배의 색깔이 다르고 전파하는 메시지도 누구나 들어야 하고 어디에서나 외쳐져야 할 복음과는 거리가 먼 것들이 많기 때문이다.

주님은 한 분이시다. 그분의 음성이 시와 장소를 따라서 다르게 나타나는 법이 없고 그분의 교훈이 상황에 따라서 고무줄 현상을 일으키지 않는다. 그는 어제나 오늘이나 영원토록 동일하신 분이시다. 그의 말씀은 천지가 다 없어져도 하나도 사라지지 않는 영원한 진리이다. 그런데 그 진리의 기둥과 터인 교회가 보여주는 모습은 왜 그렇게 다른 모양일까? 같은 색이라고 하기에는 너무나 차이가 있다. 어떤 교회가 주님의 교회인가? 다른 예수, 다른 영, 다른 복음인데 참된 예수, 참된 영, 참된 복음으로 착각하고 있는 것은 아닌지 깊이 점검해야 한다. 대다수 목회자들의 마음을 휘젓고 있는 양적 성장의 우상 숭배에 대한 허황된 환상이 빚어낸 결과이다.

교회 성장과 관련하여 이러한 현상은 구약에서도 찾아볼 수 있다. 창세기 11장 바벨탑 사건이다. 그 주인공들은 이렇게 말한다: "자 성과 대를 쌓아 대 꼭대기를 하늘에 닿게 하여 우리 이름을 내고 온 지면에 흩어짐을 면하자"(4절). 여기에서 사람들은 자신들의 이름을 내고자 즉 자신들의 능력과 재주의 어떠함을 과시하고자 바벨탑을 쌓으려 하였다. 세속적인 교회 성장 또는 우상숭배의 전형적인 표본이다. 목사들은 왜 교회 성장에 목말라하는가? 오로지 주님의 영광 때문인가? 아니면 목회자 자신의 명성과 부를 위한 것인가? 대형 교회를 꿈꾸는 이들의 전형적인 목표는 자신의 유익과 인정받음에 있다.

입으로는 하나님을 존중하고 하나님의 영광을 위한 것이라고 둘러대지만 속으로는 잠시 있다가 사라지고 말 것들을 하나라도 더 움켜쥐려고 한다. 세상 부귀영화 다 버리고 주님만을 따른다고 거짓 고백하며 탐심이라는 우상의 힘을 하나님의 은혜로 위장한다. 교회의 머리이신 주 예수 그리스도를 위하는 믿음의 사람들보다 목사 자신들을 위한 충성스러운 제자삼기에 열을 올린다. 그런 자들에게 적당히 명예직을 수여하며 자신의 우상숭배에 직간접적으로 가담하게 만든다.

하나님은 바벨탑을 쌓는 이들을 온 지면에 흩어버리셨다. 그들의 공로를 산산 조각나게 만들었다. 한국 교회도 이렇게 가다가는 풍비박산될 날이 이를까 두렵다.

창세기 12장은 복의 근원이 하나님이심을 나타낸다.

> 내가 너를 큰 민족을 이루고 네게 복을 주어 네 이름을 창대케 하리니 너는 복의 근원이 될지라 (창 12:2)

인간의 노력으로 하나님의 복을 극대화할 수 없다. 사람들이 원하는 복이 무엇이든 그것은 다 하나님으로부터 오는 것이고 하나님만이 창대케 할 수 있다. 그러므로 주님의 나라와 그의 의를 구함이 되지 않는 한 교회 성장은 사상누각에 불과하다. 성도들의 동우회 활동이 아무리 왕성할지라도 주님의 마음을 기쁘시게 할 수 없다. 오직 믿음으로만 하나님을 기쁘시게 할 수 있다. 그 믿음의 기초는 복음 진리이다. 오직 하나님의 영광을 위해 믿음으로 말하고 행동해야 한다. 또한 다른 사람들의 유익을 우선으로 해야 한다.

교회는 성장하는 것이 정상이다. 자신들의 물리적 이득의 여부 때문이 아니다. 숫자의 많고 적음과는 상관없이 교회가 진리 안에 굳게 서고, 성도 개개인이 제사드림보다 진리의 말씀을 최고 가치로 여기고 순종하며 실천한다면, 성경이 말하는 영적 성장은 반드시 나타나게 될 것이다. 하나님의 복은 획득되는 것이 아니다. 받는 것이다. 하나님의 생명이 그의 백성들에게 전가되는 것이다. 이러한 복은 다음 세 번째 중요한 원리로 이어진다.

3. 공교회성 회복이 건전한 교회 성장의 대안이다

공교회란 무엇인가? 안디옥교회 감독이었던 성 이그나시우스(St Ignatius)가 서마나 교회 성도들에게 쓴 서신에서 '가톨릭'이라는 단어를 처음 사용하면서 우리 주 예수 그리스도의 이름과 불가분리의 것으로 연결시킴으로써 초대교회는 그리스도의 제자가 되며 그리스도를 따르는 자라는 고백을 하는 순간 '가톨릭', 즉 보편교회원이 되었다. 다시 말하면 하나의 보편적이고 우주적인 교회의 회원이 되었던 것이다.[14] 이후로 교회의 보편성을 의미하는 공교회(catholicity) 혹은 공회라는 말은 전체성(wholeness), 충만함(fullness), 통합성(integrity) 및 총체성(totality)이라는 의미로 이해했다. 그러나 '가톨릭' 을 뜻하는 헬라어 '카달로우' (καθαλου)는 성경에서 그리스도의 교회로 묘사된 적이 없다.[15]

하지만 주님의 교회가 하나요, 보편적이라는 것을 암시하는 본문들은 많이 있다(창 12:3; 시 2:8; 사 2:2; 렘 3:17; 말 1:11; 마 8:11; 28:19; 요 10:16; 롬 1:8; 10:18; 엡 2:14; 골 1:6; 계 7:9). 이 구절들이 보여주는 보편성의 의미는 '기독교가 모든 민족과 모든 세기, 모든 신분과 지위, 모든 장소와 시간에 적합하고 의도된 범세계적인 종교' 라는 것이다. 그렇다면 그 교회의 정체성을 규정하는 전체성은 어디에 근거한 것이어야 하는가?

교회가 범세계적이고 우주적이라는 보편적 원리는 특별히 오순절 성령 강림사건 때부터 나타난다(행 2:11, 17, 21, 39; 10:11). 국수주의적이고 지역적이고 한 종족적이었던 것이 우주적이고 국제적이고 여러 열방 민족들의 교회로 전환된 것이다.

교회사적으로 그리고 교리적으로 이 단어의 참된 뜻은 교회의 보편성을 말하는데 이것은 교회 형태로의 통일성이 아닌 같은 신앙고백,

---

14. Vitaly Borovoy, *The Meaning of Catholicity*, First published: October 1963, https://doi.org/10.1111/j.1758-6623.1963.tb00863.x '*Christianus mihi nomen, catholicus cognomen*, 크리스천은 내 이름이요 가톨릭은 내 성이다.' 그렇기 때문에 어거스틴은 자신을 가톨릭 그리스도인이라고 소개하였다.

15. 부사로 쓰인 이 단어는 사도행전 4:18에서 보편적 부정을 표현하기 위해 쓰인 것인데 사도들에게 예수의 이름으로 절대 말하지 말 것을 명령하는 산헤드린 공회의 보편적 주장을 담고 있다. 그러나 이 단어가 신약성경에서 교회를 묘사하는데 사용되지 않지만 '보편적인, 혹은 전체적인 것, 전체와 관련된 어떤 것' 을 의미한다. 에드몬드 클라우니, 『교회』, 황영철 역 (IVP, 1998), 104.

즉 사도성을 바탕으로 이해하는 말이다. 그리스도께서 사도들과 선지자들의 터 위에 세운 주님의 교회는 한 주 예수 그리스도를 중심으로 하나이다. 그리스도의 몸이 하나인 것과 같이 교회도 하나이다. 이 교회의 신앙고백이 하나이며, 나나님께 나아가는 방식이 하나이며, 하나님의 일꾼들을 세움도 동일한 원리와 원칙으로 말미암는다. 결코 지역 교회마다 다른 것이 아니다. 그럼에도 불구하고 지역 교회마다 상당히 다른 면들을 지니고 있음은 성경적인 교회 성장을 가로막는 장애물이다. 클라우니 박사가 지적한 것처럼 '교회의 정체는 선교를 통해' 즉 선포되는 내용이 교회의 '보편성으로 귀결되는 것이다.'[16] 사도성이 그래서 중요하다. 그리스도께서 교회에 요구하시는 일체성은 사도적 가르침 외에 무엇이 있겠는가?

교회가 사도적이어야 하는 이유는 사도들만이 예수님이 놓으신 기초 위에 주님의 교회를 세우는 것이기 때문이다. 교회가 사도적인 것은 교회가 사도의 가르침 위에 건축되었을 뿐 아니라 지상 명령을 수행하라는 사명을 받았기 때문이다. 사도들의 증거 위에 주님의 보편적인 하나의 교회를 세우는 것이다. 그런 의미에서 사도들이 가르쳐 준 복음의 신실한 선포를 통해서 참된 교회를 이룬다는 종교개혁자들의 가르침은 옳다. 그 사도적 가르침을 신앙고백서에 담아냈고 오늘날 교회의 정체성은 그 동일한 신앙고백에 근거한다.

앞 단락에서 지적하였듯이 교회 성장은 복음 전파가 가장 큰 도구이다. 그 일을 효과적으로 하기 위해 각종 전도 프로그램들이 소개되었고 지금도 왕성하게 활용되고 있다. 그러나 전도는 교회 안에 사람

---

16. 에드몬드 클라우니, 『교회』, 107.

들을 끌어 모으기 위한 방편이 아니다. 우리가 믿는 주 예수 그리스도를 전하는 것이다. 수 년 전 인천의 어느 교회에서는 복음을 전하는 총동원 주일에 교회 찬양대가 '최진사 댁 셋째 딸'이라는 유행가를 선정하여 부른 사건이 있었다. 예수 그리스도의 복음을 들려주어도 모자랄 판에 교회는 불신자들이 낯설어한다며 그들의 입맛에 맞는 분위기와 음식을 제공하고자 하였던 것이다.

사단은 이렇게 교회를 잠식해 간다. 교회 성장 병에 걸린 대다수의 사람들은 복음의 진수를 보다 명확하게 밝히려는 수고보다 그것을 담아내는 포장에 에너지를 쏟고 있다. 그들은 교세확장이라는 탐욕의 우상숭배를 아무 꺼림도 없이 하면서 그 모든 것이 하나님의 은혜라며 정당화한다.

성경에서 말하고 있는 성장 혹은 자람은 철저하게 하나님의 주도권과 결재권에 의한 것이 전부이다. 그 일을 이루심에 인간을 사용하시는 것은 인간의 조직력이나 기술력이 필요해서가 아니라 연약한 질그릇과 같은 인간을 통해서 죄와 허물로 죽은 영혼을 살리는 복음의 능력과 하나님의 영광을 드러내시기 위함이다.

그러므로 인간의 역할은 복음 전파이다. 이를 어떻게 효과적으로 할 것인가는 바울이 이미 고린도 교회에 쓴 서신에서 잘 증거하고 있다: "내 말과 내 전도함이 지혜의 권하는 말로 하지 아니하고 다만 성령의 나타남과 능력으로 하여"(고전 2:4)라고 했다. 그 이유는 성도들의 믿음이 사람의 지혜로 말미암은 것이 아니라(인간적인 설득력) 다만 하나님의 능력에 있게 하려 함이라는 사실을 그 다음 구절에서 분명하게 밝히고 있다.

우리가 뭔가를 전하고자 할 때 인간적인 지혜로 생각해 낸 상당히 이성적인 접근과 설득력을 동원해 사람들의 지정의를 굴복시키려는 욕망에 쉽게 빠진다. 복음 전파에도 마찬가지이다. 전하는 이의 말 재주나 실력에 근거한 접근에 쉽게 미혹된다. 그래서 성령의 나타남과 능력을 우선하지 않고 인간의 기술력, 기획력, 정보력 등 동원 가능한 모든 것들을 먼저 사용하고자 한다. 그러나 사도 바울은 그의 전도 여행 중에 단 한 번도 그러한 시도를 하지 않았다. 그는 어디를 가든지 순백의 복음만을 전파하였다. 그렇게 해서 그가 가는 곳마다 교회가 세워진 것이다. 그 교회들이 다 독립적인 하나의 지교회로 곳곳에 위치에 존재했지만 여전히 그 모든 교회는 교회의 머리이신 예수 그리스도를 중심으로 한 하나의 교회였다.

그러나 개인주의적인 교회를 거쳐 '우리 교회'가 가장 잘 나가는 크고 유명한 교회가 되어야 한다는 욕망의 신에 사로잡혀 있는 한 그리스도의 하나된 공교회성은 더 이상 존재하지 않는다. 성경에 등장하는 초대교회들 중에 그런 헛된 환상에 사로잡힌 교회는 하나도 없었다. 그들은 어디를 가든지 어디에 있든지 다 복음 선포를 통한 주님의 하나된 공교회를 세우는 일에 전념하였다.

복음의 확장, 혹은 하나님 나라의 확장은 특정한 교회가 잘 정비된 전도 전략을 써서 성공을 거둔다는 등식은 전혀 보여주지 않았다. 어느 지역에 있든, 도시이든 시골이든 복은 전파의 주요 도구로 인해 세워진 교회는 주님의 교회였다. 이런 교회의 확산이 서로 하나된 공교회 의식으로 같은 말과 같은 생각과 같은 마음으로 서로 화합하였다. 그들의 강한 결속력이 그들이 위치해 있는 사회에 엄청난 영향력을 발휘하였다. 이것이 교회 성장이다. 사회에 미치는 영향력 하나 없는 교세 확장은 하나님을 모독하는 것이다.

교회는 주님의 공교회가 될 때 망하지 않는다. 개교회 중심, 또는 우리 교회 중심의 우상이라는 욕심이 살아 있는 한, 개교회는 반드시 망한다. 지상에서 사라지고 없는 지역 교회들이 얼마나 많이 있는가? 오직 교회 성장 혹은 교세 확장이라는 우상의 덫에 걸려서 세상 사람들이 쓰는 방식들까지도 아무런 죄책이 없이 사용하는 하나님 없는 종교집단은 반드시 망한다. 교회의 머리이신 주님이 눈감고 계실 분이 아니시다. 그는 떠나신다. 황폐한 교회가 되어가고 흔적도 없이 사라지고 말 것이다. 이러한 무서운 결과를 막기 위해서 앞서간 선진들이 남겨준 귀한 정신이 유형교회의 공교회성(the Catholicity of the Church)이다.

종교개혁 이후로 신앙고백서들이 상당히 많이 작성되어[17] 교리적 통일성, 예배 모범으로서 하나 됨, 그리고 교회의 같은 직제와 권징을 통해 거룩한 공교회성을 구현해 왔다. 특별히 장로회주의 정치 원리를 따른 장로교가 그러했다. 교회 성장론에 의한 개교회주의로의 변질은 주님의 하나된 공교회성에서 쉽게 벗어났다. 하나님과 함께 일하는 동역자가 아닌 서로 경쟁관계가 되어버렸다. 하나님의 집이요 하나님의 밭이어야 하는 교회들이 다양한 교단과 분파로 나뉘어 공교회성을 찾기가 상당히 힘든 현실이다. 그렇지만 같은 신앙고백과 같은 치리회와 같은 예배 모범을 통해서 어디에 있든 하나된 주님의 몸 된 교회를 세워가야 함은 당연한 일이다. 이단 사상과 교회의 타락을 방지하고 주님의 순수한 몸 된 교회를 확장 발전시켜가는 전체성을 확립해야 한다.

---

17. 1530년 아우구스브르크 신앙고백서를 필두로 1647년 웨스트민스터 신앙고백서, 1689년 침례교 신앙고백서에 이르기까지 150개 정도의 문서들이 등장했다고 한다.

사도행전에 나타나는 초대교회의 모습이 이를 잘 대변해 주고 있다. 안디옥 교회에서 발생한 문제를 예루살렘 공회에서 결정하여 각 지역 교회로 내려 보낸 것이 그 실례이다(행 15장). 바울과 바나바가 목회하고 있는 안디옥 교회에서 이방인들이 회개하고 주님의 교회에 들어왔을 때 유대인들의 종교적 관습 문제와 부딪히게 되었다. 성령의 인도함을 받고 있는 사도 바울과 바나바는 지역 교회 현안으로서 스스로 기도하며 판단하고 정책을 세울 수 있는 자격이 충분히 되지만 예루살렘에 있는 사도들에게 이 문제를 의뢰하였고, 결국 공회로 모여서 성경적인 지침을 내리게 되었다. 모든 지역 교회가 따라야 할 기본 수칙을 정해준 것이다. 이처럼 공교회는 같은 신앙고백과 같은 법규에 따라서 운영되는 하나인 교회이다.

초기 한국의 교회들도 공교회성이 분명했으나 교회 성장병에 매몰된 현대 교회들은 개교회주의 혹은 '우리 교회' 라는 우상 앞에 다 무너지고 말았다. 그리하여 한국에서의 교회 설립은 하나같이 목사 개인의 의중에서 비롯되고 있거나 교회를 세우고 싶다는 개개인 성도들의 의중이 전부이다. 그렇게 해서 세워진 교회이기 때문에 전체성을 구현하고자 하는 장로회주의의 노회나 총회의 제재를 거의 받지 않으려고 한다.

더욱이 수적인 규모가 기대 이상으로 커지면 누구도 통제할 수 없는 권력을 행사하게 된다. 예배방식도 교회 법규도 스스로 결정하고 처리한다. 주님의 공교회에서는 결코 있을 수 없는 일이다. 모든 개교회가 주님의 공교회의 특성을 반영하나 한 개교회의 결정을 모든 교회가 따라야 할 이유는 없다. 교회 전체의 결정이 있어야 한다. 그렇기에 장로회주의 정치에서 노회와 총회가 존재하고 있는 것이다.

공교회는 특정한 이들의 독주를 용인하지 않는다. 함께 성장하고 함께 뿌리를 내리게 한다. 그 일을 더욱 안정적으로 시행하고자 노력한다. 교리의 순수성이 제대로 지켜지고 있는지, 성도들을 바르게 권징하며 교육하고 있는지, 성례가 성경대로 잘 실행되고 있는지를 살핀다. 또한 교회의 견고한 사도적 가르침의 계승을 이어가고 있는 것인지를 시찰하고, 누룩이 교회를 부패하게 하는 것으로부터 방어하며, 복음의 진보를 이루어간다. 이것이 진정한 교회 성장이다.

교회의 보편성, 즉 공교회성이 확립되는 증거는 무엇인가? 앞에서 지적한 사도성과 거룩성 두 가지이다. 즉 사도들이 전해준 순수한 복음이 잘 선포되고 있는가이다. 또 하나는 그 복음에 대한 성도들의 반응이다. 반응은 삶에서 나타나는 열매로서 서로 사랑하고 거룩한 삶을 구현하고 있는가이다.

초대교회는 이 두 가지를 통해서 가는 곳마다 복음의 위력이 어떠한지를 나타냈고 어둠에 있는 자들을 빛의 나라로 이끌었다. 그들의 교회 성장은 오늘날 교회 전도 프로그램을 통한 교세 확장과는 전혀 다른 방식이다. 단순히 교회로의 인도가 주목적이 아니라 주 예수 그리스도의 복음을 듣게 하는 것이었다. 그 복음이 얼마나 매력 있는 것인지를 안디옥 교회 성도들이 그리스도인이라는 칭호를 받음으로 증명하였다.[18]

그리스도를 온전히 따르는 사람들로 인하여 안디옥 교회는 든든히 세워져 갔다. 사실 얼마나 많은 무리를 바울과 바나바가 전도했는지는 기록되어 있지 않았다. "큰 무리를 가르쳤다"고만 기록되어 있다.

---

18. "...안디옥에 데리고 와서 둘이 교회에 일 년간 모여 있어 큰 무리를 가르쳤고 제자들이 안디옥에서 비로소 그리스도인이라 일컬음을 받게 되었더라"(행 11:26).

하나님의 말씀이 흥왕케 되었고 그로 인하여 허다한 사람들이 예수 그리스도를 믿게 된 것만 기록되어 있다. 그들이 곳곳에 교회를 세웠고 복음은 그 발걸음을 로마 제국 전역으로 뻗어나가게 된 것이다.

교회가 보편적이라 말하는 것은 바빙크에 의하면 "사람에게 전달하려는 하나님의 모든 진리와 은혜를 교회가 온전히 소유하고 보존하고 나누어 주며, 따라서 모든 사람의 구원을 위한 유일무이한 필수 기관"이기 때문이다.[19] 그런 의미에서 교회를 떠나서는 구원이 없다고 말할 수 있다. 그러나 그 교회가 로마교회라는 주장은 터무니없다. 왜냐하면 로마교회는 참된 교회의 본질적 표지를 교황권 아래에 놓인 외형적인 화려함과 공간적인 확대 혹은 회원 수의 막강함에서 찾고 있기 때문이다.

한스 큉 조차도 로마교회의 이러한 주장은 옳지 않다고 하였다.[20] 실질적으로 범세계적으로 확장된 교회조직이라고 할지라도 교회의 본질에 충실하지 못할 수가 있다. 따라서 그들을 더 이상 사도성에 기인한 보편적 교회라고 말할 수 없다. 로마가톨릭의 주장은 주님의 참 진리는 점점 사라지고 교회 제도와 인간적 권위만 남게 하였다.

바빙크가 지적한 것처럼 "옛 언약 아래서 은혜의 분배가 예루살렘을 중심으로 모든 신자들을 이 장소에 연계했던 것처럼 새 언약의 시대에 로마교회는 믿음과 사람의 구원을 특정 장소와 특정 인물에 의존시켰고 이로써 기독교의 보편성을 부당하게 취급한다"고 말할 수

---

19. 헤르만 바빙크, 『개혁교의학 4』, 박태현 역 (부흥과 개혁사, 2013), 381.

20. Hans Küng, *The Church*, (New York: Sheed & Ward, 1968), 303. 그는 반동종교개혁자들인 로마가톨릭 변론자들에 의하여 개발된 공간과 시간 및 숫자의 우월적 지위를 내세운 교회의 보편성을 거부한다.

있다.[21]

그렇기 때문에 로마가톨릭교회는 '교황교회' 라고 할 수 있다. 즉 주님의 보편적 교회가 아니라 교황의 보편적 교회이다. 개신교의 신앙고백은 주님의 보편적인 교회, 공교회를 믿는 것이다.

여기는 가견적 형태보다 불가견적 형태의 교회를 전제한다. 솔직히 말해서 가견적 교회의 보편성은 로마가톨릭이나 성공회가 더 잘 드러내고 있다고 해도 틀리지 않는다. 그럼에도 불구하고 우리가 로마교회의 보편성을 따르지 아니함은 그들이 가진 신학적 오류와 부당성 때문이다.

따라서 사도신경의 '거룩한 공회를 믿사오며' 는 로마교회가 아닌 주님의 하나된 교회로서 온 땅에 퍼져 존재하는 지역 교회들이 있고 동시에 보이지 아니하는 주님의 하나된 교회가 존재한다고 믿는 것을 의미한다. 웨스트민스터 신앙고백서 25장에서는 보편적 교회에 대해서 이점을 명확하게 규정하고 있다.[22]

> 보편적 또는 우주적인 교회는 보이지 않는 것으로 교회의 머리되신 그리스도를 중심으로 이전에도 모였고 현재에도 모이며 앞으로도 모일 택함 받은 모든 사람들로 구성된다. 이 교회는 그리스도의 신부이며 몸이며 만물 안에서 만물을 충만케 하시는 그의 충만이다. 보이는 교회 역시 복음 아래서 보편적이고 우주적이다. 이 교회는 전에 율법 아래에 있던 것과 같이 한 국가에 한정된 것이 아니다. 이 교회는 전 세계적으

---

21. 헤르만 바빙크, 『개혁교의학 4』, 382.

22. 웨스트민스터 신앙고백서 25장 1-2항(서창원, 『칼빈의 제네바 시편가』 [진리의 깃발사, 2009]).

로 참 종교를 신앙 고백하는 자들과 그 자녀들로 구성되어 있다. 이 교회는 주 예수 그리스도의 왕국이며 하나님의 집이요, 가족이다. 이 교회를 떠나서는 일반적인 구원의 가능성은 없다.

종교개혁 당시 가톨릭교회를 인정할 수 없었던 개혁자들의 공통된 생각을 엿볼 수 있는 벨직 신앙고백서(1561) 제 27항에서도 매우 분명하게 보편성의 원리를 다음과 같이 규정한다.

우리는 하나의 가톨릭교회, 즉 보편적인 공교회를 믿는다고 고백한다. 이 교회는 예수 그리스도의 피로 정결하게 되고, 성령으로 성화되고 인침을 받아서, 예수 그리스도 안에서 그들의 전적인 구원을 바라는 참된 그리스도인 신자들의 하나의 거룩한 회중이며 회합이다. 이 교회는 세계의 시작부터 있었고, 또 세계의 마지막까지 있을 것이다. 이 사실은 그리스도께서 영원한 왕이시지만 신하된 백성이 없이는 왕이 되실 수 없으므로 진리임이 분명하다. 그리고 교회가 때로는 사람들 눈에 아주 작고 보잘 것 없는 것 같으나, 하나님이 이 거룩한 교회를 광분하는 온 세상에 맞서도록 보존하시고 지탱하신다. 아합의 위험한 통치 기간에도 그러셨으니 그때 주께서는 바알에게 무릎을 꿇지 않았던 칠천 명을 보존하셨다. 더구나 이 거룩한 교회는 어떤 장소나 혹은 어떤 인물들에게 국한되거나 구속되어 있거나 제한을 받고 있는 것이 아니고, 온 세상에 퍼져 흩어져 있다. 그러면서도 믿음의 힘으로, 같은 한 성령 안에서 마음과 뜻으로 연결되고 연합되어져 있다.

또한 하이델베르크 요리문답 54문은 이렇게 질문하고 답한다.

'거룩한 보편적 교회'에 관하여 당신은 무엇을 믿는가?

답: 나는 하나님의 아들이 세상의 처음부터 마지막 날까지 모든 인류 가운데서 영생을 위하여 택하신 교회를 참된 믿음으로 하나가 되도록 그의 말씀과 성령으로 자신을 위하여 불러 모으고 보호하고 보존하심을 믿는다. 나도 지금 이 교회의 살아 있는 지체이며 영원히 그러할 것을 믿는다.

이러한 신앙 고백적 원리 위에 서 있는 주님의 교회는 비록 지역과 나라 혹은 문화적인 차이들을 가지고 있을지라도 교회의 머리되신 그리스도 안에서 한 몸을 형성하고 있다. 그 그림을 외형적으로 가장 잘 그려주고 있는 교회의 보편성은 로마가톨릭이 당연 으뜸이지만 신앙 고백적 가치를 크게 훼손하고 있음으로 인하여 결코 수용할 수 없다.

그렇기 때문에 칼빈과 존 녹스는 신앙 고백적으로, 그리고 교회의 가시적 형태의 보편성으로 가장 적합한 교회는 장로회주의 원리에 입각한 교회 정치체제로 공교회를 세우고자 한 것이다.[23] 개교회주

23. 감독주의를 표방하고 있는 성공회나 감리회주의 역시 보편성 원리를 추구하고 있어도 이들 역시 신앙고백적 차원에서 특히 성공회는 교회의 수장권이 그리스도가 아닌 왕으로 명시하고 있는 차원에서 수용하기가 어렵다. 감리회주의나 성공회 역시 로마교와 마찬가지로 성직자 계급주의를 선호한다. 그러나 모든 그리스도인은 주 안에서 그 위치가 동등하나 다만 기능적 부분에서 구분이 될 뿐이다. 이러한 면은 장로회주의가 단연 탁월하다.

의가 아닌 전체 통일성 안에 있는 지역 교회가 되어야 한다.

이와 같은 공교회성 확립이야말로 진정한 의미의 교회 성장을 이룰 수 있는 것이다. 개교회주의 성향이 강한 한국적 상황에서 특정한 대형 교회가 자매교회를 세우는 것과는 전혀 다르다. 자매교회는 본 교회의 목사의 설교를 동영상으로 시청하면서 행정적인 일만 그 교구 담당 목사가 책임을 맡는 것이 대부분이지만 공교회는 각각의 개교회에 양들을 목양하는 목사가 독립적으로 존재하면서 교회 행정만이 아니라 예배와 교육과 직제가 다 똑같이 기록된 성경 말씀에 기초하고 있는 조직된 교회체제를 말한다. 그렇기 때문에 교회의 거룩성과 순결함을 위해 필요한 권징이 정당하게 시행될 수 있다.

교황교회가 되어버린 로마가톨릭교회와는 달리 주님의 교회의 공교회성은 특정인의 생각과 사상이 지배하는 교회가 아니라 오직 말씀이시며 교회의 머리이신 주님이 이끄시는 교회이다. 이 교회는 마태복음 28장에서 받은 위대한 사명에 따라 주님이 가르친 모든 것을 가르쳐 지키게 하는 교회이다. 목회자 개개인의 목회철학과 신념이 아니라 아버지와 아들로부터 나오고 성령이 확정해준 참된 복음의 말씀을 선포하고 가르치는 일꾼들의 활약이 사도들이 어디를 가든 주님의 교회를 세운 결과를 낳은 것이다.

사도 바울이나 베드로 입장만 보아도 사도 바울을 추종하는 교회를 만들 수 있었고 베드로 역시 베드로를 따르는 베드로 교회를 만들 수 있었다. 그러나 그들은 그들의 교회가 아닌 오직 교회의 머리이신 주님의 교회를 세웠다. 칼빈이 칼빈교회를 세우지 않았고 녹스 역시 녹스 교회를 세우지 않았다. 그들은 모두 주님의 교회를 세우고자 혼신의 힘을 기울였다.

이처럼 복음의 일꾼들이 복음에 충실한 주님의 교회를 세우는 일에 전념한다면 자라게 하시는 주님이 주님의 교회를 성장하도록 역사하시지 않음이 이상한 것이다. 오늘날 교회가 성장하지 않는다는 아우성은 단순히 세속주의와 종교다원주의의 영향 그리고 인구 감소와 무관하지는 않지만 그보다 사도들이 가르치고 심어준 예수와는 다른 예수, 사도들이 전수한 복음과는 다른 복음, 다른 영을 전함이 교회 성장병에 걸린 자들을 사로잡고 있기 때문이다. 그들은 예수는 보지 않고 오직 반응하는 청중만 본다. 교회의 머리이신 예수 그리스도께서 기뻐하시는지는 관심이 없고 사람들이 어떻게 생각하는 것만 관찰한다. 소비자 중심의 교회로 전락시키고 있는 것이다.

그들은 교회를 하나님이 소비자 눈치 보는 곳으로 전락시키고 복음 진리보다는 윤리 도덕적이고 합리적인 소리만 외치고 있다. 이 과정에서 자신의 의를 치켜세우는 자는 높임을 받고 하나님의 의는 감춰진다. 그곳에 주님의 영광이 머물러야 할 이유가 없다. 교회 성장이 멈추고 도리어 썩어가며 망하게 되는 가장 큰 원인이 바로 이것이다.

4. 보편적 교회의 3대 표지

이제 마지막으로 보편적 공교회 회복을 위하여 전통적으로 개혁파 교회가 주장하는 교회의 삼대표지를 소개하며 본 논고를 마무리하고자 한다. 종교개혁자, 특히 스코틀랜드에 최초로 장로교회를 세운 존 녹스는 주님의 보편적 교회의 표지로 세 가지를 언급하였다: 신실한 말씀 선포, 올바른 성례 거행, 정당한 권징 시행. 즉 이 세 가지가 없는 곳은 참 교회라고 말할 수 없다. 이것이 장로회주의를 신봉하는 개혁교회들의 일관된 입장이다.

첫째, 신실한 말씀 선포

교회의 표지를 고려할 때 심각한 질문들을 하지 않을 수 없다. 과연 현재의 교회에서는 하나님의 진리의 말씀이 신실하게 선포되고 있는가? 말씀이 아닌 성인들의 교훈이나 교황의 발언록이 강단을 점령하고 있다면 그곳은 교회가 아니다. 윤리 도덕이나 성공신화들이 메시지의 주된 내용의 축을 이루고 있다면 주님의 보편적인 교회라고 말하기 심히 어렵다. 선교지에서도 마찬가지이다. 주님의 복음을 증거하는 자가 아니라면 주님의 보내심을 받은 자가 아니다.

주 예수 그리스도의 복음을 전하는 것이 전도요 선교라고 한다면 그 외의 것은 선교라고 말할 수 없다. 그것은 교육 사업이요, 복지 사업이요, 문화 사업이다. 물론 그것을 발판으로 예수의 복음을 전할 수 있다. 대부분의 어려운 선교지 현장들은(중국이나 불교권과 이슬람권 나라들 등) 직접적으로 복음을 전파하지 못하게 하고 있다. 그래서 간접적인 방법들을 동원한다. 복음을 전하기 위해 쏟는 땀과 정성보다 비본질적인 일들에 종사하는 면들이 더 많다는 것을 부정할 수 없다. 한 지역 교회의 파송을 받아 선교사가 될 수 있으나 근본적으로 복음을 전파하고 복음으로 양육하며 하나님 나라 시민으로 성장하도록 이끌지 않는 자는 그리스도의 일꾼이 아니다.

예수님은 요한복음 3:34에서 분명하게 말씀하셨다: "하나님이 보내신 분은 하나님의 말씀을 하시니 이는 하나님이 성령을 한없이 주시기 때문이다"(바른 성경). 교황교회가 파송했기 때문에 가톨릭의 사제들은 교황의 교시가 정경보다 더 우선된다. 진리에 어긋나는 교시가 있어도 순종하는 것은 교황권과 교회 전통이 성경보다 더 앞서기 때문이다. 특정한 목회 철학을 가진 목사의 교회에서 파송되었기 때문에 그 목회철학에 맞는 선교가 성경적인 선교보다 우선시 되고 있다면, 그것은 주님의 보편적 교회를 세우는 것이 아니라 파송교회 담임목사의 교회를 현지에 세우는 것이 된다.

가톨릭은 '교황교회'라는 일관성이라도 있지만 개신교회는 담임목사의 색깔을 따라 각각이 다르다. 선교지에 세웠다고 하는 교회들은 하나같이 한국에서 지원하는 개교회의 업적을 드러내는 과시용이지 주님의 진정한 보편적 교회라고 보기 어려운 것이 현실이다. 형제애보다 우월감과 열등감을 낳는다. 세상적인 소유의 많고 적음, 지식의 유무에 의한 판단 때문이다. 과연 우리는 선포되어야 할 진리의 말씀을 선포하고 있는가? 그리고 그 진리의 말씀이 지배하는 교회인가? 아니면 현실이 증언하고 있듯이 개교회 담임목사의 목회철학이 지배하는 교회인가?

둘째, 올바른 성례 거행

교회는 올바른 성례를 시행하고 있는가? 로마교에서 말하는 7성례가 아니라 개혁교회의 성례는 세례와 성찬을 말한다. 예수님이 복음서에서 친히 제정해 주신 성례가 세례와 성찬뿐이기 때문이다. 이 세례식과 성찬예식이 기록된 말씀의 규정에 따라 바르게 실천되고 있는 교회는 주님의 보편적 교회이다. 세계 어디를 가도 주 예수 그리스도를 믿는다고 고백하고 그에 상응하는 삶의 일반적인 증거들이 있을 때 교회의 성찬식에 참여할 수 있게 된다. 이것은 하나님의 거룩으로 나아가게 하는 부름이다. 교회는 거룩으로 부름을 받은 공동체이다. 만일 보편적인 교회가 아니라면 거룩하신 하나님과의 연합은 불가능하다. 주님의 보편적 교회요, 그 교회의 일원이기 때문에 참된 믿음으로 주의 떡과 잔을 합당하게 먹고 마실 수 있는 것이다. 그것을 통해서 그리스도와의 연합을 구현하는 것이다. 이처럼 성례는 교회의 머리 되신 그리스도께 죽도록 충성한다는 서약이요, 인침이다. 교황께 충성 혹은 세례와 성찬을 집례하는 담임목사에게 충성을 말하는 것이 아니다. 그러므로 그리스도의 명령이 없으면 움직이지 말아야 한다. 그리스도의 계명이 없이는 전쟁터에 나서지 말아야 한다. 그리스도의 인도하심이 없이는 한 발자국도 옮길 수 없다. 이 같은 성례에 동참함으로써 성도의 교통함이 이루어진다.

그러나 우리가 처한 상황은 이와는 사뭇 다르다. 그리스도께서 주신 계명이 없음에도 불구하고 임의대로 고안하여 실천한다. 사람들의 의견이 성경의 교훈보다 더 중요하고 사람들의 만족이 교회의 머리이신 그리스도의 만족보다 더 무게 있게 처리되고 있다. 그리스도에게로 향해야 할 충성심을 교황이나 담임목사에게 향하도록 이끈다. 그리스도께서 제정하신 성례를 빌어서 냄새나는 인간의 지도력에 매이게 하는 것이다. 예수님의 제자가 아니라 담임목사의 제자들만 키운다. 이것은 교회의 머리이신 그리스도에게 속한 교회라고 보기 어려워진다.

그리스도인들은 그리스도의 제자여야지 담임목사의 제자가 아니다. 그리스도께서는 자신의 교회를 보양함에 있어서 자신의 말씀과 영을 사용하시지 교황이나 담임목사의 자질을 사용하는 것이 아니다.

살아도 주를 위해서 살고 죽어도 주를 위해서 죽는 자들을 쉽게 만날 수 없는 이유가 분명히 있다. 성찬을 통해서 그리스도와의 연합만이 아니라 그리스도의 진리와 사랑을 실천하면서 성도들 간의 참된 연합을 구현할 수 있어야 한다. 성찬을 나누고서도 반목하고 싸우는 일들이 벌어지는 현장에서는 형제의 연합과 사랑의 본질은 그 자취를 찾기도 어렵다.[24]

셋째, 정당한 권징 시행

정당한 권징은 그 어느 때보다 더욱 필요하다. 장로회주의 원리에서 권징이 없다고 한다면 주님의 보편적 교회를 세워가는 일은 불가능했을 것이다. 권징은 책벌에 그 목적이 있지 않다. 오직 바르게 하며 성결을 유지하고 모든 부패와 타락으로부터 주님의 교회를 보호하기 위함이다. 웨스트민스터 신앙고백서의 교훈을 보자.[25]

> 교회 권징은 범죄하는 형제들을 바로잡고 다시 얻고자 함이며, 동일한 죄악으로부터 다른 이들을 보호하기 위함이다. 그리고 온 덩어리에 퍼져 부패케 할 누룩을 제거함이며, 그리스도의 명예와 복음의 거룩한 고백을 옹호하기 위함이며, 만일 악명 높고 완악한 범죄자들에 의해서 하나님의 언약과 그 언약의 인침을 훼손하게 되면 교회에 임할 하나님의 진노를 막기 위함이다. 이러한 목적들을 효과적으로

---

24. 한국개혁주의 연대(회장, 박형용 박사)에서 2014년 11월 17일(월) 총신대학교에서 개혁주의 입장에서 장로교의 성경적 성찬을 깊이 있게 다루었다. 그때 발표한 글을 참고하기를 바란다. 키이스 A. 매티슨, 『성찬의 신비』, 이신열 역 (개혁주의 학술원, 2011)을 참고하라.

25. 웨스트민스터 신앙고백서, 제 30장 3항 4항, 서창원, 『개혁교회는 무엇을 믿는가?』 (진리의 깃발사, 2010), 387에서 인용한 것임. 교회 헌법에서 다룬 권징조례를 참고하라.

달성하기 위하여 교회 직임자들은 당사자의 범죄와 과실의 성격에 따라서 권계 일시적인 수찬정지 그리고 교회에서의 출교를 부과할 수 있다.

그러나 선교현장에서나 목회 현장에서 권징이 정당하게 시행되지 아니하여 교회 분쟁이 끊이지 않는 아픔을 경험한다. 설혹 권징이 이루어졌다고 하더라도 순복하지 않는다. 인간의 완악함 때문이기도 하겠지만 정당하게 집행되지 아니함에 더 큰 원인이 있다. 단지 정적 제거용으로 사용되거나 다른 의견을 가진 자들을 향한 억압과 저지를 목적으로 실행됨이 많기 때문에 최고 치리회의 판결이 존중되지 못하고 세상 법정의 판결에 의존하는 불상사를 초래하고 있는 것이다.

작게는 개교회에서 품행과 언어사용에 있어서 그리스도인으로서 합당하지 못한 자들에 대한 권고와 견책과 책망과 바르게 함을 정당하게 실천한다면 교회의 권위는 말씀의 권위와 더불어 견고하게 유지되었을 것이다. 세상 사람들조차도 교회에 속한 자들을 싫어하거나 경멸하게 된 지금의 현실이 목회 현장에서만이 아니라 선교 현장에서도 복음의 진보를 가로막고 있다.

현대교회에서 권징이 실행되지 않는 가장 큰 이유는 교인 감소에 대한 두려움 때문일 것이다. 실지로 교회에서 치리를 받은 성도들이 순수하게 순복하고 해벌될 때까지 근신하며 겸손을 배워가는 성도들은 거의 없고 타 교회로 이전해버린다. 치리 받은 교인을 받지 말아야 할 교회가 아무런 감독함 없이 교인으로 수용해버리는 현실에서, 치리하는 목사들만 바보가 되는 것이다. 그러나 교회의 보편성은 교회의 거룩성과 함께 강조되고 있음을 잊어서는 안 된다. 사도신경은 '거룩한 공회'를 믿는다고 고백한다. 그 거룩한 공교회는 세상을 향해 나아가게 하는 열린 넓은 문이 아니다. 그렇다고 아무나 살펴봄이 없이 수용하는 것도 아니다. 도리어 좁은 문으로 들어가라고 하시는 주님의 명령에 대한 순종이다. 자격기준을 엄정하게 살펴서 참된 신자들로 구성되어 있는 교회이다. 낮은 교회 문턱이 알곡보다 가라지가 더 많은 교회가 되게 한 것이다. 지금은 알곡을 제대로 훈련시키는 것이 요구된다.

정당한 권징은 교회의 보편성을 훼손하거나 교회 성장을 가로막는 장애물이 아니다. 도리어 더욱 강화하며 참된 교회 성장을 낳게 한다. 초대교회의 사도들에 의한 권징은 외적인 교회 성장과 내적인 교회 성숙을 꾀하였다. 우리는 참된 교회의 표지를 강화하고 회복하여 장로회주의 보편적 교회의 일원이 무엇인지를 확실히 해야 할 것이다. 클라우니는 이렇게 말한다.

> 교회의 보편성은 넓은 길을 향하여 열린 넓은 문이 아니라 교회의 주님이 우리를 부르시는 좁은 문이다. 보편성은 교회가 그리스도의 것임을 의미한다. 우리는 그분이 환영하는 사람을 배제시킬 수 없고 그분이 배제시키는 사람을 환영할 수 없다... 분파주의는 보편성을 거부한다. 왜냐하면 다른 회중을 그리스도의 참된 교회로 인정하기를 거부함으로써 그리스도께서 요구하시는 교제를 거부하기 때문이다.[26]

---

26. 에드몬드 클라우니, 『교회』, 111.

그럼에도 불구하고 사도성과 거룩성을 바탕으로 하는 교회의 보편성을 배제한 종교 집단 성공주의 폐단은 교파적 분파주의를 낳게 되어서 자신들만의 교황을 세우고 있다. 교회의 머리이신 그리스도만이 항상 모든 것 안에서 모든 것이어야 한다. 그런 교회만 성장한다.

나가는 말

성경적인 교회 성장은 수적 증가를 앞세우지 않는다. 신앙성숙이 전부이다. 그 성숙함은 열매를 낳게 된다. 그 열매에는 수적 증가를 포함한다. 씨를 뿌리고 물을 주는 수고를 하지 아니하는 목회자들은 거의 없다고 본다. 그러나 어떤 씨를 뿌리는가? 어떤 물을 주는가? 씨도 진짜 복음의 씨앗인지, 물도 참된 성령의 생수인지를 확인하지 않을 수 없다. 인간의 수단과 방법을 동원하여 종교 집단으로서의 몸집 불리기에 나서는 한, 개인주의 혹은 우리 교회라는 우상숭배의 혐의를 비켜갈 수 없다. 사도들이 남겨준 진짜 복음만이 성령의 열매를 맺게 한다.

복음에의 순종은 사랑과 거룩함으로 표출되지 않을 수 없다. 그것이 수적 증가의 최대 큰 방편이다. 일시적인 사람 끌기는 사람들의 지혜와 능력으로도 가능하다. 그래서 인간들이 고안해 낸 많은 방안들이 시도되고 성공을 거둔다. 그러나 죄인들을 은혜의 보좌 앞에 나오게 하는 일은 인간의 지혜로운 방식으로는 불가능하다.

성령의 나타남과 능력으로 역사하는 올바른 복음 선포와 기록된 말씀에 따른 성례와 권징을 통해서 주님의 공교회 회복이 조국 땅에 확실하게 나타나게 되기를 갈망한다. 살아있는 복음의 위력이 개인과 가정과 사회를 변혁하는 자리까지 나아가게 하는 하나님의 강력한 역사를 갈망한다. 하나님만이 영광을 받으시고 그 이름을 존중히 여기는 역사가 온 지역마다 넘쳐나가기를 갈망한다.

또한 교회를 성장시켰다는 인간 누구도 개인의 능력과 재주를 과시하거나 뽐내지 않고 오직 주님만이 영광을 받으시기를, 주님만이 항상 모든 것의 모든 것이 되는 참 교회를 세우는 일에 전력투구하는 목회자들이 세워지기를 소망한다.

성경적인 교회 성장의 원리에서 떠난 종교집단의 부흥은 망하나 주님의 교회는 영원할 것이다. 동일한 신앙고백과 예배모범 및 동일한 직제와 권징에 의한 보편 교회의 하나 됨이 개교회가 지닌 힘이요, 대사회적 영향력을 확대할 수 있는 발판이 된다. 특정한 지체의 부각이 아니라 전체로서의 하나된 교회의 위상이 복음의 확장을 더 능력 있게 성취할 수 있다. 장로회주의 정치 체계 하에서 그리스도의 머리되심과 성경의 절대 권위에 복종하는 하나된 주님의 보편교회의 회복이 속히 이루어지기를 갈망한다.

참고문헌

1. 서창원. 『개혁교회는 무엇을 믿는가?』. (진리의 깃발사, 2010).
2. 손봉호. "한국 교회의 위기와 해결책."
3. 키이스 A. 매티슨. 『성찬의 신비』. 이신열 역 (개혁주의 학술원, 2011).
4. 에드몬드 클라우니. 『교회』. 황영철 역 (IVP, 1998).
5. 헤르만 바빙크. 『개혁교의학 4』. 박태현 역 (부흥과 개혁사, 2013).
6 Hans Küng. *The Church*. (New York: Sheed & Ward, 1968).
7. Vitaly Borovoy, *The Meaning of Catholicity*. First published: October 1963, https://doi.org/10.1111/j.1758-6623.1963.tb00863.x
8. 양희송, "양적 교회 성장론의 문제점." 「뉴스앤조이」, www.newsnjoy.or.kr/news/articleView.html?idxno=15530
9. 「크리스찬투데이」 2017년 2월 18일자
10. 김경재. "함석헌의 저항, 우상과의 싸움." 2013. ssialsori.net/bbs/board.php?bo_table=0402&wr_id=91

Crisis of the Church
The Bible is the Key

12장

교회 개혁과 요리문답

16세기 종교개혁 500주년을 맞이하며 전 세계 개신교회들은 엄청 분주하게 기념식에 매달리고 있다. 종교개혁의 현장 방문을 비롯하여 기념대회나 기념식이 곳곳에서 열리고 있다. 그러한 모임만 해도 개교회들이 기념한 것을 다 포함한다면 수백 수천가지 행사들이 진행 되었을 것이라고 추정된다. 한국에서도 여러 신학회[1]들이 기념 학술대회를 가진 것을 비롯하여 공동학술대회 및 신학대학과 신학교들마다,[2] 총회나 총회산하 노회들마다 기념 세미나를 진행하였고 현재

---

1. 한국복음주의 신학회, 한국개혁신학회, 개혁신학회, 장로교 신학회, 한국복음주의 역사신학회, 조직신학회, 실천신학회, 구약신학회, 신약신학회 등을 비롯하여 범 교단적인 종교개혁 500주년 기념행사 위원회가 주관한 기념대회들과 교회나 기독교 단체들이 간여되어 있는 포럼(예, 개혁주의 포럼)들과 기관들(예, 한국개혁주의 설교연구원, 기독교 학술원)이 주최한 기념 모임들이 곳곳에서 개최되었다.

2. 총신대학교신학대학원에서도 국제학술대회를 11월 7일부터 한 주간 사당동과 양지 양 캠퍼스에서 진행하였다.

도 하고 있다. 그러나 교회 개혁의 외침과 주장은 많아도 개혁이라는 이름하에 혈과 육에 대한 싸움이 더 빈번한 것이 현실이다. 왜 교회는 성경 말씀의 지배를 외면하는가? 왜 개혁의 외침만 있고 실제적인 변화는 전혀 일어나지 않는 것인가? 많은 이유들이 존재하지만 현실 안주와 나는 괜찮은데 상대방이 문제라는 인식에서 비롯된다고 본다. 그것은 올바른 신앙교육의 부재에서 그 원인을 찾는다.

500년 전의 종교개혁의 욕구 충족을 달성하였듯이 현재에도 교회 개혁에 대한 한 출구방안으로 제시되어야 한다고 믿는다.[3] 올바른 신앙고백 위에 주님의 교회가 세워져야 하고 건전한 가르침을 통해서 건강한 교회로 성장하며 유지된다. 그러나 성공지상주의적 세속적 가치관의 침투는 불건전한 가르침을 당연한 것으로 여기게 하였고 하나님 중심과 성경 중심의 교회가 인간중심의 종교집단으로 변질되어버렸다.

건전한 교리는 성도가 기본적으로 믿고 있는 도리에 대한 지식인데 무엇을 믿고 어떻게 살아야 할지에 대한 교리적 확신이 매우 빈약한 현실은 교회 문제의 잡음을 조금도 소화(消火)시키지 못하고 있다. 문제는 커지지만 해결 능력은 상실한 채로 세월만 보내고 있다. 결과적으로 십자가 복음이 찬란하게 펼쳐 보이는 하나님의 은혜는 뒷전으로 밀려나게 만들고 외형적 성장과 확장에 공헌한 인간의 소리와 공로만 드러난다. 즉, 기복신앙과 탈신학적 교회들이 정상적인 기독교회로 보이고 있다. 필자의 이 논문 역시 하나의 공허한 외침이 될 수 있다.

---

3. 교리교육의 중요성에 대한 강조점은 근래 출판된 책들만 보아도 알 수 있다. 최근에 장대선의 웨스트민스터 신앙고백서 해설을 비롯한 황희상의 요리문답 교육 특강, 송용조의 하이델베르크요리문답 해설, 52주로 읽는 신앙고백서 및 소요리문답 교재 등이 즐비하게 소개되고 있다. 교회마다 교리교육의 중요성이 강조되는 것은 매우 고무적이라고 말할 수 있다.

그러나 교회 개혁을 꿈꾸는 자들에게 이 논고가 하나의 실천적 방안이 되기를 소망한다. 교회 개혁은 주님의 뜻이다. 개혁된 교회는 '언제나 개혁되어야' (semper reformanda) 하기 때문이다.

이 일을 위해서 필자는 교리문답교육의 필요성이 무엇인지, 교리문답교육의 역사적 발전과정이 무엇인지 특별히 성경적 근거가 무엇인지를 살피게 될 것이다. 그런 다음 장로교회가 전통적으로 내세웠던 교리문답교육의 주 교재인 소교리문답서 내용을 간략하게 살피면서 교리교육의 목적과 열매가 어떠한 것인지를 눈여겨 볼 것이다. 이로 인하여 교리문답교육의 부재가 빚어낸 현상들을 치유할 수 있는 가장 큰 도구 역시 교리 문답 교육의 회복을 강조하고 교회에서 어떻게 교리문답 교육을 할 것인지를 다루면서 본 논고를 마무리하고자 한다.

1. 교리교육의 필요성

한국의 개신교, 특히 정통 보수 신학과 신앙을 견지해 온 장로교회는 예부터 교리교육을 중요시했다. 그러나 수의 불림과 재정확보 및 건물 확장으로 교회를 평가하는 일명 '교회 성장학' 의 여파는 목적 달성은 이루었을지 몰라도 교회로서의 '건전한 가르침과 건전한 삶' 을 낳는 일은 실패하고 말았다.[4] 교리교육의 강화를 통해서 성경적인

---

4. 통계청은 2015년 기준으로 삼대 종교 중 기독교가 1위를 차지하였다고 발표하였다. 기독교로서는 의문스러운 일이 아닐 수 없다. 교인 수 감소를 체감하고 있는 시대에 역행하는 내용인 것 같기 때문이다. 통계에 따르면 2005년 845만 명에서 10년 사이에 15% 정도 성장한 123만 명가량 늘어났다. 반면 불교 신자는 1059만 명에서 762만 명으로 무려 296만 명가량이 줄어든 것으

기독교인을 만들기보다 교세확장에 대한 열망이 앞서다 보니 무늬만 기독교인이요 실지로는 불신자를 방불하는 자들도 상당수 존재한다.

교육은 갈고 닦는 훈련이다. 교회 교육은 심령 골수를 찔러 쪼개기까지 하는 하나님의 말씀으로 스스로를 단련시키는 것이요, 경건의 능력을 배양하는 것이다. 그런데도 교회에서의 성경과 교리교육은 선택적 교양과목으로 전락되었다. 그리고 소비자 중심의 흥밋거리 행사들로 바뀌어 심령의 변화에 이은 정제됨과 다듬어짐의 결과물은 그리 많지 않은 것이다. 빈번하게 발생하고 있는 교회 분쟁적 요인들을 성경의 가르침대로 해결하지 못하고 거듭나지 못한 자들의 사법적 판단이 최고의 권위를 차지하게 만들어버린 것이 그 증거이다.

또 하나의 증거를 대자면 한국 교회가 근래에 이단들의 기승으로 홍역을 치르고 있는 것이다. 신천지 같은 이단은 기존 교인들을 성경공부 모임으로 유인하거나 심지어 새 신자로 위장하여 교회에서 중직을 맡으면서 교리적 가르침에 취약한 자들을 속속 빼내가고 있는 이유가 기독교의 근본적인 교리를 체계적으로 교육을 받지 못했기 때문이다. 이만열은 이렇게 지적한다.

> 한국 교회가 자기 정체성을 갖지 못하고 윤리성을 회복하지 못함으로써 생기는 문제일 수 있으며, 이것이 직접적 원인이 아니더라도 교회가 말씀 중심의 기독교 본연의 모습을 간직하지 못하고 물량주의, 기복신앙, 반지성주의로 흘러가기 때문에 불건전한 사이비종파들이 그 속

로 나타났다. 30%나 급감한 조계종에서는 이를 큰 충격적인 일로 받아들이고 있다. 가톨릭 역시 502만 명에서 389만 명으로 20%나 급감하였다. 기독교만이 15%가 성장하여 천만 성도를 기록하였던 것이다. 하지만 마냥 기뻐할 일은 아니다. 신용도에서는 삼대 종교 중 기독교가 제일 낮기 때문이다.

에서 번식했다.[5]

이러한 현실적 과제를 개선할 수 있는 가장 효과적인 방법은 과거에 교회를 견고하게 세워가도록 크게 기여한 교리교육, 특별히 요리문답 교육이 그 어느 때보다 절실하다고 믿는다. 이환봉의 말을 빌리면 칼빈은 디모데후서 3:15-17을 근거로 교회 교육의 유용성을 말할 때 "하나님의 교회는 교리교육 없이는 유지될 수 없다"고 단언했다.[6] 따라서 리차드 박스터가 지적한 것처럼 "건전한 교리는 건전한 삶을 낳는다"는 개혁신앙의 회복을 꿈꾸는 모든 이에게 교리교육의 필요성을 촉구하고자 한다. 이를 뒷받침하고자 먼저 요리문답의 정당성을 성경에서 찾으며 역사적으로 교리교육의 형성,

특히 웨스트민스터 대소요리문답을 조명하고 진정한 교회 개혁은 교리교육의 회복을 통해서만 가능함을 조명하고자 한다. 사실 현대 목회자들은 과거 그 어느 시대보다 자료들을 풍부하게 가지고 있다. 그에 비해 과거 종교개혁자들이나 청교도들은 자료적인 측면에서 보면 훨씬 열등하였지만 그 신학적 및 신앙적 깊이는 현대인들이 도저히 범접할 수 없는 경지에 이른 자들이다. 무엇이 그렇게 만들었을까? 그것은 '옛적 길' 을 무시해버린 역사성 상실에 답이 있다.[7] 이제 선조들이 남겨준 '그 옛적 길' 의 길잡이를 들여다보도록 하겠다.

---

5. 이만열, "한국 교회 성장둔화의 요인," http://cafe.daum.net/vision12/ByT/196.

6. 이환봉, 『무엇을 믿고 어떻게 살 것인가』 (글마당, 2001). http://www.kirs.kr/index.php?document_srl=1652007.02.09

7. "여호와께서 이같이 말씀하시되 너희는 길에 서서 보며 옛적 길 곧 선한 길이 어디인지 알아보고 그리로 행하라 너희 심령이 평강을 얻으리라..."(렘 6:16).

2. 요리문답의 기원과 발전

교회에서 교리교육을 논할 때 역사적으로 많이 사용하고 있는 것이 소요리문답(The Shorter Catechism)이었다.[8] 요리문답(κατηχέω, 문자적으로 목소리로 교육하는 것, to instruct with the voice)은 교리의 개요 혹은 강론이며 전통적으로 묻고 답하는 방식으로 성례에서 사용된 학습 도구였다. 그리고 기독교 신앙을 아이들과 성인들에게 가르치는 입문서 역할을 하였다.[9] 따라서 요리문답은 흔히 질의응답을 통한 교리를 암기하게 하는 입문서로 알려졌다. 물론 이것이 기독교만이 가진 유일한 교육방식은 아니었다. 세속적인 교육방식에도 질의응답 교육은 얼마든지 사용되고 있음을 본다.[10] 그러나 교회에서 교육지침서 역할을 하

---

8. 현대에 들어와서 '교리문답' 으로 번역되기도 하지만 필자는 전통적으로 사용되어 온 '요리문답' 이라는 말을 사용한다. 교리문답과 요리문답에 대한 차이를 설명하는 것을 잘 보지 못하였지만, 혹자는 요리문답이라는 용어가 교리문답이라는 용어보다 더 광범위하다고 말하기도 한다. 그의 말을 빌리면 성경을 학습하는 방법 중 주제 중심의 학습방법으로서 '주제를 먼저 정하고 그 주제에 따라 성경의 배용을 발췌하여 성경의 내용을 배열하는 방법' 이 있는데 이것이 요리문답서 형식으로 발전되어 왔다는 것이다. 안은찬, 『실천신학개론』 (한국목회학 연구소, 2013), 374. 여기서 굳이 두 용어 차이를 구분하자면 교리문답은 신앙고백서의 내용을 바탕으로 문답교육을 취하는 것이라고 한다면 요리문답은 성경에서 찾을 수 있는 역사적이며, 전통적인 다양한 주제들을 질의응답 방법으로 교육하는 것이라고 할 수 있겠다.

9. κατηχέω, Strong's Concordance를 보면 그 용법으로 사용된 것이 신약성경에서 총 일곱 번 발견된다(눅 1:4; 행 18:25; 21:21, 24; 롬 2:18; 고전 14:19; 갈 6:6). 이 모든 단어들은 다 '교육하다' 로 번역되었다. 그런데 이 단어가 질의문답 교육방식의 개념으로 이해되어 사용되고 있지만 본래 헬라어는 기초교육의 모든 방식 및 구음교육(oral instruction)을 포함하고 있다. 교리문답교육을 반 다이켄은 "기독교 교회가 역사적으로 사용해 온 특정한 교습방법이다"라고 정의하였다. 도널드 반 다이켄, 『잃어버린 기독교의 보물 교리문답 교육』, 김희정 역 (부흥과 개혁사, 2012), 27. 다이켄의 설명에 의하면 실지로 '교리문답' 이라는 용어를 낳은 헬라어 'κατηχέω' 는 '밑으로' 라는 뜻의 '카타' 와 '소리내다' 라는 뜻의 '에코' 라는 두 단어의 합성어이다. 따라서 카테케오는 '밑으로 소리내다' 라는 문자적 의미를 지니고 있다(28).

10. 플라톤의 『대화편』은 소크라테스의 교육방법을 기록하고 있는데 자신의 제자들을 질문과 대답 형식으로 가르친 것이었다. 일명 소크라테스 방식(Socratic Method)이라 부른다.

고 있는 '요리문답' 이라는 용어는 중세 후반기에 처음 등장하였다.[11] 종교개혁 이전에 기독교 문답 교육은 사도신경과 주기도문 및 성례에 관해 가르치고 암기하는 방식을 취하였다. 그런데 이 방식이 대중화된 것은 마틴 루터 자신이 만든 대소요리문답 때문이었다.[12]

루터는 성도들이 기독교 신앙의 기본적인 도리들을 잘 알고 이해하는 그 중요성을 이 두 권의 문답서에서 강조하였다. 교사들과 부모들을 위한 루터의 대요리문답은 부모가 자녀들에게 기독교 신앙을 바르게 교육할 중요한 책임을 강조한다. 루터의 종교개혁의 성공적 요인은 교리교육에 있었고 그것이 부모를 통한 교육이었다고 한다면 한국의 장로교회 교육의 실패, 또는 교회 개혁의 부진은 부모의 무지와 가정에서의 신앙교육 부재에서 시작되었다고 해도 틀리지 않는다. 부모들을 위한 교리 지침서와 자녀 교육의 중요성 회복이 속히 이루어져야 한다. 교회를 다스리는 것은 하나님 말씀의 신실한 선포와 교리교육이어야 하며 이것이 교회의 생명력을 왕성하게 한다.

존 칼빈 역시 "교리교육이 없이는 교회가 유지될 수 없다"고 한 것을 보면 문답을 통한 교리교육의 중요성을 결코 간과하지 않았음을 알 수 있다. 제네바 시의회가 가톨릭의 미사를 폐지하고 하나님의 말씀을 따라 예배개혁을 추인했을 때 칼빈과 시의회는 새로운 예배 모범과

---

11. Ian Green, *The Christian's ABC: Catechisms and Catechizing in England c.1530-1740*. (Oxford: Clarendon Press, 1996), 14-15.

12. 루터는 1529년 4월과 5월에 독일어로 된 두 권의 교리 문답을 완성하여 출판했다. 교육의 주춧돌이 될 교리문답서는 '대요리문답' (Greater Catechism)과 '소요리문답' (Lesser Catechism)이다. 이 두 권의 책은 모든 교리 중의 교리인 십계명과, 하나님과 주 예수 그리스도에 대한 신앙고백인 사도신경과 기도 중의 기도인 주기도문과 지극히 숭고한 의식들인 복된 성례 등 4가지의 주요 내용이 들어있다. 루터의 교리문답의 특성은 기독교 신앙의 도리를 정확하게 그리고 직설적으로 진술한 것이며, 모든 그리스도인이 구원을 얻으려면 알아야 하는 모든 교리를 집약시켰고 외우도록 질문과 대답의 형식으로 구성되어 있다.

교육재료들이 제작되어야 할 필요성을 느끼지 않을 수 없었다. 그래서 만들어진 것이 1537년 칼빈의 불어로 된 교리문답이었다.[13] 그러나 이것은 아이들에게 가르치기에는 매우 어려워 보다 더 쉽게 만들어진 문답서가 필요하였다. 그래서 다시 제작된 1545년의 '제네바 교리문답서' 는 가르치기 쉽게 복잡한 기독교 교리들을 단순화한 것이었다.

하나님과 인간관계를 중점으로 다룬 이 문답서는 총 5개 부분으로 구분되어 있다. 첫째는 사도신경 강론을 다룬 신앙 부분, 둘째는 십계명을 다룬 율법 부분, 셋째는 기도, 넷째는 하나님의 말씀에 관하여 그리고 마지막은 성례에 관한 것이다. 이 교리문답서는 제네바와 스코틀랜드에서 주로 사용되다가 1563년에 만들어진 하이델베르크 교리문답과 1647년에 작성된 웨스트민스터 교리문답서들이 지금까지 개혁교회의 주요 문답서들로 자리를 잡았다. 이후로 교리문답 교육은 주일학교 교육 프로그램이 개발되었음에도 불구하고 개혁교회의 공식적인 교육 방법으로 자리를 잡은 역사적인 신앙유산이다. 성경과 기독교회 역사는 교리교육의 정당성을 분명하게 증언한다.

3. 교리교육의 성경적 정당성

왜 요리문답인가? 앞에서도 지적한 바와 같이 기독교의 근본적인

---

13. 이 책은 그 이듬해 라틴어로 번역되어 출판되었다. 그러나 이것은 너무 어렵게 쓰여 아이들 교육하기에 적합하지 않았다. 그래서 칼빈은 교리문답을 다시 써서 우리에게 잘 알려진 1545년의 '제네바 교리문답서' 가 나온 것이다.

가르침들을 성도들에게 효과적으로 교육시킬 방도는 요리문답이라는 단어가 사용되기 이전부터 존재하였다. 즉, 하나님의 계시의 말씀에서부터 그 흔적을 엿볼 수 있다. 출애굽한 이스라엘 백성들이 하나님의 크고 강한 팔로 이집트 땅 종 되었던 집에서 구원해 주신 그 놀라운 은총을 기념하는 유월절 절기를 지키게 된다. 유월절 절기를 지키는 규례를 말씀하신 하나님은 이렇게 설명하셨다.

> 너희는 여호와께서 허락하신 대로 너희에게 주시는 땅에 이를 때에 이 예식을 지킬 것이라 이후에 너희 자녀가 묻기를 이 예식이 무슨 뜻이냐 묻거든 너희는 이르기를 이는 여호와의 유월절 제사라 여호와께서 애굽 사람을 치실 때에 애굽에 있는 이스라엘 자손의 집을 넘으사 우리의 집을 구원하였느니라 하라 하매 백성이 머리 숙여 경배하니라 (출 12:25-27)

인간은 이성적인 동물로서 질문을 던지고 그 질문에 답을 찾는 것이 지극히 정상적이다. 질문이 인류의 역사를 크게 진전시켜왔음을 누구도 부정할 수 없다. 인간이 자랑하는 발명품들 대부분이 질문을 푸는 과정에서 생겨난 것이라고 해도 틀리지 않는다. 마찬가지로 눈에 보이지 아니하는 하나님을 아는 것과 그가 하신 일들을 사람들로 하여금 기억하게 하는 특정한 교육방식이야말로 영적 활동의 자연스러운 현상이다. 그 일을 일찍이 하나님이 직접 문답교육을 통해서 실천하셨다. 교리문답은 성경적 진리를 체계적으로 가르치는 것이다.

앞에서 인용한 성경구절에서도 출애굽을 전혀 경험해 보지 못한 자녀들이 가나안 땅에서 살면서 유월절을 지키는 예식을 거행할 때에 그 예식이 무엇을 뜻하는지를 묻는다고 했다. 그 질문을 받은 부모는 이 예식의 기원이 어떤 것이었는지 그리고 무엇을 상징하는 것인지를 자세히 설명해 주어야 했다. 이것이 요리문답 교육의 시초다. 삼위의 하나님과 교회, 구원과 예배 및 권징 등 성도들이 반드시 알아야 할 기본적인 뼈대를 구축하도록 교육하는 것이 문답식 교육이다.

구약에서만 아니라 예수님도 하늘나라 비밀들을 언급하실 때 질의와 답변을 통해서 설명하셨다. "너희는 나를 누구라 하느냐?"라고 제자들에게 물으셨고 베드로는 "주는 그리스도시요 살아 계신 하나님의 아들이니이다"라고 답하였다(마 16:16). 또한 예수께서는 승천하시면서 제자들에게 만민에게 복음을 전파하여 "모든 족속으로 제자를 삼아 아버지와 아들과 성령의 이름으로 세례를 주고 내가 너희에게 분부한 모든 것을 가르쳐 지키게 하라"(마 28:19-20)고 하셨다. 이 위대한 지상명령에서 제자를 삼고 세례를 주며 예수께서 분부한 모든 것(교리)를 가르쳐 지키라는 명령을 하심으로써 성경진리를 담아내고 있는 교리교육이 단순히 교회 지도자들이 고안해 낸 방식이 아니라 성경의 교훈이요, 주님의 명령임을 알 수 있다.

하나님이 출애굽한 이스라엘 백성들에게 하나님이 어떤 분인지 그 하나님이 이스라엘 백성들을 위해서 무슨 일을 하셨는지에 대한 질의응답을 통해서 온 백성들의 심령 속에 깊이 각인시키기를 원하셨듯이 예수께서도 제자들에게 자신을 누구라고 생각하는지를 물으심으로써 예수가 누구인지를 세심하게 이해하고 판단하게 하셨다.

또 제자들은 그들이 믿고 있는 예수께서 어떤 분인지를 잘 알고 있어야 할 뿐 아니라 가르치고 실천하는 제자로서의 삶을 추구해야 할 의무가 있다. 그렇기 때문에 교리교육은 이환봉이 지적한 대로 "성경에 나타난 하나님의 뜻은 그리스도의 교회가 거룩 안에 온전히 세움을 입도록 하나님의 말씀을 체계적으로 철저히 알고 의로 교육하는 것이다."[14] 한마디로 교리교육의 중심은 교사가 학생들에게, 목사가 성도들에게 또는 부모가 자녀들에게 기독교 신앙의 핵심들을 교육하여 이해시키는 입문서 역할에 있다. 칼빈은 제네바 교리문답서 서문에서 그 목적을 이렇게 표현하고 있다.

> 우리는 모두 한 분 그리스도의 진리 안에서 함께 연합되어 그리스도에게로 인도된다. 우리는 한 몸과 한 영으로 자라가며 또한 같은 입으로 신앙의 총론에 속한 것들을 고백한다. 이것을 목적하지 않는 문답자들은 종교에 있어서 불화의 씨를 심음으로써 교회에 치명적인 상처를 가하게 되고 또한 세례의 불경건한 모독죄를 소개하는 자들이다. 우리가 하나의 신앙 안에서 일치된 고백을 하지 않는 한 세례의 유용성이 어디에서 존재할 수 있겠는가?[15]

한마디로 같은 신앙을 고백하지 않는다면 세례도 다르고 성찬도 다르고 믿음도 다 다른 불상사를 초래한다는 것이다. 이를 가장 염려한 칼빈은 동일한 신앙고백이 절대적으로 필요함을 강조하였다. 사실 칼빈이 교리교육을 통해서 달성하고자 하는 목적 자체는 근본적으로 기독교의 근본 교리들을 사람들에게 알려 주님의 교회의 통일성을 이루

---

14. 이환봉, "교리교육의 필요성," http://www.kirs.kr/index.php?document_srl=1652007.02.09

15. www.reformed.org/Calvin/geneva catechism.

고자 함이었음을 이 글에서 분명하게 드러난 것이라고 본다. 현유광도 칼빈의 이점을 분명히 지적하였다.

> 교회가 공인하는 교리서가 있게 될 때에, 하나의 지역 교회 안에서 동일한 신앙고백이 이루어짐으로써 신앙고백 공동체를 이루는데 크게 기여하게 된다. 나아가 모든 개혁교회가 성경에 근거한 교리서를 채택하게 될 때에 이를 중심으로 일치를 이루고 일치를 지속할 수 있게 된다.[16]

이것은 성경적인 명령이다. 바울은 고린도교회에게 이렇게 말했다.

> 형제들아 내가 우리 주 예수 그리스도의 이름으로 너희를 권하노니 다 같은 말을 하고 너희 가운데서 분쟁이 없이 같은 마음과 같은 뜻으로 온전히 합하라
>
> (고전 1:10)

'같은 말'을 하고 '같은 마음'과 '같은 뜻'으로 합하라는 것은 주님의 교회의 공교회적 통일성을 말하는 것이다. 주님의 교회의 통일성은 함께 고백하는 교리적 일치가 없이는 불가능하다.[17]

한국의 장로교회도 동일한 신앙고백서와 교리문답서를 교단의 신조로 채택하고 있지만 교리문답교육의 부재 현상이 다양한 교회 모습

---

16. 현유광, "교리교육 어떻게 할 것인가?" flvmov.kts.ac.kr/.../1227511980_01TWzg2j_BDC5C7D0C6F7B7B3_B1B3B8AEB1B.

17. 서창원, "공교회성 회복과 한국 교회의 개혁," 종교개혁 500주년 기념 공동학술대회에서 발표한 논문임, 2017년 10월 28일.

들과 다양한 예배 형태들로 나타나고 있으며 소위 족보 없는 교회들이 난무하게 되었다. 수백 개로 쪼개진 장로교회의 개혁은 교리문답 교육을 통해서 같은 말(신앙고백) 하에 하나된 교회를 회복해야 한다. 더욱이 건전하지 못한 가르침으로 말미암아 이단 혹은 사이비 종교로 빠지게 하는 일을 막는 대안도 교리교육에 있다.

과거 한국 교회 성장의 주역으로 왕성하게 활약했던 주일학교 교육의 회복은 '듣기와 말하기가 중심이 되는' 정통적인 개혁교회의 교리문답 교육에 달려있다. 도날드 반 다이켄은 이 점을 특별히 강조하고 있다.[18]

> 교회가 장차 다가올 미래에 믿음의 아들과 딸을 필요로 한다면 우리는 반드시 하나님의 말씀을 듣는 방식으로 돌아가야 하며, 거기서부터 질문하고 답을 얻는 방식으로 돌아가야 한다. "믿음은 들음에서 나며 들음은 곧 그리스도의 말씀으로 말미암았느니라"(롬 10:17). 만약 우리 자녀들이 성숙해지길 바란다면, 이들이 진리 위에 굳게 서 정직하게 자신의 신앙을 옹호하며 우리를 속이는 대적을 거부하기를 바란다면, 또한 이들이 고결하게 싸웠던 옛 성도들처럼 싸우기를 원한다면, 이 아이들에게 다윗과 골리앗 이야기를 가르칠 때 돌팔매질 새총을 만들게 하는 것보다 더 엄밀한 기본적인 훈련이 필요함을 우리는 알아야 한다.

---

18. 도날드 반 다이켄, 『잃어버린 기독교의 보물 교리문답 교육』, 김희정 역 (부흥과 개혁사, 2012), 30.

4. 장로교회의 교리교육의 역사적 산물

종교개혁 이후로 근대교회의 역사는 신앙고백서 시대라고 할 만큼 수많은 신앙고백서들이 만들어졌다. 1530년 아우구스부르크 신앙고백서(Augusburg confession)를 필두로 많은 고백서들이 작성되면서 자신들의 교리적 입장을 천명하고 교회의 일치성을 추구해왔다. 특히 개혁파 교회들이 인준하고 사용해 온 가장 대표적인 것은 도르트 신경을 포함한 The Three Form of Unity에 해당되는 벨직 고백서, 하이델베르크 요리문답서가 있다. 근래에 들어 한국 교회 안에서 하이델베르크 요리문답[19]에 대한 관심이 매우 많이 증폭되어 왔다.

그러나 17세기 웨스트민스터 종교회가 제정한 일명 '웨스트민스터 문서들' (Westminister Documents)은 작성된 시기를 보아서 이미 나온 정평 있는 신조들과 요리문답들을 토대로 만들어진 것이기 때문에 그 구성이나 내용 면에서 그 어떤 것들보다 체계적이고 조직적이며 성경적인 풍성한 내용들을 담고 있다고 본다. 그렇기 때문에 필자는 본 논고에서 웨스트민스터 문서들, 그 중에 소요리문답 교육의 필요성을 강조하고자 한다.

'웨스트민스터 문서들' 은 1648년 글라스고 총회에서 스코틀랜드

---

19. 하이델베르크 요리문답은 독일과 화란의 개혁교회 계통에서 신앙고백으로 사용하고 있는 것으로써 그들은 이 요리문답이 하나님의 말씀을 가장 신실하게 잘 나타내고 있다고 믿는다. 1563년에 하이델베르크에서 제작된 이 요리문답은 질의응답 형식으로 웨스트민스터 요리문답서 작성에 깊은 영향을 끼쳤다. 이 문답의 형식은 출애굽에서 시내 산까지의 이스라엘의 역사와 신약성경의 로마서의 형식을 따르고 있다. 즉 죄의 종노릇하는 우리의 상태가 어떤지를 다루고 그리스도를 통한 위대한 구원의 역사와 이 구원을 주신 하나님께 우리가 사랑과 감사를 표현하는 방법, 즉 율법에 순종하는 방법을 다루고 있다.

장로교회가 1560년 존 녹스에 의해서 작성되어 장로교회의 신조로 사용되어 온 스코츠 신앙고백서(Scots Confession)를 대체하는 장로교회의 표준문서들로 채택되었다. 그 이후 세계로 확산된 모든 장로교회들이 다 여기에 근거하여 장로교회를 세워왔다. 한국의 장로교회도 1917년 승동교회당에서 모인 6회 총회에서 웨스트민스터 표준문서를 채택하였으나 당시에는 대요리문답은 빠져 있었다가 1969년에 와서야 첨가하였다.

과거 세속 사회에까지 깊은 영향력을 미친 장로교회의 영향력은 고백서를 비롯한 요리문답서들이 교회의 직임을 받을 때 사용되는 하나의 서약문서로만 남아 있는 것이 아니라 믿는 도리들을 분명하게 파악하게 하고 실천되게 하는 교리교육 정책에 기인한다. 다른 어느 교단에서보다 성경과 교리를 확고하게 한 교육 정책은 장로교단의 자랑이었다. 오류와 거짓 가르침들을 걸러내는 작업이 어렵지 않았었다.

그러나 19세기에 불어 닥친 자유주의 신학의 영향으로 성경의 권위가 상실되면서 자연스럽게 교리교육의 감소와 부재 현상으로 이어졌다. 이것이 다양한 교회 형태들을 만들어내게 되었고 일관된 목소리를 내지 못함으로 대 사회적 영향력은 과거에 비해 급속도로 저하되었다. 실제적으로 교회의 영적 힘이 상당히 약화된 원인을 찾는다면 교회의 분열과 다양한 목소리들 때문이라고 해도 틀리지 않는다. 각인각색의 모습에서 탈피한 일관된 고백과 교회 일치운동은 언제나 올바른 진리에 대한 성경적 신앙관 확립에서 찾을 수 있다. 그 목적에는 교리문답교육이 최고인 것이다.

따라서 필자는 17세기 청교도들과 언약도들이 남겨준 웨스트민스터 요리문답서 교육은 지금이야말로 다시 강조하고 실천해야 할 일이라고 믿는다. 17세기 이후로 지금까지 장로교회의 헌법적 체계를 구축하고 있는 웨스트민스터 요리문답은 크게 두 가지이다. 목사들과 교회 지도자들을 위한 '대요리문답서'와 아이들 교육을 위한 '소요리문답서'이다.[20] 소요리문답서는 초보자들에게 읽기 쉽고 이해하기 좋도록 작성된 것으로서 특히 아이들을 가르치고 개혁주의 신앙에 취약한 자들을 확고한 개혁신앙인들로 양육하고자 제작된 것임을 서문이 밝히고 있다. 보다 구체적이고 포괄적인 내용을 담고 있는 대요리문답은 목사들을 위해서 만들어진 것인데 교회에서 설교를 통해서 개혁교회가 믿고 있는 것을 성도들에게 확고하게 가르치도록 도움을 주고자 한 것이다.

하나님의 진리의 말씀과 율법을 모두 모아 정리하고 성도들에게 그 교리적 가르침을 잘 소화시키도록 만든 107문답으로 되어 있는 소요리문답서는 1-12번까지는 창조주 하나님에 관해, 13-20문까지는 인간의 원죄와 타락한 상태에 관해 질의 응답한다. 그리고 21-38문까지는 구속주이신 그리스도와 그의 구속사건으로부터 흘러넘치는 은총이 어떠한 것인지를 다룬다. 39-84문까지는 십계명을, 85-97문까지는 세례와 성찬을, 그리고 마지막 98-107문까지는 주기도문을 가르치고 설명한다. 이 구성은 당시 대륙의 개혁교회에서 사용하고 있는 하이델베르크 요리문답을 본 딴 것이다.

이러한 구성을 보면 교리교육의 핵심은 동일한 신앙고백과 그 고백위에 세워지는 성경적인 생활상을 그려내는 것이었다고 할 수 있다. 이 문서들이 만들어지고 사용된 이후로, 유럽의 기독교와 1788년 뉴

---

20. 소요리문답은 1646년에 대요리문답은 1647년에 만들어졌다. 후자는 처음에 성경인용구들이 없이 작성되었다가 1648년 4월 14일에 성경인용구들이 첨가되었다.

욕과 필라델피아 대회와 그리고 1789년 미국에 있는 장로교회와 이 문서들을 채택한 미국의 기독교는 기독교적 문화와 삶을 형성하는데[21] 크게 기여했다. 성도들의 인생관과 가치관 형성에 엄청난 기여를 하고 있는 우리가 잘 아는 소요리문답 1문은 장로교회만 아니라 타 교단에서도 즐겨 사용하는 문답이다.

> Q1. 사람의 제일 되는 목적이 무엇이뇨?
> 답: 사람의 제일 되는 목적은 하나님을 영화롭게 하고 그를 영원토록 즐거워하는 것이다.

20세기 후반부터 번진 교리교육의 침체는 곧바로 교회의 침체로 이어졌다. 당연히 교회 개혁의 열망이 큼에도 불구하고 변화를 일으키지 못하는 가장 큰 원인을 윤리 도덕적 부패와 타락의 개선을 말하고 있지만, 실상은 근본적인 삶의 변화를 촉진시키고 그 진리 안에 깊이 뿌리를 내리게 하는 교리교육의 회복의 주장이 너무나 빈약함에 있다.

아이들을 교리문답으로 교육하는 일을 포기하고 성경 이야기를 흥밋거리 위주로 설명하는 방식은 아이들을 교회로 모으는데 성공할지 몰라도 건실한 신앙인으로 양육하는 일은 누구도 보장할 수 없다. 교

---

21. 다이켄이 자신의 저서 51쪽에서 인용한 존 머레이 교수의 글은 이렇다: "교리문답 교육 시스템을 고수한 곳에서는 종교개혁의 최상의 열매들이 잘 보존되었고 전수되었다." 그는 또한 청교도 리차드 백스터 역시 교리문답 교육의 중요성을 강조하면서 이렇게 말하고 있다: "종교개혁이 살아남고 업적을 이룰 수 있었던 주된 요인 중 하나가 교리문답 교육이라고 생각했다."

리교육의 부재는 성경에 대한 그리고 신앙의 대상이신 삼위 하나님에 대한 무지와 무관심이 아이들을 지배하게 한다. 교회 성장학은 공교회성이 파괴되고 개교회주의로 치달으면서 교리적 통일성이 상실되었고 장로회주의 정치 원리에 입각한 공교회성은 껍데기만 존재할 뿐 속사정은 백인백색의 교회가 되어버렸다. 그 결과 심지어 신학교를 입학하는 학생들조차도 개혁신앙의 핵심을 전혀 알지 못한 상태로 학교에 입문하는 것이 다반사가 되었다.

교리문답 교육의 회복은 교회 지도자들을 양성하는 것만이 아니라 성도 개개인으로 하여금 성경과 교리적 가르침의 원리에 따라서 자신들이 있는 위치가 어디이든 기독교인으로서의 삶을 구현하게 하는 최상의 방법이라고 믿는다.

종교개혁 500주년을 맞이하여 항상 개혁되어야 할 개혁교회는 이제라도 한층 강화된 교리교육의 회복을 반드시 이루어야 한다. 예전에 해 왔던 수많은 교회 교육 프로그램이 다 교세확장의 수단으로 전락된 것처럼 교리교육도 단지 교회 성장의 한 도구로서가 아니라 건강한 교회와 그리스도 안에서 온전한 그리스도인을 양육해내는 근본토대로서의 교육이 실행되어야 한다. 왜냐하면 '교회 번영에 있어 교리문답 교육은 절대적으로 필요하기' 때문이다.[22] 장로교의 발상지요 장로교를 국교로 하고 있는 스코틀랜드의 한 목회자의 탄식을 들어보자.

---

22. 도날드 반 다이켄, 『잃어버린 기독교의 보물 교리문답 교육』, 54. 다이켄은 교리문답 교육의 필요성을 이렇게 마무리 한다: "종교개혁을 통해 우리가 하나님으로부터 믿음으로 받은 가장 위대한 유산이 성경의 진리임을 안다면, 우리는 선생으로서 그리고 목사로서 우리 아이들을 교리문답으로 교육하는 일에 마땅히 헌신해야만 한다. 이렇게 하지 않는 것은 우리의 선조들이 남긴 소중한 믿음의 가치를 부정하는 것이다."(55).

스코틀랜드에서는 목회자나 교리문답 교육자가 가정에서 가족들을 한데 모으고 교리문답 교육을 시켰던 때가 있었다. 어떤 이들은 이때가 최상의 때였다고 생각한다. 이들은 교인들이 성경의 진리를 잘 이해하고 삶을 경험하고 있는지를 면밀히 살펴보고 이들로 하여금 자신들의 생각을 잘 표현하도록 권장했다. 그러한 교리문답 교육은 영적인 힘의 근원이었다. 이것이 지금은 어디에서 시행되고 있는가? 거의 아무 곳에서도 찾아볼 수가 없다.[23]

5. 교리교육의 교육적 효과

"오직 우리 주 곧 구주 예수 그리스도의 은혜와 그를 아는 지식에서 자라가라"(벧후 3:18). 하나님의 언약백성들이 삼위일체 하나님을 아는 지식 가운데서 자라가는 것은 마땅한 일이다. 그리스도 안에서 장성한 분량에 이르기까지 자라가며 연단을 받아 선과 악을 분별하는 성도는 양육 받을 권리가 있고, 목사는 그렇게 보양(保養)해야 할 책임이 있다. 사실 한국 교회의 개혁과 변화는 그 중심에 언제나 목사가 있다. 제네바의 개혁의 중심에 칼빈이 존재하였고 스코틀랜드 교회 개혁도 존 녹스가 있었기 때문에 가능한 것이었다. 현유광은 칼빈의 역할을 이렇게 표현한다.[24]

---

23. The Reverend Ronald C. Christie, "Teaching Face to Face," *The Monthly Record*, Scotland, The Highroad 16, Spring, 1994, 7. 도날드 반 다이켄, 24에서 인용한 것임.

24. 현유광, "교리교육 어떻게 할 것인가?," 7.

하나님을 향한 겸손과 열심, 그리고 하나님의 절대주권과 성경 곧 하나님의 말씀에 대한 확신, 그의 신학과 조직력, 하나님 사랑과 이웃 사랑의 삶을 하나님이 기뻐하셨고 기쁘게 사용하셨다. 칼빈의 언행일치와 헌신된 삶을 확인하며 제네바 주민들은 결국 그를 신뢰했고, 모범적인 개혁교회를 이루었다.

교회 개혁의 그 중심에는 언제나 말씀의 사람이 존재하였다. 이 논리는 지금 이 시대에도 정확하게 적용된다. 하나님의 말씀의 신실한 선포를 통해서 사람들의 변화를 기대할 수 있다. 그렇기 때문에 언행일치가 되는 교회의 지도자들은 성도들을 온전케 하는 귀한 사명을 잘 수행하게 될 것이다. 교리문답 교육을 할 수 있는 적합한 사람은 누구인가? 그것은 교회에서는 당연히 목사여야 하고 가정에서는 당연히 부모여야 한다. 그러한 사람에 의한 가르침은 교회와 가정에서 매우 효과적이다.

참된 그리스도인을 양육하는 가장 효과적인 생태계는 진리에 충실한 교회와 경건의 능력이 있는 부모를 둔 가정이다. 이스라엘의 교육 현장이라고 할 수 있는 신명기 6장은 부모가 하나님의 계명을 부지런히 가르치고 지키게 할 책임이 있음을 정확하게 명시하고 있다.[25] 이처럼 경건한 가정은 영혼을 건지고 제자를 삼는 가장 최적의 도구이다. 교회는 경건한 가정을 배양할 수 있도록 힘써야 한다. 그런 의미에서 잘 가르치는 목회자의 교리교육의 유용한 면을 칼빈은 제2차 교

---

25. "들으라 이스라엘아…너는 마음을 다하고 성품을 다하고 힘을 다하여 네 하나님 여호와를 사랑하라 오늘날 내가 네게 명하는 이 말씀을…네 자녀에게 부지런히 가르치며 집에 앉았을 때에든지 길에 행할 때에든지 누웠을 때에든지 일어날 때에든지 이 말씀을 강론할 것이며"(신 6:4-7).

리문답서 서문에서 다음과 같이 지적하였다.

> 사람들로 하여금 성경의 순수함을 보존케 하기 위하여서는 어린 시절의 아이들에게 신앙고백을 가르치어 저들로 하여금 믿는 내용을 깨닫게 함이 극히 필요하니, 이와 같이 함으로서 참된 성경적 내용이 변질되지 아니하고 보존될 것이며 또한 각 사람에게 혹은 대대로 전파될 것이다...우리가 제안하려고 하는 제도는 다음과 같다. 기독교 신앙의 간결하고도 단순한 요약을 작성하여 모든 어린이들에게 가르치고 일 년의 일정한 날에 목사 앞에 나와 문답을 하고 시험을 받고 또한 각자의 능력을 따라 저들이 충분히 가르침을 받았다고 인정될 때까지 이르는 것이다.[26]

Jeri Tanner는 아이들에게 교리문답을 가르쳐야 할 이유 세 가지를 말한다.[27]

첫째, 교리문답은 하나님의 자녀들 가운데 본질적인 신앙의 통일성을 갖게 하도록 한다. 이것은 앞에서 칼빈의 '교리문답서'의 필요성을 말한 부분과 일치한다. 공교회의 통일성은 본질적인 교리의 일치에서 성사되는 것이다.

둘째, 교리문답은 적절한 질문들에 성구들이 제시됨으로써 신속하고도 깊이 있는 이해력을 조성한다. 아이들이나 어른들 모두 중요한 질문들에 대해 분명하게 답변이 주어지고 있음을 볼 때에 하나님의

26. www.reformed.org/Calvin/geneva catechism.
27. See Ministry–To Children April 23, 2014.

말씀의 유용성을 깨닫기 시작하는 것이다.

셋째, 교리문답은 학습을 촉진시키고 동기를 부여한다. 왜냐하면 대부분의 아이들은 질문들에 대답하는 것을 매우 좋아하기 때문이다. 질문들은 교사가 가장 잘 활용할 수 있는 협력자이다. 질문을 통해서 고귀한 마음들을 얻게 되기 때문이다. 우리가 진리를 가르칠 때 질문들이 얼마나 유용한 것인지를 예수께서도 제자들이나 군중들을 가르치시면서 보여주신 것이다.

기록된 말씀에 근거한 성경적 가치관과 인생관은 이 세상에서 성도가 살아가야 할 실천적 근본이다. 하나님의 언약 백성은 언제나 '살아 있는 생생한 목소리로' (viva voce) 잘 양육되어야 한다. 경건한 가정에서의 교리교육은 경건한 자녀를 낳는다. Terry Jones는 이렇게 말한다: "하나님은 경건한 가정들을 사용하시고 자기 백성들을 구원하시고 성결케 하시며 자기 백성들을 잘 섬기는 자들로 만드시며 자기 교회를 세워 가신다."[28] 그러면서 그는 그의 글에서 역사적인 사례들을 제시한다.[29]

모든 경건한 기독교인 부모들은 시편의 말씀을 기억할 필요가 있다.

> 여호와께서 증거를 야곱에게 세우시며 법도를 이스라엘에게 정하시고 우리 열조에게 명하사 저희 자손에게 알게 하라 하셨으니 이는 저희로 후대 곧 후생

---

28. Terry L. Jones, *Catechizing our Children: The Hows and The Whys of Teaching, the Shorter Catechism Today* (The Banner of Truth Trust, 2013), 19.

29. Bonar family in Scotland, Mather family in New England, Archibald Alexander family, Charles Hodge family, Jonathan Edwards family, and Halvar Iverson family(Missionary).

자손에게 이를 알게 하고 그들은 일어나 그 자손에게 일러서 저희로 그 소망을 하나님께 두며 하나님의 행사를 잊지 아니하고 오직 그 계명을 지켜서 그 열조 곧 완고하고 패역하여 그 마음이 정직하지 못하며 그 심령은 하나님께 충성치 아니한 세대와 같지 않게 하려 하심이로다 (시 78:5-8)

성공적인 교리교육은 사람들의 사고와 행동에서 긍정적인 변화를 유발한다. 동시에 믿음의 계승을 이어가며 하나님의 언약백성으로 살아가도록 이끈다. 선포되는 말씀을 듣고 믿음을 가지며 그 믿음의 깊이를 더해감으로써 행동하는 그리스도인의 습관이 배양된다. 그 목표는 그리스도의 장성한 분량에 이르기까지 자라게 한다. 그러나 이 목표는 참된 지식이 주입되지 않는 한 불가능하다. 믿음의 대 선배들께서 집대성한 교리문답서를 잘 활용하는 것이 그리스도 예수를 아는 지식 가운데서 잘 자라도록 도울 수 있다.

더욱이 장로교회가 따르고 있는 소요리문답서는 단지 종교회의가 작성하고 영국 의회가 승인하고 인준한 것이라서가 아니라 성경의 가르침을 간결하고도 체계적으로 잘 정리하여 제시하고 있기 때문에 공교회의 회복을 위한 교리적 통일성을 가져오게 하는 큰 지렛대 역할을 할 수 있다.

또한 교리교육의 유용성을 아는 것으로 그치지 않고 거짓된 가르침과 잘못된 사설들에 맞서 정통 교리를 수호하며 변증하는 데 큰 기여를 한다. 왜냐하면 교리문답은 하나님 말씀 안에 있는 교리적인 가르침들을 조직적으로 학습하게 하기 때문이다. 교리적 입장을 잘 인지하고 있는 자들은 극성 사이비들과 이단들의 활약을 붕괴시킬 수 있는 힘과 지혜를 가지며, 이들을 통해서 주님의 교회의 거룩성과 순수함 및 공교회성이 지켜진다. 이러한 결과는 올바른 교리적 지식을 따라서 열심을 가지고 하나님의 뜻을 이루어가는 주님을 섬기는데서 형성된다.

이환봉은 '교리교육의 필요성' 이라는 글에서 성경적 신앙관 확립과 성경적 생활관 확립, 올바른 성경 이해력 확립, 진리수호와 이단대응 능력 확립 및 효율적인 복음전파를 위하여 필요함을 강조하였는데[30] 이 필요성은 교리교육의 효과라고 해도 틀리지 않는다. 사실 교리교육은 교리 자체보다도 더 중요한 것이 기록된 성경 말씀에 대한 올바른 이해력이다. 그래서 개혁자들은 성경을 소유하게 하였고 읽게 하였으며 성경을 차근차근 강론하였던 것이다. 이는 단지 이론적 지식의 확립이 아니라 실천적 능력을 발휘하도록 이끌며, 진리와 하나님을 향한 뜨거운 사랑의 수고를 아끼지 않게 하였다.

그러나 우리가 잊지 말아야 할 것은 지나친 교리강조는 지성주의의 오류에 빠질 수 있기 때문에 진리를 향한 열정과 하나님을 아는 지식의 생활화를 위한 목회자의 헌신이다. 설혹 목회자가 교리교육에 깊은 관심을 가지고 추진한다고 하더라도 지속적인 것이 되지 않거나 성령의 나타남과 능력의 역사를 갈망하는 기도의 열기가 이어지지 않으면 교리교육의 효과는 크게 반감되고 말 것이다.

그렇기 때문에 교리교육은 반복적이어야 하며 지속적이어야 한다. 이것이 이단의 침투와 인간의 간사한 궤휼에 밀려 요동치는 풍랑을

---

30. 이환봉, "교리교육의 필요성," http://www.kirs.kr/index.php?document_srl=1652007.02.09

방지할 수 있게 한다. 다른 한편으로 주님의 진리 안에 깊이 뿌리를 내리는 온전한 그리스도인의 삶을 통해 견고한 교회 세움이 달성된다. 윤영민은 이렇게 주장한다.

> 목회는 하나님의 방법으로 하나님이 원하는 사역인 성경의 핵심 진리인 교리를 가르치는 일을 해야 하는 것은 당연하다. 왜냐하면 교리는 교회의 근본이 되기 때문이다.[31]

이처럼 그리스도의 몸 된 교회를 건강하게 세우는 일에는 하나님의 위대한 교리들을 담고 있는 성경과 함께 교리문답교육이 필수적으로 요구된다.

과거 주님의 바른 교회 세우기에 중추적인 역할을 담당한 요리문답 교육의 중요성은 현대교회 목회에 있어서 더 이상 논란의 여지가 없을 것이다. 윤영민은 과거의 유산이 현대의 시대적 사명 수행에 어떤 도움을 주는지에 관해 세 가지를 소개한다.[32]

첫째, "새 신자가 교회에 등록하고 정착하는데 좋은 방법이다." 이것은 충분히 공감이 가는 내용이기는 하지만 교회에 처음 나온 사람에 대한 정의가 예수 그리스도를 처음으로 믿고 나온 사람을 말하는 것인지, 아니면 타교인의 이주로 생긴 본 교회의 새로운 신자인지에 따라 교육 내용이 다를 수 있다. '요리문답'은 본래 믿는 부모의 언약백성들인 아이들 교육을 위하여 만들어졌기 때문에 신입 교인들을

---

31. 윤영민, "교회를 세우는 교리교육," 2017년 개혁주의 실천신학 학과 세미나, 84.
32. 윤영민, "교회를 세우는 교리교육," 90-94. 참고

위한 요리문답서로도 충분히 활용될 수 있다. 그러나 기존 교인의 수평이동으로 인한 새로운 교인을 위해서는 교회가 속한 신학적 입장을 대변하는 '교리문답' 교육이 더 유용하다고 본다. 이전에 속한 교회에서 가르치는 교리적 입장이 다를 수 있기 때문이다.

둘째, "성도를 온전한 하나님의 사람으로 만드는 좋은 방법이다." 윤영민은 개신교회의 헌신된 20-30%의 교인들에게 집중되어 있는 교육을 탈피하고 전체 구성원들에 대한 교육이 절실하다고 하면서 기독교인의 정체성 확립과 온전한 그리스도인으로 자라도록 돕는데 교리교육이야말로 가장 효율적이라고 하였다. 그러면서 그는 천주교의 교리교육과 개신교의 교리교육의 현실을 지적하였다. 이것은 평생 동안 천주교인이 되게 하는 것과 교회를 떠나는 교인이 많은 개신교회의 현실을 꼬집은 것이다. 이것은 단지 윤영민의 논지만이 아니다.

다이켄은 그의 책에서 개신교의 탁월성이 교리문답 교육에 있었는데 이를 간파한 가톨릭교회 특히 가톨릭교회에 있어서 '가장 위대한 선교사요 교육조직이' 된 예수회의 등장은 종교학교 정책으로 인하여 '예수회가 종교개혁이 더 이상 진행되지 못하게 할 수 있었고 당연시되었던 종교개혁의 승리를 막을 수 있었다'는 그들의 주장을 소개하였다.[33] 그리고 그는 그들이 세운 종교학교에서 철저하게 교리문답 교육방식의 교육을 시킨 결과로써 개신교회의 전통적인 교리문답 교육은 시들어진 반면에 예수회의 교리문답교육은 최소한 19세기까지 그 힘을 지속할 수 있었음을 지적한다. 따라서 역사가 이점을 분명이 적시하고 있다면 세계 곳곳에서 추락하고 있는 개신교를 다시 회

33. 도날드 반 다이켄, 『잃어버린 기독교의 보물 교리문답 교육』, 53.

복시킬 수 있는 방안은 물론 위에 계신 하나님의 주권적인 역사이지만 인간 목사의 책무인 교리문답 교육을 신속하게 회복시키는데 있음을 알아야 한다.

문제는 교회를 목양하는 담임목사들이 교리교육을 충실하게 받아온 경험이 전무하다시피하기 때문에 교리교육을 교회 성장 방법론으로 간주해 버리고 수적 증가에 별 도움이 안 되면 금방 폐기해 버리는 것이 문제이다. 그렇기 때문에 신학교에서부터 교리문답 교육의 중요성을 강조하며 노회와 총회는 지교회 목회자들이 교단의 신학적 입장을 얼마나 잘 대변하고 교육하고 있는지를 잘 시찰하며 지도해야 한다. 그렇지 않으면 장로교회의 옛 명성 회복도 어렵고 참 진리이신 주님의 임재를 맛보는 일도 불가능할 것이다. 교육은 교사의 역할이 100%이기 때문이다.

셋째, "이단들의 공격에 신앙과 교회를 지키는 좋은 방법이다." 이 부분에 대해서는 이미 성경 특히 신약의 바울서신들이 이단들의 출현에 대한 올바른 교리적 교육으로 대처하는 것을 보여준다. 교리의 부재는 젖만 먹는 어린아이들, 선과 악을 분별할 수 없는 아이들로 만들고 그것은 곧 이단들의 손쉬운 먹잇감이 되게 한다. 교리교육의 중요성은 교회 역사와 성경의 증거 및 목회현장이 대변하는 것이다. 비바람이 불고 풍랑이 일어도 무너지지 않는 반석 위에 집을 짓는 목양이어야 한다. 철저하고 지속적이며 반복적인 교리교육이 이를 뒷받침할 수 있다.

이 외에도 교리문답 교육은 역사 속에서 기독교 근본적인 교리들이 어떻게 형성되어 왔는지를 잘 이해하도록 도와주는 장점을 가지고 있다. 위대한 신학자들의 주장은 단지 전통적으로 지켜가는 것에 매력을 가지고 있지 않다. 그들은 성경의 교리들과 관련해 예수 그리스도의 참된 교회가 언제나 이해해온 내용들을 잘 습득하게 하는 이점을 가지고 있는 것이다.

나가는 글

교회 개혁 어떻게 할 것인가? 윤리 도덕적 타락 어떻게 개선할 것인가? 강단의 탈신학화의 현상을 어떻게 극복할 것인가? 회중의 무지와 무관심의 종교생활을 어떻게 생생한 생명력이 넘치는 신앙생활로 탈바꿈하게 할 것인가? 거센 세속주의의 물결과 인본주의적 사고의 파도를 어떻게 헤쳐 나갈 수 있겠는가? 수백 개로 나누어진 교파분열, 같은 교단 내에서도 각각 다른 색깔을 띠고 있는 교회들을 어떻게 공교회의 통일성을 갖게 할 수 있는가?

그 답은 교리문답 교육에 있다. 우리의 믿음의 선진들이 남겨준 위대한 웨스트민스터 신앙고백서와 대소요리문답 내용들을 철저하게 교육시키고 생활화하는 전통적인 요리문답 교육방법의 회복만이 그 모든 문제를 타개해 나갈 수 있는 큰 원동력이 될 것이다.

어떻게 가르칠 것인가? 교리문답 교육은 조금씩 반복적으로 가르쳐야 효과적이다. 그리고 동시에 참된 진리를 가능한 쉽게 가르칠 수 있도록 해야 한다. 소요리문답을 자주 암송하게 하고 되씹게 하는 방법이 효율적이다. 하나님의 언약 자손들인 아이들에게 이러한 교리교육 방법은 부모의 영적 성숙에도 큰 기여를 할 수 있다. 마찬가지로 목사의 교리적 확신과 표준이 견고하게 세워지며 영혼의 의사로서의 임무 수행에 큰 도움을 얻게 될 것이다. 교회 지도자들의 교리적 확신 결핍이 빚어낸 무질서와 혼란을 막을 수 있는 지름길이기도 하다.

목사는 현 시대적 유행의 파도에 맞서서 하나님 방식대로 살아가는 온전한 그리스도인이 되도록 부지런히 끈질기게 가르쳐야 한다. 동시에 현 시대가 안고 있는 다양한 문제들을 문답식으로 만들어 성경에서 그 답을 찾아 교육하는 지혜를 발휘해야 한다.

또한 신앙고백서에 입각한 교리적 교훈들과 문답서에 등장하는 생활 실천 편들을 익히게 해야 한다. 더불어서 21세기에 상황들, 예를 들면 동성애 문제나 사이버 공간상에서 벌어지는 비윤리적이고 생명경시 현상들과 인공지능 기술로 인하여 파생될 수 있는 현안들을 문답으로 만들어서 성경에서 그 해답을 찾아 설명하는 지혜가 절실한 것이다. 어느 특정인이 할 수 있는 것은 아니지만 교단이 하고 있지 않는 일들을 역사신학자들만이라도 함께 숙의하며 이 시대에 도전적인 문답 교육서를 제시하는 것이 필요하다. 교리적 통일성만이 동일한 목소리를 낼 수 있으며 주님의 공교회를 견고하게 세워갈 수 있다.

16세기 종교개혁자들이 그러했고 17세기 청교도들이 그러했듯이 21세기 신학자들 역시 같은 말을 하고 같은 마음과 같은 뜻으로 합할 수 있는 자들을 통해서 개혁교회가 믿고 따를 수 있는 문답교육서 발간은 여전히 필요하다. 이 일에 우리 역사신학회가 함께 할 수 있게 되기를 소망하며 본 논고를 맺고자 한다.

참고문헌

1. 서창원. "공교회성 회복과 한국 교회의 개혁." 종교개혁 500주년 기념 공동학술대회, 2017년 10월 28일.
2. 안은찬. 『실천신학개론』. 한국목회학 연구소, 2013.
3. 윤영민. "교회를 세우는 교리교육." 2017년 개혁주의 실천신학 학과 세미나.
4. 이만열. "한국 교회 성장둔화의 요인." http://cafe.daum.net/vision12/ByT/196.
5. 이환봉. 『무엇을 믿고 어떻게 살 것인가』. (글마당, 2001). http://www.kirs.kr/index.php?document_srl=1652007.02.09
6. "교리교육의 필요성," http://www.kirs.kr/index.php?document_srl=1652007.02.09
7. 현유광. "교리교육 어떻게 할 것인가?." flvmov.kts.ac.kr/.../1227511980_01TWzg2j_BDC5C7D0C6F7B7B3_B1B3B8AEB1B.
8. Calvin, John. "제네바 교리문답서." www.reformed.org/Calvin/geneva catechism.
9. Dyken, Donald Van. 『잃어버린 기독교의 보물 교리문답 교육』. 김희정 역 (부흥과 개혁사, 2012).
10. Green, *Ian. The Christian's ABC: Catechisms and Catechizing in England c.1530–1740.* (Oxford: Clarendon Press, 1996).

11. Jones, Terry L. *Catechizing our Children: The Hows and The Whys of Teaching, the Shorter Catechism Today*. (The Banner of Truth Trust, 2013).

12. Tanner, Jeri. *Ministry-To Children*. April 23, 2014.

Crisis of the Church
The Bible is the Key

13장

교회와 선교

내가 이 반석 위에 내 교회를 세우리니 음부의 권세가 이기지 못하리라 (마 16:18)

교회는 말 그대로 믿는 자들의 모임이요, 그리스도의 몸이다. 세상에서 불래냄을 받은 하나님의 택한 자들이 십자가상에서 흘리신 대속의 피로 값 주고 산 구원받은 성도들의 모임을 말한다. 이 교회는 소위 사람들이 말하는 건물을 말하는 것이 아니다. 벽돌로 지었든지, 나무로 만들어졌든지 혹은 대리석으로 지은 것이든지 그 자체가 교회가 아니라 주 예수 그리스도를 구주로 믿는 참 신자들의 모임인 것이다. 지상에 보이는 교회라고 말하는 유형교회는 무형교회와 마찬가지로 그리스도의 피로 값주고 산 자들만이 진짜 구성원이다. 그러나 유형교회 안에는 가짜 신자들도 존재한다. 알곡과 가라지가 추수하는 날까지 공존하듯이 그리스도의 대 심판 날까지는 참 믿음의 사람들과 유사 그리스도인들 및 불신자들이 함께 뒤섞여 있다. 그날이 되어서야 확연하게 구분된다. 구속함을 받은 거룩한 신자들만이 오른편에 선 양들처럼 창세 전에 택함을 받아 영생을 선물로 받게 된다.

참된 신자는 누구든지 다 창세 전에 택함을 받았다. 무슨 선이나 악을 행한 적도 없는 때에 하나님의 택함의 은혜를 받아 그리스도의 피로 깨끗이 죄 씻음을 받은 자들이다. 이들은 다 그리스도의 완벽한 순종을 통해서 나타난 그리스도의 의로 옷 입은 자들이다. 불순종하는 아들들 가운데 역사하는 영을 떠나 그리스도의 영이 내주하여 하나님을 아바 아버지라고 부르는 자들만이 교회에 속한 자들이다. 여기엔 인종차별이나 성별차별이 없다. 모든 민족, 모든 열방의 사람들이 다 포함되어 있다. 이 교회의 구성원의 자격은 철저하게 자신의 인격이나 지적 능력 혹은 재주나 외모로 결정되는 것이 아니라 교회의 건축가이신 그리스도에 의해 좌우된다. 그리스도가 있는 자는 생명이 있어 영원한 주님의 나라 백성으로 살게 되지만 그리스도가 없는 자들은 영벌을 피할 수 없다. 왜냐하면 예수 그리스도가 곧 길이요 진리요 생명이기 때문이다.

이 교회는 예수님의 탁월한 제자들이 세운 것이 아니다. 예수님을 열렬하게 사랑한 여인들이 그들의 헌신적인 마음의 감동으로 주님을 기리고자 세운 신앙공동체가 아니다. 이 교회의 건축가는 예수 그리스도뿐이다. 모든 만물이 다 그로 말미암아 지어진 것처럼 교회도 다 그로 말미암아 세워졌다. 아니 지금도 세워지고 있다. 그의 구속 사건은 2천 년 전 골고다 언덕에서 벌어진 과거 완료이지만 그 적용은 현재 진행형이다. 그리하여 교회를 세워감도 현재 진행형인 것이다. 이것이 교회의 본질적인 요소이다. 교회가 가진 모든 기능적인 일들은 다 여기에서부터 출발한다.

교회의 5대 기능은 다음과 같다.

첫째는 예배, 둘째는 교육, 셋째는 전도, 넷째는 봉사, 다섯째는 성도의 교제다. 이 모든 기능들이 다 주 예수 그리스도로부터 출발한다. 하나님을 예배할 수 있는 것도 예수 그리스도의 십자가 은혜 때문이다. 우리가 유일하신 하나님과 그의 보내신 자 예수 그리스도를 아는 지식가운데서 자라가는 참된 교육을 받음도 다 예수 그리스도로 말미암아 이루어진다.

전도는 다름 아닌 예수 그리스도를 전파하는 것이다. 누구든지 봉사하려면 하나님이 주시는 힘으로 하는 것 같이 해야 한다. 내게 능력 주시는 자 안에서 내가 모든 것을 할 수 있다. 그리스도가 없이 우리가 할 수 있는 것은 죄짓는 일 뿐이다. 성도의 교제 역시 그리스도를 떠나서는 불가능하다. 각 마디마다 그리스도를 중심으로 서로 연결되고 결합되기 때문이다(엡 4:16).

그리스도가 빠진 성도의 친교는 동우회와 같은 친목단체 외에 다른 무엇이 아니다. 신령한 교통은 신령하신 하나님과의 교통으로 말미암아 이루어진다. 그리스도에게 붙어있지 않는 한 신령한 은혜가 흘러나는 것을 기대할 수 없다. 본 글은 이러한 교회의 본질적인 기능역할 측면에서 선교를 생각하고자 한다.

1. 교회의 주인은 예수 그리스도이다

오늘 본문에서 "주는 그리스도시요 살아계신 하나님의 아들이시니이다"라고 고백한 베드로에게 주님은 "내가 이 반석 위에 내 교회를 세우리라"고 말씀하셨다. 즉 교회의 터는 예수 그리스도에 대한 참된 신앙고백이다. 이것이 교회를 진리의 기둥과 터라고 말하는 이유이다. 그리고 누가 이 교회를 세우는가? 목사나 성도 몇 사람들에 의해서 설립되는 것이 아니다. 주님은 '내가' 세우겠다고 하셨다. 더구나 주님은 내가 이 반석 위에 '내' 교회를 세우시겠다고 선언하셨다. 즉 주님이 친히 주님의 몸 된 교회를 세우신다는 것이다. 즉 교회는 주님의 유일한 작품이다.

예수님이 이 세상에 오셔서 책 한 권 남기지 아니하셨고 그를 기념한 어떤 기관도 남겨주신 것이 없다. 오직 그의 교회만 남겨주셨다. 이 땅에 그의 교회를 세우신 것이다. 앞에서도 언급하였듯이 이 교회의 모든 구성원은 예수께서 길이요, 진리요, 생명임을 믿는 신자들이다. 베드로의 신앙고백을 공유하는 자들의 모임이다. 그런 의미에서 이 교회는 완전한 공동체이다.

그러나 다른 한편으로 보면 이 교회는 특히 눈에 보이는 유형교회는 어떤 교회도 완벽하다고 말할 수 없다. 이유는 이 교회에는 가라지와 알곡이 뒤섞여 있기 때문이다. 오직 그리스도의 날에 가서야 알곡은 모아들이고 가라지는 밖에 버려질 것이다. 따라서 우리가 교회를 말할 때에는 우선적으로 눈에 보이는 가시적인 교회 또는 유형교회를 떠올린다. 주님은 지상에 세우신 교회에 참된 것과 거짓된 것이 섞일 수밖에 없음을 알고 계신다. 비록 주님의 교회를 주님이 친히 건설하시지만 그 건설해 나가는 동안에는 일시적으로나마 골라냄을 받을 것들이 섞여 있다. 그런 의미에서 눈에 보이는 유형교회는 누구도 "내가 유일하고도 참된 교회이다, 우리만이 온전한 교회이다."라고 단언할 수 없다.

또한 교회가 완전하다고 말할 수 없는 이유는 여전히 지어져가고 있는 '공사중'(公事中)이기 때문이다. 다만 유형교회는 그리스도께서 주신 진리의 말씀을 붙잡고 온전한 그날을 향해서 달려갈 뿐이다. 그렇다고 공사 중인 교회를 참 교회가 아니라고 말할 수 없다. 비록 볼품없어 보이고 초라해 보여도 그 교회는 주님이 감독하시고 세워 가시는 주님의 온전한 몸이다. 공사중이기에 어지러움도 있고 혼란도 있을 수 있다. 그러나 결국은 주님이 세우신 설계도대로 지어져가는 것이다. 그 교회가 주님의 눈에는 지극히 보배롭고 존귀한 존재이다. 왜냐하면 주님이 직접 지으시는 교회이기 때문이다. 더욱이 교회를 위하여 자기 몸을 내어주시기까지 사랑하셨기 때문에 귀하지 않을 수 없다.

그런 의미에서 교회를 대적하는 자들은 주님의 대원수들이다. 그들에게 쏟을 진노의 불길은 온 바다를 삼키고도 남을 만큼 격렬하다. 반대로 교회를 사랑하는 자들은 하늘에 속한 모든 신령한 복과 땅의 기름진 복으로 충만하게 채워주신다. 시편 기자가 예루살렘을 사랑하는 자들은 형통하리라고 노래하는 이유이다(시 122:6). 사실 진정한 성도라면 교회를 사랑할 수밖에 없다. 의무사항이 아니라 성도가 가지는 특권이기 때문이다. 교회는 그리스도의 유일한 신부이다. 그리스도께서 사랑하사 자신의 몸을 내어주시면서 세우신 신부이다. 그렇기 때문에 교회에 대한 사랑은 의무수행이 아니라 누리는 특권이다. 이 교회를 사랑하고 누리는 것이 선교로 이어진다. 그렇지 않은 것은 다 종교장사에 불과하다. 교회는 각종 다양한 상품을 파는 곳이 아니다. 교회는 오로지 복음만을 판다. 백화점은 고객들에게 가장 인기 있는 품목을 파는 코너가 가장 중앙부를 차지한다. 화장품 가게들이 일층에 즐비하게 있는 것은 고객들을 유인하는 미끼이다. 향기로운 냄새를 따라 가게 안으로 들어오게 하기 위한 상술이다.

백화점식 교회를 하는 곳들도 다 사람들을 유혹하는 미끼 코너가 일층에 자리잡고 있다. 그리고 사람들이 선호하는 각양각색의 프로그램들이 즐비하게 널려있다. 가장 인기 없는 코너는 있는 둥 마는 둥 한쪽 구석으로 밀려나 있다. 정작 사람들이 다 와서 사야할 상품은 인기가 없다. 그래서 백화점식 교회에서 가장 구입하기 힘든 물건은 복음이다. 참으로 모순된 일이 아닌가! 교회는 복음만을 파는 곳인데 그 복음은 보이지 아니하고 미끼 상품들을 파는 일에 혈안이 되어 있다.

오늘날 교회가 선교 활동하는 근본이 무엇인가? 복음을 파는 것인가? 아니면 상술에 근거하여 다양한 물건들을 전시하기에 급급해 하는가? 사람들이 듣기 싫어한다고 예수 그리스도의 복음은 뒷전으로 밀려난 지 오래다. 선교현장에서도 복음의 메아리 소리는 다양한 상품 호객꾼들로 인해 들리지도 않는다. 각종 사업이 진행되는 박람회장과 같다. 교회는 특정한 상품만 판매하는 전문 매장이어야 한다. 그렇지 않은 것은 강도의 굴혈로 만드는 상술로 인하여 주님의 채찍을 피할 수 없게 된다. 곧 교회의 대적자, 주님의 원수가 되는 것이다. 이것이 자연스럽게 두 번째 대지로 나아가게 한다.

2. 교회는 선교의 전초기지이다

다시 말하면 교회는 복음의 나팔수 역할을 해야 한다. 교회는 근본적으로 하나님이 세상을 향해 복음을 전하는 사도적(선교적) 사명을 부여한 하나님의 백성 자체다. 건물도 아니고, 조직도 아니고, 프로그램도 아니다. 교회는 그 자체로 선교적이다. 왜냐하면 이 땅에 주님의 교회를 세우신 이유가 여기에 있기 때문이다. 사람들이 들어야 할 소리를 듣게 해 주는 곳이다. 그러나 교회의 대적자는 들어야 할 복음의 소리보다 듣지 말아야 할 사람들의 소리를 들려준다. 사람들이 좋아하는 것들을 제공하기에 급급해 한다. 왜냐하면 장사가 잘 되어야 하기 때문이다. 지극히 인간적이다. 주님이 주님의 교회를 세우시는데 마치 우리가 건축가인양 착각하고 우리의 방식대로 공사하고자 나선다. 그렇게 하여 많은 무리들을 얻었고 큰 명성과 부도 움켜쥐는 결과를 낳았을지라도 그리스도 예수의 영광스러운 복음의 광채를 비추이지 아니하면 사단의 소굴일 수밖에 없다.

흔히들 교회가 복음을 판다는 명목 하에 각종 활동들을 도입하고 있다. 심지어 바자회와 같은 일들도 아무 거리낌 없이 수시로 행해진다. 다양한 문화 활동을 비롯하여 폭넓은 활동들을 마련하여 불신자들을 교회로 끌어당긴다는 전략이다. 그러나 지난 수십 년 동안 그와 같은 방식을 추구한 결과는 무엇인가? 교회가 더욱 든든해 졌는가? 교회가 더욱 성장했는가? 아니다. 교회는 도리어 세상의 조롱거리가 되었고 기독교는 '개독교' 라는 비난으로 점철되어버렸다. 다양한 교회 활동들이 선교가 아니라 그리스도 예수의 복음의 광채를 찬란히 비추이는 그 자체가 선교이다. 교회는 전도하는 기관이다. 교회의 본질이다. 교회가 이 세상에 존재함으로 사람들은 교회를 통해서 구원의 자리에 나아오게 된다. 그러나 수많은 교회들이 교회 활동들을 통해서 사람들을 교회당으로 이끄는 일은 어느 정도 성과를 거두었을지 몰라도 그리스도에게 굴복케 하는 일은 별로 없다. 아니 그런 기대감은 본래부터 없었다고 보아야 할 것이다. 단지 선교가 교세 확장의 도구일 뿐이다.

어느 선교학자는 '선교적 교회란 교회의 본질로부터 교회의 사역이 비롯되고 교회의 사역으로부터 교회의 조직이 세워지는 교회'라고 하면서 이 순서가 바뀌면 안 된다고 주장하였다. 즉 교회의 본질이 교회가 무슨 사역을 해야 하는지를 규정해야 하고 그 사역이 교회를 조직하고 세워가야 한다는 것이다. 그러나 대부분 많은 교회가 교회 성장을 위해 효과적인 사역과 조직에 관심을 갖고 있고 프로그램과 비법을 배우기 위해 다양한 세미나를 찾아다니는 실정이다.

교회는 가장 단순한 단체이다. 복잡하지 않다. 그런데 사람들이 교회를 복잡하게 만들고 있다. 길이 보이지 않는 미로를 걷는 듯한 느낌이 들 정도로 교회 안에 발을 들여놓는 순간 천국 가는 일이 복잡해진다. 분명 주 예수 그리스도만이 길이요, 진리요, 생명인데 실지로 교회에서 하는 다양한 활동들을 보니 그 길은 보이지 않고 그런 활동들에 열심히 가담하는 것이 천국 가는 길로 둔갑되어 있는 것이다. 그 조직에 끼이지 못하면 지옥 자식인양 취급될 뿐이다.

그렇다면 교회는 어떻게 해야 참된 역할, 즉 선교의 전초 기지 역할을 잘 할 수 있는가?

첫째는 교회 구성원 한 사람 한 사람이 다 복음으로 충실하게 무장되어야 한다. 다시 말하면 복음의 감격에 젖게 하는 일이 선행될 때만이 성도 개개인을 선교의 주체로 나설 수 있게 한다. 주 예수 그리스도의 복음을 경험하지 못한 자들이 교회 지도자들이 될 때 복음의 광채는 비추이지 못하고 다양한 활동들만 늘어나며 실적 위주의 교회로 전락되는 것이다. 복음과 거리가 먼 종교사업 집단이 되어간다. 선교현장에서 일하는 분들을 보라.

종교사업가들은 대체로 성공가도를 달린다. 돈도 많고 사업들도 굵직한 것들이 꽤나 많다. 그러나 복음에 충실한 자들은 선교비도 끊어지고 사람들에게 바보취급당하기 십상이다. 하나님의 백성은 교회 안이 아니라 세상 가운데서 살아가고 있다. 그러므로 진정한 선교는 교회 조직에 의해서 계획된 사업과 프로그램을 능숙하게 하는 것이 아니라 거룩한 하나님의 백성의 삶을 통해서 이루어져야 한다. 그 삶은 주 예수 그리스도를 경험하는 신앙으로부터 나온다. 이것이 선행되지 아니하고 단지 교회 활동에 적극 가담하게 되면 수년 내에 교회를 좌지우지할 수 있는 자리에까지 나아가는 것이다. 유사한 그리스도인으로서 살아갈 뿐 참된 신앙인으로서 복음의 빛을 비추이지 못한다.

세상의 가치관이나 흐름과는 전적으로 다른 하늘나라 공동체의 삶을 영위할 때 십자가 복음의 능력을 경험하는 자리로 이끌 수 있다. 그러나 성도가 세상에서 하나님 나라 시민권자답게 살지 아니함으로써 가장 매력 없는 교회로 전락시키고 있는 것이다. 선교는 사업과 프로그램이 아니며 거룩한 하나님 백성의 삶에서 구현되어야 하는 복음이다. 다시 말하면 신앙생활은 교회 안에서만 유통이 가능하고 세상에서는 결코 통용될 수 없는 것으로 전락시키는 한 성도 개개인의 삶에서 구현되어야 할 하나님의 나라는 사람들에게 무의미하다.

교회가 프로그램 개발에 열을 올리고 있는 가장 큰 이유는 교회의 외적 성장 혹은 교세 확장에 있다. 선교역시 뚜렷한 전략을 가지고 실천해가는 것보다 과시용 선교정책이 대부분이다. 그렇다보니 선교지에서도 복음의 핵심을 구현하는 일보다는 사업위주의 행사들이 많다. 쏟아 붓는 돈에 비해 열매가 극히 미미한 이유가 여기에 있다.

대부분 선교학자들이나 신학교수들은 이러한 선교정책을 개혁해야 한다고 주장한다. 교회의 재량적 판단보다는 하나님 중심의 선교, 즉 교회 성장 방법론이 아니라 하나님이 공급하심을 믿고 하나님만 의지하며 복음의 나팔수 역할을 감당할 것을 촉구한다. 그러나 실적위주의 교회 성장론은 이를 극구 거부한다. 한 영혼의 회심보다는 교세확장이 가장 큰 목표가 되기 때문이다. 천국 열쇠는 마치 큰 교회가 독차지하는 것처럼 너도나도 큰 교회를 만들고자 서로 다투는 양상이다. 그러한 교회의 모습은 세상 사람들에게 결코 매력 있는 기관이 아니다. 혐오감만 심어줄 뿐이다.

따라서 선교적 교회관을 회복해야 한다는 주장이 여기저기에서 나오고 있는데 그것은 교회란 무엇인지에 대한 본질적 질문에서 답을 구하고자 하는 일환이다. 다시 말하면 교회의 본질에 충실해야 한다는 것이다. 교회는 주님의 교회이다. 주님이 완벽한 설계도를 가지고 계신다. 주님이 직접 건축하신다. 그 터는 성도들의 신앙고백이다. 따라서 인간이 할 수 있는 길은 주 예수 그리스도를 전파하여 사람들로 하여금 예수에 대한 신앙고백을 이끌어내는 일이다. 단지 교회당 안에 발을 딛게 하는 것으로 끝나지 않는다. 그들의 입으로 그리스도를 주라 시인하여 믿음으로 구원함을 받게 하는 일을 감당하는 것이다. 여기서부터 선교의 역사가 밖으로 표출된다. 그리스도 안에서 새 사람 된 자들이 그리스도 밖에 있는 자들에 대한 관심과 애정 표현이 선교로 이어진다. 단순히 물질적 구조로 머무는 관계가 아니라 그리스도 안에서 성도들과 동일한 시민이요, 하늘나라 권속이 되게 하는 것까지 나아간다. 이것이 이루어지지 않으면 선교는 헛된 자신들만의 의를 내세우는 공로가 될 뿐이다. 교회당을 몇 개 지었는가? 고아원과 유치원 혹은 학교를 설립했는가? 의료기관을 설립하였는가? 등 교회 사업 치적 만들기에 급급해 할 뿐이다. 예수 그리스도의 의를 나타내는 복음의 확산은 돈이 떨어지면 쉽게 말라버리는 현상들이 나타난다. 아프리카에 엄청난 액수의 구호품이 전달되었지만 아프리카가 결코 나아지지 않는 이유가 무엇인가? 연세대 김장생 교수(김용기 장로의 손자)의 인터뷰를 보자.

1960년대부터 지금까지 선진국이 아프리카에 투입한 돈이 6000조 원입니다. 그런데 아프리카는 계속 가난해요. 한국 정부는 수출입은행 대외경제협력기금(EDCF)과 한국국제협력단(코이카)의 각종 공사를 통해 돕습니다. 그런데 아프리카 정부들이 취약해요. 한국도 원조의 역사가 짧다보니 이 정부들을 어떻게 대해야 할지 막막하고요. 국가기관 사람들이 자주 바뀌니까 아프리카의 씨족 단위 현상에 대한 이해도 힘들어요. 빨리 실적을 내야 하니까 눈에 보이는 변화를 만드는 데에만 치중하죠. 또 요즘 중국이 아프리카에 '돈 폭탄'을 떨어뜨리니까 아프리카 국가들이 다른 나라들에 '이것밖에 안 주느냐' 고 큰소리를 치기도 해요. 민간 차원의 원조에도 문제는 있습니다. 가난한 사람들을 더욱 가난하게 보이게 해야 NGO도 할 일이 많아지니까요. 그러다 보니 원조기구가 빈곤과 싸우는 주인공이 돼 현지인들을 소외시키고 손만 벌리게 한 측면도 있어요. 또 기부자들은 자신의 돈이 곧바로 굶어 죽는 아이들이 먹을 빵으로 직결되길 원합니다. 아프리카 수혜자들이 스스로 일어설 생각을 하지 않고 자꾸 원조에 기대는 원조의 악순환이 거듭되는 겁니다.

아프리카가 가난한 이유는 물고기 잡는 법을 몰라서가 아니에요. 이미 방법을 아는데, 거센 풍랑과 싸우며 바다로 나갈 의지가 없어요. 땀 흘려 농사짓는 것보다 서방 언론에 슬픈 표정을 지으면 훨씬 손쉽게 돈을 만질 수 있으니까요. 가나안농군학교가 하는 일은 어부들을 바다로 나가게 해서 물고기를 잡게 하는 겁니다. 그러려면 내가 먼저 바다로 뛰어들어야 하죠.

그렇다면 교회가 해야 하는 선교란 무엇인가? 물고기 잡는 법도 아니고 그렇다고 물고기만을 계속 공급하는 것도 아니다. 그것은 정부기관들이 할 일이다. 그들로 하여금 바다에 뛰어들어 물고기를 잡게 하는 근본은 그들의 영혼이 거듭나는 데서부터 기대할 수 있다. 심령의 변화에 초점을 맞추어야만 아프리카나 아시아의 빈곤문제를 해결할 수 있다. 한국 교회도 사실 회심에 초점을 맞추었을 때 가난에서 벗어날 수 있었다. 그러나 인권과 문화에 그리고 단순 구호에 기량을 쏟아부었을 때 교세확장이나 외부인들로부터 개교회 이미지 관리하는데 약간의 유익은 가졌을지 몰라도 교회의 본질에서부터 벗어나 결국 영적 쇠퇴함이 급속도로 이루어지고 있는 것이다.

교회에서 복음을 듣지 못하면 성도들은 세상에서 복음으로 살아나갈 수 없다. 그렇기 때문에 교회는 복음 전파에 더욱 충실해야 한다. 사람들의 거듭남과 회심을 목적하는 메시지들로 강단이 채워져야 한다.

3. 선교는 이제 지역 교회로의 회복이 될 때 성공적이다

한국 교회가 선교에 쏟아 부은 재정과 인력은 천문학적이다. 그럼에도 불구하고 하나님 나라가 확장되어 그리스도께서 영광을 받으시는 일들보다는 그리스도를 대적하는 일들이 더 많아지고 있는 것은 그 이유가 무엇인가? 앞에서 지적한 교회 성장의 방법론으로부터 출발한 것과 둘째 이유는 지역 교회로의 탈피에서 비롯되었다. 지금의 개교회들을 지역 교회라고 말할 수 있는가?

답은 극히 부정적이다. 옛날 교회는 대부분이 다 지역 교회였다. 지역 주민들이 교회 성도들이었다. 그렇기 때문에 지역과 함께 가는 교회라는 말을 하지 않아도 지역 사회를 위한 교회 그 자체였다. 그러나 지금은 모든 교회가 지역 교회로부터 탈피하였다. 범 권역별 교회가 되어버렸다. 크든 작든 모든 교회들이 다 그렇게 변했다. 일주일에 교회에 한 번 오는 교인들이 대대수이다. 그리고 얼마 안 되어 교회당이 타 지역으로 옮기면 아무 의미가 없다. 동네에서 교회가 사라졌다고 애통해할 자들도 없다. 물론 산업 사회에서 그것도 도시 생활에서 빚어지는 당연한 것이라 할지 몰라도 선교에 효과가 없는 이유를 교회 스스로가 만들었다. 상당수의 교회들이 지역 주민들을 위한 교회라는 구호를 내세워 여러 가지 프로그램을 진행한다.

하나의 예로 골목 청소부터 시작하여 지역 주민들을 돕는다고 한다. 그러나 상당수 교인들이 그 지역에 살지도 않는데, 즉 자기 마을도 아닌데 남의 마을 잘 되라고 몸소 나와서 봉사한다는 것은 위선이다. 자기가 사는 동네의 유익을 위한 수고는 하지 않고 남의 동네에 와서 봉사한다고 나서는 행위는 교회 성장의 미끼로 사용되는 것일 뿐 진짜 봉사와 섬김이 되어 주민들에게 감동을 주지 않는다. 주일만 되면 주차문제로 주민들과 사소한 마찰이 없는 교회가 얼마나 되는가? 마을에 불편을 주지 않으려면 교회는 반드시 지역 주민들로 구성되어야 한다.

타동네에서 오는 분들은 교회가 위치한 동네로 이사 오는 것이 지역 주민을 복음화 하는 일에 더 크게 기여할 수 있다. 주차장 부지 마련을 위한 막대한 자금을 지역 주민들의 발전을 위한 기금으로 돌릴 수 있다. 더욱이 이제는 해외선교 국내 선교를 구분할 이유가 더 없어졌다. 굳이 해외에 나가지 않더라도 국내에 들어오는 외국인들이 헤아릴 수가 없을 만큼 많다. 교회가 해외 선교에 들이는 돈의 십 분지 일만 해도 외국인들을 위한 선교의 열매는 더욱 커질 것이다. 동네에 거주하고 있는 외국인들에 대한 사랑과 친절은 분명 선교의 큰 열매를 낳게 할 것이다. 교회가 지역 교회로 전환될 때 복음의 효력은 교회가 속해 있는 동네에 크게 미치게 될 것이다. 이것은 바로 교회의 공교회성 회복에도 기여하고 분열과 다툼을 피할 수 있으며 동시에 주님의 한 몸인 교회를 세워가는 일에 크게 이바지하는 것이 될 것이다.

어느 학자가 이렇게 말했다. "주일 오전 예배에 참여하는 모습을 보면 그 교회가 얼마나 유명한 가를 볼 수 있고 주일 저녁 예배에 참여하는 것을 보면 그 교회 목사가 얼마나 유명한 가를 알 수 있으며 수요기도회에 참여하는 것을 보면 그리스도가 얼마나 유명한 분인지를 알 수 있다." 교회는 교회 이름이나 목사 이름이 유명해지면 안 된다. 교회는 오직 교회의 머리이신 예수 그리스도만을 자랑하고 그 이름이 높임 받으시게 하는 교회여야 한다. 교회를 사랑해야 할 이유가 여기에 있다. 그리고 사람들이 교회에 대하여 자부심과 긍지를 가지고 섬기는 이유도 여기에 있다. 구성원들의 면모가 내놓으라 할만한 자들이어서가 아니다. 교회가 가진 재력이나 영향력이 대단해서가 아니다. 그 교회의 주인이신 예수 그리스도 때문이어야 한다. 그가 만왕의 왕이시요 만주의 주이시기 때문이다.

성도들은 교회를 사랑해야 한다. 왜냐하면 교회는 그리스도의 유일한 신부이기 때문이다. 그 신부는 신랑 되신 주님만을 자랑한다. 예수 그리스도께서 신부를 위해 하신 위대한 구원의 은혜를 나누기를 무엇보다 사모한다. 이것은 자신의 생명보다 가치 있는 일로 여긴다. 사도 바울은 환난과 핍박이 기다린다 해도 주 예수께 받은 사명 곧 은혜의 복음을 전하는 일을 마치려 함에는 자기 생명을 조금도 귀한 것으로 여기지 아니한다고 했다. 그것이 듣는 자들을 살리는 유일한 길이기 때문이다. 죄인이 구원받는 것은 믿음으로 말미암는다. 그러나 그 믿음은 그리스도의 말씀을 듣지 않으면 결코 생기지 아니한다(롬 10:17).

교회는 유람선이 아니다. 교회는 생명 구조선이다. 생명줄을 던져서 죄의 늪에서 허우적거리는 자들을 건져내야 한다. 우리가 교회를 새롭게 시작함은 단지 우리들만의 잔치를 위한 것이 아니다. 주의 복음을 전하여 한 영혼이라도 구원하시려는 주님의 뜻을 분명하게 실현하고자 함이다. 말씀을 듣지 못한 기갈이 심화되고 있고 희어져 추수하게 된 상황임에도 추수할 일꾼이 적은 이때 우리가 그 추수할 일꾼으로서 제 역할을 감당하고자 함이다.

교회를 자랑할 때 얻어지는 유익 두 가지가 있다.

첫째, 교회를 더욱 사랑하게 된다. 조금 모자라는 사람도 옆에서 칭찬하게 되고 자랑하게 되면 우리는 그 사람에게 더 사랑하는 마음이 가게 된다. 반대로 좋은 사람도 자랑하지 아니하고 폄훼하면 그 사람이 싫어진다. 교회를 자랑하게 되면 교회에 대한 사랑이 더 깊어진다. 그만큼 주님의 복도 풍성해 진다. 교회를 통해서 필요한 모든 것을 공급하기 때문이다. 교회가 신자들의 어머니라고 하는 이유이다.

둘째, 교회가 성장한다. 영적 성숙도만이 아니라 주님 나라의 확장에도 크게 기여하는 것이 된다. 이는 주님께로부터 받을 상이 많아짐을 의미한다. 우리는 건강하고 힘 있는 지역 교회가 되기를 소망한다. 선교는 지역복음화를 외친다고 해서 되는 것이 아니다. 지역에 살면서 복음의 생활화를 추구할 때 사람들이 그리스도를 보는 창구가 되는 것이다. 그것은 주님께로부터 받은 은사를 적절하게 사용하여 교회를 세워가는 일에 동참함으로서 교회 밖에서의 빛과 소금의 역할도 잘 수행할 수 있게 되는 길이다.

선교는 하나님의 일이다. 하나님은 그 일을 교회를 통해서 역사하신다. 그러므로 교회가 죄인들을 구원하여 하나님께 영광을 돌리는 일을 잘 감당하려면 성도들이 교회당 안에 갇혀 지내서는 안 된다. 교회를 통해서 받은 복음의 빛을 교회당에서만 비추지 말고 교회 밖을 향해 나가야 한다. 그것은 프로그램이나 교회 활동이 아닌 순수한 복음의 외침과 복음에 순종하는 실천적 생활을 통해서 가능하다. 이것이 그리스도의 본을 따라 세상을 섬기는 일로 이어진다. 교회의 기능인 섬김 혹은 봉사는 복음을 기초로 한다. 그렇지 않으면 보수적 불신자들의 선행과 아무런 차등이 없는 또 하나의 자선행위에 불과하다. 성도는 자기 유익을 구하지 아니하고 오직 다른 사람의 유익을 구한다. 성도는 세상의 권익에 우선하지 않고 오직 하나님 나라의 유익을 위해 자신을 기꺼이 희생하는 길을 가는 것이다. 그러나 심지어 교회 생활까지도 실질적 이득과 연관 지어 살아가는 수많은 교인들이 복음의 장애물이 되고 있다. 과연 성도는 세상의 빛이 되고 있는가? 세상은 성도들을 보고 그리스도 예수를 알 수 있는가? 하나님의 소명의식을 가진 성도는 세상에서 사는 것이 즐겁다. 왜냐하면 하나님의 뜻을 구현시킬 수 있는 중앙 무대에 서있기 때문이다.

그러나 소명의식이 없는 성도들은 세상살이가 고달프다. 어설픈 자기 정체성 때문에 고민거리만 늘어나고 세속적 가치관의 판단에 따라 갈등만 조성하고 있기 때문이다. 그러나 믿음으로 사는 자들은 잠시 있다가 썩어 없어질 것을 구하는 자가 아니라 썩지 아니할 양식을 위해서 일하는 자이다. 눈에 보이다가 한 순간에 없어질 땅의 재물보다 영원한 기업을 주시는 보이지 아니하는 하나님을 더욱 앙망한다. 이러한 면들을 전혀 보여주지 아니하는 교회가 선교의 가장 무서운 장애물이다.

교회는 세상에서 불러냄을 받은 거룩한 신앙 공동체다. 동시에 세상으로 보냄을 받은 믿음의 공동체다. 세상과 동화되어 살라고 보냄을 받은 것이 아니다. 세상을 본받지 아니하고 변화를 받은 하늘나라 시민권자로 살아가게 하기 위함이다. 그 삶을 통해서 어둠의 세력들이 약화되고 빛의 나라가 더욱 번성케 하는 일을 감당하기 위함이다. 그러나 거룩성은 상실되었고 세속화가 판을 치고 있는 교회가 되어버린 현실에서 선교는 사치스러운 일이 될 뿐이다. 먼저 회심과 더불어 심령으로 변화를 받는 복음의 위력을 교회가 다시 소생케 해야 한다. 그 일을 위하여 진정한 성도들은 기도해야 한다. 그리고 세상에 복이 되는 자리매김을 회복해야 한다. 교회는 세상의 복이다. 성도 개개인은 자기가 속해 있는 공동체의 복이어야 한다. 그것이 파송을 받은 자들이 가져야 할 사명감이다. 그리할 때 우리에게 있어야 할 모든 것을 다 아시는 주님이 주의 나라와 영광을 위하여 필요 적절하게 채워주심을 경험하게 될 것이다.

선교는 하나님의 부요하심과 전능하심과 지혜로우심과 자비로우심 그리고 하나님의 거룩하심과 의로우심, 즉 모든 속성을 다 방출하는 위대한 하나님의 일이다. 그 일에 기쁨으로 동참하는 한국의 교회가 되어야 한다. 개교회의 성장과 우수성을 알리는 방편이 아니라 교회의 머리되신 그리스도의 위대하심을 드높이는 선교하는 교회, 선교하는 성도가 되기를 소망한다.

교회의 주인은 예수 그리스도이다. 개척은 혹 내가 할지 몰라도 교회를 세워가시는 분은 예수 그리스도이시다. 교회는 개인이 명성이나 지적 혹은 물질적 재산에 근거해서 세워지는 것이 아니다. 오로지 "주는 그리스도시요 살아계신 하나님의 아들이시니이다"라는 신앙고백위에 세워진다. 교회와 선교는 서로 다른 개체가 아니다. 교회가 선교의 전초기지이다.

교회가 선교의 모든 것이다. 교회를 통하지 않은 선교는 선교를 빙자한 구호단체 역할뿐이다. 선교는 프로그램이나 교회 활동을 통한 교세확장의 도구가 아니다. 물론 선교를 통해서 교회가 성장한다. 수적으로 자라나는 교회들이 많이 있다. 그러나 그런 교회 성도들이 다 그리스도의 장성한 분량에 이르기까지 성장하고 있는 교인들이라고 말할 수 없다. 다시 말하면 그 교회에 속한 자들이 다 심령으로 변화를 받은 그리스도 안에 있는 새로운 피조물이라고 단언할 수 없다. 완벽한 교회는 없기 때문이다. 그러므로 회심과 거듭남의 역사를 일으키는 복음 선포에 충실한 교회가 되어야 한다. 그렇지 않으면 교회들도 종교 장사하는 경쟁기업으로만 남을 뿐 주님의 보편적인 하나된 공교회는 결코 세워지지 아니한다.

마지막으로 교회는 지역 교회로 전환되어야 한다. 주일에만 교회당에 나오는 먼 지역의 성도들이 되면 안 된다. 부산에 있는 교회가 서울에 지교회를 세워야 할 이유가 무엇인가? 서울에 있는 교회가 미국에 지교회를 세워야 할 이유가 무엇인가? 그들은 지역 사회를 위해서 무슨 봉사를 할 수 있는가? 다 교회 자랑이 되어 교세 확장의 한 방편이 될 뿐이다.

지역의 변화를 주도하는 지역 교회가 되기 위해서는 성도들이 세속화의 모든 유혹을 피하거나 포기해야 한다. 직장 위주 혹은 자녀 교육위주의 이사가 아니라 진정으로 교회중심의 삶으로 전환될 때 지역 복음화에 기여할 수 있다. 그리고 다문화 가정들도 책임지는 일들을 감당할 수 있는 것이다. 단지 정해진 시간에 정해진 사람을 만나 자기 의로운 행위를 과시하고 돌아가는 것이 아니라 그들과 함께 사는 삶의 현장에서 도움이 되는 손과 발이어야 한다. 하나님의 위대하심을 온 땅에 선포하는 지역 교회들이 되기를 소망한다.

Crisis of the Church
The Bible is the Key

14장

개혁파 장로교의 공예배 모범

21세기 한국 장로교회는 장로교 본연의 특색이 사라졌다고 단언해도 과언이 아니다. 다만 '한국적 오순절 장로교회'가 존재할 뿐이다. 전통적으로 장로교회는 성경적 개혁주의 영역에서 크게 벗어나지 않았다. 적어도 80년대 초까지만 해도 개혁파 장로교회는 장로교라는 정치 형태만이 아니라 교회의 예배 형식과 내용에 있어서 정통적 유산을 이어왔다고 본다.[1] 그러나 1981년 한국찬송가공회가 조직되고

1. 1970년대에 신학교를 중심으로 한 교단은 총신대학교와 신대원을 중심으로 한 합동측과 광나루 장신대를 중심으로 한 통합측, 부산 고신대를 중심으로 한 고신측과 한신대를 축으로 하는 기장측으로 크게 4등분할 수 있었다. 물론 4개 교단은 여전히 건재하다. 그러나 그때에는 신학적 기조와 강단의 외침 및 예배에 있어서 뚜렷한 구분이 있었다. 비록 강단용 성경은 같았어도 찬송가가 독자적으로 존재했었다. 합동측과 고신측을 중심으로 '새찬송가'가 사용되었고 통합측이나 기장측을 중심으로 '개편찬송가'가 사용되었다. 따라서 성도들의 이동 시 찬송가를 어떤 것을 쓰느냐에 따라 교회를 정하는 것이 가능했었다. 그러나 1980년 후반에 찬송가 통일작업이 이루어진 이후 교단 간의 구분이 사라지더니 지금은 오로지 교회 성장을 기축으로 하는 한국적 순복음 장로교회만 존재하기에 이른 것이다.

통일찬송가가 편찬되어 하나의 찬송가가 사용되면서 사람들의 시야에서 교단적 구분이 점차적으로 사라지고 오로지 교회 성장을 모델로 삼은 오순절화된 장로교회로 전락하였다. 교회 연합 사업이라는 거창한 명분 때문에 장로교를 표방하는 교회 정치 틀은 가지고 있어도 그 안에 건실하게 내재되어 있었던 순수한 신학적 및 실천적 유산들은 하나둘씩 뽑혀나갔다.

예배 형식과 복음 전파에 있어서나 교회 섬김에 있어서 장로교회만의 색깔은 더 이상 찾기 어렵게 되었다. 정치세력화 된 교권만 난무하며 신학적 및 실천적 구분은 사라진 교회들만 존재하였다. 개혁교회의 변개할 수 없는 신학적 원리요 실천 강령인 '오직 성경'(Sola Scriptural)이 '오직 성공'(Solus Successus)으로 뒤바뀌면서(물론 이론적으로는 여전히 오직 성경이지만 실천적으로 바뀐 것임) 장로교회도 더 이상 희망이 없는 거침없는 성공지상주의로 내달리고 있다.

교회 성장만 된다면 교리적 차이나 실천적 구분은 얼마든지 무너뜨릴 수 있는 준비가 된 지도자들로 가득하다. 따라서 개혁주의는 오로지 교단 내에서만 정치적 구호로 존재할 뿐이다. 일단 정치적 권력 기반이 서면 신학적 기조의 틀을 넘나드는 대범한 행보가 계속된다. 마치 한국 교회를 대표하는 인물이 된 것인 양 관대한 포용력을 자랑한다. 그 도가 지나쳐 작금의 한국 장로교의 현상은 교회 본연의 사명에서 점점 멀어져가고 있다.

이제는 선언적 혹은 신학적 개혁으로 머무는 것이 아닌 실천적 개혁운동이 그 어느 때보다 절실하다. 그 정상에 인본주의화되고 세속화된 '예배갱신 운동'이 아니라 성경적이고 하나님 중심적인 참된 예배 갱신 혹은 예배 개혁 캠페인을 벌여야 할 때가 되었다. 이에 한국 장로교 총 연합회에서 '장로교 예배 회복' 이라는 주제로 학술 발표회를 갖게 된 것을 매우 뜻 깊게 생각하며 본 논고가 믿음의 선진들이 피 흘리며 지켜내고 물려준 값진 개혁주의 유산을 회복하는 일에 작은 기여가 되기를 소망하며 준비하였다.

나는 본 글에서 장로교 예배 신학의 근거인 '웨스트민스터 신앙고백서' 와 '예배 모범 지침서' 가 가르치는 것이 무엇인지를 다룰 것이다. 그리고 한국 장로교, 특히 개혁파 장로교회의 예배 회복이 일어나야 할 구체적 정황들을 직시하면서 본 글을 마치고자 한다.

1. 개혁파 장로교 예배 신학 원리: 웨스트민스터 신앙고백서와 예배 모범 지침서를 중심으로[2]

장로교의 예배는 무엇보다 예배의 통일성을 회복해야 한다. 성경의 가르침에 따른 예배 신학의 부재로 인해 한국의 장로교회의 예배는 개교회의 권한으로 귀착되어 버렸다. 주관적이고 개인적인 예배 형식이 아닌 보편적이고 통일된 예배 형식이 없어진 것이다. 과거에 존재하였던 거룩한 예배 의식은 소위 '예배 갱신 운동가' 들에 의해 교회 성장을 방해하는 규탄 대상이 되면서 점점 사라져 버리고 말았다. 동

---

2. "The Directory for the Public Worship of God," February 1645. 이 내용은 스코틀랜드 프리처치 교단에서 발간한 신앙고백서 안에 수록되어 있는 것을 번역하여 발췌하는 것임을 밝힌다.

일한 성경의 계시된 하나님을 믿는다고 고백하는 교파들에서도 이젠 교회마다 그 의식과 절차가 다양화된 것이다. 하나님의 교회, 혹은 그리스도의 몸 된 교회라는 의식이 사라지고 개교회를 담임하는 목사의 교회라는 의식화가 뿌리 깊게 내리게 되었다. 교회는 주님의 교회로 하나다. 따라서 하나된 교회는 하나님을 예배하는 형식에 있어서도 반드시 통일성을 이루어야 한다. 왜냐하면 하나님께 나아가는 방식이 다양하게 주어진 것이 아니기 때문이다. 그 통일성을 이루는 기본적인 작업이 무엇인가?

웨스트민스터 종교 회의에서 예배 지침서를 작성할 때 그 서문에 보면 종교개혁자들의 가르침을 이어받아 자신들의 양심과 그리고 다른 개혁교회들의 기대치에 부합하는 통일된 공예배 지침서를 만들게 되었음을 언급하였다.

> 우리는 하나님의 이름을 진지하게 부르며 의지하고 혈과 육을 따른 것이 아니라 하나님의 거룩한 말씀을 가지고 수많은 의논을 거듭한 끝에 하나님을 예배함에 있어서 많은 예전과 의식들을 겸비하고 있었던 이전의 예식서(liturgy)를 폐기하고 일상적인 때나 특별한 경우에서 사용될 공예배의 모든 요소들을 위한 다음의 지침서에 전적으로 동의하였다.[3]

한마디로 이 지침서에서 언급된 모든 공예배 요소들은 하나님이 제정해 주신 것들과 그리고 일반적으로 하나님의 말씀의 일반적인 원칙

---

3. "The Directory of Publick Worship of God," the Preface, 137, in *The Confession of Faith and Subordinate Standards*, Free Church of Scotland, Edinburgh. 1973.

들에 부합되는 것들로 사려깊이 생각하고 정한 원칙에 따른 것이었다.[4] 예배 갱신 운동하는 자들의 주장은 성경적인 원리와 근거를 내세우기보다는 사람들의 요구사항에 더 중점을 두고 있다. 과거에 하나님이 귀하게 사용하여 수많은 영혼들을 주께로 이끈 예배 의식이 사람들의 욕구변화로 이제는 효력 정지 처분을 받게 되었다. 그리하여 영원불변한 진리에 근거하여 제정되었던 예배 형식들이 하나 둘씩 자취를 감추게 되고 족보에도 없는 것들이 버젓이 예배 요소들로 자리 잡아가고 있다.[5]

그렇다면 올바른 성경적 예배 신학은 무엇인가? 지면상 여기서 신학적 이론들을 장황하게 늘어놓고자 함이 아니다. 다만 웨스트민스터 신앙고백서를 신봉하는 개혁파 장로교회가 견지해 온 예배 원리만을 말하고자 한다.

전통적인 개혁파 교회의 예배는 철저하게 성경적이었고 하나님 중심적이었다. 이에 비해 현대 예배 갱신 운동은 육적이며 인간 중심적 예배다. '육적' 이라 함은 인간의 오감 만족을 위한 수단들을 동원하는 것을 의미한다. 여기엔 경계선이 없다. 사람들이 희열을 느끼고 즐겁게 웃을 수 있다면 모든 것이 가하다. '인간 중심적' 이란 예배자의 느낌과 감성 및 현실적 욕구 만족에 치우치는 것을 의미한다.[6] 예배

---

4. "wherein our care hath been to hold forth such things as are of divine institution in every ordinance; and other things we have endeavoured to set forth according to the rules of Christian prudence, agreeable to the general rules of the word of God," 137.

5. 찬양단이 조직되고 밴드가 동원되며 소위 찬양 사역자에 의한 예배 인도와 사람들의 예배 참여라는 명목으로 각종 순서에 사람들이 등단하여 자신들의 실력을 뽐내는 것, 두 손 번쩍 들고 기도하며 박수치며 노래하는 것, 새로 온 사람들 환영식과 설교에 만담이나 개그가 단골메뉴가 된 것 등이 그것이다.

6. 릭 워렌의 새들백 교회를 모델로 하는 '목적이 이끄는 삶' 과 빌 하이밸스의 윌로우 크릭 교회, 조엘 오스틴 같은 자들에 의해서 주도되고 있는 예배 혁명이 불러온 폐단이다. 성공지상주의

는 사람들이 수행한다. 그렇기 때문에 사람들의 행위에 관심이 없다는 것은 잘못된 것이다. 하지만 예배자의 느낌과 생각이 아닌 예배를 받으시는 예배 대상자의 뜻이 더 중요하다. 릭 워렌의 주장처럼 '하나님께 기쁨을 드리고자 하는'(『목적이 이끄는 삶』, 84.) 예배자의 행위에 초점을 둠이 아닌 하나님이 아들 예수 그리스도를 통해서 이룩하신 놀라운 일들을 기뻐하는 성도들의 합당한 반응이 예배이다.

예배자는 어떤 사람인가? 주 예수 그리스도의 구속의 은총을 입은 자들이다. 죄와 허물로 죽은 자들이 하나님의 아들 예수 그리스도의 대속의 죽음을 통해서 하나님과 화목케 되고 하나님의 자녀가 된 자들이다. 그 놀라운 일을 이루신 하나님께 마땅히 보답해야 할 것이 있다면 오직 그에게만 드리는 경배와 감사와 찬송이 있을 뿐이다. 이것들이 아우러진 것이 예배다.

따라서 진정한 예배자는 구원의 은혜 안에 있는 자들이다. 그렇다면 불신자나 교회에 다니는 자들 중에 회심을 경험하지 못한 자들, 타종교인들은 예배에 참여할 수 없는가? 그들이 예배 참여하면 불경건한 예배가 되는가? 아니다. 물론 그러한 자들의 예배는 하나님이 받으시지 않는다. 하지만 예배자 입장에서 그들도 예배에 참여할 수 있게 해야 함은 그들 역시 창조주 하나님께 엎드려야 할 존재이기 때문이다. 불신자들도 하나님의 창조물이다.

예배의 목적은 단지 예배 의식에 참여함이 아니다. 예배의 목적은 하나님의 이름을 높이고 그의 행하신 놀라운 일들을 선포하며 그에 합당한 경외와 찬양과 감사를 풍성히 드러내는 것이다. 그런 의미에

가 낳은 기형들을 모델로 삼고자 하는 한 성경적 예배 회복은 불가능하다. 심리학과 마케팅 전략에 물들어버린 한국 교회에 경종을 울리고 있는 옥성호 씨의 책들을 보라.

서 불신자들의 예배 참여는 구경이 될 뿐 참된 예배자가 되지 못한다. 여기서 다루고자 하는 것은 성도들이 기본적으로 함께 모여 천지의 주재자이신 하나님을 경배하는 회중들의 공예배다.

교계의 일부는 성경에서 공예배와 사적 예배를 나누고 있느냐에 의문을 제기한다. 그러나 개인적으로, 가정적으로 하는 예배를 사적인 것이라 한다면 공예배는 모든 믿는 자들이 함께 모인 지역 공동체 예배를 뜻한다. "여호와께서 야곱의 모든 거처보다 시온의 문들을 사랑하시는도다"(시 87:2)라는 말씀에서 보듯이 성도 개개인의 예배 역시 반드시 필요한 것이지만(야곱의 모든 거처) 주님은 성도들이 함께 모여 하나님을 예배하는 시온의 문들을 더 사랑하신다. 성도들의 모임인 교회의 공적 예배를 더욱 중시하는 이유가 여기에 있다. 그런 의미에서 공예배라는 용어 사용은 가능하다고 본다.[7]

신앙생활의 중심은 철저하게 하나님께 대한 송영과 영광과 찬양과 존귀와 높임과 경의를 표하는 예배자의 삶이다. 청교도 목사인 스티븐 차녹(S. Charnock)은 요한복음 4장 24절을 강론하면서 이렇게 말했다.

> 예배는 하나님의 뛰어나심에 대한 지식과 하나님의 위엄에 대한 실제적인 사상을 이해하고 적용하는 하나의 행동이다. 또한 예배는 의를 사모하고 경외하며 하나님의 자비하심에 매혹되고 하나님의 선하심을

---

7. 존 프레임(John Frame)은 그의 책 Worship (김광열 역, 『신령과 진정으로 드리는 예배』 [총신대출판부, 2000])에서 공예배와 사적 예배의 구분이 없다고 주장한다. 규정적 원리는 모든 예배에 적용되어야 한다고 주장한다. 그러나 일반적으로 이해하고 있는 것은 공예배와 사적 예배에 이 원리는 다르게 적용해야 한다는 것이다. 가정에서 개인적인 경건시간을 가지면서 공예배 순서에 맞춰서 할 이유가 없다. 이에 대한 논의는 Terry L. Johnson의 *Reformed Worship* (Reformed Academic Press, 2000)을 참고하라.

포용하며 이 가장 사랑스러운 친밀한 관계 속으로 들어가 그에게 자신의 모든 애정을 바치는 의지의 행동이기도 하다.[8]

이러한 삶의 실천적 적용은 참된 예배에서부터 시작된다. 그런 의미에서 성경적 예배의 회복이야말로 제2, 제3의 종교개혁의 모든 것이라고 말해도 과언이 아니다. 올바른 예배는 올바른 기독교 문화를 형성하는 디딤돌이 되기도 한다.

이처럼 예배(worship)라는 말 자체가 함축하고 있는 것처럼 사람들이 고안한 방식이 아니라 예배를 받으시는 하나님이 제정한 방식으로 할 때 지존하신 하나님께 최고의 가치가 있는 것이다.[9] 예배를 영어에서 'service'라는 단어로도 사용하고 있음을 보면 섬김을 받는 분의 의향에 초점이 있는 것이지 섬기는 자의 의중이 중요한 것이 아니다. 따라서 예배를 받으시는 하나님이 원하시는 방식 혹은 규칙이 있다. 이것을 개혁교회는 예배의 '규정적 원리'(Regulative principle)라고 한다. 칼빈도 "예배 문제에 있어서 유일하게 들려져야 할 주인이신 주님이 거룩한 말씀에 명확하게 펼쳐놓으신 것들에서 예배의 모든 요소들이 규정되어야 한다"고 말했다.[10] 예배는 하나님께 하는 피조물의 합당한 순종의 반응이기 때문에 하나님이 규정하신 것에 한정시키지 않으면 하나님의 존귀가 박탈당하고 예배 자체가 더러워지

---

8. 서창원, 『깨어 있는 예수의 공동체』(진리의 깃발사, 2003), 104에서 인용.

9. 예배 정의는 다음을 참조하라. 서창원, 『깨어 있는 예수의 공동체』(진리의 깃발사, 1993), 정장복, 『예배학 개론』(종로서적, 1985), 존 프레임, 『신령과 진정으로 드리는 예배』, 김광열 역(총신대출판부, 2004).

10. A. Mitchelle Hunter, *The Teaching of Calvin* (James Clarke & Co. LTD, 1920), 200.

는 것이다.[11]

인간의 방종하고자 하는 죄성 자체가 제한된 규정을 필요로 한다. 그러므로 하나님을 경외함에 있어서 바른 예배의 원리는 반드시 인간 스스로 고안해 낸 방식이 아닌 하나님의 규정적 원리에 입각해야 한다. 그것이 하나님을 하나님 되게 하는 예배가 되기 때문이다. 이 원칙으로 돌아가는 것이 성경적 예배 회복이라 할 수 있다. 그렇다면 신앙고백서에서 규정하고 있는 원리가 무엇인가? 성경적이고 하나님 중심적인 예배관에 대해서 규정하고 있는 원리는 다음과 같다.

첫째, 예배 의식은 인간이 고안한 작품이 아니라 하나님 자신이 제정하신 것이라야 한다. 이것은 죄인의 구주이신 그리스도의 이름으로 하나님의 말씀에 근거한 예배가 참 예배임을 말한다. 다시 말하면 하나님의 기록된 말씀의 계시에 한정된다는 의미다. 이것 때문에 웨스트민스터 신앙고백서에서는 이렇게 선언한다: "그러므로 사람들의 상상이나 고안 또는 사단의 제안에 따라 어떤 가시적인 형상들을 사용하거나 성경에 명시되어 있지 않은 방식으로 예배 할 수 없다"(21장 1항). '축제'라는 개념을 도입하여 예배자가 흥겨워하고 즐기는 인본주의적 예배는 참 예배가 아니다. 하나님을 즐거워하는 것이 아니라 하나님의 복을 즐기게 하는 것으로 전락하기 때문이다.

이것은 마치 출애굽기 32장에서 아론과 이스라엘 백성들이 금송아지를 만들 때 '자기들을 위한 하나님'을 만들고 그 앞에서 여호와께 번제와 화목제를 드리며 '앉아서 먹고 마시며 일어나서 뛰놀던' 광란

---

11. 존 칼빈, 『기독교 강요』, 원광연 역 (크리스찬 다이제스트사, 2003), 제1권 12장 1항, 139.

의 짓과 하등의 차이가 없다.

예배는 하나님이 계시하여 준 말씀에 따라서 하나님을 지극히 높여 드리는 영적 예배가 되어야 한다. 하나님이 영이시며 하나님의 말씀이 영적이기 때문이다. 하나님의 품성에 합당한 예배여야 한다. 그런 의미에서 가시적인 형상들을 사용하는 것이나 성경에 명시되어 있지 않은 것들은 그것이 아무리 보기에 좋아보여도 예배에 도입될 수 없다. 이처럼 예배는 철저하게 하나님을 위한 것이지 예배자들을 위한 것이 아니다.

성경의 가르침은 철저하게 그리고 온전히 하나님 중심과 말씀 중심의 예배를 말한다. 예배자 중 어느 누구에게도 예배에 있어서 하나님이 기뻐하시는 것과 하나님이 싫어하시는 것을 성경을 토대로 판단함이 없이 스스로 판단할 권리를 가지고 있는 자는 아무도 없다. 따라서 '자의적 숭배'(골 2:23)는 우상 섬김의 이교도적 예배 의식이지 살아계신 하나님을 경배하는 행위가 될 수 없다. 하나님을 경배함에 있어서 성경의 교훈만으로도 충분하다.

둘째, 올바른 예배는 삼위일체 하나님께 행하는 의전이다. 다시 말해서 예배는 천사들이나 사람들이나 어떤 피조물에게 돌려지는 것이 아니다. 인간과 하나님 사이의 중보자는 오직 하나님의 아들 예수 그리스도뿐이다. 따라서 예배 역시 하나님의 아들 예수 그리스도의 이름으로 삼위일체 하나님께 하는 거룩한 의전이다. 이것이 예배하는 자는 하나님 아버지께 신령과 진정으로 예배하라는 주님의 가르침을 뜻한다. 성령 안에서 진리이신 그리스도의 이름으로 창조주 하나님께 경배하는 것이 예배이다. 예수께서 예배를 언급하실 때 반드시 '신령과 진리로'(요 4:24) 예배하라고 지적하신 것은 예배 대상자이신 하나님의 속성 때문이다. 진리로 예배하라는 말은 계시된 성경 말씀을 따라 예배하라는 말이 아니고 무엇이겠는가?

나아가 이 말씀은 진리이신 예수 그리스도의 이름으로 하는 것이라야 함도 함축하고 있다. 왜냐하면 예수 그리스도의 십자가 공로로만 하나님과 원수 되었던 죄인이 거룩하고 흠이 없고 책망 받을 것이 없는 자로 하나님 앞에 세움을 입을 수 있기 때문이다(골 1:22).

예수 그리스도가 하나님과 인간 사이의 유일한 중보자이시다(딤전 2:5). 예수만이 아버지께로 나아갈 길이요 진리요 생명이다(요 14:6). 우리를 그 진리로 인도하시는 분은 성령이시다. 따라서 예배는 성부 성자 성령의 삼위일체적 역사를 경험하는 최고의 의식이다. 그리스도의 이름과 성령의 능력으로 살아계신 하나님을 만나는 경배의식이다.[12] 예배가 예배다워짐은 삼위 하나님께만 초점을 둘 때 가능하다. 이것은 우리로 자연스럽게 어떻게 예배할 것인가에 나아가게 한다.

2. 신령과 진정으로만 예배하라

진리로 예배한다는 것이 무엇을 의미하는지 이미 앞부분에서 다루었다. 구약에서 아론의 두 아들 나답과 아비후가 제사장으로서 첫 제

---

12. "예배는 성부 성자 성령 하나님께, 하나님 한 분께만 하는 것이다. 천사들이나 성도들이나 다른 어떤 피조물에게 예배해서는 안 된다. 타락 이후 중보자 없이 예배할 수 없으며 오직 그리스도 이외의 어떤 중보로도 예배할 수 없다."(웨스트민스터 신앙고백서 21장 2항)

사의전을 집전할 때 즉결처분을 받아 죽게 된 것은 하나님이 일러주신 방식대로 하지 않았기 때문이었다. '여호와께서 명하지 않은 다른 불로' 분향한 결과였다. 하나님은 두 아들의 죽음에 울분을 토하고 있는 아론에게 모세를 통해서 엄청난 말씀을 증거하셨다: "나는 나를 가까이 하는 자 중에서 내가 거룩하다 함을 얻겠고 온 백성 앞에 내가 영광을 얻으리라 하셨느니라"(레 10:3).

이 말씀은 한마디로 하나님이 하나님 되심을 온 백성들에게 나타나게 되기를 원하시는 주님의 마음을 엿보게 한다. 다른 신들과는 구별된 지존하시고 엄위하신 하나님께 나아가는 방식이 어떠해야 하는지를 분명히 천명한 것이다. 예배와 제사는 다른 것이지만 거룩하신 하나님께 나아가는 그 의식을 관통하는 원리는 동일하다.[13] 하나님이 직접 거론하신 '거룩'과 '영광'이라는 두 단어가 이를 증명한다.

인위적이고 세속적인 예배 형식에서는 하나님의 거룩과 영광은 보이지 않는다. 오로지 인간의 유희만 난무하다. 예수님도 "이 백성이 입술로는 나를 존경하나 마음은 내게서 멀도다 사람의 계명으로 교훈을 삼아 가르치니 나를 헛되이 경배하는도다"(마 15:8-9)라고 한탄하신 것과 같이 하나님의 이름으로 예배한다고 하나 상당수의 교회들이 실로 하나님과 전혀 상관이 없는 종교의식을 행하고 있는 것이다.[14]

---

13. 제레미야 버러우즈, 『예배의 타겟을 복음에 맞추라』, 서창원, 최승락 역 (진리의 깃발사, 2002). 이 책에서 저자는 레위기 10장 3절을 가지고 성경적인 올바른 예배관을 강론하였다. 거룩한 두려움이 가슴에 밀려와 회개와 경외감으로 충만케 함을 독자들은 경험할 것이다.

14. 이러한 것은 소위 '축제'로서의 예배 의식을 강조하고 있는 현대 교회 예배에서 쉽게 발견되는 현상들이다. 예배는 지존하신 하나님께 두렵고 떨리는 마음으로 신령과 진정으로 헌신하는 산 제물이 된다. 그러나 축제는 사람을 기쁘게 하는 여흥인 것이다. Robert Logan의 대표적 저서인 *Beyond Church Growth* (Revell, 1990)에서 그는 10가지 교회 성장 원리 중 하나를 예배의 축제로 변형을 촉구하고 있다. 예배는 어떤 차원에서도 사람들이 즐기는 여흥이 될 수 없다.

하나님이 어떤 분인지를 깊이 인식하지 못한다면 결국 올바른 지식을 좇은 것이 아니기 때문에 예배는 예배자의 종교적 위안은 될지 몰라도 하나님과는 상관이 전혀 없는 헛된 경배가 될 수밖에 없다.[15] 여기에 혹자는 인간의 자유의지를 강조하며 이 점을 반대할 것이다. 개인의 양심에 따라 그리스도 안에서 얼마든지 하나님을 기쁘게 해드리는 자유를 누릴 수 있다고 말한다. 그러나 성도의 자유는 언제나 하나님이 제정하신 법 아래에서 누리는 자유이지 기록된 말씀 밖을 넘어갈 수 있는 자유가 아니다(고전 4:6).[16]

교회의 머리이시고 자기 백성들의 왕이신 그리스도께서만 시온의 백성들에게 법을 제정해 주실 수 있는 유일한 분이시다. 따라서 그가 하나님의 거룩과 영광을 충만하게 드러내는 참 예배가 무엇인지를 말씀하신 것 안에서만 우리가 누릴 자유가 있다. 인간의 자유는 앞에서 지적한 것처럼 헛된 상상에 의해 우상숭배의 죄에 빠질 가능성이 농후하다. 성도는 계시된 진리의 말씀을 따라 영으로 예배하는 것이어야 한다.

그렇다면 '영으로 예배한다'는 것은 무슨 뜻인가? 예수께서 요한복음 4장에서 사마리아 여인과 나눈 대화는 예배의 특정한 장소나 신성한 건물을 말한 것이 아니다. 사마리아 여인은 예배의 외적 요소들에 관심을 기울였지만 예수께서는 내적인 문제가 중요하다는 사실을 지적한 것이다. 다시 말하면 예배의 형식이나 내용이 반드시 성경적이어야 할 뿐 아니라 동시에 올바른 '영'으로 집전되어야 한다. 여기

15. "내가 증거하노니 저희가 하나님께 열심이 있으나 지식을 좇은 것이 아니라 하나님의 의를 모르고 자기 의를 세우려고 힘써 하나님의 의를 복종치 아니하였느니라"(롬 10:2-3).

16. Frank J. Smith and David C. Lachman, *Worship in the Presence of God* (Greenville Seminary Press, 1992), 17.

서 말하는 '영' 은 무엇을 뜻하는가? 테리 존슨은 그의 소책자에서 네 가지로 설명하고 있다.

첫째는 마음을 다하는 예배여야 한다. 하나님은 영이시기 때문에 영적으로 내적으로 마음을 다하여 예배해야 한다는 말씀이다.[17] 천상에 좌정해 계신 하나님의 나라에는 하나님의 복을 특별히 더 누리는 신성한 건물이나 신성한 장소나 신성한 무엇이 있는 것이 아니다. 구약에서는 성전이 있었다. 거룩한 땅이 존재하였었다. 거룩한 상징물들이 있었다. 그러나 그 모든 것이 예표하는 것은 참 성전이신 예수 그리스도다. 그가 그 모든 것들을 그의 몸으로 다 철폐하셨다. 그럼에도 불구하고 현대 교회에서 구약의 예전의식을 되살려 재현하고자 하는 이상한 일들이 벌어지고 있다. 실제로 제단을 만들고 그 위에서 어린양을 잡아 제사 드리는 의식을 거행함으로써 기독교 복음을 설명하겠다는 논리이다.

그러나 신약의 어디에서도 사도들이 복음 전도 활동에 있어서 구약의 제사 의식을 재현함으로 그리스도의 십자가 사건을 설명한 적이 없다. 실체가 왔는데 그림자를 가지고 설명한다는 것이 얼마나 어리석은 일인가? 일시적으로 주어진 것이요, 그림자에 불과한 열등한 것을 가지고 모든 것을 다 완성하신 예수 그리스도를 대신한다는 것이야말로 참으로 어리석은 짓이 아니고 무엇이겠는가?

영으로 예배한다는 것은 구약의 상징적이었고 예표적이었던 특성

---

17. Terry L. Johnson, *Reformed Worship*, 43. 형식주의가 아니라 사람들이 말하는 고백이나 형식 그 자체는 좋다고 하더라도 마음에 주님과는 상관이 없는 것이기 때문에 헛된 경배가 된다. 결국 주님이 원하시는 것은 예배의 형식과 마음이 올바른 것이라야 한다는 말이다. '참 예배는 어디가 신성한 장소이냐가 문제되는 것이 아니라 심령의 영적인 상태의 문제이다.'

들과는 달리 신약의 영적 예배를 강조하는 것이다. 이것은 물리적인 형상들이 아닌 온 마음을 다한 예배를 의미한다. 사실 구약에서도 옷을 찢지 말고 마음을 찢어야 한다는 것이나 표면적 할례를 말하지 않고 마음에 할례를 받아야 한다는 것 등을 이야기 할 때 신약의 가르침과 전혀 다르지 않다. 다만 예배 형식에 있어서 상징들을 가지고 하나님께 나아갔던 것에 비해 이제 신약 시대 성도들은 상징의 실체이신 그리스도의 이름으로 온 마음을 다한 영적 예배를 강조한다.[18]

예배가 하나님과의 만남 혹은 교제라고 한다면 이것이야말로 더욱 영적인 측면을 강조하지 않을 수 없다. 우리는 예배 가운데 하나님께 가까이 나아간다. 하나님을 접견하는 것이다.[19] 그 접견은 하나님이 영이시기 때문에 영으로 나아가지 않는 한 불가능하다. 지극히 높으신 분과의 접견이기 때문에 올바른 정신과 올바른 자세로 나아가야 한다.

둘째로 영으로 예배한다는 것은 단순한(simple) 예배를 의미한다. 신약의 예배는 의전행사처럼 복잡성을 가지고 있지 않다. 구약의 제사법이 있듯이 신약의 예배법이 따로 주어진 것이 아니다. 물리적인 예루살렘도 성전도 존재하지 않는다. 그러나 혹자는 신약성경에 레위기가 없음이 신약 시대 성도들에게 교회가 보기에 적합하다고 여기는

---

18. 칼빈은 영으로 예배한다는 문구를 해석하면서 구약의 선조들이 영적인 방식으로 하나님을 예배하지 않았다는 것을 의미하는 것이 아니라 외적인 형식에서 구별된 점을 강조하는 말로 해석했다. 즉, 그들은 여러 예표에 의해서 성령이 그림자로 비춰진 것에 비해 신약의 성도들은 단순성 안에서 성령을 가지고 있는 것이라고 하였다. "On the Necessity of Reforming the Church," in *Selected Works of John Calvin, Vol.1* (1907; reprint, GrandRapids: W. B. Eerdmans, 1947), 869.

19. 히 4:15-16; 10:16-22; 약 4:8-10 참고.

것들을 예배에 사용할 수 있는 자유를 준 것이 아니냐고 하면서 인간이 고안한 것들의 사용권을 주장한다. 그러나 신약에 레위기가 없음은 창조적인 자유보다 그리스도 안에서 교회 예배의 단순성을 더 강조하는 것이다. 성도의 자유는 그리스도의 법 아래에 있는 자유이다. 그것 때문에 임의적인 규칙들이나 사람이 제정한 규칙들을 금한다. 하나님이 이것을 금하시는 것만이 아니라 그러한 것들을 사용하게 되면 그것이 곧 성도의 자유를 침범하는 것이 되기 때문이다. 성도가 순종해야 할 규정은 오직 하나님이 제정하신 것뿐이다. 그 외의 것들은 성도 개개인의 신앙 양심의 자유를 억압하는 것이 된다.

우리는 신약성경이 예배의 단순성을 위한 지침과 근거로 충분하다고 믿는다. 구약에서 주어진 것보다 신약에서 예배의 형식을 고안할 자유를 더 준 것은 하나도 없다.[20] 신약에서도 하나님은 구약에서처럼 충분한 예전의식 지침서를 주실 수 있으셨다. 그러나 그 어느 것도 마련해 주지 않으셨다. 이것은 '우리의 예배가 어떤 정교한 의식이나 복잡한 절차들을 사용하지 않는 단순하고 간단한 것' 임을 뜻한다.[21]

따라서 제사장적 제의 양식을 도입하는 일이나(화려한 가운을 입고 십자가 형을 들고 입장하는 것 등) 현대 교회 예배 축제 감독 기법을 도입하여 휘황찬란한 공연방식을 도입하는 것, 또는 예술가나 배우들을 고용하여 다양한 드라마와 형상들을 드러내는 일들을 수용하는 것은 반드시 피해야 한다. 우리의 예배는 단순하며 성도라면 누구나 다 수용할 수 있도록 보편적이어야 한다. 이것이 히브리서 10장에서 우리 주님이 의도하신 가르침이다.

---

20. Terry L. Johnson, *Reformed Worship*, 50. 존슨은 로버르 캇프리 교수의 글을 인용하였다.
21. Ibid., 52.

그러므로 형제들아 우리가 예수의 피를 힘입어 성소에 들어갈 담력을 얻었나니 그 길은 우리를 위하여 휘장 가운데로 열어 놓으신 새롭고 산 길이요 휘장은 곧 저희 육체니라 또 하나님의 집 다스리는 큰 제사장이 계시매 우리가 마음에 뿌림을 받아 양심의 악을 깨닫고 몸을 맑은 물로 씻었으니 참 마음과 온전한 믿음으로 하나님께 나아가자 (히 10:19-22)

신약 시대 성도들은 누구도 구약의 복잡하고 힘든 의식법 절차에 따라 하나님께 나아가지 않았다. 그들은 한결같이 '보다 더 단순한 회당의 예배 의식을 따라 성경을 읽고 설교하며 기도하며 시편을 노래하는 간단한 방식을 택하였다.'[22]

셋째로 영으로 예배한다는 것은 경외심으로 예배함을 의미한다. 예배의 정신은 경외감이다. 경건함과 두려움으로 하나님을 기쁘게 섬기는 일이 예배이다(히 12:28). 예배를 가벼이 여기거나 소홀이 여길 수 없는 이유가 여기에 있다. 거룩한 하나님께 나아가기 때문이다. 우리는 단순히 우리 아버지에게 기도하는 것이 아니라 거룩히 여김을 받으셔야 할 하늘에 계신 우리 아버지에게 기도한다. 따라서 예배하는 자로서 우리가 깊이 고려해야 할 것은 주님의 이름이 영광과 높임을 받으시며 거룩히 여김을 받으신다는 사실이다. 이런 생각이 자연스럽게 우리의 예배를 진지하고 엄숙하며 경외감이 충만한 것이 되게 한

22. Ibid., 53.

다. 물론 예배는 장례식장이 아니다. 기쁨이 있다. 그러나 천박한 웃음이 아니라 영적 감흥이 차오르는 기쁨의 예배이다.

경외심은 하나님을 올바르게 두려워하는 자세를 말한다. 오늘날 한국 장로교의 예배가 상실한 것이 이것이다. 하나님의 이름을 친구처럼 함부로 말한다. 그의 이름을 망령되어 일컫지 말라는 십계명은 안중에도 없다. '하나님께 영광의 박수를 돌리자' 고 감히 무례하게 말한다. 국어사전에서 박수란 '기쁨, 찬성, 환영을 나타내거나 장단을 맞추려고 두 손뼉을 마주 치는 것' 을 뜻한다고 했다. 일반적으로 사람들이 박수를 치는 행위는 우리 앞에서 멋진 공연을 한 분에 대한 존경심과 감사의 표시다. 그리고 동시에 연주자 혹은 연기자나 연설자의 수고에 대한 깊은 만족도를 나타내기도 한다. 그리고 앞으로도 더욱 정진해 달라는 부탁이요, 격려이기도 하다.

그렇다면 하나님께 영광의 박수를 돌리자고 하는 것은 사용 가능한 말인가? 하나님이 우리의 심령을 만족시키고자 무슨 공연을 하셨는가? 하나님이 우리 즐거워하라고 특별한 연주를 해 주셨는가? 아니다. 사실 하나님 자신의 존재만으로도 우리는 무한 감사와 찬송과 영광을 돌려야 할 피조물이다. 하나님께 영광의 박수를 치자는 말은 입으로는 하나님이지만 공연한 자신들을 향한 격려의 박수나 칭찬의 소리와 다를 바가 없다. 요한계시록을 보면 하나님이 아들 예수 그리스도를 통하여 이룩하신 놀라운 일들을 맛본 이들의 경배 태도를 보여주는 모습이 있다.

> 내가 또 보고 들으매 보좌와 생물들과 장로들을 둘러
> 선 많은 천사의 음성이 있으니 그 수가 만만이요 천

> 천이라 큰 음성으로 가로되 죽임을 당하신 어린 양이 능력과 부와 지혜와 힘과 존귀와 영광과 찬송을 받으시기에 합당하도다 하더라 내가 또 들으니 하늘 위에와 땅 위에와 땅 아래와 바다 위에와 또 그 가운데 모든 만물이 가로되 보좌에 앉으신 이와 어린 양에게 찬송과 존귀와 영광과 능력을 세세토록 돌릴지어다 하니 네 생물이 가로되 아멘 하고 장로들은 엎드려 경배하더라 (계 5:11-14)

여기에는 어떤 박수소리도 들리지 않는다. 오직 엎드려 경배함이 천천만만의 천군천사들의 합창에 대한 합당한 반응이었다. 지나치게 박수 소리가 많은 한국 교회는 하나님의 이름으로 하나님을 모독하는 죄를 범하고 있는 것이다. 하나님을 향한 경외심은 공포심이 아니다. 그렇다고 무덤덤한 감사도 아니다. 마음 깊은 감격으로 어려워하며 매우 조심스러운 자세를 말한다. 지존하신 하나님의 이름이나 명성에 누가 되지 않을까 하는 마음 때문에 떨리는 경외심이다.

이런 자세는 그의 은혜의 보좌 앞에서 엎드려 절하는 것이야말로 당연한 태도이다. 감히 왕 중의 왕이신 그분 앞에서 어떻게 하이파이브를 하며 팔짝팔짝 뛰며 괴성을 지를 수 있겠는가? 그것이 과연 거룩하신 하나님 앞에 합당한 경외심의 예절인가? 큰 소리로 온 마음을 다하여 그의 이름을 찬송함과 그에게만 감사하는 것이 하나님께 합당한 예절이요 기쁨의 표현이지 않을까?

넷째로 영으로 예배한다는 것은 지혜롭게 마무리하는 것이다.[23] 이 말은 예배는 합리적이고 상식적인 수준에 머물러야 한다는 말이다. 설교를 몇 분이나 해야 적당한가?, 한 번의 예배에 시편 찬송이나 찬송을 몇 번이나 불러야 하는가?, 기도 시간은 몇 분이 적당한가?, 성찬에 사용할 떡과 잔은 어떤 크기여야 하고 어떤 종류의 포도주여야 하는가?, 예배당 크기나 구조는 어떻게 해야 하는가?, 한 지역 교회의 회집 규모는 어느 정도여야 하는가? 등등의 세부 사항들은 성도들의 영적 도덕적 실천적 수준에서 모두가 납득이 될 만한 것이라야 한다. 이것을 누가 정하느냐는 문제는 교회의 영적 지도력에 있다. 교회의 건실한 판단에 맡겨야 한다.[24]

웨스트민스터 신앙고백서도 예배 문제나 정치 문제에서 그리고 인간의 행위들과 사회적 일들에 있어서 특수한 상황들이 발생할 수 있음을 인정한다. 그러나 '그 상황들은 언제나 순종해야 할 말씀의 일반적 규범을 따라 본성의 빛과 그리스도인의 분별에 의해서 규정되어져야 할 것이다' (고전 11:13-14; 14:26, 40).[25]

이 문제들에 대하여 칼빈의 부연 설명을 들어보면 "주께서 주신 일반적인 원칙들에게 되돌아가 보아야 한다. 항상 지켜야 할 주된 원리는 모든 것들이 품위가 있고 질서가 있는 것이라야 한다는 점이다. 성

---

23. Ibid. 61.

24. 교회라 함은 하나의 개교회를 말하기보다 노회나 총회차원에서 규정적 원리에 입각한 예배 모범을 제정하는 것이라야 일관성이 있을 것이다. 예배의 보편성은 개인의 자유에 맡겨서는 불가능하다.

25. 웨스트민스터 신앙고백서 1장 6항. 잉글랜드에 장로교회를 세운 토마스 카트라이트(Thomas Cartwright)가 제시한 예배의 세부 사항을 결정하는 네 가지 성경적 기준은 첫째 하나님의 교회에 거치는 것이 되어서는 안 된다(고전 10:32), 둘째 질서 정연한 것이어야 한다(고전 14:40), 셋째 교훈적이고 훈육적이어야 한다(고전 14:26), 넷째 하나님의 영광을 위한 것이라야 한다. 서창원, 『깨어 있는 예수의 공동체』, 137 인용.

결한 것들은 아주 신중하고 진지하게 그리고 경건하게 다뤄야 한다. 의식들은 성도들을 그리스도께로 이끄는 것이라야 한다."[26] 그리스도인의 분별력 있는 지혜는 하나님을 경외하는데서만 얻어진다. 왜냐하면 그를 경외하는 것이 지혜의 근본이기 때문이다.

3. 장로교회의 성경적 예배 요소

그렇다면 성경에 규정하고 있는 올바른 예배 요소들은 무엇인가? 구약의 제사에서도 단순히 제물 자체만 강조한 것이 아니라 제물을 드리는 자도 하나님의 지극한 관심의 대상이었다면 신약의 예배 역시 예배 행위가 예배자에게서 나오는 것이기 때문에 예배자가 수행해야 할 예배의 요소 역시 매우 중요하다. 하나님을 영으로 예배한다고 해서 인간의 몸과 마음이 따로 있어도 되는 것이 아니다. 신령한 예배는 예배자의 몸을 하나님의 기뻐하시는 거룩한 산 제물로 드리는 것이다(롬 12:1). 그렇다면 하나님이 규정해 주신 신령과 진정으로 예배하는 참 요소는 어떤 것들이 있는가?

칼빈이 제네바에서 사용하였던 예배 순서는 다음과 같다:

예배 부름

---

26. 존 칼빈, 『기독교 강요』 4권 10장 29항.

죄의 고백과 용서를 위한 기도

시편 찬송

성령의 조명을 위한 기도

성경 읽기(신약과 구약에서 한 장씩)

강론 및 (성례)[27]

헌금

긴 기도와 주기도문, 혹은 사도신경 및 십계명 암송

시편 찬송

축복선언[28]

이것이 스코틀랜드에서 존 낙스에 의해 만들어진 낙스 예식서(The Book of Common Order, or Knox' Liturgy)에 그대로 반영되다가 1648년 웨스트민스터 신앙고백서 및 예배 모범 지침서에 의하면 다음 순서로 고착화된 것을 알 수 있다:

예배 부름

은혜와 조명을 위한 기도

---

27. 칼빈은 미사를 전심으로 믿는 자들에게 미사에서 오는 특별한 위로를 무시하지 않았으나 개혁교회가 미사가 사람들에게 주는 위로와 은혜가 주일마다 사도적 방식에 따라 성찬식을 거행함을 통해 제공될 수 있어야 한다고 믿었다. 그러나 매주 성찬식을 거행하는 것이 불가능하기에 월일회 시행하되 제네바 도시에 있는 교회들마다 돌아가면서 거행하도록 제안하였다. 그러나 시 의회는 년 4번이 충분하다고 결의하여 성탄절, 부활절, 오순절, 및 구월 첫 주일에 시행하게 했다. 성찬식이 다가오면 그 전 주에 목사와 장로가 함께 각 가정을 심방하였다. 식구들의 영적 상태와 종교적 지식이 어느 정도인지를 점검하였으며 성찬에 참여할 준비가 잘 되지 않은 자들은 성찬에 참여하지 말 것을 사랑으로 경고 받았다. 소심하고 죄로 인해 두려워하는 자들을 위로하고 격려하였다. 모든 사람들이 주님께 나오기에 충분한 주님의 자비하심을 지적하였다. 성찬의 떡은 목사가 장로와 집사는 잔을 돌렸다. A. Mitchelle Hunter, *The Teaching of Calvin*, 212

28. 서창원, 『깨어 있는 예수의 공동체』, 135

성경 읽기(신약과 구약에서 한 장씩)

시편 찬송

죄 회개와 중보기도

설교

감사와 간구의 기도

긴 기도와 주기도문 암송

시편 찬송

축복선언[29]

이상의 예배순서에서 특이한 것은 예배 기도가 둘로 나뉜 점이다. 오늘날 우리에게 익숙한 목회기도는 장로가 하는 것이 아니라 목사가 했다. 그리고 회개와 사죄를 위한 기도 및 성령의 조명을 위한 기도와 중보기도를 나누어서 두 번 대표 기도하는 시간이 있었다는 점이다. 그러나 지금 스코틀랜드 장로교회에서도 그대로 하는 교회도 있지만 대다수는 목사가 그 모든 기도를 아울러 한 번의 목회기도를 하고 있다.

웨스트민스터 신앙고백서 21장에서 말하고 있는 예배 요소에 대한 지침은 다음과 같다:

③ 감사함으로 드리는 기도는 예배의 특별한 한 요소이다(빌 4:6). 이

29. 칼빈의 예배 순서와 스코틀랜드 장로교 예배 순서에 공통적인 특징은 예배의 중요한 요소인 찬송 기도 말씀 선포, 성경 읽기 등은 변함이 없지만 예배 순서는 약간의 변화가 있음을 알 수 있다. 특히 주기도문이나 십계명 사도신경은 주로 성례식과 관련하여 고백 됐다. 그리고 헌금 시간이 따로 명시되어 있지 않았다는 것이 특이한 것이었다. 칼빈도 가난한 자들을 위한 구제헌금을 순서에다 삽입하는 것을 용납하기는 했지만 1549년 이후 자신의 예배 순서에는 포함시키지 않았다. 그렇다고 헌금을 하지 않은 것이 아니라 예배당에 들어올 때 헌금함에 헌금을 하였다.

것은 하나님이 모든 사람에게 요구하신 것이다(시 65:2). 아들의 이름으로 그리고 성령의 도움으로 말미암아 그의 뜻을 따라, 사려 분별과 경외심과 겸손과 열심과 믿음과 사랑과 인내를 가지고 기도하는 것이 하나님이 받으시는 기도이다. 만일 소리를 내 기도할 때는 알 수 있는 말로 해야 한다(요 14:13, 14; 벧전 2:5; 롬 8:26; 요일 5:14; 시 47:7; 전 5:1, 2; 히 12:28; 창 18:27; 약 5:16; 1:6, 7; 마 11:24; 6:12, 14, 15; 골 4:2; 엡 6:18; 고후 14:14).

④ 기도는 합법적인 것들과(요일 5:14), 생존하는 사람들과 장차 생존하게 될 자들을 위해서 하되(딤전 2:1, 2; 요 17:20; 삼하 7:29; 룻 4:12) 죽은 자를 위해 또는 사망에 이르는 죄를 범한 자로 알려진 자들을 위해 기도하지 말아야 한다(요일 5:16).

⑤ 경건한 경외감으로 성경을 읽어야 한다(행 15:21; 계 1:3), 건전한 설교와(딤후 4:2), 이해와 신앙과 경외심으로 하나님께 복종하는 자세로 말씀을 양심적으로 듣는 것과(약 1:22; 행 10:33; 마 13:19; 히 4:2; 사 66:2), 마음에 은혜로 시편을 찬양하는 것과(골 3:16; 엡 5:19; 약 5:13), 그리스도에 의해서 제정된 성례를 올바르게 거행하고 합당하게 받는 것은 하나님을 합당하게 예배하는 통상적인 예배요소들이다(마 28:19; 고전 11:23-29; 행 2:42). 이외에 종교적인 맹세와(신 6:13; 느 10:29) 서약(사 19:21; 전 5:4, 5), 신성한 금식(욜 2:12; 에 4:16; 마 9:15; 고전 7:5) 그리고 특별한 경우의 감사들은(시 107; 에 7:5) 몇 차례 적당한 시기에 거룩하고 종교적인 방식으로 사용되어야 한다(히 12:28).

이에 대하여 예배 모범 지침서에서 기록한 세부 사항을 간략하게

요약하면 다음과 같다.[30]

첫째, 성경 읽기는 아무나 할 수 있었던 것이 아니라 그리스도에 의하여 성결케 되고 그의 백성들의 훈육을 위하여 세움을 받은 목사나 교사들이 할 것이라고 했다. 그리고 외경은 단 하나도 허용될 수 없고 오직 신구약 66권 안에서 읽되 가장 잘 번역된 자국어로 읽어야 하며 무식한 자나 배운 자 모두가 듣고 이해할 수 있도록 해야 한다고 했다. 얼마나 많이 읽을 것인가는 목사의 판단에 맡겼다. 그러나 대체로 신약에서 한 장 구약에서 한 장씩 읽었다.

둘째, 공 기도는 말씀을 읽고 난 후 그리고 시편 찬송을 부르고 나서 설교를 담당한 목사가 청중들에게 말씀의 효력이 있어 죄악들을 회개하고 주님 앞에서 탄식하는 마음을 가지도록 간구하는 것이다. 그리고 예수 그리스도 안에 있는 하나님의 은혜를 목말라하고 갈급해하는 심령을 가지도록, 그리고 말씀 사역에 주님의 은혜가 부어지도록 간구하는 것이다.

셋째, 설교는 구원에 이르게 하는 하나님의 능력이신 하나님의 말씀을 선포하는 것이며 복음 사역에 속한 것으로서 이 일 수행함을 통해서 자신만이 아니라 말씀을 듣는 사람들을 구원하는 가장 위대하고 영광스러운 일이다. 이 일을 감당할 목사는 말씀 선포의 은사를 받은 자라야 하며 원어 성경을 잘 알고 신성한 것을 다룸에 있어서 필요한

30. 예배 모범 지침서, 139-149 참조

교양과 학문을 습득한 자라야 한다. 또한 신학적 지식을 잘 습득하고 무엇보다 성경에 능한 사람이어야 한다. 그리고 성령의 조명하심과 훈육의 효과를 위하여 목사는 항상 기도해야 하며 하나님이 알게 해 주신 진리를 사람들에게 분명하게 선포하기 전에 먼저 자신에게 적용하고 확증할 수 있어야 한다.

특히 강론할 본문에서 교리적인 교훈들을 전하고자 할 때 첫째 반드시 하나님의 진리여야 하며, 둘째 본문에 함축된 진리여야 한다. 그리하여 청중이 그 본문에서 하나님이 우리에게 교훈하시는 것이 무엇인지 알게 해야 한다. 셋째 본문이 내포하고 있는 교리를 강하게 주장하되 청중들의 훈육을 위한 것으로 잘 준비된 것이라야 한다. 성도들이 이해하기 쉬운 명백한 말로 설명할 수 있어야 한다. 이와 같이 성도들은 함께 모여 하나님의 말씀을 듣고 예배하는 거룩한 주일을 기억하고 더럽힘이 없도록 잘 준비해야 한다. 설교자가 말씀을 준비하듯 청중은 준비된 말씀을 들을 준비를 해야 하는 것이다. 예배 모범 지침서에 의하면 공예배 석상에서 성도들이 어떻게 행동할 것인지를 다음과 같이 정하고 있다.

> 회중이 공예배로 모일 때(사전에 이 예배를 위하여 잘 준비된 마음을 가지고 와야 한다) 회중들 모두 다 나와 함께 참여해야 한다. 게으름이나 사적 모임을 가진 때문에 불참하는 경우가 없어야 한다. 불경건함으로 나오지 말며 담대하고도 겸손한 태도로 나오라. 좌석을 신성시하거나 어느 특정한 장소에 절하는 일을 해서는 안 된다. 회중이 모임으로써 목사는 위대하신 하나님의 이름 앞에 경배하자고 엄숙하게 청하며 기도로 시작한다. 회중은 목사가 성경을 읽는 것 외에는 예배 중에는 어

떤 것도 읽어서는 안 되며 사적 대화나 회의 혹은 인사도 금해야 한다. 또 회중의 어느 특정한 사람을 높이는 일도 금해야 한다. 하나님을 예배함에 있어서 출입하는 사람들을 쳐다보거나 조는 일을 금하며 자신이나 다른 사람들을 방해하는 일체의 꼴사나운 행동도 금한다. 만일 불가피한 사정 때문에 예배 시작을 함께 하지 못했을 때 사적인 경건의 시간을 가지지 말고 공예배에 늦게라도 참석하여야 한다.[31]

공예배 준비를 어떻게 하게 할 것인가? 이 부분은 현대 장로교회가 간과하고 있는 부분으로서 매번 강조되고 실천되어야 할 일이다. 합동측 헌법에 실린 예배 모범에 보면 '주일을 거룩히 지킬 것' 이라는 제1장에서 심지어 먹을 것까지도 미리 준비하고 주일을 거룩히 지킴에 방해 받음이 없도록 하라고 했다. 더 나아가서 '주일 아침에는 개인으로나 혹 권속으로 자기와 다른 사람을 위하여 기도하되 특히 저희 목사가 그 봉직하는 가운데서 복 받기를 위하여 기도하고 성경을 연구하며 묵상함으로 공예배에 하나님과 교통하는 것을 준비하라' 고 하였다.[32]

---

31. Church of Scotland, *Directory for the Publick Worship of God* (Church of Scotland, 2010), 138.

32. 대한 예수교 장로회 헌법, 1992, 231 제1장 3항, 4항. 예배 모범 지침서에서 목사의 목회에 대한 자세를 세세하게 언급하고 있다. 목사는 첫째, 여호와의 일을 태만히 하지 말고 근면성실하게 하라. 둘째, 가장 유약한 사람도 이해할 수 있는 말로 설교하라. 말씀을 전할 때 사람들의 얄팍한 지혜를 의존하지 말고 성령의 나타남과 능력으로 전해야 한다. 그렇지 않으면 그리스도의 십자가가 무효케 된다. 셋째, 신실하게 그리스도의 영광을 바라보며 회심과 훈육 및 사람들의 구원을 기대하되 자신의 이득과 명예를 위해서 하지 말라. 가난하다고 무시하거나 부자라고 봐 주지 말라. 넷째, 모든 교리와 교훈 특히 책망함을 지혜롭게 구성하여 전하라. 각 사람과 지위를 존중하고 목사 개인의 열정과 악의를 드러내지 말라. 다섯째, 하나님 말씀을 전하는 것이기 때문에 담대하게 전하라. 제스처나 음성, 표현력을 기르라. 여섯째, 사랑의 열정을 가지고 그 모든 것이 목사의 경건한 갈망함에서부터 나온 것임을 알게 하고 그들로 하여금 선한 일에 부요한 자가 되

넷째, 공예배에 있어서 시편 찬송 혹은 찬송. 스코틀랜드 장로교회나 칼빈의 예배에서 부른 노래는 시편 찬송이었다. 예배에서 우리가 주목할 것은 하나님이 말씀하시고 성도는 그 말씀하심에 대하여 합당한 반응을 보인다는 점이다.

말씀 읽기나 설교는 하나님이 자기 백성에게 말씀하시는 것이며 기도와 찬송은 그에 대한 성도들의 반응이다. 흔히 착각하는 것은 예배가 예배를 인도하는 설교자와 회중 간의 만남으로 여기는 것이다. 그러나 예배는 하나님과 그의 백성들 간의 만남이다. 하나님이 자기 백성에게 원하는 합당한 반응은 그의 말씀으로 그에게 나아가 간구하는 것이요 그의 말씀으로 그를 찬미하는 것이다.

칼빈은 그의 시편 찬송가 서문에서 시편 찬송에 대하여 다음과 같이 서술하였다.

> 아무리 자세히 살펴보아도 성령께서 만드시고 다윗이 노래한 시편 이상으로 좋은 노래나 찬송의 목적에 부합한 노래를 찾을 수 없을 것이다. 바로 이런 이유로 우리가 시편을 노래할 때는 마치 하나님이 우리 입에 친히 이 시편 말씀을 주시고 그 말씀이 하나님의 영광을 찬양토록 노래하게 하시는 것임을 확신하게 된다.[33]

게 하라. 일곱째, 하나님이 가르치신 것으로서 청중들이 그리스도의 진리를 배우는 일에 전념을 다하게 하고 양들 앞에서 매사에 본이 될 것이며 사적으로나 공적으로 진지하고 하나님의 복이 임하도록 간구해야 한다. 자신을 살피고 주께서 맡겨주신 양 무리를 잘 돌봐야 한다.

33. John Calvin, *Preface to the Genevan Psalter* 1543. 시편 찬송가의 정의와 공예배에서 불러야 할 합당한 찬송이 무엇인지에 대한 글을 소개한다. 서창원, "역사적 관점에서 본 개혁교회의 시편 찬송가," 『시편 찬송가 공청회 자료집』 5-15, (대한예수교 장로회 총회 신학부, 2007), Reimer A. Faber, "공예배에 있어서 시편 찬송가와 찬송가에 대한 개혁자들의 견해," 『진리의 깃발』 통권 84호, 2007.

한국 장로교회는 시편 찬송의 회복을 보다 강력하게 실천해야 한다. 하나님이 신약성경을 주시면서 신약의 시를 주지 않은 것은 구약의 시편이 여전히 성도들이 공예배나 사적인 모임에서나 불러야 할 찬송이 시편임을 말하는 것이다. 에베소서 5장이나 골로새서 3장의 시와 찬미와 신령한 노래는 시편의 다른 표현을 말하고 있지 하나님을 찬송하는 세 가지 유형의 노래를 말하고 있는 것이 아니다. 그러나 현실적으로 한국 장로교회가 찬송가를 부르고 있는 상황에서 예배에 부를 올바른 찬송이 무엇이냐는 심각하게 고민해야 한다.

찬송은 신학의 종합 예술이다. 그렇기 때문에 개혁교회의 성경적 바른 신학이 찬송가 가사에 그대로 녹아 나와야 한다. 가사가 성경적이며 개혁신학을 잘 반영하고 있는 것인지를 점검해야 한다. 무턱대고 부르다가는 하나님께 합당한 영광을 돌리지 못하고 우리끼리 흥겨워하는 음악공연으로 전락하고 말 것이기 때문이다. 그리고 곡조 역시 찬송을 받으시는 하나님의 성품에 어울리는 것인지를 고민하며 선택해야 한다. 하나님의 거룩성과 의를 배제시킨 세속적 음악은 구별되어야 할 곡조로서 합당하지 않기 때문이다.

찬송은 무슨 뜻인지 알지 못하고 그냥 흥얼거리는 것이 되어서는 안 된다. 시편 찬송가를 손에 들고 가사를 음미하며 하나님을 노래하는 것이라야 한다. 글을 모르는 사람들을 위해서 청교도들이나 스코틀랜드 교회에서는 선창자(precentor)가 있어서 한 줄씩 먼저 선창하면 회중이 따라 함께 부르는 방식으로 회중 찬송을 이끌었다.

4. 개혁파 장로교회의 예배 회복에 관한 실제적 제안

이상 살펴본 것과 같이 개혁파 장로교회가 물려받은 신앙유산은 예배 그 자체에서만 보아도 얼마나 풍성하며 생명력이 넘치는 것인지를 알 수 있다. 그러나 그것이 형식화되어 생명력이 없고 마치 장례식에 참석한 것과 같은 느낌을 지울 수 없다는 비판을 받아왔다. 그래서 나타난 것이 예배 축제 개념이었고 그로 인해 거룩하고 순결하며 엄위해야 할 예배가 춤판이 되고 농담과 별 유쾌하지 못한 유희가 난무한 공연장으로 변질되어 버렸다. 성경에도 없는 예배 기획 혹은 연출자가 생겨나고 의도된 연출을 통해서 예배자의 흥밋거리를 조장하는 예배가 되었다. 이런 방식은 오늘날에만 있는 것이 아니라 과거 100여 년 전에 영국에서도 논쟁의 한 중심에 서 있었다.[34]

19세기 말에 살았던 아키발드 브라운 목사가 그 당시 현대 예배의 특성에 대한 날카로운 지적은(사경회나 복음 설교집회라는 용어보다 연주회 놀이모임, 재미있는 오락들, 드라마 공연이 점차 활기를 띠고 있는 것에 대해) 마치 오늘날 교회의 모습과 너무나도 흡사하다.[35] 세상을 향해 고개 짓을 너울

---

34. Archibald. G. Brown, "흥밋거리 사용에는 사단의 계략이 숨어 있다." 「진리의 깃발」 통권 99호, 2009.

35. 흥밋거리 사용 문제에 대하여 교회가 목소리를 높이기보다 도리어 교회는 점차적으로 이에 대해 목소리를 죽이기 시작하였다. 그러다가 거기에 윙크를 보내더니 급기야 그 시대의 천박스러운 것들에 대한 사용을 변명하게 되었다. 그러더니 교회는 그것들이 교회 문턱을 넘어오는 것에 매우 관대함을 보였고 이제는 전적으로 수용하고 말았다. 그리고는 대중들에게 다가가는 사람들의 귀 기울임을 얻기 위한 간청으로 교회 안에 그것들이 자리 잡을 방까지 마련해 주었다. Ibid., 24-25.

거리고 같이 춤추고 있는 무너진 경계선을 다시 긋는다는 것은 결코 쉽지 않은 일일 것이다.

그러나 주님의 교회는 주님의 교회다운 모습을 회복해야 한다. 세상에서 구별된 하늘나라 시민권자들의 모임답게 하늘의 것을 추구하는 것이 되어야 한다. 그 회복의 핵심은 예배의 회복에 달려 있다. 그렇기 때문에 '오직 성경'(Sola Scriptura)이라는 종교개혁의 핵심사상이 신학자들이나 교회사가의 학술적 용어로 그치지 않고 성도 개개인의 삶의 현장에서 능력을 발휘하는 힘이 되기 위해서는 반드시 예배가 성경의 가르침에 따라 장로교의 특성에 맞는 통일된 예배 예전이 필요하다고 말하지 않을 수 없다. 예배야말로 성도들에게서 가장 강력하게 변화를 기대할 수 있는 최고의 수단이기 때문이다.

예배 개혁을 위한 실천적 지침으로서 다음을 제안한다.

첫째, 공예배와 사적 예배에 대한 분명한 구분이 있어야 한다. 적어도 공교회가 정한 주일 예배는 규정적 원리에 입각하여 가장 경건하고 가장 은혜롭고 가장 즐거운 예배가 되도록 철저하게 준비되어야 한다. 신학적 훈련을 받지도 않고 노회가 인준하지도 않은 음악적 소질과 열정을 지닌 몇몇 사람들(예배연출자, 혹은 찬양 사역자)에 의한 예배 인도는 반드시 금해야 한다.[36] 성도들은 사전에 집에서부터 주일 예배

36. 설혹 정규 신학과정을 받은 자라할지라도 성경에도 없는 찬양 사역자라는 이름으로 예배를 인도하게 하는 것은 분명 비성경적이다. 예배는 연출이 아니라 예배자들의 정성어린 경건하고 겸손한 헌신의 표현으로 나타나는 진지한 신앙고백이다. 예배연출이라는 용어 사용 자체가 예배자들을 감동시키겠다는 인위적인 술수이며 사람의 마음 중심을 보시는 하나님이 어디에서도 우리에게 요구한 적이 없다. 다만 기록된 말씀에 근거하여 여호와의 이름에 합당한 영광과 능력을 주께 돌리는 것이라야 한다.

를 위한 기도로 준비하고 사모하는 마음으로 나오도록 교훈 받아야 한다.

둘째, 예배의 통일성이다. 적어도 예배 모범에 직시된 내용들이 일관성 있게 제시되어야 성도들이 어디를 가든 예배 순서와 선포되는 말씀을 들으며 개혁교회인지 아닌지를 판가름하게 될 것이다. 그러나 우리의 현실은 거의 교회마다 예배의 틀이나 내용이 다르다는 사실이다. 한국의 대표적인 장로교회의 주보에 나와 있는 예배순서를 보면 어떻게 예배가 집전되는지를 잘 알 수 없다. 주보에 기재된 것은 사회자와 회중 찬송 두 곡, 그리고 기도와 찬양대 찬양이 있고 목사의 설교가 있다. 이것이 주일 낮 예배 순서이다.[37]

통합측의 한 교회 주보에 의한 예배 순서는 전통적인 것과 크게 다르지는 않지만 웨스트민스터 예배 모범 지침서하고는 차이가 있다. 입례찬송, 예배 부름, 화답송, 성시교독, 기원, 신앙고백, 송영, 기도, 찬송, 성경봉독, 성도의 교제, 찬양, 설교, 기도, 찬송, 봉헌, 송영, 봉헌기도 찬송 및 축도이다.[38] 합동측에 속해 있는 평범한 교회들의 주일 낮 예배 순서는 다 대동소이하다. 전통적인 예배 순서를 따르고 있으나 파격적인 순서로 진행되는 교회들도 점차 늘어가고 있다. 심지어 어떤 교회는 낮 예배 시간에 공동의회를 가지는 교회도 있음을 주보를 통해서 알 수 있었다.[39]

보수적인 교단의 교회 주보에는 대체로 교회소식이 예배 후에 있거

---

37. 서울 강남구 강남역에 있는 합동측 S 교회 최근 주보이다.
38. 서울 종로구 신문로에 있는 통합측 S 교회 최근 주보이다.
39. 서울 광진구 광장동에 있는 합동측 K 교회 2008년도 6월 8일자 주보.

나 예배 전에 있다. 그리고 참회의 기도 시간과 사죄의 은총을 구하는 기도순서가 삽입되어 있다.[40] 그리고 2011년도 삼양교회 주보를 소개하면 다음과 같다: 묵상기도, 환영 인사와 교회 소식, 예배 부름, 시편 찬송, 성경교독, 회개와 신앙고백, 찬송, 목회기도, 시편 찬송, 헌금 및 봉헌기도, 성경봉독, 찬양, 말씀강론, 찬송, 축복선언. 이 교회의 특징은 시편 찬송을 부르는 것과 성시 교독보다 성경 교독이 있고 저녁 예배와 삼일예배 시간에는 아예 시편 찬송만 부르고 있는 점이다.

예배의 생명력은 순서의 배열보다 그 순서 하나하나에 들어가는 내용에 달려 있다고 본다. 예배가 철저하게 하나님께만 영광이 되고 그 하나님으로부터 내리는 은혜의 충만함을 위해 목사의 준비 및 회중의 준비가 그 어느 때보다 절실하다. 그리고 오직 예배의 주인공이신 하나님께만 집중케 하는 일관성 있는 내용들이 중요하다. 예배 부름과 성경 읽기나 성시 교독 그리고 부를 찬송가 가사까지도 세밀하게 준비하는 작업이 이루어져야 한다.

한국 교회 전반에 걸쳐 실시하고 있지 않은 것 중 반드시 실천해야 할 사항은 찬양대가 부르는 노래가 목사의 설교와 연계될 수 있도록 준비하는 것이다. 그런 의미에서 지휘자와 담임목사와의 대화가 선행되어야 할 것이다. 진리와 영으로 예배하는 곳에 어찌 하나님의 임재하심이 결여될 수 있겠는가? 하나님을 만나는 흥분된 감격의 교제가 풍성하게 되기 위해서라도 예배 인도자의 역할이란 말로 다할 수 없이 중요하다. 예배인도자의 각기 옳은 소견대로가 아니라 하나님의

---

40. 서울 영등포구 신길4동의 성경장로교단의 D 교회 2009년 주보. 보수적이지는 않지만 경기도 성남시 분당에 있는 교회 주보에는 참회기도와 사죄 확신이라는 순서가 들어 있음을 본다.

말씀에 기초한 통일된 지침서가 새롭게 작성될 수 있기를 소망한다.

셋째, 성경적 강단의 회복이다. 사실 예배 순서 중에서 찬양, 기도, 헌금은 다 인간에게서 하나님께로 올려드리는 것이다. 그에 비해 하나님이 인간에게 주시는 것은 오로지 성경 읽기와 말씀 선포이다. 인간에게서 하나님께로 나아가는 것들은 그것이 최상의 것이라 할지라도 부족한 면이 있다. 그러나 하나님께로부터 인간에게로 오는 말씀은 그야말로 값으로 환산할 수 없는 지존자 하나님의 진리의 말씀이다. 그러기 때문에 설교순서가 가장 긴 시간을 차지하는 것이다.

인간은 들어야 하지 자기주장을 하는 것이 아니다. 그런데 한국 교회 예배가 심히 우려되는 것은 강단이 진리에서부터 멀어져가고 있다는 사실이다. 이것이 결국 예배의 웃음거리 혹은 흥밋거리 추구로 이어진다고 본다. 그렇기 때문에 장로교 예배가 경건하고 하나님의 임재하심을 맛보는 참 예배가 되려면 반드시 하나님의 진리로 충만한 강단이 되어야 한다. 말씀이 이끄는 교회여야 하지 목적이 이끄는 교회가 아니다.

강단이 성경 진리로 충만하고 다른 요소들도 다 계시된 말씀에 따라 예배가 진행된다면 주일 교회의 모습은 반드시 계시된 무오한 하나님의 말씀에 의해서 그 어느 때보다 풍성한 은혜를 경험하는 영적 장터가 되기에 충분하다. 말씀을 맡은 목사는 한 권의 책의 사람이어야 한다. 교회는 진리의 보고(寶庫)여야 한다. 그 보고에서 꺼낸 진리의 물결은 성도들의 삶의 현장에서 유유하게 흘러나와야 한다. 그것이 앞서간 믿음의 선진들이 보여준 생명력이었다. 하나님을 아는 지식으로 충만케 되는 날이 속히 임하기를 소망한다.

넷째, 주일성수의 회복이다. 낮예배와 오후예배 사이에 시간적 차이가 별로 없다보니 남는 시간은 사사로운 여가 시간으로 전락하고 이 날을 기억하고 온전히 지키는 일이 점차적으로 사라져 버리고 말았다. 결국 구분된 경계선의 무너짐은 신령과 진정으로 하는 예배가 아닌 의전행사가 된 것이다.

한국 교회가 더 영적인 교회로 거듭나려면 주일 성수 운동을 다시 활기차게 벌여야 한다. 그 대안으로 오후예배 하던 것을 다 저녁 예배로 환원해야 한다. 주중의 모든 날들도 다 주의 것이지만 특히 주일은 더더욱 주님의 날이다. 그렇기 때문에 주의 날을 도적질 하는 우를 범해서는 안 된다. 또한 성도들의 자주 모이는 것 자체가 소망의 위로를 넘치게 받는 길이요, 악한 자를 능히 대적하는 힘을 공급받게 되는 것이다.

이상의 글을 통해서 개혁파 장로교회의 예배 회복에 관하여 함께 살펴볼 수 있게 되었다. 성경적 원리 회복이 그 어느 때보다 시급하다. 말씀이 중심이 되는 제3의 종교개혁[41]이 강단 개혁을 통해서 신속하게 이루어지기를 소망한다. 장로교 총 연합회에서 개혁교회의 통일된 예배의전을 마련해 봄이 어떨지 제안을 드리며 교단만이라도 통일된 의전이 되기를 바란다.

41. 제1은 로마가톨릭교회로부터, 제2는 성공회 감독교회로부터, 제3은 부패와 타락과 이탈과 변질로부터 순수한 말씀 중심의 교회를 만들어 가는 개혁운동이다.

참고문헌

1. 서창원. 『깨어 있는 예수의 공동체』. (진리의 깃발사, 2003).
2. 서창원. "역사적 관점에서 본 개혁교회의 시편 찬송가." 『시편 찬송가 공청회 자료집』. (대한예수교 장로회 총회 신학부, 2007).
3. 제레미야 버러우즈. 『예배의 타겟을 복음에 맞추라』. 서창원, 최승락 역 (진리의 깃발사, 2002).
4. 존 칼빈. 『기독교 강요』. 원광연 역 (크리스찬 다이제스트사, 2003).
5. 존 프레임. 『신령과 진정으로 드리는 예배』. 김광열 역 (총신대 출판부, 2000).
6. Brown, Archibald. G. "흥밋거리 사용에는 사단의 계략이 숨어 있다." 「진리의 깃발」. 통권 99호, 2009.
7. Calvin, John. *the Genevan Psalter* 1543.
8. Faber, Reimer A. "공예배에 있어서 시편 찬송가와 찬송가에 대한 개혁자들의 견해." 『진리의 깃발』. 통권 84호, 2007.
9. Hunter, A. Mitchelle. *The Teaching of Calvin*. (James Clarke & Co. LTD, 1920).
10. Johnson, Terry L. *Reformed Worship*. (Reformed Academic Press, 2000).
11. Logan, Robert. *Beyond Church Growth*. (Revell, 1990).
12. Smith, Frank J. and Lachman, David C. *Worship in the Presence of God*. (Greenville Seminary Press, 1992).

13. "The Directory of Publick Worship of God." the Preface, 137. in *The Confession of Faith and Subordinate Standards*. (Edinburgh: Free Church of Scotland, 1973).

14. "On the Necessity of Reforming the Church." in *Selected Works of John Calvin. Vol.1* (1907; reprint, GrandRapids: W. B. Eerdmans, 1947).

15. Church of Scotland. *Directory for the Publick Worship of God*. (Church of Scotland, 2010).

Crisis of the Church
The Bible is the Key

15장

한국의 교회 위기 타개, 청교도에서 배우는 교회 개혁[1]

한국의 교회가 위기를 맞았다는 소리는 십수 년 전부터 일어난 일이라고 본다. 그 위기의 요인들은 대체로 개교회주의, 황금만능주의, 세속주의, 성공지상주의, 쾌락주의, 및 진정한 복음 설교 부재라는 범주들이 지적된다. 그러한 현상들이 빚어낸 심각한 현상은 목회자들과 성도들의 도덕적 타락이다. 한국의 교회 문제를 언급하는 자들마다 너도나도 언급하는 목록들이기 때문에 굳이 출처를 밝힐 필요를 느끼지 못한다.

한국의 교회 위기를 언급하는 자들의 공통된 대안은 '성경으로 돌아가는 것' 이다. 이것 역시 누가 그렇게 말하는지 학자들이나 목회자들의 이름을 언급할 필요가 없다. 왜냐하면 시중에 나와 있는 책들이

1. 2018년 10월 27일 한국복음주의신학회에서 발표한 '한국교회의 위기, 청교도에게서 배운다!' 를 수정, 보완한 글이다.

그러하고 학회에서 논문 발표하는 자들마다 모두 언급하는 사항들이기 때문이다. 너무나도 많이 들어왔고 계속해서 제기될 방안임을 조금도 의심하지 않는다. 필자 역시 그런 무리들 중 한 사람이다. 이 상황에서 또 다시 한국의 교회 위기 어떻게 극복할 것인지에 대한 글을 부탁받았다. '한국복음주의 신학회' 의 정기 발표회가 마련한 총 주제이기 때문이다.

그러나 그렇게 많은 주장들과 외침들이 있었으나 현재의 결과는 참혹하다. 개선되거나 나아짐이 거의 전무하다시피 하기 때문이다. 그래서 또 다시 이런 글을 써야하는가? 의구심이 든다. 그러면서도 요청받은 것에 대한 답을 내놓아야 한다는 의무감 때문에 글을 쓰기 시작한다. 그러면서 드는 또 하나의 질문이 있다. 교인들만이 아니라 교회 밖에 사람들에게서도 지탄의 농도가 더 커지고 있는 현 상황을 헤쳐 나갈 수 있는 능력을 현재 한국 교회가 지니고 있는가? 교회 스스로가 문제를 해결할 수 있는 자정 능력을 상실해 버린 것은 아닌가? 그 증거는 무엇인가?

교회 내에서 벌어진 문제들을 교회 내에서 해결하지 못하거나 또 해결해도 순응하지 않고 점점 세상 법에 호소하는 일들이 비일비재하다. 그것조차도 교회가 자초한 일이기는 해도 교회 내에서 충분히 해결할 수 있는 문제들을 교회법이나 성경의 가르침을 최고의 권위 있는 것으로 알지도 못하고 인정하지도 않는 교회 밖의 사람들의 판단에 고스란히 맡긴다. 그들의 판결이 성경의 교훈보다 더 권세 있게 한 것이다. 교회가 성경이 최고의 권위를 가진다고 입으로만 시인할 뿐이지 실상은 세상법이 성경 위에 있음을 그대로 시인하는 것이나 다름이 없다. 교회가 세상을 염려하고 판단해야 할 위치에 있어야 정상인데 지금은 거꾸로 세상이 교회를 걱정하고 판결해주는 단계까지 이르렀다. 지금의 위기는 성경의 권위를 상실한 교회의 당연한 귀결이다.

1. 위기처방의 실체

1988년도 서울 올림픽을 전후로 한국 교회 안에 일어난 일명 '경배와 찬양 운동'은 한국 교회의 위기 진단의 한 대안으로 부상된 것이었다.[2] 그러나 2005년 통계청의 종교인 수 발표는 경배와 찬양의 모임들이 전국 교회들에게 폭발적으로 확산되었음에도 불구하고 충격적이었다. 당시 가톨릭과 불교의 종교인 수는 23%에서 75%까지 성장한 것에 비해 한국의 교회는 144,000명이 줄었다는 것이었다. 경배와 찬양 운동이 보급된 지 15년이 지난 이후의 통계수치이지만 줄어드는 젊은이들을 다시 교회로 부르지 못한 것이 분명하다.

한국 교회는 수적 통계로만 보면 하향곡선을 이루고 있다. 물론 2015년도 교세 통계는 기독교가 불교를 제치고 최초로 종교인 수가 가장 많은 종교로 부각되었다. 목회 현장에 있는 목사들은 이 결과를 모두 의아하게 생각하였다. 체감하기로는 교인수가 급감한 것으로 느

2. 온누리교회 목요찬양집회가 그 대표적인 시발점으로 고 하용조 목사의 동생인 하스데반 선교사의 주도적인 활동으로 전국 교회에 보급된 집회였다. 악기들 특히 밴드와 드럼을 동원하고 아마추어 가수들의 데뷔 무대로도 활용된 경배와 찬양은 교회를 떠나가는 젊은이들을 교회에 묶어두고 동시에 교회 밖의 젊은이들을 교회 안으로 끌어들이기 위한 하나의 방편으로 적극 권장되었다.

껴졌기 때문이다. 원인을 분석한 자료들을 보면 공통적으로 소위 '가나안' 교인들로 인한 것으로 서술한다. 교회에 나가지 않지만 자신을 기독교인으로 기재하여 통계 수치를 증가한 것처럼 보이게 하였던 것이다.[3]

앞으로도 한국의 교회의 교세는 비관적이다.

첫째, 인구 감소에 그 원인이 있다. 지금 한국 사회 자체가 세계 최저 출산율을 기록하고 있다. 인구 절벽을 느끼는 시대에 살고 있는 것이다. 작년 한 해 출산 아동이 40만대로 내려앉았고 올해는 30만 수준으로 주저앉을 것이라고 전망한다.[4] 자연히 종교인 감소로 이어질 수밖에 없다. 물론 이것은 기독교만의 문제는 아니다.

둘째, 기독교에 대한 사회적 평판 하락에 그 원인이 있다. 예전부터 기독교의 신임도는 언제나 꼴찌였다. 성직자 개인의 신뢰도 또한 올라설 기미가 없다. 투명한 운영으로 타종교에 비해 더 잘 드러나는 특성을 가지고 있지만[5] 신행일치가 없는 교회 지도자들의 비리와 불경건한 삶이 큰 문제이다.[6]

---

3. 정재영 교수는 "늘어나는 가나안 성도를 어떻게 할 것인가?"라는 칼럼에서 '한국기독교목회자협의회'의 2014년 조사에서 교회에 출석하지 않는 '가나안' 성도들은 전체 기독교인 중 10.5%였으며, 2017년에는 23.3%로 무려 200만 명이상이 가나안 교인이라고 지적하였다. 「데일리굿뉴스」, 2018년 9월 18일자 칼럼에서.

4. 2017년 통계청 발표에 의하면 가임여성의 출산율이 1.05명이었다. 반면에 '대통령직속 저출산고령사회위원회'에서 발표한 지난 7월 5일 보고서에 의하면 올해 출산율 전망치가 1.0명 이하로 떨어질 것이라고 하였다. 작년 통계치에 의하면 이미 대도시인 부산은 0.94명이었고 서울은 더 낮은 0.84명이었다.

5. 제직회나 공동의회를 통한 교회 속사정들이 일일이 공개되는 교회 행정 체계로 인하여 교회 비리문제가 터지면 다른 종교에 비해 전파속도가 훨씬 빠르다.

6. 기독교윤리실천운동이 2017년 3월에 국민 1000명을 대상으로 조사한 바에 의하면 목회자를 불신한다는 사람이 50.2%로 평신도를 불신한다는 48.8%보다 더 많았다. 불교사회연구소가 2015년 10월 19세 이상 일반 국민 1200명을 대상으로 성직자들에 대한 신뢰도를 조사한 결과 신부는 51.3%, 스님은 38.7%의 신뢰를 받는 반면에 개신교 목사는 겨우 17.0%의 신뢰만 받는

셋째, 거듭나지 않은 자들이 교회 리더십을 꿰차고 있는데 그 원인이 있다. 다시 말하면 교회에 출석해야 할 장점이 보이지 않는 것이다. 과거에는 거듭난 자들 중에서 교회 지도자들이 나왔다. 그러나 현대 교회에는 사회적 지위와 재산의 소유 여부 혹은 학벌과 교회의 공헌도에 따라서 교회 리더십을 차지한다. 그렇기 때문에 신령한 통찰을 수행하기보다는 지극히 세속적이고 인본주의적 프로그램들이 성행하고 있다. 교회에 가야할 가장 큰 이유는 바로 교회에서 자신이 맡은 일이 있기 때문이지 교회의 머리이신 예수 그리스도와의 관계, 주님을 더 깊이 알아가며 예비하신 은혜를 풍족히 누리는 데에 초점이 있지 않다. 대부분의 직분자들이 자신이 맡은 일들에 대한 승패여부에 온 신경이 곤두서 있다.

이러저러한 이유 때문에 한국의 교회의 감소현상은 지극히 자연스러운 것이다. 지난 9월에 끝낸 대한예수교 장로회 합동측 교세 현황보고를 보면 교인 300만대에서 270만대로 주저앉았으며, 작년 한 해만도 7만여 명이 감소되었다고 한다. 더욱이 세상 풍조 자체가 하나님을 등지고 사는 것이기에 교인 감소현상은 더욱 심각하다. 최고의 자리에 있던 하나님을 이제 그 정상에서 끌어 내린지 오래 되었다. 그 자리에 돈이라는 최고의 가치가 침략해 들어왔다. 그 세상 신을 몰아내기란 여간 어려운 것이 아니다.

이러한 상황에서 바른 목회가 무엇인지를 고민하지 않을 수 없다. '바르다' 라는 단어의 기준을 어디에 둘 것인가? 그것은 전통적으로 최고의 권위를 지닌 성경에 둔다. 성경만이 신앙과 행위의 유일한 규

것으로 드러났다.

범이다. 성경이 정확 무오한 하나님의 말씀이요, 최고의 권위를 지닌 것이라고 믿는다면 오직 성경만이 판단의 잣대이다. 바른 목회에 관한 규정 역시 성경의 가르침을 따르는 가로 판단한다. 이처럼 답은 단순하다. 하지만 실제 목회 현장은 정반대의 모습을 가지고 있다. 어떻게 하면 한국의 교회가 직면하고 있는 위기를 극복할 것인가?

단순하게 성경으로 돌아가야 한다는 구호가 아니라 실질적인 대안이 무엇인가를 17세기 영국의 청교도들의 목회 실천을 통해 제시해 보고자 한다. 그것은 17세기 잉글랜드의 종교적 상황이나 사회적 현실이 현대의 모습과 크게 다르지 않다는 것에 있다. 또 하나는 성경이 시대를 불문하고 모든 시대 모든 사람들에게 적용되는 진리라는 사실이다. 가장 성경에 충실하게 목회하였던 청교도들의 실천적인 모습은 우리에게 현실적인 문제를 극복할 수 있는 방안을 찾을 수 있도록 도울 것이라고 믿어 의심치 않는다.

2. 왜 청교도 목회 실제여야 하는가?

먼저 17세기 잉글랜드의 교회들이 처한 상황이나 한국의 교회가 처한 상황 자체가 유사하기 때문이다. 잉글랜드에는 여전히 로마가톨릭의 잔재들이 남아 있고 동시에 성공회 자체도 신학적인 것은 상당수가 개혁된 상황이었다고 해도[7] 실천적인 면에서는 가톨릭적인 요소들

---

7. 성공회의 '신조 39 조항들' 대부분 개신교적인 것이다.

이 그대로 남아 있었다. 따라서 철저하게 성경에 따른 교회의 개혁에 대한 외침이 강렬하였다. 더욱이 국교회에 속한 대중들 대다수가 미신적인 우상숭배의 영향에 그대로 노출되어 있었기 때문에 오직 복음에 충실하게 심령의 변화와 삶의 개혁을 꿈꾸며 실천에 옮긴 청교도들의 목회활동이 중요하였다. 필자가 영국 유학생활을 마치고 귀국한 1990년 초부터 들려온 한국의 교회의 위기 상황에 관한 것은 상당한 세월이 흘렀음에도 나아지기는커녕 더 악화되었다. 외쳐야 할 사명을 지닌 자들은 더 이상 넋 놓고 있어서는 안 된다. 따라서 청교도들이 실천했던 상황을 통해서 재조명함이 필요하다.

또 하나의 이유를 찾자면 목회실제의 모범으로 삼을 만한 시기이기 때문이다. 기독교 2000년 역사상 가장 많은 성경 강론 설교자들이 나왔으며, 거듭난 그리스도인만 45%나 되는 '성경 밖의 가장 성경적인 사람들'을 배출하기도 하였다.[8]

성경적인 바른 목회란 무엇일까? 그 답을 생각하기 전에 위기의 한국 교회에 대해 한 가지만 짚고 가자. 목회에 위기가 없었던 시기가 있었을까? 있다면 언제일까? 이 질문에 먼저 답을 해야 바른 목회에 관한 대안을 제시할 수 있을 것이다. 그렇다면 기독교 역사상 목회의 위기라는 용어를 사용하지 않았던 적이 있었는가? 아니다. 단 한 번도 위기가 아닌 때가 없었다. 사실 매 순간이 다 목회의 위기라고 할 수 있다. 그것이 한국이든 일본이든 미국이나 영국이든 모두 동일하다. 따라서 목회 사역은 몹시도 힘겹고 고통스럽다고 할 수 있다. 그렇기 때문에 초신자는 감당할 수 없다. 또한 교세 확장이라는 미명하에 성

---

8. Peter Lewis, *The Genius of Puritanism*, Carey Publications, 1975, 11-18 참조. 이 책은 필자의 번역으로 『청교도 목회와 설교』(청교도 신앙사, 1991)란 제목으로 출간되었다.

경에 없는 일들을 남발해서는 안 된다. 필자가 여기서 청교도들을 소개하고자 함은 성경에 가장 충실한 목회의 본을 볼 수 있기 때문이다.

오직 성경에 충실한 성경제일주의자들! 그것이 500년 전의 개혁파 종교개혁자들이 남겨준 정신이었다. 특히 루터파와 구분되는 개혁파 교회의 시조격인 츠빙글리는 단지 교리적인 가르침만이 성경의 가르침에 기초해야 한다고 주장한 것이 아니라 교회의 모든 것을 오직 성경의 권위에 기초해 판단하고 개혁하고자 한 것이다. 츠빙글리는 '성경이 명령한 것이 아니라면 실행할 수 있어야 한다' 고 본 루터와 달리 '성경이 어떤 것을 명한 것이 아니라면 실행하지 말아야 한다' 는 입장을 가지고 있었다. 그렇기 때문에 루터교회는 중세 시대의 많은 유산들을 계승하며 성경이 이를 정죄하지 않는다고 보았던 것이다.[9] 그러나 츠빙글리나 그 다음 세대인 칼빈은 '성경에 명시되어 있지 않는 한 관습은 구속력이 없는 것' 으로 보아서 예배 방식까지 철저하게 성경적인 것을 따라야 함을 강조하였다.[10]

종교개혁 이후 지금까지 개혁파 교회의 원리는 언제나 '오직 성경' (Sola Scriptura, Tota Scriptura) 사상이다. 문제는 이 기준이 무너진 것 때문에 교회는 언제나 위기를 맞이하였고 아이러니하게도 위기를 맞을 때마다 '기본으로 돌아가자' (Ad Fontes)는 사상이 발흥하여 성경의 잣대로써 교회가 새롭게 소성됨을 경험하였다. 그러나 21세기 현대는 그 어느 시대보다 상당히 복잡하다. 단순하게 '성경으로 돌아가자' 는 사상을 모두가 다 인정하는 것이 아니기 때문이다. 500년 전의

---

9. David Calhoun, "The Clarity and Certainty of the Word of God: The Life and Theology of Ulrich Zwingli," in *Reformation & Modern Church History*, Spring 2006, Covenant Theological Seminary, Lesson 6, 4.

10. 이상규, 『개혁주의란 무엇인가?』 (고신대학교출판부, 2010), 47.

종교개혁 시대나 400년 전의 청교도 시대나 어쩌면 교회 개혁의 주장들은 대체로 단순한 논리들이었다. 크게 분류하면, 로마가톨릭이냐 아니면 개신교냐가 전부였다. 당시에는 성공회 국교도냐 아니면 비국교도냐의 잣대로 교회 개혁의 흐름을 규정해도 되었지만 지금은 너무나도 많은 교단들이 존재하고 있다. 그리고 그 어느 때보다 국가 교회 개념 자체도 사라지고 만 현실에서, 우리가 성경으로 돌아가자고 해서 모든 교회가 다 수긍하는 것이 아니기 때문에 대안을 제시하는 것은 쉽지 않다.

손봉호 교수가 최근에 한 강연에서 삯군이나 강도가 아닌 선한목자들에 대한 평가를 하면서 지적한 것은 교회 개혁을 외치는 신학자들과 목회자들에게 심각한 도전적인 메시지라고 생각한다.

> 교회 개혁에 대하여 물론 소수의 선한 목자들에게 기대해 볼 수 있으나 그들 대부분도 하나님 나라보다는 '우리 교회'에 집중하는 이기주의자들이다. 더러운 물에 손 담그다가 자신들조차 더러워질까 걱정되어서 '한국 교회', '하나님 나라'에 관심 쓰기보다는 자신의 목회만 제대로 하는 것에 몰두한다. 그들은 한국 교회가 완전히 망한 후에 '그루터기'는 될 수 있을지 모르지만 망해가는 교회를 정화하는 '청소부' 역할은 하지 못할 것이다.[11]

그루터기로 존재하기보다는 청소부 역할을 필요로 하는 시대에 어떻게 그 역할을 감당할 것인지 청교도들에게서 답을 찾기로 한다.

---

11. 손봉호, "목회자들의 위기의식과 대처방안," 한국 교회 목회자 윤리위원회 주최 2018년 7월 17일 논문 발표.

3. 청교도들의 목회 실제

청교도들이 활동했던 당시의 잉글랜드의 국교회인 성공회의 실제 상황은 청교도들이 목회활동 하기가 상당히 어려운 현실이었다. 조셉 파이파 교수의 글에 의하면 "성공회주의는 예배의 부패된 요소들로 인해 정신을 차리기 힘들 정도요, 영혼을 망치는 설교에 열중하고 있는 모습이었다."[12] 이러한 와중에서 그들이 개혁의 기치를 높이 들게 된 것은 무엇보다 성경에 대한 그들의 확신에서 비롯하였다.

오늘날 목회자들과 신학자들 중 자유주의 신학사상에 물들어 있는 이들을 제외하면 일반적으로 성경을 정확 무오한 하나님의 말씀으로 믿는다. 그런데도 실천적으로 말씀의 권위와 능력에 대한 믿음의 증거는 엄청 저조한 상태에 있다고 해도 틀리지 않는다. 왜냐하면 기록된 말씀대로 교회를 개혁하고 성도들의 삶을 변화시키고자 하는 헌신적 신실함을 찾아보기가 힘들기 때문이다.

그에 비해 청교도들은 그렇게 믿은 바대로 그렇게 실천하고자 했다. 그것이 개혁의 아름다운 열매들을 낳느냐 아님은 피폐해지느냐를 가늠한다. 청교도들의 성경관과 실천사항을 우선적으로 살펴보자.[13]

---

12. Joseph A. Pipa Jr, "Puritan Preaching," 한국개혁주의 설교연구원 15기 정기세미나 강의 중에서, 2001년도 2월.

13. 지금부터 강의되는 청교도들의 목회 실제의 모습은 지난 2015년도 7월에 신반포중앙교회에서 열린 조나단 에드워드 신학 컨퍼런스에서 필자가 발표한 것으로부터 발췌한 것임을 밝힌다.

1) 칼빈주의 신학적 근거: 성경

청교도들은 전반적으로 칼빈주의 신학을 기반으로 하고 있다. 그들의 교회 개혁의 바탕을 스코틀랜드의 존 녹스나 제네바의 존 칼빈의 가르침에 두고 있었기 때문에 개혁주의 신학이 그 기조였다고 말할 수 있다. 녹스의 영향은 에드워드 6세 왕 때에 이미 접할 수 있었고 칼빈의 영향은 메리 여왕 때 제네바로 망명간 자들을 통해서 몸으로 체득한 것이었다. 그렇기 때문에 잉글랜드 교회 개혁의 방향은 두 종교개혁자들의 신학적 사상이 그 뿌리라고 해도 과언이 아니다. 그렇다면 개혁주의/칼빈주의 신학의 근본은 무엇인가? 그것은 성경관에 달려있다. 성경을 어떻게 이해하느냐가 가늠하는 잣대이다.

16세기 종교개혁자들과 마찬가지로 청교도들 역시 교회 개혁의 기준을 무엇보다도 성경에 두었다. 교회의 전통이나 교황권이 어떠하든 그들이 이미 성의 논쟁에서 보여준 바와 같이 성경이 모든 것의 판단의 기준이었다. 그런 의미에서 청교도들을 성경제일주의자라고[14] 표현해도 틀린 말이 아니다. 교회의 모든 제도나 가르침만이 아니라 개인의 삶의 영역에서 있어서도 성경이 판단의 유일한 기준이었고 방향이었다. 웨스트민스터 신앙고백서에 명시되어 있는 그대로 '성경은 신앙과 행위의 유일한 규범'이었다. 그들은 토마스 부룩스의 표현과 같이 "성경이 침묵하고 있는 곳에서는 침묵하기를 좋아하고 성경이 말하고 있지 않는 곳에서는 듣는 귀도 가지고 있지 않는" 사람들이었

---

14. 웨스트민스터 신앙고백서의 제1장이 '성경에 관하여'를 다루고 있는 것이 그 증거이다. 당시 대다수의 신앙고백서들이 제1장에서 신론을 다루고 있는 것과는 차이가 있었다. 이것은 그들이 성경의 권위를 최고로 권위 있는 하나님의 말씀으로 간주하고, 그 말씀에 근거하지 않은 것들은 어떤 것도 수용하거나 실천할 수 없다는 강력한 확신을 가지고 있었음을 의미한다.

다.[15] 이것은 종교개혁자들이 남겨준 다섯 개 솔라 중 첫 번째인 '오직 성경' (Sola Scriptura)의 정신이었다.[16] 청교도들에게 있어서 "성경은 하늘로부터 불어오는 바람과 같이 타락하고 부패하며 개혁되지 못한 요소들을 말끔히 씻겨 가버리게 하는 무기"였다.[17] 이것은 청교도들이 성경을 정확 무오한 하나님의 말씀으로만 간주한 것이 아니라 성경의 '충분성' (the Sufficiency of the Bible), 혹은 충족성을 굳게 신뢰하였다는 증거이다. 교회에 뿌리깊이 박혀 있던 교회의 전통이나 교황권의 우선순위와는 완전히 다른 혁신적인 사고였다. 이를 이어받은 청교도들은 웨스트민스터 신앙고백서에서 이렇게 표현하고 있다.

> 마땅히 믿고 순종해야 하는 성경의 권위는 인간이나 교회의 증언이 아닌 진리며 저자이신 하나님께 달려 있다. 그러므로 그 권위가 받아져야 함은 성경이 하나님의 말씀이기 때문이다.[18]

그들은 목회가 무엇인지, 양 무리를 어떻게 양육하고 돌봐야 하는지, 교회가 무엇인지 설교 사역은 어떤 것인지, 바른 예배는 무엇인지, 삶의 궁극적인 목적이 무엇인지, 교회의 영적 독립성은 어떤 것인지 그 모든 현실적인 문제들을 성경에 근거하여 바르게 제시하였고 개혁해 나갔다. 작금의 교회 상황을 냉철하게 분석하고 방향을 올바로 잡기 위해서는 청교도들이 붙들었던 '오직 성경' 이라는 구호를 하

---

15. 서창원, 『청교도 신학과 신앙』 (지평서원, 2013), 44. "where the Scripture is silent, there I love to be silent, and where the Scripture hath no tongue, there I have no ears."

16. Sola Scriptura, Sola Fide, Sola Gratia, Soli Deo Gloria, Solus Christus

17. 서창원, 『청교도 신학과 신앙』, 43.

18. 웨스트민스터 신앙고백서, 제1장 4항(서창원 역)

나의 역사적 유산이 아닌 지금도 현실 적용이 가능한 실체임을 알고 목회현장에서 구체적으로 실현해 가는 '청소부'와 개혁자의 길을 가야한다.

하나님은 인간 누구에게도 하나님께 나아가는 방식을 고안하도록 권한을 부여해 주신 적이 없다. 선지자가 임의대로 말하지 않았듯이 말씀을 선포하고 가르치는 자는 누구든지 성경에 근거하지도 않는 것은 시행해서는 안 된다. 그것이 지금까지 교회가 해온 전통이라 하더라도, 사람들이 흥겨워하고 감동을 받는다 하더라도 금해야 한다. 그것은 오히려 그 행위가 하나님의 권위인 '성경의 충족성'을 부정하는 것이 되기 때문이다.

하나님께 나아가는 방식이나 섬김의 방편을 목사 개인이나 혹은 총회조차도 임의로 변경하거나 첨가할 권리를 지니고 있지 않다. 오직 기록된 말씀의 교훈만으로 충분하다. 윌리암 퍼킨즈에 의하면 말씀의 속성이 완전하고 영원하다는 차원에서 하나님의 말씀을 능가하는 탁월한 것은 없는 것이다. 성경에 우리가 무엇을 더하거나 뺄 수 있겠는가? 성경 그 자체에는 어떤 결함도 오류도 없다.[19] 존 녹스의 사역에 있어서 가장 근본 사상을 이루고 있는 말씀인 신명기 12:32 말씀은 이를 충분히 지지하고 있다: "내가 너희에게 명령하는 모든 말씀을 지켜 행하고 그것에 더하지도 말고 그것에서 빼지도 말라!"[20]

---

19. William Perkins, "The Art of Prophesying," Works, vol II, 1617, 646. 이 책은 부흥과 개혁사에서 우리말로 번역되었다.

20. 잠언 30:6이나 요한계시록 22:18-19도 같은 내용을 말씀한다. 성경만으로 충분하지 않다고 하여 성경을 임의대로 불필요하다고 말하거나 또는 임의대로 사도행전 29장을 새롭게 써내려가고 있다는 것은 매우 위험한 발상이다. 존 녹스가 누구도 두려워하지 않고 하나님의 말씀을 담대히 증거한 삶을 산 이유는 말씀을 최상의 권위로 확신했기 때문이었다.

존 오웬 역시 성경은 "우리를 겸손하게 하고 거룩하게 하고 신령한 일들에 있어서 지혜롭게 하고 우리의 의무들을 지시하고 우리를 유혹들에게서 건지고 환난에서 우리를 위로하고 우리로 하나님을 사랑하고 하나님을 위해 살게 하기 위해 주어진" 유일한 규범으로 말했다.[21]

이처럼 청교도들은 말씀으로 기도하고 말씀으로 찬송하고 말씀을 듣고 말씀을 전하고 말씀에 순종하는 생활 방식을 도출한 자들이었다. 기록된 말씀을 최고의 권위로 삼은 것이다. 오늘날 말씀의 권위를 바닥에 추락시킨 장본인들은 말씀을 다루는 목사들과 말씀을 믿는다고 말하는 기독교 지도자들이다. 전하고 가르치는 대로 믿고 실천하지 않는 모습이 성경을 등한히 여기게 하고 성경을 들어야 할 이유를 제공해 주지 못한다. 성경의 권위보다 개개인의 이권과 명예가 더 소중한 것으로 전락시켰다. 존 하웨(John Howe)목사가 주장한 것은 오늘날에도 여전히 설득력 있다.

> 우리는 하나님의 자녀들이며 그리스도의 형제들이고 영원한 나라의 상속자들이다. 우리들은 기독교인이며 하나님의 복음을 믿는다. 따라서 우리는 하나님의 거룩한 복음의 선생들과 같이 살아야 한다.[22]

이와 같은 확신 때문에 그들의 개인 경건 생활에 있어서 언제나 성경 읽기를 강조하였다. 그들은 '하나님의 규례(The Ordinance of God)로서 사적으로나 공적으로나 성경읽기를 존중하였다.'[23] 그들이 읽었

---

21. 제임스 패커, 『청교도 사상』, 박영호역 (기독교문서선교회, 1992), 128.
22. 서창원, 『청교도 신학과 신앙』, 45.
23. John Geree, "청교도란 어떤 자들인가?," 「진리의 깃발지」 통권 37호, 1999, 6월호, 2.

던 성경은 최초로 장절을 소개하였고 성도들이 알아야할 기본적인 주석을 토를 달아 출판한 제네바 성경이었다. 이 성경은 존 녹스와 그의 동료들이 제네바에서 주도적으로 간여하여 만든 것으로, 1558년에 완역되었으나 1560년에 출판된 것이었다. 이 성경이 애용된 것은 성경 진리를 풍성하게 전해주기 위한 설교자들의 노력에 기인한 것이었다.

청교도들은 그들의 삶 전체가 성경을 달성하는 것과 같았기 때문에 기독교 역사상 '신구약 성경 밖에서 만나질 수 있는 유일한 성경적인 사람들'이라는 명성을 얻게 된 것이다.[24] 존 게레가 지적한대로 읽는 '성경말씀이 가장 권위 있는 것이지만 선포된 말씀은 보다 더 효력이 있는 것으로 간주하였다.'[25] 그만큼 그들은 설교 사역을 중시한 것이었음을 반증하는 것이다. 자연스럽게 청교도들의 성경제일주의적 신학적 특성은 교회사역에 있어서 설교 사역을 가장 중시하는 것으로 간주하게 했고 이것이 곧 탁월한 설교자들을 그 어느 시대보다 많이 소유하고 있었던 이유이기도 하였다. 그들의 열정적인 사역을 통해서 잉글랜드의 교회와 사회는 변혁의 길을 걸었다.

2) 설교 사역의 중요성

설교만큼 가장 시급한 개혁의 대상이요 할 말이 많은 분야도 없다. 청교도들에게 있어서 목사의 직무는 첫째도 둘째도 셋째도 설교 사역

---

24. 피터 루이스, 『청교도 목회와 설교』, 서창원 역 (청교도신앙사, 1994), 34.
25. John Geree, "청교도란 어떤 자들인가?,"

이었다. 목사로 부르신 하나님의 부르심이 복음선포다(고전 1:17). 성경 자체가 그들에게는 '하나님의 발언록'(The utterance of God)이기 때문에 하나님의 생각들이 드러난 성경을 전하는 것이야말로 최고의 영예로 간주한 것이다. 그들의 전 생애는 '진리를 거슬려 아무 것도 할 수 없고 오직 진리를 위한' 자들로 살았다(고후 13:8).

그들에게 있어서 설교는 성경 그 자체를 전달하는 것이 전부였다. 그렇기 때문에 '하나님의 말씀을 선포하는 것은 곧 하나님의 말씀'(Praedicatio verdi Dei est Verbum Dei)이라는 개혁주의적 설교관이 분명했다. 성경연구에 누구보다 철저했던 이유가 여기에 있다. 이러한 사상은 존 녹스의 글에서 이미 발견되는 덕목이었다.

> 하나님의 말씀이 영적 생명의 시작임과 같이 그 말씀이 없이는 모든 육체는 하나님 앞에서 죽은 자들이다. 하나님의 말씀은 우리 발의 등이요, 그 등불이 없이는 아담의 모든 후손들은 다 어둠 가운데 거하는 것이다. 하나님의 말씀이 신앙의 원천인 것과 같이 그 말씀이 없이는 누구도 하나님의 선한 뜻을 깨달을 수 없다. 마찬가지로 하나님이 약한 자들을 강하게 하시고 고난 중에 있는 자들을 위로하시며 넘어진 자들이 회개하여 돌이켜 주님의 자비를 받게 하며 모든 공격과 유혹들로부터 영혼의 생명을 보존하고 지키는 일을 위해 하나님이 사용하시는 유일한 도구요, 방편이 하나님의 말씀이다. 그러므로 여러분들의 참 지식을 더욱 풍성하게 하고자 하며, 여러분의 믿음이 보다 확고해지기를 원한다면, 그리고 여러분의 양심이 보다 안정되고 위로가 넘치는 것이 되기를 원한다면, 또한 여러분의 영혼이 생명 안에서 보존되기를 원한다면 여러분의 하나님의 율법을 진지하게 그리고 부지런히 탐구하기를

바란다.[26]

칼빈이 성경의 사람이었듯이[27] 청교도들 역시 성경의 사람, 또는 '한 권의 책의 사람들' 이었다. 설교 사역은 본질적으로 성경의 진리를 밝히 풀어 증언하는 것으로써 죄와 허물로 죽은 자들을 살리시고 하나님의 자녀가 되게 하는 유일한 방편으로 하나님이 제정하신 것이다(고전 1:21). 물론 칼빈이나 녹스나 하나님이 직접 말씀을 사람들에게 전하실 수 있다는 것을 부정한 것은 아니었다. 그러나 하나님은 하나님의 말씀을 전달하심에 있어서 인간이라는 매개체를 통하여 전달하시기로 결심하셨다. 그것이 하나님의 뜻이었다고 칼빈은 『에베소서 주석』에서 증언하였다(엡 4:12 주해).

청교도들은 칼빈의 이러한 설교의 중요성을 깊이 인식하고 설교자의 존엄성을 설교자 자신의 학식이나 인품에서 찾지 아니하고 하나님의 부르심에서 찾았다. 그 부르심에 응답한 설교자들은 하나님의 말씀을 전달하는 일에 사력을 다하고자 한 것이다.

청교도들의 설교 사역을 논한 글에서 홀튼 데이비스는 말하기를 "단순한 교리의 전달이나 진리의 열정적인 힘 혹은 적용만을 의미하는 것이 아니라 하나님의 말씀 선포를 통하여 신자들의 심령 속에 성령의 내적 증거로 말미암아 하나님의 계시를 확정시키는 것"이라고

---

26. *The selected Practical writings of John Knox* (Edinburgh: Banner of Truth, 2011), 123-124.

27. 청교도들이 칼빈의 영향을 입었다는 것은 누구도 부정 못하는 주지의 사실이기에 굳이 본 글에서 칼빈의 글을 인용하지는 않았다. 칼빈의 설교신학에 대해서 잘 알고자 하는 자는 Pierre Marshall이 쓴 *The Relevance of Preaching* (Reformation Heritage Publication, 2007)을 보라.

했다.[28] 그들에게 설교란 단지 청중들을 감동 감화시키고자 하는 것이 아니라 심령의 변화를 일으켜 하나님께 전적으로 복속되게 하는 도구였던 것이다.

토마스 구드윈은 설교의 최우선권을 말할 때 로마서 10:14-18로 설명하였다. 즉 믿음이 없이는 주님의 이름을 부를 수 없고 설교자가 없이는 믿음을 불러일으키는 하나님의 말씀을 들을 수 없다는 논리였다. 그러므로 설교는 죄인들의 구원을 위해 그리고 성도들을 온전히 세우기 위해 성부 하나님이 직접 제정하시고 인정하신 것이라고 단호하게 이야기하였다.[29] 이러한 권위 때문에 청교도들은 그 어떤 시대의 사역자들보다 설교 사역을 가장 존귀하고 영광스러운 직임으로 간주하고 실천한 자들이었다. 그것이 그리스도의 주된 사역이었고 사도들의 주 임무였다.

특히 키드민스터의 사도라고 칭함을 받은 리차드 박스터의 고백은 이를 입증하고도 남는다: "나는 죽어가는 사람으로서 죽어가는 사람에게, 그리고 다시 설교할 수 있으리라는 것을 확신할 수 없는 사람으로서 설교한다."[30] 이 짧은 문장은 목회의 생명을 설교 사역에 걸고 수행한 것임을 보여주는 것이다.

이렇게 엄중하고 고귀한 것이었기 때문에 설교자들에게 요구되는 자질 역시 탁월한 본이 되어야 하는 것이었다. 확실한 중생의 체험

---

28. Horton Davis, *The Worship of English Puritans* (London: Dacre Press, 1948), 182.

29. Thomas Goodwin, *Works*, vol. II, Tanski Publications, 359ff. 서창원, 『청교도 신학과 신앙』, 111-112.

30. Horton Davies, *The Worship of English Puritans*, 92. 청교도의 초기 지도자인 윌리암 퍼킨즈도 인간의 영혼을 유혹하는 설교 사역을 통해서 기독교 신앙과 회개로 나아가기 때문에 그리스도께서 교회에 주신 은사 중 가장 고귀한 은사이며 성도들은 이를 가장 귀한 것으로 간주해야 함을 피력한바 있다. 서창원, 『청교도 신학과 신앙』, 60.

을 한 자로서 하나님의 부르심과 받은 은사의 유무를 확실하게 점검하였다. 사실 설교는 누구나 할 수 있는 것이 아니다. 모두가 다 사도요, 모두가 다 선지자요, 모두가 다 목사가 아니다. 중생한 자들 중에서 하나님의 특별한 뜻에 의해서 부름을 받은 자여야 한다. 사도 바울은 심지어 자신을 소개할 때 세례를 주라고 부름을 받은 것이 아니라 오직 복음을 전하라고 부름 받았음을 고린도 교회에 상기시켰다(고전 1:17). 사명이 없이 단순 직업인으로 만족하고 있는 자들에게 경종을 주는 말씀이다.

청교도들도 하나님의 부르심이라는 강한 소명의식에서부터 복음 전파의 사역을 충성스럽게 감당하였다. 그 사명의 확증은 개인의 주관적 느낌에 의해서가 아니라 주변의 사람들, 즉 가족과 성도들과 한 지역 교회에서 설교할 은사에 대한 검증을 받아야 하는 것이었다. 그 소명이 하나님께로부터 온 것인지, 그리고 성령의 인치심으로 받은 것인지 교회에 의해서 확증될 때 목사직을 수행할 수 있게 한 것이었다.[31]

하나님의 말씀의 규범에 따라 따로 세움을 입은 하나님의 보내심을 받은 자가 복음의 일꾼이요 교회의 일꾼이다. '하나님의 방안에 서서 하나님의 이름으로'[32] 구원의 복음을 담대히 선포하는 자가 목사이다(고후 5:20). 이것은 죄인들에게 구원의 은총을 제시하여 사람들로 하여금 믿어 구원에 이르게 하는 하나님이 정한 방식이다. 설교자의 무

---

31. Thomas Goodwin, *Works*, vol. II, 221-231 참고.

32. '하나님의 방안에 서서'라는 표현은 윌리암 고우지 목사의 『히브리서 강해』(Klegel Publications, 1980, 101)에 등장하는 문구로서 목사는 하나님을 위해서 말하는 자만이 아니라 하나님이 그 설교자를 통해서 말씀하신다는 것을 시사하는 말이다. 설교 사역의 권위가 어떤 것인지를 충분히 드러내는 표현 중 하나이다.

용론까지 등장하고 있는 현실에서 청교도들의 설교자의 중요성과 그 권위를 무엇보다 높이 여긴 것을 재차 강조해야 할 필요가 있다. 헨리 스미스는 베드로전서 2:2을 설교하면서 이렇게 말하였다.

> 여러분이 하나님의 말씀의 젖만이 영생에 이르게 하는 영양분을 공급받는 길이라고 생각한다면 여러분은 마치 설교자가 없는 교회보다 영혼이 없는 몸을 더 갈구하는 것이 낫다고 생각하는 자들이다.[33]

하나님은 지금도 그리스도를 대신하여 구원의 복음을 전파할 교회의 일꾼들을 부르신다. 오늘날 설교 사역의 중요성이 많이 희석되어 가고 있다. 오늘날은 감성의 시대라고 하여서 듣는 것보다 보여주기 위해 안달이 난 사람들처럼 강단에 스크린이 없는 교회가 없다시피 되었다.

듣고 생각하고 결단하게 하기보다는 보고 느낌이 좋으면 성공적인 예배인 것처럼 착각하며, 기상천외한 발상까지 해서 소위 '예배 연출자' 들까지 생산하고 있는 시대이다. 설교 아닌 설교들이 주를 이루고 있어서 웬만큼 신앙생활의 연륜이 있는 자들은 목사가 무슨 설교할 것인지 제목만 보고도 금방 감을 잡는 시대가 되었다.

그리하여 목사의 잔소리 그 이상도 그 이하도 아닌 것으로 전락되어 버린 식상한 설교보다 한편의 드라마나 공연이 더 감동을 준다고 하면서 성도들의 눈과 귀를 끌만한 예배 연출을 리허설까지 하면서 실행하고 있다. 이러한 현대교회의 모습을 청교도들이 본다면 기절초

---

33. Henry Smith. *Works.* 2 vols. (Edinburgh: James Nichol, 1866), 1:495.

풍할 것이요, 사이비 집단으로 오해하고도 남을 것이다.

설교 사역은 이 세상의 그 무엇과도 바꿀 수 없는 존귀한 임무이다. 하나님의 말씀을 가감 없이 증거하는 일이야말로 하나님의 보내심을 받은 참 설교자가 할 최우선적인 임무이다. 성령은 그리스도의 말씀을 전파하는 일에 능력으로 역사한다. 왜냐하면 설교는 '그리스도를 오르락내리락하게 하는 도구' 이기 때문이다.

성령의 부어주심은 그리스도의 증인으로 살아가게 하기 위함이다(행 1:8). 그 일을 위하여 하나님이 성령을 한량없이 부어주시는 것이다(요 3:35). 말씀과 가르침에 수고해야 할 목사의 일은(딤전 5:17) 성령께서 그들로 하여금 자기 피로 사신 교회를 치는 감독자로 세우셨다. 무엇으로 감독하는가? 주님이 주신 은혜의 말씀이다(행 20:28, 32). 은혜의 복음을 전하여 구원에 이르게 하고 그 은혜의 말씀으로 든든히 서가게 하는 것이다. 이일을 잘 감당하기 위하여 목사에게 필요한 자질을 존 오웬은 다음과 같이 요구하였다.[34]

첫째, 목사에게는 복음의 비밀과 관련한 영적 지혜와 깨달음이 있어야 한다. 특정 본문만이 아니라 하나님의 전 경륜을 전해야 할 자이기 때문이다. 목회는 기술이 아니라 사명이요 은사이다. 그러므로 말씀에 무지하거나 전달할 은사가 없는 목사는 목회자로 나서지 말아야 한다.

둘째, 목사는 설교하는 진리의 능력을 경험해야 한다. 설교를 가장 잘 하는 목사는 먼저 설교자 자신의 영혼에게 설교하는 자이다. 설교

34. 서창원, 『청교도 신학과 신앙』, 87-88 참고

자 자신이 먼저 맛보거나 그 속에 젖어들지 않는 설교는 그저 독이 될 뿐이다. 만일 하나님의 말씀이 우리 안에서 능력으로 거하지 않는다면 그 말씀은 우리에게서부터 다른 사람에게 능력으로 나가지 않을 것이다. 진리의 능력을 경험하지 못한 사람의 설교는 너무나 많은 영혼들에게 생명력을 부어주지 못하며 생기가 없는 연설에 불과하며 능력에 관하여는 말뿐이고 죽은 설교이다.

셋째, 목사는 말씀을 옳게 분별할 줄 알아야 한다(딤후 2:15). 끊임없는 말씀 연구를 통해서 청중들의 영혼을 위해 실제적이고도 근본적인 양식을 제공해 주는 실제적인 지혜를 요하는 일이다.

넷째, 양들의 영적인 상태를 진지하게 연구하고 돌보는 자여야 한다. 그런 의미에서 윌리암 퍼킨즈가 양들의 7가지 영적 상태를 제시한 것은 참고할 만한 일이다.[35]

다섯째, 하나님의 영광을 위한 강한 열정과 사람들의 영혼들을 향한 뜨거운 사랑이 바탕이 되어야 한다. 영혼들의 구원과 생명을 위하기보다는 자신들의 배만 채우는 수단으로 간주하는 일들은 어제 오늘만의 일들이 아니라 언제나 존속한 실제이다.

그렇기 때문에 올바른 개혁교회 목회사역 특히 설교 사역은 시대를

---

35. William Perkins, *The Art of Prophesyings* (Edinburgh: The Banner of Truth, 1996), 56-63 참고 a. 무지하고 가르침을 받을 생각이 없는 불신자들, b. 가르침을 받을 생각은 있으나 무지한 자들, c. 지식은 있지만 겸손하지 않는 자들, d. 겸손하지만 확신이 없는 자들, e. 믿는 자들, f. 영적 침체에 빠진 자들, g. 이 모든 것이 섞여 있는 자들., 성도들의 영적 상태를 점검하고 확인하는 가장 좋은 방법은 리차드 박스터가 즐겨 사용한 정기적인 심방사역이다. 심방은 단지 성도들의 가정에 복을 빌어주는 것이 주 목적이 아니라 반드시 그들의 영적인 상태를 점검하고 확인하여 그들에게 적합한 주님의 교훈을 가지고 잘 돌보기 위함이었다. 키드민스터에서 일년에 800여 가정을 심방한 리차드 박스터의 명저 『참 목자상』은 이 점에 가장 탁월한 지침서라고 말하지 않을 수 없다.

막론하고 가장 절실하게 요구되는 사역이다. 말씀에 대한 영적인 지혜와 깨들음, 말씀을 지혜롭게 분별하여 다양한 상황에서 살아가고 있는 회중들의 양심에 예리하게 꽂히게 하는 말씀 사역의 효력적 역사가 그 어느 때보다 절실한 이때에 청교도들의 설교 사역의 실제는 큰 활력을 심어주기에 충분하다. 하나님이 가장 영광을 받으시는 존귀한 사역으로 부각되어질 수 있었고 설교의 황금시대를 연 그 모든 배경은 지적인 능력개발과 더불어 그들의 경건 생활이 언제나 뒷받침되었기 때문이다.

청교도들의 설교 사역과 관련하여 한 가지 짚고 가고 싶은 것은 그들의 설교의 두드러진 특징이다. 조셉 파이파(Joseph Pipa) 교수가 지적한 일곱 가지 특성은 첫째로 성경적이요, 둘째는 그리스도 중심적이요, 셋째는 논리적이요, 넷째는 기억하기 용이한 것이요, 다섯째는 변화를 일으키는 것이요, 여섯째는 경험적인 것이며 일곱째는 명료한 것이라고 했다.[36]

이 같은 특징들은 오늘날 설교에서도 요구되는 핵심적인 것들이라고 본다. 그들의 설교가 사람들에게 명확하게 전달되어 심령을 변화시킨 큰 역사를 나타낸 것은 성경 진리에 충실한 그리스도 중심적 설교였을 뿐 아니라 머리로 아는 지식이 아닌 실제 삶 속에서 경험하는 진리들이었기 때문이다. 이에 비해 현대 설교는 성경 지식에 관한 지적수준의 저하만이 아니라 설교자 스스로 경험하지 않은 진리를 전하는 형태가 가장 큰 문제이다.

---

36. Joseph A. Pipa jr, "Puritan Preaching," 한국개혁주의 설교연구원 16기 정기 세미나, 2002년 2월

3) 실천적 경건신학의 정수를 보여준 청교도

경건 생활은 악세사리가 아니다. 경건이 없는 지식은 메마른 심령이 되고 지식이 없는 경건은 자기만족에 머무는 헛된 열정이다(롬 10:2). 경건 생활은 마음의 등불인 눈과 같이 신앙인에게서 드러나는 가장 눈부신 보석이다. 특별히 목사에게는 경건이야말로 모든 신앙인의 본이 되어야 할 실천이다. 양 무리의 본이 되지 못하는 삶이야말로 말씀의 권위와 사역의 권위 및 목사의 위상을 현격히 저하시키는 요인이다. 그런 면에서 리차드 박스터의 『참 목자상』은 오늘날의 목회자들에게도 여전히 심금에 메아리치게 하는 울림을 안겨다 준다. 청교도들의 삶 전체가 성경을 달성하는 것과 같았다. 그들은 하나님의 거룩한 복음의 선생들과 같이 살았다.

그러한 경건 생활을 위하여 필연적으로 요구되는 것은 자기 점검이다. 이것은 병적이라거나 변덕스러운 무엇이 아니라 오로지 하나님의 영광을 위해 보다 하나님의 손에 잡힌바 된 참된 도구로서 쓰임받기 위한 순종적이고 실천적인 훈련이었다. 왜 자기 점검이 필요한지 리차드 박스터의 이야기를 들어보자.

첫째, 목사가 승리하는 삶을 살지 못하면 자기 자신을 잃어버리기 때문이다. 거룩한 소명감이 거룩하지 않은 사람을 구원하는 것은 아니다.

둘째, 목사도 다른 사람들과 마찬가지로 죄성을 지니고 있기 때문이다.

셋째, 목사는 대부분의 다른 사람들보다 더 큰 유혹거리를 갖고 있기

때문이다.[37]

넷째, 목사에게 많은 시선이 집중되기 때문이다.

다섯째, 목사의 죄는 다른 사람들의 죄보다 파급 효과가 더 크기 때문이다.

여섯째, 목사의 직무는 다른 일보다 더 큰 은혜가 필요하기 때문이다.

일곱째, 주님의 영광과 그분의 거룩한 진리의 명예가 다른 누구보다도 목사에게 더 많이 달려있기 때문이다.

여덟째, 회중들의 영혼과 사역의 성공이 자기 점검에 따라 많이 좌우되기 때문이다. 목사가 하는 모든 일이 일종의 설교인 셈이다.

이상의 이유가 말하는 것은 성직자의 삶이 평신도의 복음이어야 함을 말하는 것이다. 물론 목사는 완벽한 사람이 아니며 죄성을 지닌 존재이기 때문에 허물과 실수 역시 드러나게 된다. 그렇기 때문에 날마다 자기를 쳐서 복종시키는 훈련은 일종의 정기적인 규칙 생활이 요구되는 것이다. 메튜 헨리는 일기를 쓰면서 하루하루의 삶을 되돌아보고 실수한 죄목들을 기록하며 회개하였다고 한다. 그런 일들을 통해서 하나님의 뜻에 철저하게 복종하는 길로 나아가는 것이었다. 땅에 있는 지체를 죽이고 자신을 날마다 부인하며 지고가야 할 십자가를 포기하지 않는 경건의 연습은 주님이 불러 가는 날까지 감당해야 할 의무이다.

청교도들이 목사에게 요구하는 자질 중에 성도들에게 본이 되는 탁

---

37. 박스터는 목사들이 받는 유혹 세 가지 유형을 말했다. 첫째는 직책과 관련하여 자만심과 사람들의 칭찬과 과시욕이요, 둘째는 설교 준비와 관련하여 연구의 나태함과 충분하지 못한 설교 준비, 셋째는 세속적인 흐름에 영합하는 것이다(서창원, 『청교도 신학과 신앙』, 100 참고).

월한 경건 생활을 하는 자여야 함을 그토록 많이 강조하고 실천한 이유는 목회사역의 효력이 여기에 달려있기 때문이었다.

카튼 마더는 "설교자의 삶은 연륜에 의해 평가되는 것이 아니라 유용성과 진실성 및 선을 행하는 것으로 평가되어야 한다"고 했다.[38] 그래서 대다수 청교도들은 개인 경건 생활에 매우 규칙적이었고, 가르치며 전파하는 대로 살고자 하는 바른 행동을 언제나 강조했다. 왜냐하면 그들을 부르시고 인간의 회심과 경건한 삶을 살아가도록 잘 양육하라는 명령을 내리신 하나님께 책임을 져야 할 자들임을 늘 기억했기 때문이다. 그러나 인간이 스스로 거룩하고도 순결한 하나님의 말씀을 지킨다는 것은 역부족이다. 이를 도우시는 하나님의 은혜가 지속적으로 필요한 것이다.

따라서 청교도들이 성경의 사람들이었을 뿐 아니라 기도의 사람들로 알려진 것은 결코 과장이 아니다. 청교도들은 모든 일에 기도하는 가운데 하나님의 도우심을 사모했고 날마다 기도 훈련을 통하여 자신의 뜻을 죽이고 하나님의 거룩한 뜻을 추구하였다. 경건의 모든 힘은 그들의 사적인 기도와 공적인 기도 시간에 축적되었다. 기도는 성경을 연구하면서 자연스럽게 수반되는 것이었다. 즉 말씀에 대한 깊은 묵상이 기도 생활의 원천이었다. 카튼 마더의 제언은 이를 뒷받침 한다.

> 당신은 당신의 연구실에서부터 무릎으로 직접 강단까지 가야만 한다. 당신의 설교에 당신의 구세주의 피가 부어져야 하며 그분의 성령이 호흡하시는 설교이어야 한다.[39]

---

38. 서창원, 『청교도 신학과 신앙』, 113.
39. 서창원, 『청교도 신학과 신앙』, 120

로버트 트레일은 이렇게 권면한다.

목사들이 성공적인 사람이 되려면 기도를 많이 해야 한다. 사도들도 기도하는 일에 그처럼 많은 시간을 쏟았다. 그렇다. 우리 주님이 하루 종일 설교하였으면서도 밤새 홀로 하나님께 기도하셨다. 이처럼 목사도 기도를 많이 해야 한다. 얼마나 많은 시간을 공부하고 연구하는 일에 투자하는 지를 잘 계산하듯이 우리 자신들만이 아니라 하나님의 교회를 위해서라도 기도에 시간을 많이 할애한다면 얼마나 큰 유익을 얻겠는가!... 목사는 자신을 위해 많이 기도해야 한다. 왜냐하면 목사도 다른 사람들과 마찬가지로 부패한 인간이며 목사들만 공격하는 유혹들이 많기 때문이다. 목사는 메시지를 위해 기도해야 한다. 기도와 사랑의 수고 가운데 먼저 믿음으로 자신의 심령에 새긴, 준비된 말씀을 성령의 능력으로 선포함으로써 성도들의 심령에 영의 양식을 공급하는 것은 얼마나 달콤한 일인가! 그러므로 목사는 말씀에 큰 은혜와 복이 임하도록 기도해야 한다. 특히 성도들을 위하여 하나님을 많이 찾아야 한다. 이것이 학력도 별로 좋지 않고 은사도 많지 않은 목사들이 능력이 뛰어난 목사들보다 더 성공적으로 목회하는 요인이다. 그들이 설교를 더 잘하기 때문이 아니라 더 많이 기도하기 때문이다. 연구하는데 기도가 결여되어 있으면 아무리 훌륭한 설교라 하더라도 설교자 자신과 청중들의 심령에 남을 수 없다.[40]

윌리암 퍼킨즈는 목사의 말하는 일과 관련된 두 자기 임무를 말하

---

40. 서창원, 『청교도 신학과 신앙』, 121.

면서 말씀 선포와 기도 사역을 지적했다. 즉 사람들에게 하나님의 말씀을 선포하는 것과 사람들의 이름으로(개개인의 문제들을 가지고) 하나님께 기도하는 것으로 구성된다는 것이다. 다시 말하면 목사는 설교에 관해서는 하나님의 대변인이며, 기도에 관해서는 사람들의 대변인이기 때문에 청중들의 이름으로 하나님께 탄원하는 것과 그리스도의 이름으로 사람들에게 설교하는 일을 해야 하는 것이다.[41] 이처럼 청교도들은 기도 쉬는 죄를 범하지 않기 위하여 개인적인 경건 훈련만이 아니라 공적으로도 기도 일을 선포하거나 혹은 금식기도일[42]을 정하여 온 종일 기도하는 시간들을 가졌다.

이 같은 실천은 신앙생활의 활력소였고 개혁사상을 펼쳐가는 원동력이 되기도 했다. 이들의 기도 생활은 설교를 냉랭하고 딱딱한 지적 충족의 말씀 선포사역이 아니라 교회와 세상을 향한 살아있는 영혼의 소리가 되게 하였다. 말씀과 기도로 무장된 경건의 능력은 옛 사람을 약화시키고 벗어버리게 하며 하나님을 따라 의와 진리의 거룩함으로 지으심을 받은 새 사람을 더욱 빛나게 하는 것이었다.

청교도들이 남긴 성경적인 올바른 기도 생활을 위한 지침으로 성경주석가요, 설교자인 메튜 헨리가 쓴 『메튜 헨리의 기도』, 황봉환 역(진리의 깃발, 2016)를 적극 추천한다. 지속적인 경건 생활과 관련하여

41. 서창원, 『청교도 신학과 신앙』, 122.

42. 금식기도일은 하루 종일 예배하며 기도하는 시간이었다. 존 하웨 목사의 금식기도일은 오전 9시에 모여서 오후 4시까지 진행되었고 메튜 헨리의 기록을 보면 오전 9시에서 그 다음 날 새벽 4시까지 계속해서 기도하는 시간을 가졌다고 한다. 이러한 기도회 날은 개교회가 실시한 경우도 더러 있었지만 종종 몇몇 교회가 연합하여 함께 기도회를 가졌다는 것이다. 국가적인 재난이나 위기상황에서 교회는 금식기도일을 선포하고 지켰다. 개혁교회들만이라도 함께 기도하는 시간을 가지는 것이 오늘날 절실하다(서창원, 『청교도 신학과 신앙』, 157. 참고). 한 지역 교회의 부흥만이 아니라 진정한 기독교 신앙의 부흥을 위해 마음을 함께하여 기도하는 불꽃이 타오르게 되기를 소망한다.

언약도인 제임스 더람(James Durham)이 제시한 자기 점검의 지침 역시 매우 유용하다.[43]

(1) 너의 행동이 하나님께 인정받았는가? 아닌가?

(2) 너의 행동은 합법적이고 유익한가? 아닌가?

(3) 너의 책무를 수행함에 있어서 하나님을 인정하는가? 아닌가? (잠 3:16)

(4) 너의 책무에 대한 동기는 무엇인가? 이기적인 목적으로 행하는가 하나님의 영광을 위해서 행하는가?

(5) 너의 책무를 신실함과 정직과 성실을 다해 하는가? 아닌가?

(6) 너의 책무를 그리스도께서 주신 능력으로 감당하는가? 아닌가?

개혁주의를 사랑하는 지도자들과 성도들에게서 경건의 모양만이 아니라 경건의 능력이 있는 삶의 열매들을 맺어야 한다. 은혜의 수단들을 다루는 책임 있는 자들의 회개와 결단과 실천을 통해서 거룩한 주님의 공교회가 아름답게 세워질 것이다.

한국의 교회를 진단할 때 도덕적 부패현상에 대한 치욕적인 환부가 드러난 것은 경건 생활의 결핍에서 온 것이라고 해도 틀리지 않는다. 그렇다고 청교도 시대에 부패한 현상들이 없었다는 것은 아니다. 그럼에도 불구하고 강단에선 목회자들의 경건 생활은 온 성도들의 귀감이 되었다. 철저한 자기 점검을 통해 양들을 진리의 초장으로 바르게

43. James Durham, *Heaven upon Earth* (Edinburgh, 1685), 246. 사실 경건 생활에 대한 언약도들의 교훈 역시 청교도들의 가르침 못지않지만 언약도들의 삶에 대한 구체적인 소개는 필자의 근간 『종교와 시민의 자유를 지킨 사람들』이라는 책에서 다루게 될 것이다.

인도하는 실천적 일꾼들이었던 것이다.

4) 가정교육의 중요성

종교개혁운동으로서 청교도 운동은 성공하지 못했어도 신앙부흥을 위한 청교도 운동은 크게 성공을 거두었다고 평가할 수 있다. 그 이유는 그들의 신앙교육의 중심지를 교회로 여기지 않고 가정에 두었기 때문이다. 참된 청교도들의 가정에서 가정예배를 하지 않는 성도들이나 아이들에게 요리문답 교육을 실천하지 않은 자들은 거의 찾아 볼 수 없을 정도였다. 이 부분은 특히 스코틀랜드의 언약도들에게서 더욱 실제적으로 부각된 것이었다.

청교도들이나 언약도들의 가정에 대한 이해는 종교적 공동체로서 하나의 작은 교회라는 개념이 강했다. 가정은 그리스도의 학교이며, 거기서 우리는 필요한 모든 덕목을 습득하고 모든 영적 훈련을 실습한다. 무엇이 옳고 그르며 어떻게 하나님을 섬기고 이웃을 내 몸처럼 사랑하는지를 배운다. 가정에서의 신앙생활을 누구보다 많이 강조한 청교도는 윌리암 고우지(William Gouge)인데 그는 가정을 '꿀이 저장되는 교회와 국가의 신학교' 라고 말하였다.[44]

청교도들에게 교회가 성도들이 모여서 함께 하나님의 말씀을 듣고 배우고 가정에서나 일터에서 이를 실천하도록 고무하는 청교도 신앙

---

44. William Gouge, A Holy Vision for Family Life (Grand Rapids, Reformation Heritage Books, 2013), vol. 1. Building a Godly Home (Grand Rapids, Reformation Heritage Books, 2013) vol. 2. 이 책들은 에베소서 5:21-6:4을 강론한 것이었다.

의 근원지라면, 가정은 구체적인 신앙 훈련의 장이요 학습장이었다. 특히 자녀들의 신앙교육을 강화하는 그리스도의 학교였고, 사회생활을 배우고 훈련받은 대로 살면서 열매를 거두게 하는 과수원과 같은 곳이었다. 그리스도의 몸으로서 교회에 설교자가 있듯이 가정에는 가장이 설교자가 되어 모든 가족들의 삶을 지도하게 했고, 가정 예배를 하루에 두 번 하도록 했으며, 글을 몰라 가정예배를 인도하지 못하는 가장들을 위해 교회의 장로들이 대신 인도해 주기까지 했다. 가정예배에서는 시편 찬송을 부르고, 성경을 한 장씩 읽었으며, 아이들에게 문답 교육을 하고, 기도하고 시편 찬송을 부르며 폐회하였다.

경건한 부모 밑에서 경건한 자녀들이 나올 확률이 경건치 못한 부모 밑에서 경건한 자녀가 나올 확률보다 훨씬 높다. 그렇다고 부모가 경건하다고 해서 저절로 경건한 자녀가 나오지는 않다. 땅에서 솟아나는 것도, 하늘로부터 뚝 떨어지는 것이 아니다. 오직 은혜와 진리가 결합할 때 가능하다. 그러므로 진리의 말씀으로 잘 훈육이 되고 거기에 하나님의 은혜가 부어져야 한다. 그래서 가정예배의 중요성은 자녀교육의 승패를 가름할 수 있을 정도로 중요한 것임을 청교도들은 몸소 실천하며 체험한 것이다.

가정예배의 제일 되는 목적은 온 식구들이 하나님 안에서 살게 하며 경건의 모양이 아닌 경건의 능력을 배양하는 것이었다. 이 일을 통해서 은밀하게 사적으로 하나님을 경배하는 일에 하나 되게 하며, 상호 덕성 함양과 분열과 분리를 방지하고자 가정예배를 독려했다. 박스터는 “하나님이 가정의 주인이 되지 않으면 마귀가 주인이 될 것이며 가정에서 하나님을 우선적으로 섬기는 것이 되지 않으면 육체와 세상을 섬기게 된다"고 하였다.[45] 가정에서의 이러한 신앙 실천은 혹독한 '살인시대'[46]를 겪어야 했던 언약도들 사이에 동질감을 배양시켰다. 그리고 분파를 조장하는 분열을 피할 수 있게 되었다. 가정 예배는 그들의 가정에서 기독교 신앙교육의 기초가 되었다. 또한 매일 하나님과 교통하는 특별한 창구가 되었다. 그것은 하늘과 땅에서 살아가는 시민권자의 의무들을 위한 준비를 도와주었다. 이러한 실제적인 교육의 내용들이 어떠했는지 특히 스코틀랜드의 언약도들의 사례들을 소개하고자 한다.[47]

가정예배 시간에 부모는 성경을 읽은 후에 목사에 의해서 진행되는 것과 같이 자녀들에게 문답식 교육을 행하였다.[48] 언약도들은 가정예배를 통해서 성경진리에 깊이 젖어 들었다. 아이들은 가능한 자주 성경을 읽도록 훈련되었다. 왜냐하면 성경을 최고의 교사로 간주하였기 때문이었다.

화란에서 찰스 2세 왕을 위해서 싸우다가 죽임을 당한 남편을 둔 톰슨 여사는 그녀의 자녀들(4세의 헬렌과 2세의 윌리암)을 교육시키는데 사력을 다하였다. 자녀들이 여호와를 경외하는 자들로 성장하도록 가르친 것이다. 그들이 젊은 시절에 창조주 하나님을 알고 기억하며 살 수 있도록 양육했다. 그녀는 성경을 매일 읽는 것을 빼먹은 적이 없었다. 그리고 자녀들도 그렇게 하도록 가르쳤다.

---

45. Richard Baxter, *Poor Man's Family Book,* 2nd Edition 1675, 288.

46. 1661-1688년 스코틀랜드 장로교도들이 그리스도의 왕권과 장로회주의를 지키다가 영국 성공회 감독들과 왕권의 강압적인 핍박에 의해 18,000명이 순교 당했던 시대를 말한다. 이에 대한 글을 읽고자 하는 자는 서창원의 『장로교 역사와 신앙』(진리의 깃발, 2011)을 보라.

47. 이 부분은 필자의 박사학위 논문에서 발췌한 것이다.

48. 가정예배지침서 4항을 보라

만일 내가 너희를 떠나가고 없을 때 너희의 최고 교사는 너희의 성경이 될 것이다. 헬렌아 성경을 읽으라 그리고 자주 읽어라.[49]

그녀는 얼마 되지 않아서 언약도들을 반대하는 적군의 총에 맞아 죽었다. 아이들의 심령 속에 하나님의 말씀을 심어주려는 부모들의 노력으로 말미암아 언약도들은 교수대에서 죽어가면서 성경구절들을 암기할 수 있었던 것이다. 하나님의 말씀은 지속적으로 그들의 입술에 있었다.

내 입술에서 그토록 많이 머금고 있었던 것은 성경 외에 하나도 없었다. 내 유년 시절부터 성경은 살아있는 하나님의 말씀이었고 거룩한 입술로부터 우러나온 말씀이었기 때문이다...내가 죄 문제로 그리고 사단과 세상의 미혹에 의해 씨름하게 될 때, 내 자신의 악함과 거짓된 심령 때문에 힘겨워할 때, 내 구원의 엄청난 원수들의 공격을 받게 될 때 하나님의 말씀은 언제나 내게 버팀목이요 기둥이었다.[50]

언약도 시대에 옛 스코틀랜드 가문의 대표적인 집안인 브로디의 알렉산더 브로디가 1680년 4월에 세상을 떠나게 되었을 때 그의 아들은 그의 아버지의 신앙에 대해 아주 놀라운 간증을 말했다.

나는 훈계와 경계 및 지식의 수단이 주는 훌륭한 가르침을 받을 수 있었다. 나는 경건한 대화 나눔을 지켜보았고 거룩하고 신실한 모습으

---

49. R. Pollock, *Tales of the Covenant* (Edinburgh 1912), 42
50. Edwin Nisbet Moore, 251 John Nisbet의 『유언집』(*Dying Testimonies*)에서 발췌하였다.

로 하나님과 깊은 교제를 나누는 풍성한 삶을 엿보며 자랄 수 있었다.

그와 같은 개인적인 신앙생활은 하나님의 말씀을 매일 묵상하는 시간을 가짐이 없이는 불가능한 것이다. 유명한 청교도인 토마스 왓슨 목사는 "묵상은 나무의 뿌리까지 스며들게 하여 풍성한 열매를 맺게 하는 물줄기와 같다"고 말했다.[51] 그러므로 언약도들에게 성경을 읽고 묵상하며 개인적으로나 공적으로 하나님의 말씀을 듣는 것은 아주 자연스러운 일이었다. 그것이 삶으로 이어지지 않는 것이 비정상일 것이다.

매일 가정에서 신앙생활의 실천사항들은 즉흥 기도와 시편 찬송 및 성경 읽기가 포함된 것이었다. 그러한 정기적인 실천들을 통해서 성도의 가정은 신앙교육 센터가 된 것이다. 언약도들은 그들의 가정을 아이들을 위하여 필요한 모든 가르침을 제공하는 기관이었고 아이들이 성인이 되어 집을 떠나 살게 될 때 사회 활동을 잘 하도록 준비하는 기관이었던 것이다. 언약도 운동 기간 동안 목사들은 그들의 회중들에게 "성경 읽기와 찬송과 기도하는 것을 통하여 하나님이 경배되어지는 일이 없는 가정에 머물러 있을 수 없다"고 말했다.[52]

그러한 신앙 실천 사항들에 대한 사례는 제임스 니스벳이 쓴 『사적인 생활』이라는 책에서 발견된다.

나는 무엇이 죄이며 무엇이 죄가 아닌지, 무엇이 선하고 무엇이 악한지, 무엇을 선택하고 무엇을 거절할 것인지를 알기 위하여 하나님의 말

51. Thomas Watson, *Heaven taken by Storm* (Pennsylvania, repr. 1997), 29
52. R. Chambers, *Domestic Annals of Scotland* (Edinburgh, 1974), II. 197.

씀을 읽어야 했다. 나는 종종 교리적인 책들을 섭렵했다. 나는 그리스도의 신실한 사신들이 선포하는 복음을 들었다. 나는 종종 은밀하게 사적으로 기도하는 시간을 가졌다. 나는 하나님의 찬송을 찬양하였다. 나는 창조의 일과 섭리 사역, 구속 사역을 종종 묵상하는 시간을 가졌고, 인간이 죄짓지 않은 상태에서 맺어진 행위 언약을 묵상했으며, 그것이 아담의 타락으로 인해 어떻게 변형되었는지도 묵상하였다. 또한 나는 구속의 언약에서 성부 하나님과 성자 하나님 사이에 인간의 선택과 관련하여 어떻게 서로 일치를 하였는지를 묵상하였다. 그리고 그리스도 안에서 성도들과 함께 맺어진 은혜의 언약도 묵상하였다. 나는 그것이 하나님의 말씀 안에서 그리고 선포된 복음 안에서 그 언약의 특질들과 특권들과 함께 어떻게 인간에게 알려지고 나타나는지를 묵상하였다. 나는 내 마음과 영혼의 기질과 구조, 성향과 의향이 어떤지 깊이 점검하는 자기 성찰을 많이 가져야 했다. 나는 모든 사람들과 더불어 화평함을 어떻게 누릴 수 있는지, 거룩을 공부하면서 하나님의 형상을 나타내는 모든 사람들을 어떻게 사랑할 것인지를 힘써 노력해야 했다. 이 모든 임무들을 위한 나의 일반적 소명을 잘 감당할 수 있도록 나는 성령의 도움을 주님께 간구해야만 했다. 그 모든 일들을 힘있게 그리고 낙심하지 않고 겸손하게 주님을 신뢰하면서 감당할 수 있도록 도움을 구해야만 했다.[53]

도날드 카길 목사가 말한 것도 가정에서 신앙실천사항들이 잘 스며들었음을 보여준다.

---

53. Edwin Moore, 141-2.

여러분은 시간을 잘 활용해야 합니다. 영적으로 달콤한 기도하는 시간도 많이 가지십시오. 시편 기자가 말한 것처럼 '여호와여 나의 종말을 알게 하소서, 우리의 날 수를 계수하게 하소서 그리하여 우리의 마음이 지혜롭게 하소서' 라고 기도하십시오. 만일 이것이 우리의 주된 돌봄과 간청의 원칙이라면 우리 가운데서 시간을 잘못 사용하는 일은 없을 것입니다. 아침에 일어날 때 전날에 마지막으로 했던 것을 생각하고 저녁에는 오늘 시간을 어떻게 보냈는지를 점검하여 만일 잘못 행한 것이 있을 때 그것을 인하여 탄식하는 시간을 가져야 합니다.[54]

이러한 청교도들이나 언약도들의 신학적 사상과 가정에서의 신앙 실천은 지금 시급하게 도입하여 실천할 일이다. 한국의 교회가 개혁되지 않는 원인은 가정에서 신앙교육과 신앙실천이 거의 없다는데 있다. 대한예수교 장로회 헌법에서도 명시하고 있는 가정예배를 실천하게 됨이 교회의 건강과 사회의 건강을 회복하는 길이라고 믿는다. 존 앵기어(John Angier)의 다음과 같은 말은 옳다고 본다.

우리가 은밀하게 하나님을 섬기는 일이 많을수록 가정예배 하기에 더 적합한 자가 되며, 우리의 가정에서 하나님을 예배하는 일이 더 많을수록 우리는 공예배에 더 적합한 자가 될 것이다.[55]

54. Howie, *Sermons*, 518–519.

55. J. Philip Arthur, 'The Puritan Family' in *the Answer of a Good Conscience*, Westminster Conference, 1997, 87에서 인용.

나가는 말

필자는 개혁파 교회 특히 세계 개혁파 교회들이 내세우고 있는 신앙신조를 중심으로 한 개혁파 장로교회를 다음과 같이 규정하고자 한다.

> 개혁파 장로교회란 웨스트민스터 신앙고백서와 대소요리문답 및 예배모범과 권징조례 그리고 유럽 대륙의 하이델베르크 요리문답을 교회의 신조로 받아 따르는 교회들, 장로회정치를 중심으로 주님의 보편적 교회의 통일성을 추구하는 교회.

단순히 고백적 차원에서의 문서가 아니라 그 신학적 고백에 따라 주님의 보편적 교회의 하나 됨을 추구하는 교회들이 한국의 교회 위기를 벗어나도록 이끌만한 힘을 발휘할 수 있다고 본다.

한국의 개혁파 장로교회는 새 시대에 걸맞은 새로운 신학사조를 만들어 내려는 무모함보다 먼저 옛적 길에서 선한 것을 찾아 믿음의 선진들이 물려준 개혁신학과 신앙의 전통을 계승 발전시키는 일이 급선무이다.

청교도들은 종교개혁자들의 가르침을 통해서 성경의 옛 신앙으로 되돌아갔다. 하나님의 말씀인 성경의 무오성과 충분성을 굳게 신뢰하고 기록된 성경 말씀 밖으로는 넘어가지 않는 교회의 실체를 구현해야 한다. 강단에서의 외침은 성경이 전부여야 하고 성경이 전하는 오직 그리스도 중심적인 설교여야 한다. 교회 성장의 도구로 전락시켜

버린 교회 성장학의 폐단을 버리고 구속함을 받은 자들의 특권인 예배가 신앙고백적 교훈과 지침에 따라 실행되는 보편적 교회를 구현해야 한다. 담임목사의 교회 혹은 '교황교회'와 같은 개교회 지상주의를 만연케 하는 것이 아니라 교회의 머리이신 예수 그리스도의 교회, 주님의 보편적 교회의 공교회성을 확립해 나가야 한다.

사도들이 경쟁자들이 아니었듯이, 또 주의 일꾼들이 서로 경쟁자가 되라고 명령받은 것이 없듯이 우리는 동역자로서 상호 존중과 협력을 통해서 하나된 공교회를 실천해야 한다. 몸에 붙은 지체끼리 다툼이 없이 각자 자기 역할에 충실하게 가듯이 하나님이 불러주시고 세워주신 목적대로 충성하는 자들이어야 한다. 각각의 지체는 오로지 몸을 위해 존재하는 것이다. 그리스도의 몸을 온전히 세워가는 것이다.

청교도들이 굳게 붙든 설교 사역의 중요성을 회복하고 경건 생활의 실천적 사항들과 가정예배를 통한 자녀들의 가정교육의 실제들은 분주한 현대사회에서도 여전히 구현되어야 할 덕목들이다. 그러한 일들의 효과적인 사역을 위해서 두 가지를 제안하며 마무리하고자 한다.

첫째는 교회 개혁에 대한 신학자들의 성경적이고 개혁파 정통신학적인 논쟁을 심도 있게 벌이는 작업이 필요하다는 생각이다. 단순히 학자로서 학문적 업적을 위한 논쟁이 아니라 교회 살리기 방안으로 자신이 믿고 있는 것에 대한 신학적 공회를 열 기회가 마련되었으면 한다. 적어도 '대한예수교장로회'라는 간판을 달고 있고 그리고 최소한 '웨스트민스터 신앙고백서'를 교단의 신조로 채택하여 따른다는 교단들에 속한 신학자들의 대표들과 대표 목회자들이 한 자리에 모여 몇 날 동안 일명 종교회의 혹은 교회회의를 통한 실천적 개혁방안을 천명하는 기회가 주어진다면 분명 소망이 있을 것이다. 물론 이것을 누가 소집할 수 있는 권리가 있냐도 문제이다. 그러나 의지가 있다면 충분히 해낼 수 있을 것이다. 지금의 개교회주의 형태로는 개혁적 주장과 외침 그 자체가 전혀 영향력을 발휘할 수 없다. 학자들의 공허한 논문 발표만으로는 불가능한 것이다. 도리어 개인적인 소신이라고 치부해버리고 지나 칠뿐이다.

여기에 리더십에 대한 문제가 필연적으로 발생한다. 다들 머리가 되고 싶어 하지 손과 발이 되어 섬기려는 자세가 없다. 그러다 보니 주인행세를 할 수 있으면 적극적이고 그렇지 않으면 동참보다는 방관하거나 참여하다가도 쉽게 이탈하고 결국은 독립적인 모임을 만드는 것으로 나아간다. 지도자 부재의 심각한 원인 중 하나가 이것이다.

현대의 리더십은 돈과 직결되어 있다. 재정 부담을 많이 하는 자가 힘이 된다. 그러나 개혁파 장로교회에서의 리더십은 진리와 은혜가 결합된 경건의 능력에 있다. 그리고 그러한 지체들의 규합에서 발산되고 형성된다. 개혁파 교회들만이라도 신학적 성찰을 통한 주님의 하나된 공교회성 회복을 추구해야 한다.

둘째는 개혁파 교회들의 성도들의 연합과 친교가 필요하다는 생각이다. 성도의 교제는 하나님과의 교통(코이노니아)를 빼놓고 성립될 수 없다. 그렇기 때문에 같은 신앙고백을 하는 교회 성도들끼리 연합하는 영적 교류의 확대가 필요하다. 지역적 거리의 특성상 다 모이지 못해도 근접해 있는 교회들끼리의 연합 사경회와 같은 것이 필요하다. 그리고 방학이나 휴가 기간들을 통하여서 개혁파 교회 성도들 간의 전국적인 규모의 연합 수련회가 이루어진다면 개혁신앙의 확산과 개혁파 교회의 성장에 큰 기여를 할 수 있을 것이다. 앞에서 손봉호 교수가 지적한 '그루터기'로 남기보다 '청소부'와 개혁자의 길을 열어가야 한다. 츠빙글리가 말한 것처럼 '항해하기 좋은 날씨에만 키를 잡으려고 하지 말고 폭풍우가 불어 닥칠 때도 키를 잡고' 마땅히 가야할 길로 나아가는 일에 하나가 되어야 한다. 진리를 위한 희생과 헌신은 분명 기쁨의 단을 거두게 될 것이다.

참고문헌

1. 서창원. 『청교도 신학과 신앙』. (지평서원, 2013).
2. 손봉호. "목회자들의 위기의식과 대처방안." 한국 교회 목회자 윤리위원회 주최 2018.
3. 제임스 패커, 『청교도 사상』. 박영호역 (기독교문서선교회, 1992).
4. 피터 루이스. 『청교도 목회와 설교』. 서창원 역 (청교도신앙사, 1994).
5. Arthur, J. Philip. "The Puritan Family." in *the Answer of a Good Conscience.* (Westminster Conference, 1997).
6. Baxter, Richard. *Poor Man's Family Book.* 2nd Edition 1675.
7. Chambers, R. *Domestic Annals of Scotland*. (Edinburgh, 1974).
8. Davis, Horton. *The Worship of English Puritans*. (London: Dacre Press, 1948).
9. Durham, James. *Heaven upon Earth*. (Edinburgh, 1685).
10. Geree, John. "청교도란 어떤 자들인가?." 「진리의 깃발지」. 통권 37호, 1999.
11. Goodwin, Thomas. *Works*, vol. II. (Tanski Publications, 1996).
12. Gouge, William. *A Holy Vision for Family Life*, vol.1. (Grand Rapids: Reformation Heritage Books, 2013).

13. *Building a Godly Home*, vol.2. (Grand Rapids: Reformation Heritage Books, 2013).
14. 『히브리서 강해』. (Klegel Publications, 1980).
15. Knox, John. *The selected Practical writings of John Knox.* Edinburgh: Banner of Truth, 2011.
16. Perkins, William. *The Art of Prophesyings*. (Edinburgh: The Banner of Truth, 1996).
17. Pipa, Joseph A. "Puritan Preaching." 한국개혁주의 설교연구원 16기 정기 세미나, 2002년 2월
18. Pollock, R. *Tales of the Covenant*. (Edinburgh 1912).
19. Smith, Henry. *Works*, 2 vols. (Edinburgh: James Nichol, 1866).
20. Watson, Thomas. *Heaven taken by Storm*. (Pennsylvania, repr. 1997).
21. Ed. Camp, W. Andrew. *Family Worship Bible Commentary*. Vol. 1, 2, 3. (Present Reign Publications, 2018).

An Exhortation to Faith
CHAPTER 12

Crisis of the Church,
The Bible is the Key

한국의 교회 위기, 성경에서 답을 찾다
Crisis of the Church, The Bible is the Key

지은이 서창원
펴낸이 유명자
펴낸곳 진리의 깃발
편 집 박상민
디자인 박소린
펴낸날 2019년 2월 25일(초판 1쇄)

주소 서울 용산구 한강대로39길 34-4, 위너스타워 1203호
전화 02-984-2590
팩스 02-945-9986
http://www.kirp.org, ikirp@naver.com

등록 1995년 1월 27일(제17-203호)

ISBN 978-89-87124-33-9 (93230)
값 28,000원

「이 도서의 국립중앙도서관 출판예정도서목록(CIP)은 서지정보유통지원시스템 홈페이지(http://seoji.nl.go.kr)와 국가자료공동목록시스템(http://www.nl.go.kr/kolisnet)에서 이용하실 수 있습니다.(CIP제어번호: CIP2019003387)」